国家自然科学基金(项目批准号51278264)资助项目

30 m

　　本书以中国最后一个封建王朝清朝最重要的一座皇家园林——圆明园及其附园为研究对象。圆明园始建于康熙四十六年（1707 年），历经雍正、乾隆、嘉庆、道光、咸丰五朝皇帝的苦心经营，成为一处规模宏大、景观丰富的御园，集中了清代南北方造园艺术的各种手法，其中楼台富丽、叠石奇巧、水系纵横、花木繁盛，被誉为"万园之园"。历史上最鼎盛时期的圆明园包含长春园、绮春园、熙春园、春熙院四座附园，五园并存；后改为圆明、长春、绮春三园鼎立。

　　在漫长的历史岁月中，圆明园是雍正—咸丰五位清帝园居理政的场所，也是若干重要历史事件的发生地，雍正、道光两位皇帝在此驾崩，在此陈列马戛尔尼使团所携带的英国国王赠送给乾隆帝的礼物，乾隆帝在此宣布立皇十五子颙琰为太子。咸丰十年（1860 年）圆明三园惨遭英法联军焚掠，此后又历经各种劫难，最终沦为废墟，堪称中国近代历史悲剧的缩影。

　　圆明三园在园林与建筑艺术方面成就极高，不但是中国古典园林数千年悠久传统的继承者和积淀者，同时也借鉴了同时期南北方其他地区的园林佳作，堪称中国园林艺术的集大成者；圆明园作为清代帝王长期举行仪典、处理政务和起居生活的场所，曾经收藏了大量的书画文物，留下了无数诗词文章，是清代宫廷文化的主要载体；圆明三园还是清帝接见外交使节的地方，为清廷服务的西洋传教士也曾经在园中长期居住并从事园林、建筑、绘画活动，因此圆明三园是清代对外文化交流的重要窗口；圆明三园的残山剩水和颓垣断壁是中国现存最重要的文物遗址之一，又具有"国耻纪念地"的特殊属性，其保护问题一直受到学术界乃至社会各界的广泛关注。凡此种种，形成了圆明园纷繁复杂的属性，引人探究。

　　本书在多年研究的基础上，主要对圆明园造园艺术的若干重要问题进行考证和论述，以期从一个新的角度来探讨清代皇家园林与宫廷文化的奥秘。

康熙中叶，天下渐次平定，清廷开始在北京西北郊经营大型皇家苑囿。先在香山和玉泉山兴建了新的行宫，其后进一步利用明代外戚武清侯李伟的别墅清华园旧址修筑了畅春园，康熙帝以此为长期园居理政之所，一些王公大臣为了上朝的方便和自身游乐的需求，纷纷开始在离宫周围修建自己的郊园别墅，形成了京西海淀一带独特的园林景观群体。

圆明园位于北京西郊海淀挂甲屯以北地段，原本是康熙帝第四子胤禛的藩邸赐园，胤禛继位为雍正帝后，在原有基础上大加扩建，构筑了一座庞大的离宫御苑。乾隆帝继位后，又先后两次对此园进行了大规模的添建和改建，在园之东侧和东南侧另建了附园长春园和绮春园，加上更东的熙春园和东北侧的春熙院两座相对次要的附园，最终形成圆明园五园的格局（图绪–1）。

嘉庆年间主要对绮春园进行了进一步的扩建和改建，使得圆明园达到最鼎盛的境地。在嘉庆七年（1802 年）和道光二年（1822 年）春熙院和熙春园被分赐庄静固伦公主和惇亲王绵恺，圆明园五园遂成三园。道光、咸丰年间对圆明三园仍有局部的增建、改建和修整，但规模相对较小。

圆明、长春、绮春三园以倒品字形彼此相连，总面积达 350 公顷，也是北京西北郊规模最大的一处皇家园林。三园外围宫墙总长达 10 公里，设有 19 座园门。三园之中，构成完整景区的大小建筑群总计有 120 余处，主要以游赏性的景观建筑为主，同时拥有相当数量的宫殿、居所、祠庙、戏楼、市肆、藏书楼、陈列馆、船坞、码头、辅助用房等特殊性质的建筑（图绪–2）。

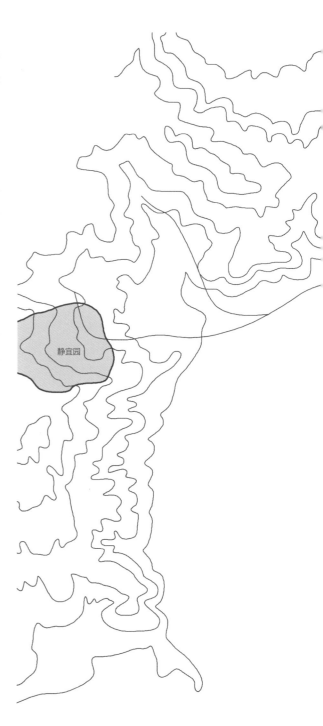

静宜园

N

0　　　　　1000

春熙院

圆明园

长春园

绮春园

熙春园

清漪园

静明园

畅春园

西花园

长

泉宗庙

万寿寺

河

乐善园

倚虹堂

西直门

3000 m

（一）**圆明园**：① 照壁／② 朝房／③ 圆明园大宫门／④ 出入贤良门／⑤ 正大光明／⑥ 勤政亲贤／⑦ 洞天深处／⑧ 福园门／⑨ 如意馆／⑩ 镂月开云／⑪ 九洲清晏／⑫ 茹古涵今／⑬ 长春仙馆／⑭ 藻园门／⑮ 藻园／⑯ 山高水长／⑰ 坦坦荡荡／⑱ 万方安和／⑲ 杏花春馆／⑳ 上下天光／㉑ 慈云普护／㉒ 碧桐书院／㉓ 天然图画／㉔ 九孔桥／㉕ 曲院风荷／㉖ 同乐园／㉗ 买卖街／㉘ 坐石临流／㉙ 舍卫城／㉚ 澹泊宁静／㉛ 映水兰香／㉜ 武陵春色／㉝ 月地云居／㉞ 刘猛将军庙／㉟ 日天琳宇／㊱ 汇万总春之庙／㊲ 濂溪乐处／㊳ 水木明瑟／㊴ 文源阁／㊵ 西峰秀色／㊶ 多稼如云／㊷ 汇芳书院／㊸ 鸿慈永祜／㊹ 紫碧山房／㊺ 鱼跃鸢飞／㊻ 大北门／㊼ 北远山村／㊽ 若帆之阁／㊾ 武圣祠／㊿ 天宇空明／51 蕊珠宫／52 方壶胜境／53 三潭印月／54 大船坞／55 四宜书屋／56 平湖秋月／57 廓然大公／58 澡身浴德／59 夹镜鸣琴／60 广育宫／61 南屏晚钟／62 别有洞天／63 接秀山房／64 涵虚朗鉴／65 藏密楼／66 双峰插云／67 蓬岛瑶台

（二）**长春园**：68 长春园大宫门／69 澹怀堂／70 茜园／71 思永斋／72 小有天园／73 海岳开襟／74 含经堂／75 淳化轩／76 玉玲珑馆／77 映清斋／78 如园／79 鉴园／80 大东门／81 七孔闸／82 狮子林／83 丛芳榭／84 转湘帆／85 泽兰堂／86 宝相寺／87 法慧寺／88 谐奇趣／89 万花阵／90 方外观／91 海晏堂／92 观水法／93 大水法／94 远瀛观／95 线法山／96 螺丝牌楼／97 方河／98 线法墙

（三）**绮春园**：99 绮春园大宫门／100 迎晖殿／101 中和堂／102 敷春堂／103 东二所／104 东南所／105 蔚藻堂／106 凤麟洲／107 浩然亭／108 涵秋馆／109 展诗应律／110 庄严法界／111 生冬室／112 春泽斋／113 会心处／114 松风萝月／115 喜雨山房／116 知乐轩／117 四宜书屋／118 延寿寺／119 清夏斋／120 含辉楼／121 招凉榭／122 绿满轩／123 畅和堂／124 河神庙／125 惠济祠／126 澄心堂／127 湛清轩／128 正觉寺／129 鉴碧亭

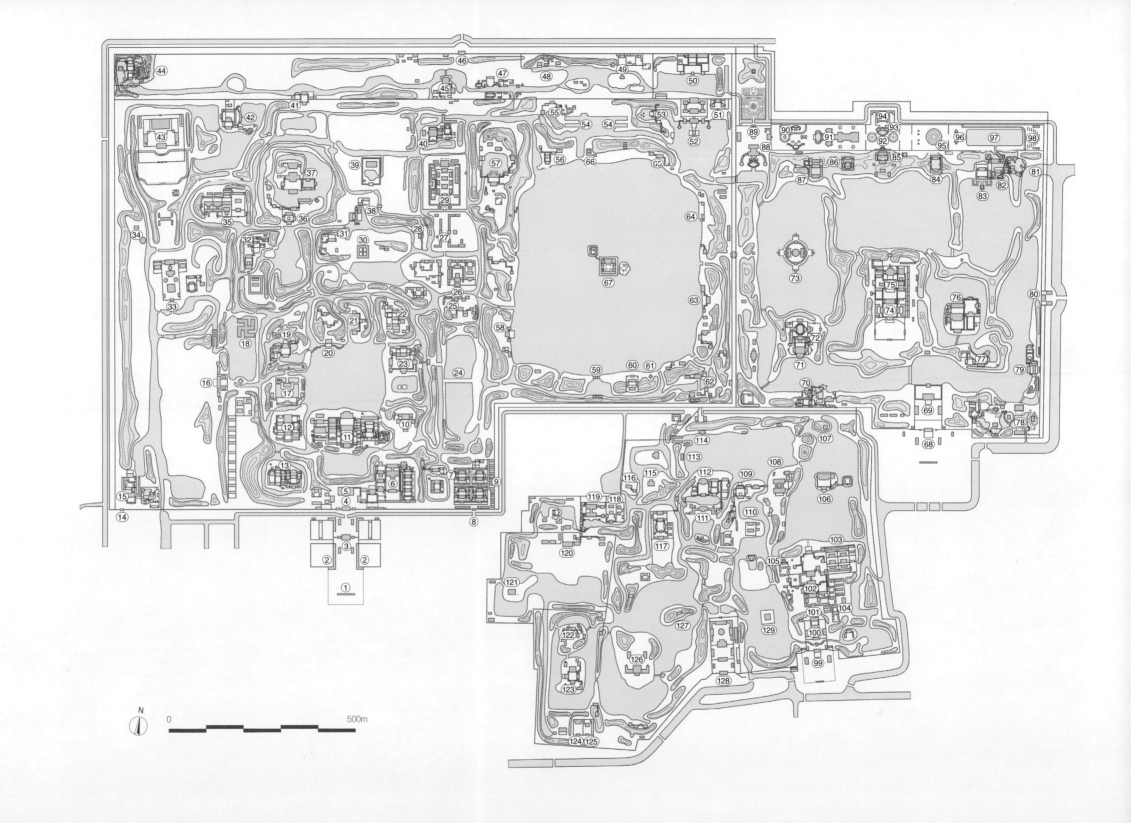

N

0   500m

圆明三园是平地建造的大型山水园林，园中通过山丘、水面、游廊、围墙分隔形成各有主题意趣的若干不同景区；山形蜿蜒，各有起伏；水面大至福海，小至溪流，聚散离合，萦回曲折而又彼此相通，形成完整的水系。

圆明园以四十景为主体，全园可分为东西两部分。西部的宫廷区至前湖、后湖地区形成了明显的中轴线。入宫门为离宫正殿——正大光明，其东西两边分别为理政区——勤政亲贤和太后寝宫区——长春仙馆。正大光明殿之北为前湖，再北即为后湖景区；后湖沿岸环列九岛，分别为九洲清晏、镂月开云、天然图画、碧桐书院、慈云普护、上下天光、杏花春馆、坦坦荡荡、茹古涵今九景，其中九洲清晏是清帝及其后妃的寝宫区。勤政亲贤东侧的洞天深处是皇子的生活区。后湖之北散布着万方安和、武陵春色、月地云居、濂溪乐处、水木明瑟、日天琳宇、汇芳书院、坐石临流等近二十景，水面以分散为主。园西北隅建有安佑宫，规制模仿太庙，是供奉历代清帝御容的场所。在坐石临流景区设有同乐园大戏楼及买卖街，其北的舍卫城是一座佛寺。园西有大片空地，设有山高水长一景，是清帝骑马、射箭的场所，每年正月十五前后在此举行大蒙古包宴。

圆明园东部以福海为中心，形成了另一个大景区。水中央筑有三岛，形成蓬岛瑶台之景，周围散布着平湖秋月、接秀山房、别有洞天、夹镜鸣琴、涵虚朗鉴等景点，尺度更为开朗恢宏。再北则有方壶胜景、北远山村、廓然大公诸景，彼此各据水面，形状曲折，又有岗阜回萦，形成独特的深幽意境。

长春园位于圆明园福海之东，以洲、岛、桥、堤将一个大水域划分为若干水面，建有澹怀堂、含经堂、淳化轩、玉玲珑馆、思永斋、海岳开襟、茜园、如园、鉴园、狮子林诸景。园北有一片特殊的西洋楼景区，包含谐奇趣、方外观、养雀笼、海晏堂、远瀛观、大水法、观水法等建筑和大量的喷泉、雕塑、植物；将中国建筑风格与欧洲18世纪巴洛克、洛可可建筑风格融为一体，是中国皇家园林中首次大规模仿建欧洲园林与建筑的重要实例。

绮春园位于长春园之南，在合并了一系列王公大臣的赐园的基础上扩建而成，因此基本为若干小型园林的集锦，通过小水面与山冈穿插，构成松散的整体。园中有敷春堂、清夏斋、涵秋馆、生冬室、四宜书屋、凤麟洲、含辉楼、澄心堂、湛清轩等近30处建筑群。同治年间试图重修圆明三园时，将绮春园改称为万春园。

圆明园及其附园中包含大量相对独立的主题景区，山水之清嘉、建筑之丰富、花木之繁盛，令人叹为观止，如乾隆帝在《圆明园后记》所云"实天保地灵之区，帝王豫游之地，无以逾此。"[1]秦汉以来皇家园林中的造园题材，如仙山神境、濠濮观鱼、兰亭禊赏、田圃村舍、市肆街衢等在此均有表现。圆明三园中仿建了全国各地大量的园林和山水美景，如江宁瞻园、苏州狮子林、海宁安澜园、杭州小有天园、西湖十景、宁波天一阁、嘉兴烟雨楼等均有摹本，还经常搭建蒙藏风格的大蒙古包，并营造了一组西洋楼建筑群。此外园中还修建了许多独特的景观以及大量的宗教祭祀建筑，代表了清代园林艺术和建筑艺术的最高水平，宛如一部古典园林的百科全书。

（清）弘历.圆明园后记.高宗御制诗初集.卷4.清代光绪二年刊本.

［三］　　　　　　　　　　成果综述

综合而言，圆明园特有的艺术成就、文化内涵和历史意义是其他任何一座园林所无法替代的，同时又有大量的文献资料留存于世，因此自民国以来一直是中外学术界研究的热门领域，成为历史、建筑、园林、文物建筑保护以及文学、社会学等许多学科的研究标本，而对圆明园多层面、多角度的探讨，也逐渐构成了"圆明园学"的雏形，几十年来研究成果层出不穷，蔚为大观。

20世纪20年代，出生于营造世家的满族学者金勋先生开始调查圆明园遗址，整理样式雷图，并绘制了一幅圆明三园总图。创立于1929年的中国营造学社于1930～1933年间致力于开展圆明园史料收集、遗址与遗物的保护以及相关的学术研究工作，举办了圆明园文物与文献资料的展览，以引起社会各界的重视，从多个角度开启了圆明园研究的先河，居功至伟。刘敦桢先生所作的长篇论文《同治重修圆明园史料》1933 年在《中国营造学社汇刊》第四卷第二期以及第三、四期合刊本上连续登载，此文从方志、会典、杂史、奏案、笔记、日记、样式雷图档以及外国人著作等庞杂的史料着手，条分缕析，阐幽发微，厘清了同治年间圆明园重修工程的历史背景、兴工经过以及具体的营造范围、材料、经费、勘察估算、停工原因，还对圆明园的园林特色、建筑空间以及清代皇家工程的取料、管理规制作了简短的总结，成为国内圆明园研究的重要里程碑。此外，《中国营造学社汇刊》还载有美国迈阿密大学卡罗·B·马龙（Carroll B. Malone）先生专门研究《圆明园内工则例》的论文《建筑中国式宫殿之则例（1727～1750）》（Current Regulation for Building and Furnishing Chinese Imperial Palaces, 1727～1750）、法国传教士王致诚（Frire Attiret）于乾隆八年（1743 年）写给国内友人达索（M. D' Assaut Toises）的信函、史学家向达先生的长文《圆明园罹劫七十年纪念述闻》以及部分圆明园图画、照片和匾额清单，均具有很高的学术价值。

圆明园同时也是国际汉学研究的重要领域。早在 19 世纪末，就有西方人开始收集圆明园文物，或为圆明园遗址拍照。法国学者亚乐园（Maurice Adam）所著的《十八世纪耶稣会士所作圆明园工程考》（Yuen Ming Yuen: L' Œuvre Architecturale des Anciens Jé suites au XVIIIc Siècle）于 1936 年出版，瑞典学者喜仁龙（Osvald Siren）的《中国园林》（Gardens of China）和日本学者冈大路的《中国官苑园林史考》都辟有专门章节对圆明园进行论述。

1949 年以后，圆明园研究一度沉寂。20 世纪 70 年代末重新焕发生机，圆明园再度成为建筑史、园林史、文化史和清史研究的热点，陆续取得了丰硕的新成果。1978 年国家建委和北京市建委组织在京的几家单位为圆明园遗址做规划方案，清华大学建筑系多位教师参与了这项工作。1979 年在方案的基础上编辑了一本内部资料集，名为《圆明园的过去、现在和未来》，其中包含周维权《圆明园的兴建及其造园特点》、姚同珍《圆明园的毁灭及其现状》和城市规划教研组《圆明园规划初探》等 3 篇论文以及圆明园现状平面示意图、远期规划图、近期规划图和大宫门、九洲清晏等 11 个景区的复原图，首次以集体的力量对圆明园展开较为系统的探析。1984 年中国圆明园学会正式成立并陆续出版《圆明园》丛刊，1988 年圆明园旧址被辟为遗址公园和爱国主义教育基地，进一步推动了相关学术研究和保护工作的开展。

中国第一历史档案馆主编的《圆明园》一书汇集了大量的清代档案史料，成为圆明园研究最重要的文献基础；何重义、曾昭奋先生所著的《圆明园园林艺术》于 1995 年出版，是第一部全面记述圆明园造园艺术的重要著作；法籍华裔学者邱治平先生的法文著作《圆明园》(Yuanming Yuan)收录了大量精美的历史照片和宫廷图画，具有很高的参考价值；张恩荫先生所作的《圆明园变迁史探微》、《圆明大观话盛衰》从历史和文献的角度对圆明园的很多内容作了细致的梳理，澄清了很多重要的史实；王道成先生主编的《圆明园：历史·现状·论争》汇集了很多关于圆明园的研究资料和文章，发人深省；刘阳先生的《三山五园旧影》收录了很多圆明园的历史照片，具有重要的史料价值；法国学者伯纳·布立赛(Bernard Brizay)的《1860：圆明园大劫难》(Le Sac Du Palais d'Été)生动记述了 1860 年英法联军焚掠圆明园的经过，深刻批判了帝国主义的罪恶行径；圆明园管理处主编的《圆明园百景图志》全面整理了圆明三园 97 个景区的相关文献和历史图像，是迄今为止最权威的圆明园文献汇编；台湾学者汪荣祖先生《追寻失落的圆明园》一书从园林布局、历史活动和兴衰历程 3 个方面对圆明园进行品读审视，见解独到；另一位台湾学者孙若怡先生的《圆明园西洋楼景区的园林建筑与精致文化》一书以圆明园西洋楼为例，对 18 世纪中西方建筑文化交流问题作出了可贵的探索。另有多位学者发表相关论文，从建筑、历史、文献、文物保护等不同角度推进了圆明园的研究，如童寯先生《北京长春园西洋建筑》、赵光华先生《圆明园之一景——坐石临流考》、张复合先生《圆明园"西洋楼"与中国近代建筑史》、张驭寰先生《圆明园的建筑彩画》、王璞子先生《从同治重修工程看圆明园建筑的地盘布局和间架结构》、史树青先生《法国枫丹白露中国馆中的圆明园遗物》、金毓丰先生《圆明园西洋楼评析》、乔匀先生《众流竞下汇圆明——圆明园四十景意境初探》、杨鸿勋先生《略论圆明园中标题园的变体创作》等。尤其是法籍华裔学者端木泓(朱杰)先生近年来发表了《圆明园新证》系列论文，对淳化轩、茜园、万方安和、曲院风荷等景区作出了深入的考证和分析，均为圆明园研究领域的力作。

1999 年以来，清华大学建筑学院组成了以郭黛姮先生为首的圆明园研究团队，将圆明园作为学术研究的主攻方向，先后得到教育部博士点基金和清华大学基础研究基金的资助；陆续有多位青年教师、博士生、硕士生、本科生参与其中，并与海外学者以及国内同行广泛合作。研究过程中采用总体史的视角，注重史料考证和现场勘测，积极运用场所分析、虚拟复原、中外比较等方法，在圆明园历史沿革、类型空间、室内装修、造园主题、写仿江南、山形水系、植物景观、样式房图档、历史图像、匠作技术以及遗址保护理论方面取得了一系列的成果，完成若干博士、硕士学位论文和本科毕业论文，并发表了大量的学术论文。2009 年由郭黛姮先生主编的《远逝的辉煌：圆明园建筑园林研究与保护》一书正式出版，成为圆明园研究史上又一部重要的理论著作。2010 年郭黛姮先生、贺艳先生联合编著的《圆明园的"记忆遗产"——样式房图档》又得以出版，它是目前关于圆明园样式房图档研究最权威的成果。

笔者自 1999 年开始涉足圆明园研究，追随郭黛姮先生，长期以来在此领域投入了大量的精力，并一直参加清华大学建筑学院与法国华夏建筑学会的合作研究项目以及圆明园遗址的若干保护工程设计。2001 年笔者的博士论文《清代离宫御苑朝寝空间研究》中有较大篇幅涉及圆明园，毕业之后又结合教学和工程实践，针对圆明园历史景观的很多细节问题继续做出自己的研究，在《故宫博物院院刊》、《建筑学报》、《华中建筑》、《建筑史》、《中国建筑史论汇刊》、《古建园林技术》、《装饰》等学术期刊以及国际会议上发表了若干篇论文。本书的写作正是在借鉴前辈成果的基础上，对以往十多年来个人圆明园研究的深化和总结。

圆明三园是包罗万象的"万园之园"，内容极为复杂。本书的研究宗旨不在于"求全"，而在于"探微"，即着重对圆明园的若干细节问题进行探讨，并从纵向角度与以往朝代的宫苑园林相互印证，从横向角度与江南园林等其他历史景观进行比较，从中探寻其造园艺术和文化内涵的本质特征。全书由"殿堂祠宇"、"天上人间"和"江南画境"三个部分组成，每部分各含若干篇章，分别侧重于论述圆明园中的各种功能性的建筑空间、不同类型的造园主题以及大量写仿江南胜景的特殊现象。各章基本独立成篇，但彼此之间具有一定的内在联系。

研究中除了参考当代学者的成果之外，尤其注重对历史文献资料的挖掘，尽力搜罗与圆明园相关的大量清代御制诗文、宫廷档案、样式雷图档以及方志、笔记等，以期追本溯源，言之有据。

就具体内容和研究方法而言，笔者更关注以下三点：一是从清代宫廷在圆明园中的园居生活的角度探讨人的行为对园林建筑空间和景观的影响；二是分析圆明园中重要造园主题的历史源流，探寻其发展的脉络以及具体特点和表现方式；三是从写仿的角度来解析圆明园如何吸取其他园林的造景手法并加以变异。相比前人和同行而言，这些视角和方法略有一些新意，或许可以从另外的层面揭示圆明园造园艺术的独特之处。

　　书中所有以汉字表示的年、月、日均为农历，而以数字表示的年、月、日均指公历。如乾隆二十年八月十六日为农历日期，1755 年 9 月 19 日即为公历日期，依次类推。

　　文中提及的清代皇帝均采用约定俗成的"年号＋帝"的称谓方式，如清世宗宪皇帝胤禛称"雍正帝"，高宗纯皇帝弘历称"乾隆帝"。书中正文所述之"圆明园"一般专指不包括附园在内的圆明园，而以"圆明三园"的称谓代表圆明、长春、绮春三园。

　　圆明园四十景中的"正大光明"、"九洲清晏"、"长春仙馆"等称谓既是景区名，同时也是具体的殿宇名称。为了避免混淆，本书正文中的此类称谓均指景区而言，其后加"殿"或"正殿"之后缀者则指单体殿宇，所引原文则保留原字。

　　书中所附插图根据来源不同均作了不同的说明：凡直接引用原图者称"引自 XX"；原图经过重新描摹者称"摹自 XX"；根据需要在原图的基础上重新整理、绘制，与原图表达方式不完全相同者称"根据 XX 图重新绘制"；不作说明者均为完全自绘或自摄的插图。

卷一

殿堂祠宇

—— 圆明三园建筑空间研究

　　圆明三园包含一百多个景区，殿堂、楼阁、亭榭、轩馆等不同类型的建筑与山水、植物、小品相互穿插，呈现出极为丰富的景观图景。同时，御园中有相当一部分建筑承担着朝仪、理政、起居、祭祀等功能，并非以游观为主要目的，其空间形态与各自的具体用途相呼应，并与以帝王为首的皇室成员的园居行为有密切关系，表现出鲜明的场所特性。

　　本卷将针对圆明三园中的理政空间、大蒙古包筵宴空间、起居空间和祀庙祠宇分别进行分析，并试图进一步探讨其空间特点和文化内涵。

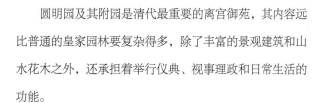

（清）胤禛.圆明园记.世宗御制文集.卷5.
清代光绪二年刊本.

（清）于敏中等编纂.日下旧闻考.
北京：北京古籍出版社，1981：1323.

（清）于敏中等编纂.日下旧闻考.
北京：北京古籍出版社，1981：1231.

中华书局编辑部编.清会典.
北京：中华书局，1991：882.

（清）弘历.圆明园四十景诗·勤政亲贤.
高宗御制诗初集.卷22.
清代光绪二年刊本.

刘敦桢.同治重修圆明园史料.
中国营造学社汇刊，4(2)：107.

松 轩 筠 牖 有 那 居 ， 勤 政 明 廷 接 九 卿

——理 政 空 间

一

圆明园及其附园是清代最重要的离宫御苑，其内容远比普通的皇家园林要复杂得多，除了丰富的景观建筑和山水花木之外，还承担着举行仪典、视事理政和日常生活的功能。

御园庞大的景区中专门设有相应的理政空间，在此长期园居的五朝清帝的御制诗文以及其他官方文献都曾对圆明园的理政功能特别加以强调。例如雍正帝《圆明园记》称："建设轩墀，分列朝署，俾侍值诸臣有视事之所，构殿于园之南，御以听政。晨曦初丽，夏暑方长，召对咨询，频移画漏，与诸臣相接见之时为多。……昼接臣僚，宵批章奏，校文于墀，观射于圃，燕闲斋肃，动作有恒，则法皇考之勤劳也。"[1] 乾隆帝《圆明园后记》也称："昔我皇考因皇祖之赐园修而葺之，略具朝署之规，以乘时行令，布政亲贤。"[2]《日下旧闻考》记载："圆明园启自世宗，实为

勤政敕几、劝农观稼之所。皇上绍庭继述，每岁恭值驾幸圆明园，凡莅官治事，一如内朝，晷刻靡间。"[3] 其理政空间的重要地位由此也可见一斑。

本章将对圆明园中的理政殿宇的空间格局进行梳理，并与紫禁城养心殿、避暑山庄依清旷殿等同类殿宇进行比较，在此基础上对其历史背景和文化内涵做进一步的探究。

二

圆明园中的理政空间主要分布在勤政亲贤景区，另有一些附属空间位于宫门内外。

勤政亲贤创建于雍正三年（1725年），在四十景中排名第二，位于正大光明之东，南临园墙，由四路院落组成。最西一路为勤政殿，东为飞云轩、怀清芬、秀木佳荫、生秋庭一组院落，再东为芳碧丛、保合太和殿院落，最东一路建筑为五进庭院的吉祥所（图1-1**）。

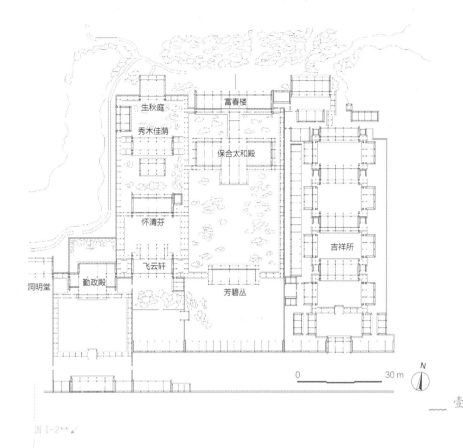

图 1-1** ↗

圆明园勤政亲贤景区总平面图
（根据样式雷图重新绘制）

图 1-2** ↙

《圆明园四十景图》中的《勤政亲贤图》
（引自法国国家图书馆藏《圆明园四十景图》）

勤政殿是御园中最重要的理事殿宇。《清会典》载："皇帝驻跸则听政焉，遇驻跸圆明园，凡召对群臣，引见庶僚，均于勤政亲贤殿。"[4]乾隆帝《勤政亲贤》诗序称："正大光明之东为勤政殿，日于此披省奏章，召对臣工，亭午始退。"[5]

从《圆明园四十景图》上看，此殿位于一个独立的院落中，游廊环绕，不设东西厢房。乾隆年间的勤政殿面阔五间，前后各出三间抱厦，歇山顶（图1-2**）。清代晚期样式雷图显示后期的勤政殿平面有一定的变化，故而刘敦桢先生《同治重修圆明园史料》称："……勤政殿旧制五楹，此图割东稍间之前半为小院，西稍间则前、后截缩几半，未知何时所改建。"[6]但实际情况并非如刘先生所判断的"割东稍间之前半"、"西稍间前、后裁缩几半"，而是东稍间向后延伸，形成相对独立的两卷单间东书房；西稍间未变，以砖墙分隔为西书房；中央三间连同前后抱厦整合为一个相对完整的空间，其平面形制看上去很像面阔三间的前后两卷殿宇带东西耳房，因此，清代后

（清）弘历.题怀清芬室.高宗御制诗五集.
卷70.
清代光绪二年刊本.序称："前年（指乾隆
五十五年）著《四得论》，因即题额于此。"

（清）颙琰.养心室记.仁宗御制文二集.卷4.
清代光绪二年刊本.

图1-3**

《蓬壶春永》中的《勤政亲贤图》
（引自故宫博物院藏《蓬壶春永》）

图1-4**

欧洲人绘《勤政亲贤图》
（引自法国国家图书馆藏
Garden of Perfect Brightness）

期也有文献称此殿为"三楹"。

勤政殿东侧一路庭院分为四进，其中所有建筑均采用悬山屋顶（图1-3**）。第一进正房为飞云轩，面阔五间，北出三间抱厦。乾隆九年（1744年）以后，在飞云轩东南侧增建了一座三间小阁，名"静鉴"。飞云轩北为怀清芬，面阔五间，乾隆五十五年（1790年）因皇帝作了一篇《四得论》而在此悬挂"四得堂"之匾[7]。再北为秀木佳荫，其性质是五间穿堂殿，殿前搭建藤萝架。最北为生秋庭，又名生秋亭，乾隆年间每逢立夏和立秋，在此设立香供，由皇帝亲自拈香行礼。从生秋庭明间穿过，往北跨过溪流，就来到九

洲清晏寝宫区。

中间一路建筑庭院空间宽阔，分设前后三殿。前殿芳碧丛是五间周围廊歇山敞轩，四周不设槛窗，中央设宝座，夏天曾在院里搭建凉棚，与百竿翠竹和玲珑湖石相映。中殿为保合太和殿，为整个景区的主殿，据《圆明园四十景图》和其他相关图画（图1-4**）所示，此殿外观表现为九间歇山、周围廊大殿，前出三间抱厦。嘉庆帝经常以保合太和殿为夏季披阅奏折之处，并将殿东一室题名为"养心室"，其《养心室记》称："勤政殿东为保合太和，轩庭宏敞，行树幽深，长夏清晨，每于兹庭中披阅奏折，境界清凉，不觉炎暑。其东室额曰：'养心'……"[8]殿北为富春楼，二层九间殿悬山建筑，性质类似于后罩楼，与保合太和殿之间有平台游廊相接，形成"工"形平面。富春楼东侧跨院中有一座五间殿，名"竹林清响"。

吉祥所是景区最东一路建筑，由五进院落组成，前院设宫门和垂花门，后四进院格局一致，均为五间正房加上东西厢房各三间的模式，可能是一组管理机构用房。

在正大光明殿之东、勤政殿西侧另有一座五间歇山殿宇，名"洞明堂"，也是清帝一处重要的办公场所，《日下旧闻考》将之列入正大光明景区，但无论就其位置还是功能而言，都更应该属于勤政亲贤景区。

圆明园宫门区设有庞大的官员办公机构，成为御园理政空间不可或缺的组成部分。大宫门外设左、右朝房，门内东为宗人府、内阁、吏部、礼部、兵部、都察院、翰林院、詹事府、国子监、銮仪卫、东四旗各衙门值房，东夹道内为银库，又东北为南书房，东南为档案房，西为户部、刑部、工部、钦天监、内务府、光禄寺、通政司、大理寺、鸿胪寺、太常寺、太仆寺、御书处、上驷院、武备院、西四旗各衙门值房，西夹道之西南为造办处，又南为药房。

二宫门出入贤良门两翼设左、右值房各五间，是各部院大臣入值的场所，东侧的罩门距离勤政殿极近，是各衙门官员奏事的专用入口。东、西罩门之外又有东、西如意

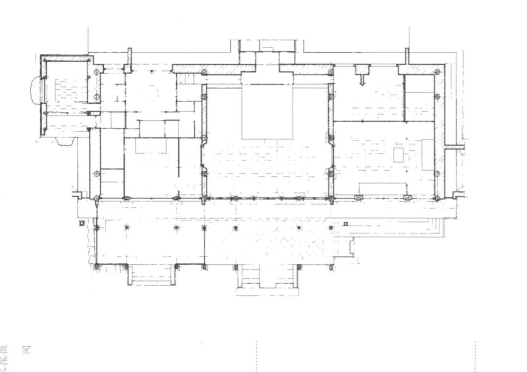

图 1-5** ↑

紫禁城养心殿前殿平面图
（清华大学建筑学院提供）

图 1-6** →

避暑山庄依清旷殿平面图

门，门内西侧设翻书房，东南为清代最重要的权力机构军机处值房。

　　清代帝王在大内紫禁城和重要的离宫中都设有专门的理政空间，其形制大致相当于古代"三朝五门"制度中的"治朝"。紫禁城的理政殿宇原以乾清宫为主，雍正以后主要改在养心殿，偶尔在乾清门御门听政，同时懋勤殿等殿宇也兼有一定的理政功能。离宫中的理政殿宇始于康熙年间所创的畅春园澹宁居和避暑山庄依清旷殿，圆明园勤政殿等相关殿宇继承了这一传统，因此刘敦桢先生也认为圆明园勤政殿"与宫内养心殿同，即古日朝遗制也。"[9]

　　养心殿位于紫禁城中轴线西侧的独立院落中，在清代大部分时间里一直是大内最重要的理政区域兼皇帝寝宫。此殿分前后两殿，前殿是主要的理政空间，其形制为三间

大殿，但在每间之中另加两根方柱，再分为三间，总体上形成实为三间、外观却似九间的特殊形式，其南面伸出六间抱厦，位置偏西，造型并不对称（图1-5**）。殿内悬有雍正帝所书"勤政亲贤"匾额。平面通过两道隔墙划分为中央空间和东西暖阁。中央部分略显宽敞，明间正中设宝座。东西暖阁的室内布局和功能在不同时期均有变化，以各种隔断作出复杂的划分，其中东暖阁布置了皇帝的寝宫陈设，西暖阁设有仙楼佛堂。两处都曾经用作清帝召见大臣、披阅奏折的场所，也曾在此举行万寿节行礼、宫廷聚膳、赐宴等活动，同治、光绪时期两宫太后亦于此垂帘听政[10]。

　　康熙中叶在北京西北郊营造清代第一座朝寝功能完备的离宫畅春园，即于朝会区之东另辟一个独立的澹宁居院落，成为康熙帝日常视政的场所。《日下旧闻考》载："澹宁居前殿为圣祖御门听政、选馆、引见之所。"[11]大臣王士祯《居易录》载："上在畅春苑，每引见诸臣，常御澹宁居，止三楹，不施丹雘，亦无花卉之观。"[12]《居易续录》又载："澹

刘敦桢.同治重修圆明园史料.
中国营造学社汇刊, 4(2): 107.

赵雯雯.从图样到空间——清代紫禁城内廷
建筑室内空间设计研究
硕士学位论文.清华大学, 2009: 103-111.

（清）于敏中等编纂.日下旧闻考.
北京：北京古籍出版社, 1981: 1275.

（清）王士禛.居易录,
康熙四十年刊本, 卷 3.

（清）王士禛.居易续录.
上海：商务印书馆, 1936.

中国第一历史档案馆藏.
起居注册（康熙二十七年）.

（清）查慎行.敬业堂诗集.
上海：上海古籍出版社, 1986: 1021, 诗题
为"西苑新直庐, 在澹宁居后".

（清）吴振棫.养吉斋丛录.
北京：北京古籍出版社, 1983: 201.

（清）庆桂等纂.国朝宫史续编.
北京：北京古籍出版社, 1994: 253.

中国第一历史档案馆藏.
起居注册（乾隆二十五年）.

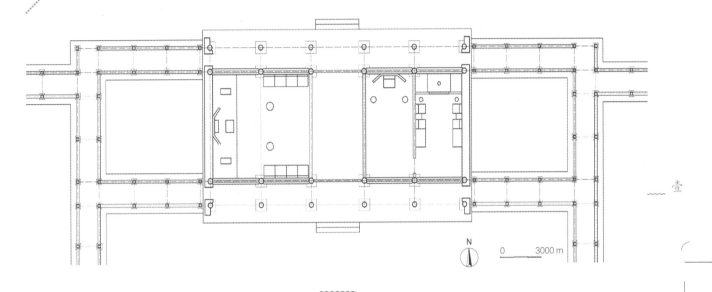

宁居在苑东偏南向，仅三楹，制极朴略。"[13] 可知这座理事
正殿仅有三开间，规模狭小，且不施彩画，具有俭朴实用
的特点。康熙二十七年（1688年）六月初三康熙帝首次在
澹宁居接见臣僚，当年《起居注册》记载："巳时，上御畅
春园内澹宁居，大臣请旨。"[14] 此后康熙帝在畅春园驻跸期
间，基本都在此听政，并在其北侧设置专门的值庐[15]。

承德避暑山庄的理政殿宇为依清旷殿，又名四知书屋，
位于离宫正殿澹泊敬诚殿之北，为五开间硬山建筑，两侧
用走廊与主殿相连，是清帝召见外藩、接见大臣、日常办
公和勾到秋审犯人的地方。《养吉斋丛录》载："澹泊敬诚
之内，一层殿名依清旷。召见臣工，往往在此。"[16] 殿两侧
曾设有书房和值房组成的院落（图1-6**）。

圆明园中的理政空间显然比紫禁城、畅春园和避暑山
庄更为复杂和完备。

圆明园理政区的核心殿宇是勤政殿。清代除了日常在
勤政殿中披阅奏章、接见臣工和召集军机大臣议事之外，
最正式的朝会形式是"御门听政"。这是一种规模较大的内
阁会议，承乾清门听政之遗制，《国朝宫史续编》载："御
门之典，以宫中御乾清门听政得名（圆明园则御勤政殿，亦
曰'御门'）。凡折本下内阁，得旨于某日御门办事，届日，
乾清门预陈御榻黼扆（勤政殿则御宝座）。所有内阁部院衙
门捧本、进本，内阁学士读本，宣答时大学士、学士等承旨，
记注官及翰林、御史侍班。"[17] 从《起居注册》和《实录》的记
录来看，凡称"御××听政"者均为这种特殊的"御门听政
之典"；康熙时期多在紫禁城乾清门和畅春园澹宁居举行，
雍正以后则多在紫禁城乾清宫和圆明园勤政殿举行。参加的
大臣较多，内阁学士和各部院官员、记注官、御史等均在场，
有较严格的仪式程序，与一般的召见、处理政务明显不同。

圆明园勤政殿有时用作接见外藩使者的场所，较为隆
重，如《起居注册》载乾隆二十五年（1760年）正月十三日
"上御勤政殿陛座，布鲁特阿集必衣来使西拉噶斯等行三
跪九叩头礼，上招至御座前亲加慰问。"[18] 另外值得一提的

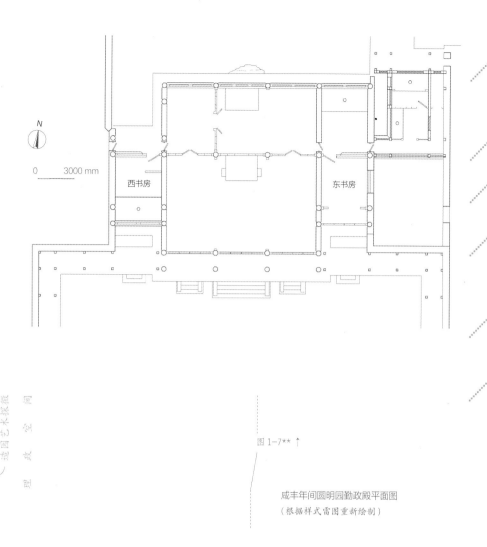

西书房

东书房

起居注册，载："（乾隆六十年九月初三日）卯刻，上御勤政殿，召皇子、皇孙、王公、大臣等，宣示立皇十五子嘉亲王颙琰为皇太子。"中国第一历史档案馆藏．

（清）姚元之．竹叶亭杂记．
北京：中华书局，1982：4．

（清）于敏中等编纂．日下旧闻考．
北京：北京古籍出版社，1981：1331．

中国第一历史档案馆．圆明园．
上海：上海古籍出版社，1991：1439，载："太监胡世杰交天球、地球二份（系养心殿换下），传旨：著交圆明园保合太和安设，钦此。"

晚清时期养心殿与后殿之间增加连廊，形成"工"字形平面，与保合太和、富春楼的平面组合更为相近。

（清）弘历．芳碧丛歌．
高宗御制诗二集，卷87．
清代光绪二年刊本．

图 1-7** ↑

咸丰年间圆明园勤政殿平面图
（根据样式雷图重新绘制）

是乾隆六十年（1795年）乾隆帝在圆明园勤政殿中正式宣布册立皇十五子颙琰为太子，准备传位[19]，也从侧面证明了勤政殿的重要地位。

勤政殿的内部空间非常灵活。道光间大臣姚元之《竹叶亭杂记》对当时的勤政殿和东书房的格局有详细描述："圆明园召见，向在勤政殿。三楹，槅扇洞开，殿中有横槅分前后焉。殿东有套间曰东书房，无前廊。夏日召见在殿中，春秋则在书房。书房门向东，前加牌枑。臣工由东首台阶上进殿，过横槅，转牌枑，向南稍东即南向跪，则面圣矣。此地不大，盖截书房北段为小间。北墙有槅扇门，驾由此出入，是以上面北坐也。丁酉冬，将书房添前廊，南向开门，北安窗，炕倚窗，设御座炕之西头。东南向窗间设大玻璃，以防范外人窃听。圣人防闲之严如此。臣工自殿外南向之门入见，自戊戌正月始也。"[20]对照清代咸丰年间的样式雷图，可见勤政殿的东书房分为前、后两间，北间靠窗设炕；西书房靠南窗设炕床，作为临时休息之处；

中央三间分为前、后两部，前部较宽敞，中设宝座，后部又分隔为东、西两室。整个殿宇空间尺度不大，以方便实用为主，不太讲究礼制和排场，甚而皇帝在东书房中可以北向而坐。清代后期特意在东南槛窗设置大玻璃，防人窃听，具有很高的私密性要求（图1-7**）。

保合太和殿是另一座重要的理政殿宇。《日下旧闻考》载："保合太和，正殿三楹"[21]，与《圆明园四十景图》所示的九间大殿形象有所出入。笔者推测此殿的平面柱网形制模仿紫禁城养心殿，原本面阔三间，但在每间之中另加两根柱子，形成外观类似九间的特殊形式。清代后期的一张样式雷图显示其平面由周围廊改为仅设后廊（图1-8**）。

此殿的室内空间与养心殿也颇有相似之处，分为中部和东西暖阁三个区域，且东西暖阁中均设仙楼和复杂隔断。西暖阁悬"勤政亲贤"和"养性"等匾额，乾隆三十年（1765年）自紫禁城养心殿移天球仪、地球仪于此陈列[22]，嘉庆帝又增添"养心室"题额，都强调了此殿与

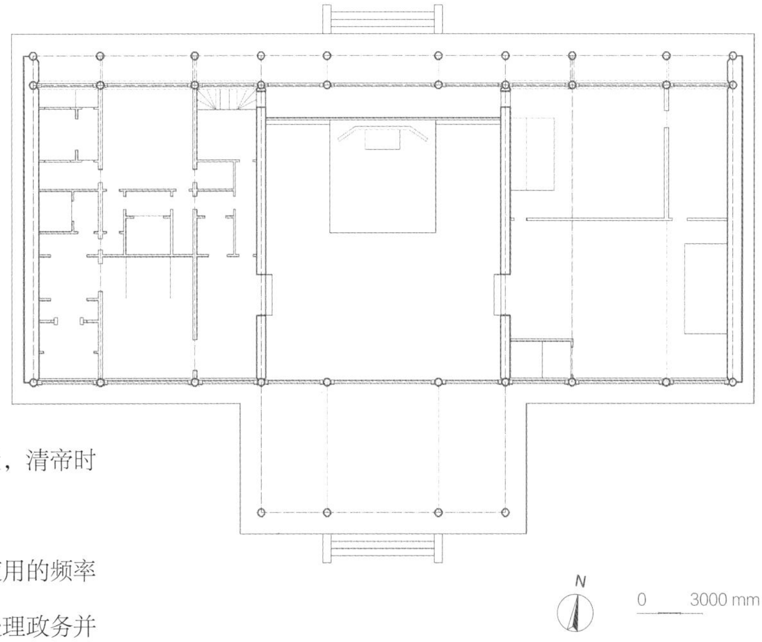

图 1-8** ↑

清代后期圆明园保合太和殿平面图
（根据样式雷图重新绘制）

养心殿的亲缘关系。此外，保合太和殿与其北侧的富春楼的关系和养心殿前殿与其后殿的关系也有些相似[23]。此殿规模大于勤政殿，清帝时常在此批阅奏章。

怀清芬、芳碧丛是相对次要的理事殿，但使用的频率也比较高。乾隆帝经常在怀清芬进早膳，随后处理政务并接见大臣；芳碧丛采用四面开敞的形式，最宜于夏日办公，乾隆帝《芳碧丛歌》特别提及："文轩五架虚且明，夏晓延凉咨政处"[24]。

洞明堂是另一座不可忽视的理事殿。此殿最重要的功能是用作清帝勾到秋决犯人的场所，有时也是批阅奏章的地方。

除了以上殿宇之外，清帝在圆明园园居期间，有时会在九洲清晏寝宫批阅奏章，在同乐园、山高水长、瑞景轩等处办事、引见，有时也在畅春园、清漪园、静明园临时办公，其视政场所根据游乐等其他活动而有所变化，比较灵活。

勤政亲贤景区中的主要殿宇都以理政功能为主，而且除保合太和殿以外基本都采用五间殿的形式，尺度相差不大，但内部陈设则有繁简之别。根据清代后期样式雷图标注，主要殿宇的开间尺寸如下（表1-1）：

表 1-1　清代后期样式雷图所示圆明园主要理事殿宇开间尺寸[①]

	殿名	面阔	明间	次间	稍间	备注
1	勤政殿	5 间	1 丈 3 尺	1 丈 2 尺	1 丈 2 尺	前后廊宽 4 尺，前后各出一卷抱厦，东稍间北延
2	保合太和殿	3 间	3 丈 5 尺	3 丈 2 尺 5 寸	—	后廊宽 4 尺，前出一卷抱厦，主体每间又分 3 间，中间宽、两边略窄
3	怀清芬	5 间	1 丈 1 尺	1 丈	1 丈	前后廊宽 4 尺 5
4	芳碧丛	5 间	1 丈 6 尺	1 丈 2 尺	1 丈 2 尺	周围廊宽 5 尺
5	洞明堂	5 间	1 丈	1 丈	1 丈	前后廊宽 4 尺

[①] 清代"1 营造尺"合今制 0.32 米。

乾隆二十一年（1756年）《穿戴档》记录全年393日（含闰九月）中，乾隆帝驻跸圆明园共168天，其间主要在勤政殿和怀清芬两殿理政，其中在勤政殿办公78次（1月11次、2月3次、3月1次、4月18次、5月19次、6月15次、7月7次、8月4次），在怀清芬办公56次（4月11次、5月15次、6月10次、7月12次、8月7次、10月1次）。大致而言，1~3月主要在勤政殿办事、引见；3~6月大多先在怀清芬进早膳，随后办事，然后去勤政殿引见大臣；7~8月光顾勤政殿次数减少，经常直接在怀清芬一处完成办事和引见等活动。其间也多次在其他殿宇或其他行宫中办公，除了少数特殊日子外，均勤于政务，毫不懈怠。

根据乾隆三十六年（1771年）《圆明园等处帐幔褥子档》记载，勤政亲贤景区中的保合太和殿、怀清芬和富春

中国第一历史档案馆．圆明园．
上海：上海古籍出版社，1991：912．

中国第一历史档案馆藏．
起居注册（道光三十年）．

中国第一历史档案馆藏．
起居注册（道光三十年四月二十日），
载："（上于）保合太和安歇．"

（清）昭梿．啸亭杂录．
北京：中华书局，1980：328．

（清）吴振棫．养吉斋丛录．
北京：北京古籍出版社，1983：140．

中国第一历史档案馆．圆明园．
上海：上海古籍出版社，1991：17．

中国第一历史档案馆．圆明园．
上海：上海古籍出版社，1991：19．

楼三处都有寝宫陈设[25]，可作临时休憩之用。飞云轩中大量悬挂乾隆帝历年所作《廷臣宴》诗篇，性质更近于书房；另外《起居注册》记载道光三十年（1850年）正月咸丰帝继位，当年二月"乙丑，恭移大行皇帝梓宫安奉正大光明殿……自是日始，上居飞云轩苫次。"[26]说明咸丰帝曾经以飞云轩为守灵倚庐之所；之后数月经常在保合太和殿歇宿[27]。生秋庭兼作祭祀场所，整个景区只有静阁、秀木佳荫和竹林清响是没有具体功能的建筑。虽然庭院中不乏山石和珍贵花木点缀，但并无更明确的造景措施。总体上这一区域是圆明园四十景中最强调实用功能而相对淡化园林趣味的景区。

（四）

相比紫禁城和其他离宫而言，圆明园中的理政空间更加深刻地反映了清代的政治体制和统治思想。

清朝沿袭了明代的制度，以大学士代替宰相，主持内阁，实行高度的君主专制。从康熙时期开始，一种不经内阁直送皇帝本人、完全由皇帝个人处理的机密文书——"密折"逐渐成为君臣之间信息传递的重要方式。雍正时期大大扩大了奏折的使用范围，使之从少数人使用的机密文书变为高级官员普遍使用的国家正式文书，乾隆十三年（1748年）更谕令密折可取代奏本，与题本并重，地位日益重要，成为清代政治制度的一个重要特色。密折制度的普遍实行便于削弱内阁的权限，从而使皇帝能够最大限度地了解情况、控制臣僚，并能快速机密地处理重要的政务，进一步加强了君主的个人专制。

雍正七年（1729年）创设军机处，开始时是一个秉承皇帝意旨办理军务的特设机构，后扩大为处理所有重大政务的中枢机构，更进一步架空和限制了内阁的权力，确保皇帝可以做到政由己出，完全掌握政府首脑的实权。另外值得注意的是，清代入关后的十朝皇帝中，前面的顺治、

康熙二帝和最后的同治、光绪、宣统三帝均为幼龄继位，曾经经历过大臣辅政或太后垂帘，恰恰在圆明园园居理政的雍正、乾隆、嘉庆、道光、咸丰五帝均为长君继位，清代中期也堪称中国古代封建专制的最高峰。

在这种君权至上的体制中，皇帝不但是国家的象征，也是政府的最高行政首脑，是庞大官僚机构的实际中枢，几乎所有重大政事均由皇帝乾纲独断。清代中期的五位皇帝长期在圆明园居住，使得御园中的理政空间成为大清王朝的第二政治中心。考虑到清帝园居的时间普遍超过住在紫禁城的日子，圆明园中相关殿宇的使用频率也比紫禁城中的同类殿宇更高。

紫禁城中的理政殿宇均分散于内廷之中，大臣进出并不方便；同时其格局虽不及外朝空间庄严肃穆，但其形制仍然恢宏而规整，仪式性大于实用性，宜于朝典而不尽宜于小规模的御前会议，且囿于紫禁城的整体规制，难以根据实际需要作太多的调整。而离宫中的理政空间却可以根据需要作出灵活设置，因此更加适合政务活动的需要。

康熙朝前期，康熙帝每月几乎逐日御乾清门听政，召集内阁，批示奏章。康熙朝中期驻跸畅春园以后，以"御门"形式听政的次数渐少，多代之以较简便的召见和小型御前会议，澹宁居三间小殿足敷使用。避暑山庄依清旷殿扩为五间，功能相似。

雍正朝以后军机处的设立和密折制度的推广进一步强化了圆明园中理政空间的实用性。《啸亭杂录》载："宪皇帝……乃命内外诸臣，凡有紧密事务，改用折奏。专命奏事人员若干，以通喉舌，无不立达御前。"[28] 密折传递具有迅速、直接和保密的效果，雍正帝在位的13年间所批的密折数量十分惊人，其中大半是在圆明园中披阅的。

康熙帝园居畅春园期间，在澹宁居"御门听政"的次数虽不及宫中，但至少每月都会举行。雍正帝驻跸圆明园期间，正式"御门听政"的次数明显减少，一年中往往仅有数次。皇帝处理政务的形式主要为披阅奏章、接见臣工和召开军机处会议，而一般的内阁奏议和题本逐渐变成例行公事。这种转变标志着清帝的实际理政方式由较为正式、

公开的上朝形式演化为较私密的御前会议，由此对理政空间也不再追求庄严肃穆的仪典效果，而改为强调其功能性，空间尺度也更为近人。具体来说，就是一方面试图缩短皇帝与臣下的距离，从一定程度上加强君臣之间的亲近感；另一方面是注意理政空间使用上的便利和私密效果。

在日常政务活动中，帝王需要的是与臣下的直接交流和对各种事务的恰当处理，更重视高效便利的空间格局和顺畅的流线，也需要一定的私密性和相对宽松的氛围。紫禁城中最常用的理政空间养心殿也是大内殿宇中室内布置较为灵活的实例，但此殿集理事殿和皇帝寝殿于一身，功能分区并不尽合理。圆明园中的理政殿宇位置均靠近宫门，院落格局简单，大多不设厢房，主要的殿宇通过抱厦、多卷勾连搭和套间等形式，营造出灵活可变的室内空间，很好地满足了日常办公、招对引见的功能需求，甚至还考虑到不同季节的轮换，显然比紫禁城的相关殿宇更适于日常视政之用，同时也比畅春园澹宁居、避暑山庄

依清旷殿的形式更丰富。

此外值得一提的是《养吉斋丛录》曾载："御门听政，大学士等旁跪奏，无毡垫。雍正间，圆明园御门，始设毡垫，而乾清门则未及也。乾隆五年冬，亦令设毡垫。"[29] 从这个小小的细节中可以看出圆明园理事殿的空间气氛比紫禁城要宽松，大臣所受的规矩约束稍宽，更有利于君臣之间的沟通和国事的决策。雍正三年（1725年）八月雍正帝曾给吏部、兵部颁布上谕："朕在圆明园与宫中无异，凡应办之事照常办理，尔等应奏者不可迟误。若无应奏之事，不必到此。其理事之日，尔等于春末秋初，可趁早凉而来，秋末春初天时寒冷，于日出之前起行，不但尔等不受寒暑，即随从人夫亦不至劳苦矣。"[30] 九月又向内阁下旨："凡来圆明园奏事之大臣官员等不必太早。……虽稍迟误，或一二人不到，亦无妨碍，并不至有误事之处也。"[31] 在此一向以御下严酷、刻薄寡恩著称的雍正帝也表现出难得的人情味。

雍正年间，军机处成为直接受皇帝控制的最高权力机构，缩减了朝廷核心统治集团的规模，对于加强理政的效率和对朝政的控制有很大作用。军机处除了在紫禁城隆宗门外设有入值之所外，雍正至咸丰五朝时期的圆明园也设有军机房，《清会典》"办理军机处"条专门规定："圆明园军机堂在左如意门内，每日军机大臣入直、召见、散直，皆与在宫之日同。"[32]

此外，清廷另一重要的咨询机构南书房在圆明园也设有值庐，如《郎潜纪闻》曾载南书房在"禁园东如意门外，乾隆间翰林入直之所。嘉庆初，复于勤政殿东垣赐屋三楹，地逾清切，而旧直庐亦不废。"[33]嘉庆帝御制诗注也称："驾驻圆明园之日，南斋翰林趋晨直者向止如意门外廨舍，以听传宣，供奉笔墨。嘉庆六年，特命于奏事门内、勤政殿

图1-9**→

雍正帝御笔"勤政亲贤"匾
（引自《清史图典·雍正朝》）

外迤东值厢拨给四楹为南斋翰林晓值之所。"[34]其他重要的部院衙门也都在宫门区设有相应的值房。这些值房的设置视实际需要而定，对于君臣理政有很大的辅助作用。

五

圆明园中高度发达的理政空间不但反映了清代的政治制度，同时也象征着清代帝王所崇尚的"勤政"精神。

嘉庆帝曾说过："我朝家法，无一日不听政临轩。中外臣工内殿进见，君臣无间隔暌违，上下交泰，民隐周知。视前明之君，深居大内，隔绝臣工，竟有不识宰相之面者，相去奚啻霄壤。"[35]这段话并非夸饰，清代皇帝确实远比明代皇帝要勤勉得多。

在圆明园中园居的五位帝王更是无一例外地表现出勤政不怠的作风。雍正四年（1726年）正月二十日雍正帝首次在圆明园勤政殿理事，就发布上谕："今日朕坐勤政殿，以待诸臣奏事，乃部院八旗竟无奏事之人，想诸臣以朕驻跸圆明园欲图安逸，故将所奏之事有意减省耶？朕因郊外水土气味较城内稍清，故驻跸于此，而每日办理政事与宫中无异，未尝一刻肯自暇逸。已曾屡降谕旨，切告廷臣，令其照常奏事；若朕偶欲静息，自当晓谕诸臣知之，倘廷臣不知仰体朕心，将陈奏事件有意减省，是不欲朕驻跸圆明园矣。"[36]乾隆三年（1738年）正月十二日乾隆帝在关于驻跸圆明园的谕旨中称："昔年皇祖皇考皆于此地建立别苑，随时临幸，而办理政务，与宫中无异也。……若以朕驻跸郊圻，欲节劳勚，将应办应奏之事有意减少迟延，则不知朕心之甚矣。向来部院及八旗大臣皆轮班奏事，自仍

照旧例行，至诸臣中有条陈奏事件即行具奏，不必拘定轮班日期，大学士等可通行传谕知之。"[37]嘉庆二十年（1815年）嘉庆帝也曾颁布谕旨："我皇祖世宗宪皇帝勤求治理，整饬官联。自是以后，圆明园奏事，文职衙门轮为九班，武职衙门轮为十班。我皇考高宗纯皇帝遵行六十余年。朕嗣统二十年以来，亦恪遵不懈，诚以我朝家法，勤政为先，驻跸御园，与宫内办事，无一日少闲。"[38]类似的谕旨不胜枚举。

圆明园中相关殿宇的匾额和楹联大多强调"勤政"的含义。《日下旧闻考》记载勤政殿前檐悬"勤政亲贤"匾（图1-9**），后檐悬"为君难"匾；殿内中央宝座屏风上有乾隆帝御书《无逸篇》，两侧设东西两壁，分别陈列乾隆帝御制的两篇文章《创业守成难易说》和《为君难跋》，由大臣梁诗正和于敏中分别书写；前楹对联为"至治凛惟艰，修

中华书局编辑部．清会典．
北京：中华书局，1991：20．

（清）陈康祺．郎潜纪闻初笔二笔三笔．
北京：中华书局，1984：375．

（清）颙琰．皇朝词林典故书成联句．仁宗御
制诗二集．卷41．
清代光绪二年刊本．

（清）颙琰．勤政殿记．仁宗御制文初集．卷4．
清代光绪二年刊本．

中国第一历史档案馆．圆明园．
上海：上海古籍出版社，1991：22．

中国第一历史档案馆藏．
起居注册（乾隆三年）．

大清仁宗睿皇帝实录．
台北：华文书局，1968：4579．

中国圆明园学会主编．圆明园．第2集．
北京：中国建筑工业出版社，2007：46．

（清）弘历．题勤政殿．
高宗御制诗五集．卷77．
清代光绪二年刊本．

（清）颙琰．勤政殿记．仁宗御制文初集．卷4．
清代光绪二年刊本．

（清）颙琰．勤政论．仁宗御制文余集．卷9．
清代光绪二年刊本．

（清）胤禛．夏日勤政殿观新月作．
世宗御制文集．卷29．
清代光绪二年刊本．

（清）旻宁．勤政殿述志．
宣宗御制诗余集．卷1．
清代光绪二年刊本．

和九叙；大猷怀用乂，董正六官"，后楹对联为"懋勤特喜书无逸，揽胜还思赋有卷"，均为乾隆帝御笔。保合太和殿殿内照壁上有乾隆帝御笔《圣训四箴》，并在西暖阁又一次悬挂"勤政亲贤"匾，而且咸丰年间《圆明园匾额略节》记录殿内悬有"所其无逸"、"天君淡寂"、"审几慎独"、"养心寡欲"、"乐天知命"和"自强不息"等匾额[39]，几乎均为勉励君主勤于政事的座右铭。

除圆明园外，清代其他皇家园林中也大多设有一座勤政殿。康熙帝于西苑瀛台首题"勤政殿"，乾隆帝在避暑山庄、清漪园、静宜园三处设勤政殿，嘉庆帝则题绮春园的正殿为勤政殿（后改迎晖殿）。乾隆帝《题（西苑）勤政殿》诗注云："是地勤政殿为皇祖所御题，圆明园之勤政殿为皇考御题，予于清漪园、静宜园及避暑山庄皆遵书是额。盖家法相承，虽游豫之处弗敢忘也。"[40]嘉庆帝《勤政殿记》称："我皇考于理事正殿皆颜'勤政'，诚以持心不可不敬，为政不可不勤也。"[41]这些匾额反复强调清帝一向标榜的"为政在勤，勤则不匮"的理念[42]。雍正帝在位期间曾经在圆明园中作过一首《夏日勤政殿观新月作》诗："勉思解愠鼓虞琴，殿壁书悬大宝箴。独揽万几凭澍暑，难抛一寸是光阴。丝纶日注临轩语，禾黍常期击壤吟。恰好碧天新吐月，半轮为启戒盈心。"[43]道光帝也有《勤政殿述志》诗："修身先澹静，莅政贵精勤。"[44]这些诗句在一定程度上都是其内心的真实写照。

整体而言，圆明园中所设理政空间在整个御园中所占比例很小，但皇帝园居期间光顾的次数和逗留的时间却仅次于起居空间，大大超过其他景区，具有不可替代的特殊政治功能和象征意义，成为御园中极其重要的空间类型。

徐珂编撰.清稗类钞.
北京：中华书局，1984.
第4册：2213-2214.

中华书局编辑部.清会典.
北京：中华书局，1991：548.

中国第一历史档案馆藏《起居注册》（雍正朝）
载："（雍正五年正月十六）上幸丰泽园陛
黄幄御座，赐朝正外藩诸王、贝勒、贝子、公、
额附、台吉等宴，奏蒙古乐。"

（清）弘历.新正西苑小宴外藩.高宗御制诗
初集.卷37.
清代光绪二年刊本，诗注："旧例，小宴外藩，
设帐殿，盖从其俗也。"

御园循典建穹庐，锡宴诸藩孟月初

——大蒙古包

图2-1** →

《清会典》中规定的皇帝行营制度示意图
（摹自《唐土名胜图会》）

基础上进一步探讨其中所表现出的游牧文化含义及其渊源所在。

一

《清稗类钞》曾载："牛皮帐者，蒙古人所居，亦谓之蒙古包。率以牛皮为之，木架双叠钩连，可舒而张之。围如栅，耸其顶，牛皮数幅联为一，覆于架外，上下盘巨索两道，木板为门，四面不透风，其颠开天窗，以泄炊烟，周围可四丈余。……又有毡帐，则斫木为门，空其顶，覆片毡于上，以绳牵之，晴启雨闭。"

这种穹庐式的民居为我国北方蒙古、藏、回、哈萨克等少数民族所常用，是一种富有民族特色的居住形式。值得注意的是，在清代的皇家园林中也经常搭建穹庐式的毡帐建筑，称"大蒙古包"、"大幄"或"武帐"。特别是在圆明园等离宫御苑中专门采用若干尺度不一的大蒙古包作为重要的筵宴场所，形成一种独特的仪典性空间。

本章将对圆明园中这类毡帐建筑的形制和功能进行考证和分析，并与避暑山庄万树园大蒙古包进行比较，在此

二

清朝统治者马上得天下，入关后依然在一定程度上保持着游牧民族居住蒙古包的习俗，皇帝巡幸和行围，常以行营毡帐为驻跸之处，后逐渐形成固定的制度，在《清会典·工部》"制幔城网城以备巡幸"条中专门作了详细的规定："巡幸驻跸大营，内方外圆，建黄幔城。门南向中建圆幄，高二丈，径三丈四尺，上为穹盖，顶用圆木加枢，衔椽下覆，皆髹朱，幕以白毡。……庭左右各设圆幄一，高九尺五寸，径一丈五尺，内围白毡，余制如前。正中圆幄后，达以长幄，高七尺六寸，直梁横陈，四方启门。后为幄殿三楹，高一丈一尺，东西室皆启窗。后为圆幄六。幔城外左右各设连帐，以为茶膳储待之所。其外为网城，

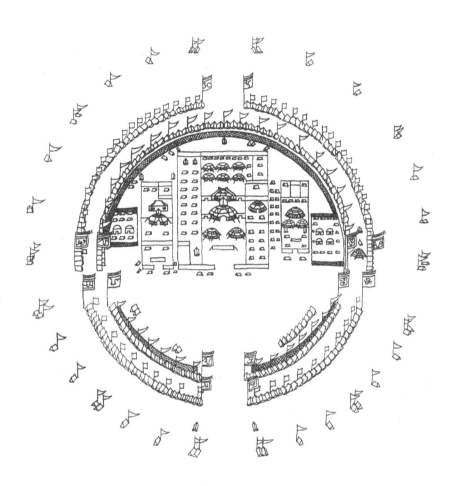

索绚为之，贯以杆，高六尺，周围设连帐一百七十五为内城，启旌门三。外设连帐二百五十四为外城，启旌门四。内城宿卫帐九，外城宿卫帐四。"[2] 其中朝寝毕备，防卫森严，俨然临时宫殿（图2-1**）。此外，在皇家园林中也经常搭建大蒙古包作阅兵之用，例如康熙帝即曾在清代第一座离宫畅春园之西厂御大幄阅兵，康熙帝、雍正帝也都曾经在玉泉山顶御黄幄以验试火器或检阅军队发炮放枪。

皇家园林中所设大蒙古包更重要的功能是举行筵宴，特别多用于赐宴外藩。筵宴外藩是清廷极为重要的一项仪典，在紫禁城、西苑、景山和不同时期的离宫畅春园、避暑山庄、圆明园等处均有举行，其中在西苑和避暑山庄、圆明园举行的筵宴都曾经多次搭建大蒙古包。西苑大蒙古包筵宴一般于正月十五前后在中南海举行，雍正时期地点多在丰泽园[3]，乾隆以后多在紫光阁，称"新正小宴"[4]；圆明园大蒙古包宴也在正月十五期间举行，地点在御园西部的山高水长；避暑山庄大蒙古包宴一般于夏秋皇帝北狩期间在万树园举行。

相对而言，在圆明园和避暑山庄这两大离宫所设大蒙古包中举办的筵宴最为重要，嘉庆间礼亲王昭梿《啸亭杂录》"大蒙古包宴"条曾载："乾隆中廓定新疆，回部、哈萨克、布鲁特诸部长争先入贡，上宴于山高水长殿前，及避暑山庄之万树园中，设大黄幄殿，可容千余人。其入

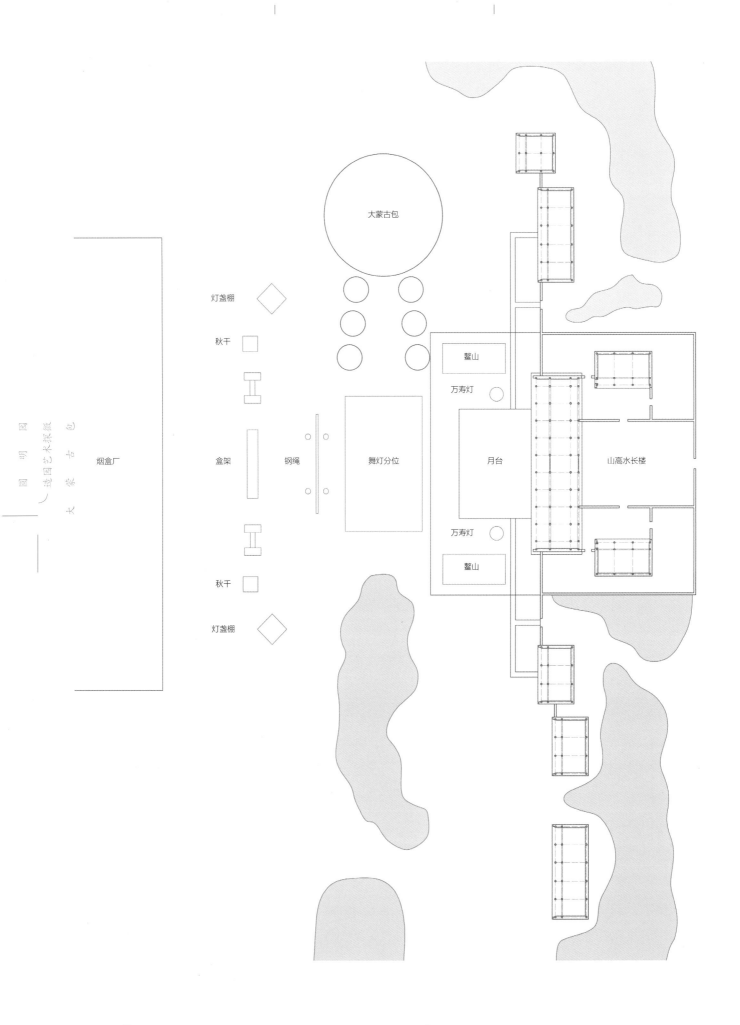

圆 明 园

造园艺术探微

大 蒙 古 包

烟盒厂

灯盏棚

秋干

盒架　　钢绳

秋干

灯盏棚

大蒙古包

鳌山

万寿灯

舞灯分位　　月台　　山高水长楼

万寿灯

鳌山

N

0　　10　　20　　30 m

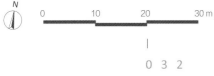

座典礼，咸如保和殿之宴，宗室王公皆与焉。上亲赐卮酒，以及新降诸王、贝勒、伯克等，示无外也，俗谓之'大蒙古包宴'。嘉庆八年，今上以三省教匪告藏，亦循例举行焉。"[5]

圆明园在山高水长景区搭建的大蒙古包形制独特，空间氛围与朝仪大殿有很大差异，其中举行的筵宴之礼和娱乐形式也富有游牧文化特色，是御园中不可忽视的重要空间类型。

（清）昭梿. 啸亭杂录.
北京：中华书局，1980：375-376.

（清）弘历. 圆明园四十景诗·山高水长. 高宗御制诗初集. 卷22.
清代光绪二年刊本.

（清）颙琰. 山高水长筵宴外藩及各国使臣即席成什. 仁宗御制诗三集. 卷58.
清代光绪二年刊本.

中国第一历史档案馆. 圆明园. 雍正五年（1727年）正月十一日内务府《上传档》记载皇帝口谕："本月十九日圆明园筵宴，应备办礼乐、摔跤及烟火等事，皆循去年例备办。"举办地点必在山高水长.
上海：上海古籍出版社，1991：23.

中国第一历史档案馆. 圆明园.
上海：上海古籍出版社，1991：830.

（清）翁同龢. 翁同龢日记.
北京：中华书局，1997：3054.

中国第一历史档案馆藏《起居注册》（乾隆朝）载："（乾隆三十四年二月十九日）上御山高水长幄次，赐经略大学士、忠勇公傅恒及随征诸将士宴。"

中国第一历史档案馆藏《起居注册》（乾隆朝）载："（乾隆十八年四月九日）上幸山高水长幄次，赐博尔都噶尔贡使巴哲格伯里多玛诺等宴。"

中国第一历史档案馆. 圆明园.
上海：上海古籍出版社，1991：38.

图 2-2** ←

道光年间圆明园山高水长大蒙古包平面图
（根据样式雷图重新绘制）

三

山高水长是圆明园四十景之一，位于御园的西南角，其主要建筑为一座九开间楼宇，西向，后倚山岗，前临大片平坦的空地。乾隆帝《山高水长》诗曾称："（山高水长）在园之西南隅，地势平衍，构重楼数楹。每一临瞰，远岫堆鬟，近郊错绣，旷如也。"[6]

这里是清廷举办大蒙古包宴最重要的地点，嘉庆帝御制诗即有"御园循典建穹庐，锡宴诸藩孟月初"之句[7]，描绘了山高水长大蒙古包御宴的情形。山高水长的大蒙古包宴多在每年的正月十五元宵节前后举行，晚间筵宴的同时还会布置灯盏并大放烟火，同时表演摔跤、礼乐，以为助兴[8]，如乾隆二十一年（1756年）《穿戴档》记载："（正月初九日）乘四人亮轿至大蒙古包内，筵宴蒙古王子等。……（正月十四日）引至山高水长，上率王公大臣等看摔跤、放花炮、盒子、舞灯毕。"[9]这种风尚一直延续

到道光、咸丰时期，光绪年间《翁同龢日记》曾记："闻恭邸说道光年山高水长亦有灯戏，排'大有年'三字。"[10]

乾隆年间除了年初固定的筵宴之典外，皇帝有时候也在山高水长的大幄中赐宴出征将士[11]和临时来访的藩属、贡使[12]。

雍正年间内务府《奏销档》曾有"雍正八年八月二十五日由武备院行文，领取圆明园蒙古包内钉席所用光帽麻菰钉一千三百个"[13]的记载，这是关于圆明园大蒙古包较早的记载，未说明具体地点，很有可能设在山高水长，同时从文中可知蒙古包内铺设了席子。

道光年间的一幅"样式雷"图详细绘出了山高水长建筑、大蒙古包和灯盏、烟火设置的具体格局（图2-2**），其中御幄居于山高水长楼西北，两边以八字形对称布置六座蒙古包。按比例尺推算，御幄的直径为七丈二尺。

乾隆三十四年（1769年）正月的《油木作活计档》详细记录了山高水长某次所搭蒙古包的布局和尺寸情况：

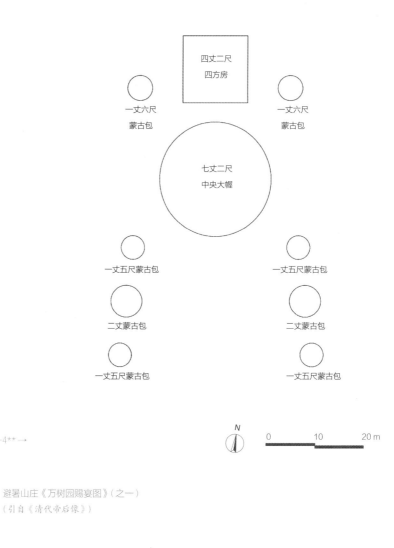

四丈二尺
四方房

一丈六尺
蒙古包

一丈六尺
蒙古包

七丈二尺
中央大幄

一丈五尺蒙古包

一丈五尺蒙古包

二丈蒙古包

二丈蒙古包

一丈五尺蒙古包

一丈五尺蒙古包

N

0   10   20 m

图 2-3** ↗

乾隆三十四年圆明园山高水长大蒙古包
平面示意图

图 2-4** →

避暑山庄《万树园赐宴图》（之一）
（引自《清代帝后像》）

着额驸福隆安在山高水长搭盖七丈二尺大蒙古包，前面搭盖大些蒙古包四座，后面搭盖四方房一座，两边配搭蒙古包二座。钦此。

于本月初六日，将贴得中间七丈二尺大蒙古包一座、后面有穿堂四丈二尺四方房一座、两边配搭一丈六尺蒙古包各一座、前面中间二丈蒙古包二座、前后一丈五尺蒙古包四座纸样一张，中间贴得七丈二尺大蒙古包一座、后面四丈二尺四方房一座、两边配搭一丈五尺蒙古包各一座、前面二丈蒙古包二座、一丈六尺蒙古包二座纸样一张，并请旨于初七日搭盖等情……奉旨：准照前面蒙古包六座，后面有穿堂四方纸样搭盖。钦此[14]。

依此也可以绘制出其格局的平面示意图（图2-3**），与样式雷图所示大同小异。

乾隆四年（1739年）《杂活作活计档》记载皇帝曾有口谕："将武备院收贮旧三丈西洋房一座搭在山高水长呈览。……此三丈西洋房一座，俱照四丈二尺西洋大房一样

改做。再，二丈西洋房内添做高床三张。"[15] 可见除了圆形的蒙古包之外，还有一种方形平面的"西洋房"，前引《油木作活计档》所录之"四丈二尺四方房"就是这样的形式。

另外乾隆四十五年（1780年）十月十五日《灯裁作活计档》记载皇帝曾经传口谕，将"含经堂搭盖五合蒙古包中间前厅新做白底押红印花毡里围墙拆下，在养心殿东暖阁铺地用，将东暖阁现铺黄底红花毡仍在蒙古包内做里围墙用。"后来又下旨"不必换"[16]。由此可见长春园含经堂景区也曾经搭建过五合大蒙古包，设有前厅，以花毡为围墙，其具体的形制不详。

乾隆、嘉庆年间，圆明园山高水长的大蒙古包宴几乎每年都会举行；道光以后则时有中断，规律性不如从前，咸丰十年（1860年）圆明园惨遭英法联军焚掠后即不再举行。据《翁同龢日记》记载，光绪帝曾在已经废毁的长春园（圆明园附园）含辉楼支黄幄以检阅精捷营马伎[17]，虽采用了毡帐，但与从前盛极一时的御宴大蒙古包已是两回事。

中国第一历史档案馆. 圆明园.
上海: 上海古籍出版社, 1991: 1459.

中国第一历史档案馆. 圆明园.
上海: 上海古籍出版社, 1991: 1274.

中国第一历史档案馆. 圆明园.
上海: 上海古籍出版社, 1991: 1558.

（清）翁同龢. 翁同龢日记.
北京: 中华书局, 1997: 2599. 载: "（光
绪十九年三月二十七日）今日上诣颐和园，
且御含辉楼阅精捷营马伎。楼在圆明园，已废，
支黄幄。"

中国第一历史档案馆藏《起居注册》（乾隆
朝）载: "（乾隆十二年七月三十日）上御（避
暑山庄）宫门外帐殿，赐蒙古诸王大臣……
等筵宴。"

（清）和珅，梁国志等编纂. 钦定热河志. 卷32.
清代乾隆年间刻本.

____ 贰

图 2-5** ↓

避暑山庄万树园大蒙古包
平面示意图（之一）

四

圆明园的大蒙古包缺乏图像资料，其建筑形象可以从存世的描绘避暑山庄大蒙古包和中南海紫光阁大蒙古包的清代宫廷绘画上得到参照。

避暑山庄是清帝北巡进行木兰秋狝时驻跸的塞外离宫。乾隆帝曾在宫门外搭建大幄赐宴蒙古诸王大臣[18]，但山庄中举行大蒙古包宴的主要地点是在万树园。

万树园位于避暑山庄平原区中部，是一处面积很大的开阔地带，《钦定热河志》描述其景色为"不樊不垣，嘉木罗植，成荫列幕者不可指数。"[19]此处绿草如茵，颇有草原风貌，宛如木兰围场的缩影。除了临时搭建的大蒙古包之外，万树园中不设任何固定的建筑物，显得非常空旷。

从乾隆年间的两幅《万树园赐宴图》中可见其举行筵宴时所用蒙古包组群的两种基本格局：一种是外围以帷幕围成屏藩，中央为尺度巨大的御幄，御幄前两侧各有三座较大的蒙古包和一座坡顶帐殿，御幄之后另有数个较小的蒙古包和一些小型坡顶帐房（图2-4**），据此可以绘出其平面示意图（图2-5**）。另一种布局相对简单，御幄之前仅设

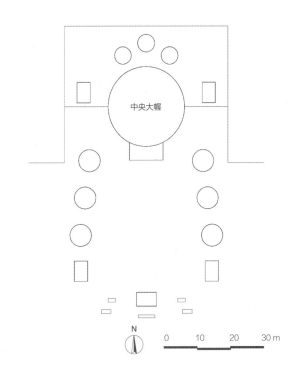

中央大幄

N   0   10   20   30 m

图2-6** ↑

避暑山庄《万树园赐宴图》（之二）
（引自 Yuanmingyuan）

图2-7** ↙

避暑山庄万树园大蒙古包
平面示意图（之二）

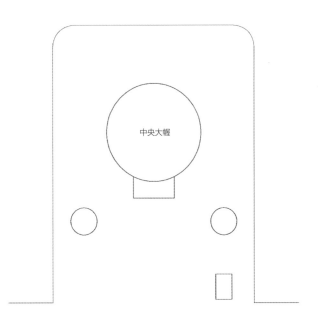

中央大幄

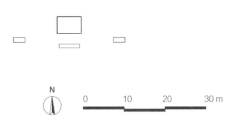

N

0   10   20   30 m

左右圆幄各一座（图2-6**）（图2-7**），与《清会典》中规定的皇帝行营的中央部分相似，但未在御幄之后设长幄、帐殿和6座圆幄。

据《热河园庭现行则例》所载道光十八年（1838年）总管福泰查验永佑寺后间所贮的御幄、蒙古包的奏折，可知各种大幄的详细尺寸情况："七丈二尺御幄一分，梁柱金漆、朱漆迸裂，并随地平、宝座、屏风、踏垛一分；又五丈九尺五合蒙古包一分；又四丈二尺西洋房二座；又五丈二尺花顶蒙古包二架；又二丈五尺备差蒙古包二十四架。内七丈二尺御幄、大花雨盖各项毡片及五合蒙古包、西洋房毡片、架木均属完整。"[20]

乾隆五十八年（1793年）曾在避暑山庄得到乾隆帝接见的英国副使斯当东在其著作中详细描绘了万树园大蒙古包的形制："在花园当中有一庄严的大幄，四周架着金色油漆的支柱。大幄搭的帆布并不跟随大幄绳子一直倾斜到地面上，而是在半道垂直悬挂下来，上半段帆布做成大幄

The Emperor of China receiving the Ambassador at Jehol Tartary

图 2-8**

英人绘避暑山庄大蒙古包外景
（引自《帝国掠影》）

（清）内务府．热河园庭现行则例．卷10.
国家图书馆藏清代抄本．

（英）斯当东著．叶笃义译．英使谒见乾隆纪实．
上海：上海书店，1997：364.

（清）弘历．再题避暑山庄三十六景诗·万树园．
高宗御制诗二集．卷50.
清代光绪二年刊本．

图 2-9**

英人绘避暑山庄大蒙古包内景
（引自《停滞的帝国——两个世界的撞击》）

顶。大幄当中设置宝座。大幄四周都有窗户，外面阳光透过窗户集中射到宝座。面对宝座有一个宽阔开口，从那里突出一个黄色二重顶帐幕。大幄内的家具非常文雅而不故意显示额外奢华。大幄的前面竖起几个小的圆形帐篷。一个小的长方形帐篷竖在大幄的后面，里面有床，是为皇帝临时休息准备的。帐篷四外陈列着各式欧洲和亚洲的短枪和佩刀。大幄前面的小圆帐篷，其中之一作为使节团等候皇帝的休息地方。其余几个是为等候在热河准备向皇帝祝寿的各属国君主和外藩使臣设置的，他们今天也来参加这个典礼。也有几个是为王公大臣们准备的，皇帝将在大幄内的宝座上接见英国使节。"[21]

英使的随员 W·亚历山大根据别人描述所绘的《英使觐见乾隆帝》水彩画和油画中分别展现了御幄室内外的景象（图2-8**、图2-9**）。

在《万树园赐宴图》所绘场景中，皇帝宝座设于御幄内，外藩、大臣的席位设于御幄内外之两侧，非常整齐。

御幄前的空地中正在表演摔跤，场面极其热闹。乾隆帝《万树园》诗对万树园的空间格局以及举行的各种活动描述道："北枕双峰之南，平原径数千余亩，灌树成帷幄，绿草铺茵毯。虽以园名，不施土木。今年都尔伯特部长入觐，即园中张穹幕，集名藩锡燕，烧灯，陈马伎、火戏，燕乐之，为时盛事。"[22]

可见在万树园大蒙古包举行筵宴时活动内容非常丰

富，且多宜于野外，有很强的塞外游牧风味。值得一提的是万树园的大蒙古包不但是重要的筵宴空间，还经常是乾隆帝接见外藩和外国使者的场所，其中最著名的一次即为乾隆五十八年（1793年）对来访的英国特使马戛尔尼的接见[23]。

道咸时期木兰礼废，避暑山庄万树园的大蒙古包宴随之取消。

清代宫廷画师还绘有多幅中南海紫光阁大蒙古包赐宴图（图2-10**、图2-11**），格局基本一致。蒙古包设于紫光阁之前，大幄居中，两侧布置较小的蒙古包和坡顶毡房各一座，大幄之后以帷幕围合成一个后院，其中设有几座更小的坡顶毡房，似为后勤服务空间，其格局与圆明园、避暑山庄大蒙古包不完全相同，但大体类似。

五

由上文可知，圆明园山高水长、避暑山庄万树园和中南海紫光阁这3处大幄的总体格局至少有5种具体形式，但基本上都属于同一模式，只是繁简不同而已。综合来看，这类大幄组群的特点为：皇帝的御幄均位于中央偏北处，御幄前东西对称设置2～6座圆幄，平面多成八字形，同时辟有较大的露天院落供马伎、摔跤或观灯、放烟火之用。

乾隆帝的御制诗中曾经用"穹窿日午千人帐，应有颜家不信流"之句来描绘中央御幄，其自注云："颜之推《家训》'江南不信有千人毡帐'云云，言所少见也。兹所设武帐中央穹窿径七丈余，中设御座，旁设宴席，故戏及之。"[24]

御幄直径均为七丈二尺（合23.04米），尺度很大，下列支柱，上覆毡布，四面开窗，比《清会典》规定的皇帝行营中央御幄三丈四尺的尺度（合10.88米）大一倍有余；更远非四面封闭的民居蒙古包所能比拟。帐门三间，南向，

中国第一历史档案馆藏《起居注册》（乾隆朝）
载："（乾隆五十八年七月初十日）上御万树
园大幄次，英咭唎国王正使吗嘎尔呢、副使
嘶当东等入觐，上各加温语慰问。"

（清）弘历．新正设武帐宴新旧外藩．高宗御
制诗五集．卷28．
清代光绪二年刊本．

图 2-10 ** ←

中南海紫光阁大蒙古包赐宴图铜版画
（引自《清代宫廷绘画》）

带有庑殿式样的黄色屋顶；御幄内部的陈设比较简单，以
宝座为核心，设有地平、屏风、踏垛，并铺设彩色地毯，
以供皇帝临御。

　　御幄之前对称排列的蒙古包尺度要比御幄明显小许
多，外藩和王公大臣们的坐席依照尊卑次序分别布置在御
幄之内以及前面的露天院落中。乐队设于两侧帐殿之后，
一些辅助设施则放在御幄之北的小蒙古包中。整个空间井
然有序而又气氛热烈。

图 2-11 ** ←

《平定伊犁回部战图册》中的中南海紫
光阁大蒙古包
（引自《清史图典·乾隆朝》）

通过比较，可以发现这种大蒙古包的格局与关外盛京皇宫东路的空间形态有很大的相像之处（图2-12**）。据《满文老档》记载，太祖努尔哈赤在建造盛京皇宫之前，凡遇大事或设宴，都在"殿之两侧张天幕八，八旗之诸王、大臣于八处坐。"[25] 说明早期满族上层贵族议事、宴会时多采用类似布局的毡帐形式，努尔哈赤定都盛京后把这一形式以建筑的方式固定下来。盛京皇宫的东路建筑主要由大政殿和十王亭组成，大政殿是一座平面八角形的重檐攒尖顶大殿，十王亭在殿前排列成"八"字形，东西各五亭，最北为左右两翼王亭，其余八亭依八旗次序而列。大政殿的"八角殿"形式颇似穹庐，而十王亭则源于从前议政时殿前两侧设置的天幕，整组建筑具有粗犷雄浑的空间氛围，嘉庆帝《大政殿》一诗曾咏道："大殿据当阳，十亭两翼张。

八旗皆世胄，一室汇宗璜。"[26]

其形制充分反映了后金政权所带有的游牧民族的特点和八旗地位的重要性。清廷入主中原后，继承了明朝的宫殿，并兴建了大量以汉族建筑形式为主的离宫和行宫，表现出高度汉化的倾向。但从清朝中期开始又特意在离宫中通过搭建大蒙古包的形式来作为筵宴外藩的仪典空间，似乎又局部恢复了祖先的某种传统，个中缘由颇可追究。

清朝皇室本是满族人，原不像前朝的汉族政权那样歧视少数民族，相反却对蒙藏贵族采取比较优待的政策，彼此有同盟的关系。因此在汉化的同时，满清统治者也比较重视积极吸取藏族和蒙古族的文化。满洲与蒙古本来地理位置相邻，又曾分别创建了元、清两大少数民族王朝，在清廷入关之前就已经结为盟友，蒙古八旗军一直是清军的主力部队之一，清代皇室也常与蒙古王公联姻，二者关系

图 2-12** ↓

盛京皇宫东路大政殿与十王亭平面图

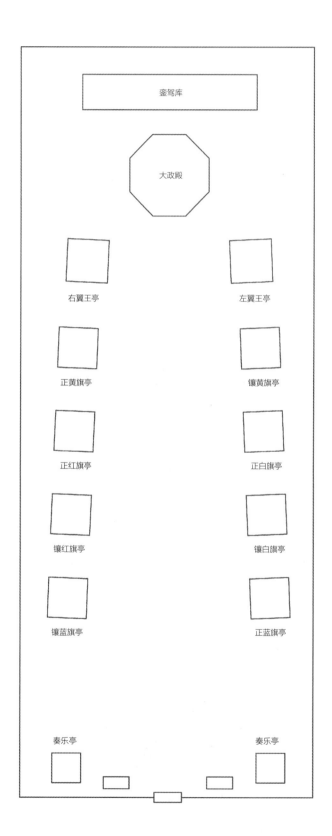

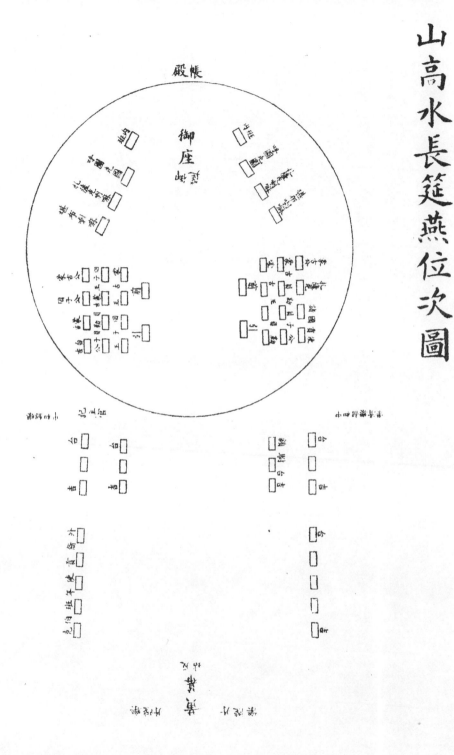

山高水長筵燕位次圖

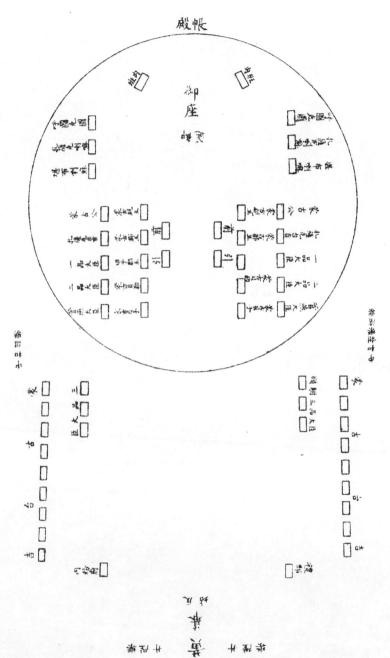

萬樹園筵燕位次圖

图 2-13**

圆明园山高水长与避暑山庄万树园筵宴
位次图（引自《清会典》）

辽宁省博物馆藏《满文老档》. 转引自铁玉钦,
王佩环. 关于沈阳清故宫早期建筑的考察. 中
国建筑学会建筑历史学术委员会. 建筑历史
与理论. 第 2 辑.
南京：江苏人民出版社，1982：51-82.

（清）颙琰. 大政殿. 仁宗御制诗二集. 卷 15.
清代光绪二年刊本.

阎崇年. 满洲初期文化满蒙二元性解析.
故宫博物院院刊，1998 年. 第 1 期：34-39.

A. J. H. Charignon 注. 冯承钧译. 马可波罗
行纪.
石家庄：河北人民出版社，1999：352.

（清）弘历. 武帐一首. 高宗御制诗五集. 卷 35.
清代光绪二年刊本.

中华书局编辑部. 清会典.
北京：中华书局，1991. 卷 93.

之密切非其他民族可比，清代早期的游牧文化中也因此具有满蒙二元性的特征[27]。清代离宫中的大幄制度尤其与元朝的蒙古包有一定的渊源关系。元蒙统治者在定都燕京之前，一直以帐殿作为宫廷的驻扎形式，其君主和王公显贵所居的蒙古包采用院心式的格局，即中心设大帐，环置小帐，外加围护。《马可波罗行记》曾记载元初世祖忽必烈的行帐制度："其行帐及其诸子、诸臣、诸友、诸妇之行帐在焉。都有万帐，皆甚富丽，……其用以设大朝会之帐，甚广大，足容千人而有余。帐门南向，诸男爵、骑尉班列于其中。"[28]其格局更接近于清帝的行营，与清代的御宴大蒙古包有所不同，但同样都拥有尺度巨大的"大朝会之帐"，二者或有一定的亲缘关系。

清帝在离宫、西苑中搭设蒙古包，本身更有遵从少数民族传统习俗的意义，如乾隆帝的御制诗注所云："岁例：

蒙古回部、番部等年班入觐，频有宴赉。……又于灯节前在山高水长张设武帐筵宴，以示加惠。我朝祖制相传，联情中外，所当万年法守也。"[29]

其中特别强调"从其俗"以"联情中外"。游牧民族素有"逐水草而居"的习俗，清代离宫本来就具有水泉清冽、草木茂盛的特点，而在避暑山庄和圆明园中所辟万树园和山高水长两区更是特别开辟了大面积空旷之地，广植草被，直接把关外的草原风光引入皇家苑囿，再加上游牧民族所常见的蒙古包形式，这种独特的空间环境对少数民族来说显然具有很强的亲切感。

清代的御宴是一项重要的仪典，有一整套繁琐苛严的程序和规则，在《清会典》中作了详细的规定[30]。在离宫大蒙古包中举行的"外藩之燕（宴）"也不例外，同样规定了严格的座次和陈设（图2-13★★）（图2-14★★），具有高

中华书局编辑部.清会典.

北京: 中华书局, 1991: 840: "驻跸圆明园,
则设筵宴于山高水长, 用饽饽桌六十张, 不
设筵宴。"

图 2-14** →

圆明园中的娱乐表演场景
（引自《京华遗韵——西方版画中的明
清老北京》）

度程式化的特点，突出了君主的神圣地位，反映了封建
社会严密的社会等级关系。但与紫禁城太和殿、保和殿
以及避暑山庄澹泊敬诚殿、圆明园正大光明殿等朝仪大
殿相比，其空间氛围还是要宽松许多，例如山高水长的
大幄御宴通常不设汉式宴席，而用"饽饽桌六十张"[31]，
有民族风味；皇帝经常把入宴者召至御座前"亲赐卮酒"，
并时有诗文酬答；在设毡帐式空间的同时，清帝也重视在
筵宴过程中采用蒙古等部族所喜闻乐见的娱乐活动形式，
在蒙古包前举办各种表演，还在正规的中和韶乐之外加奏
少数民族乐曲，表现出浓郁的塞外风情。这些都对原本森
严的仪典空间氛围具有缓和作用。1808年出版的法国人
金涅（Guignes）所著《北京之旅》（Voyages a Peking）一
书中有一幅版画描绘"圆明园中的皇帝娱乐"场景，在大
片草地上举行各种杂耍表演，依笔者推断，这个表演场所

应该就是山高水长大蒙古包前的空地。

清朝是我国历史上由多民族组成的庞大帝国，为了维
系辽阔的版图，加强各民族之间的融洽关系，清朝统治者
在政治制度、文化建设以及军事、联姻等方面均煞费苦心，
也取得了相当的成功，康乾盛世的繁荣和全国各民族的团
结贡献是分不开的。而离宫中的大蒙古包筵宴空间也可看
作是清廷所采取的积极措施之一，即通过这样一种特殊的

建筑形式，直接强调清帝与少数民族的亲缘关系，体现了
对游牧文化的尊重，大蒙古包的设置也由此成为清代离宫
有别于汉唐等汉族王朝御苑的一个重要特色。

图 3-1** →

《圆明园四十景图》中的《九洲清晏图》
（引自法国国家图书馆藏《圆明园四十
景图》）

乘 阳 气 合 御 园 居 ， 聊 值 万 几 清 暇 余

——起 居 场 所

一

　　圆明三园不但是景致丰富的集锦式的皇家御苑，同时也是雍正至咸丰五朝一百多年间皇帝以及太后、皇后、嫔妃、皇子等皇室成员长期生活的地方，辟有专门的起居空间，功能完备，并与优美的园林景观充分结合在一起，体现了典型的离宫属性。

　　清代皇帝园居期间，太后、后妃、皇子大多随同一起居住，因此圆明三园在不同时期分别辟有专门的寝宫区，以供不同身份的皇室成员使用。其中圆明园的九洲清晏为皇帝与皇后、嫔妃的生活区，长春仙馆在雍正和乾隆时期先后用作皇子和太后生活区，洞天深处为皇子生活区，长春园淳化轩曾被拟定为乾隆帝退位后的寝宫，绮春园敷春堂、清夏斋在道光、咸丰时期分别为太后、太妃、太嫔的居所。每一区域都包含相应的寝宫陈设、服务空间以及大量随行太监、宫女的居室，格局相当复杂。

　　本章将对圆明三园中的皇室起居空间的格局和使用规律进行考证，分析其院落与殿宇的形制特点，并从人性的角度对其场所特性作进一步的解读。

二

【1】 圆明园九洲清晏

　　九洲清晏景区位于前湖之北、后湖之南的大岛上，由三路并联的庭院组成，是清帝和后妃生活起居的主要场所，嘉庆帝《新正九洲清晏》诗注称"九洲清晏为御园寝兴之地"，道光帝《初居九洲清晏敬赋》诗注也强调"九洲清晏乃园中燕寝之所"（图3-1**）。

　　乾隆年间供奉宫廷并在圆明园工作多年的法国传教士王致诚在书札中对圆明园的九洲清晏景区作过细致的描绘："帝后、妃嫔、宫女、宫监等习居之处，有殿庭园囿。

（清）颙琰．新正九洲清晏．仁宗御制诗二集．
卷 18.
清代光绪二年刊本．

（清）旻宁．初居九洲清晏敬赋．宣宗御制诗
初集．卷 7.
清代光绪二年刊本．

（法）王致诚文 . 唐再复译 . 乾隆西洋画师王
致诚述圆明园状况 . 舒牧等 . 圆明园资料集 .
北京：书目文献出版社，1984: 87-92（原
载《中国营造学社汇刊》第 2 卷第 1 册）.

（清）昭梿 . 啸亭杂录 .
北京：中华书局，1980: 374，载："曲宴宗室：
每岁元旦及上元日，钦点皇子皇孙等及近支王、
贝勒、公曲宴于乾清宫，及奉三无私殿。皆用
高椅盛馔，每二人一席，赋诗饮酒，行家人礼焉。"

（清）奕绘 . 壬辰上元前夕侍宴奉三无私恭和
御制元韵 . 明善堂文集 . 流水编五 .
清代抄本 .

（清）旻宁 . 重修圆明园三殿记 . 宣宗御制文
余集 . 卷 5.
清代光绪二年刊本 . 有 "……乃以丙申九月
二十六日戊亥之交，融风告警" 之语。"丙申"
即道光十六年。

（清）吴振棫 . 养吉斋丛录 .
北京：北京古籍出版社，1983: 189.

图 3-3** ↗

圆明园九洲清晏前后 4 种格局演变
示意图

所包之广，有难以形容者。占地之大，至少可以我国都尔
（Dolo）一小邑例之。其他各处殿宇，则仅备游观，与日
夕饮宴焉。皇帝起居之所，近园之正门。有前殿，有正殿，
有院庭，有园囿。四面环水，阔而且深，如在小岛之上。
直可以回教王之赛拉益（Searil）宫名之。殿内之陈设，若
棹椅，若装修，若字画，以至贵重木器，中日漆器，古磁
瓶盘，绣缎织锦诸品，可云无美不备。盖天产之富，与人
工之巧，并萃于是也。……御驾来驻是园，每年有十余月
之久，余等随驾而来。"[3] 作为五朝帝王的主要生活区，九
洲清晏区域的殿宇改建最多，前后布局差异颇大（图3-2**、
图3-3**）。

中路沿中轴线坐落着圆明园殿、奉三无私殿、九洲清
晏殿三座殿宇。圆明园殿面阔五间，歇山顶，曾经是康熙
年间胤禛藩邸赐园时期的正殿，旧称"南所前殿"，在御

园时期其地位相当于九洲清晏寝宫区的门殿。奉三无私殿
面阔原为七间歇山殿宇，作为赐宴的场所，主要用作宗室、
皇子等与皇帝关系较亲密的近支王公筵宴之用，行家人之
礼，与正大光明殿的赐宴性质不尽相同[4]。道光十二年（1832
年）贝子奕绘有诗描绘奉三无私殿宗室宴："圣明普矣光
天日，圣泽深兮大海涛。玉殿五弦调凤律，华对三祝效鸿
毛。譬诸北极众星拱，如彼南山万古高。愿得年年侍春宴，
宗藩同醉上方醪。"[5]

九洲清晏殿面阔原为七间歇山大殿，其北带有五间抱
厦，为清帝在圆明园最主要的寝殿。道光十六年（1836年）
中路曾经失火，后来作了重建和改建[6]，奉三无私殿和九
洲清晏殿均改为五开间，同时取消九洲清晏殿的北抱厦。
咸丰年间在九洲清晏殿之北重新添建三间抱厦。

道光十七年（1837年）在九洲清晏殿西侧增建了三间

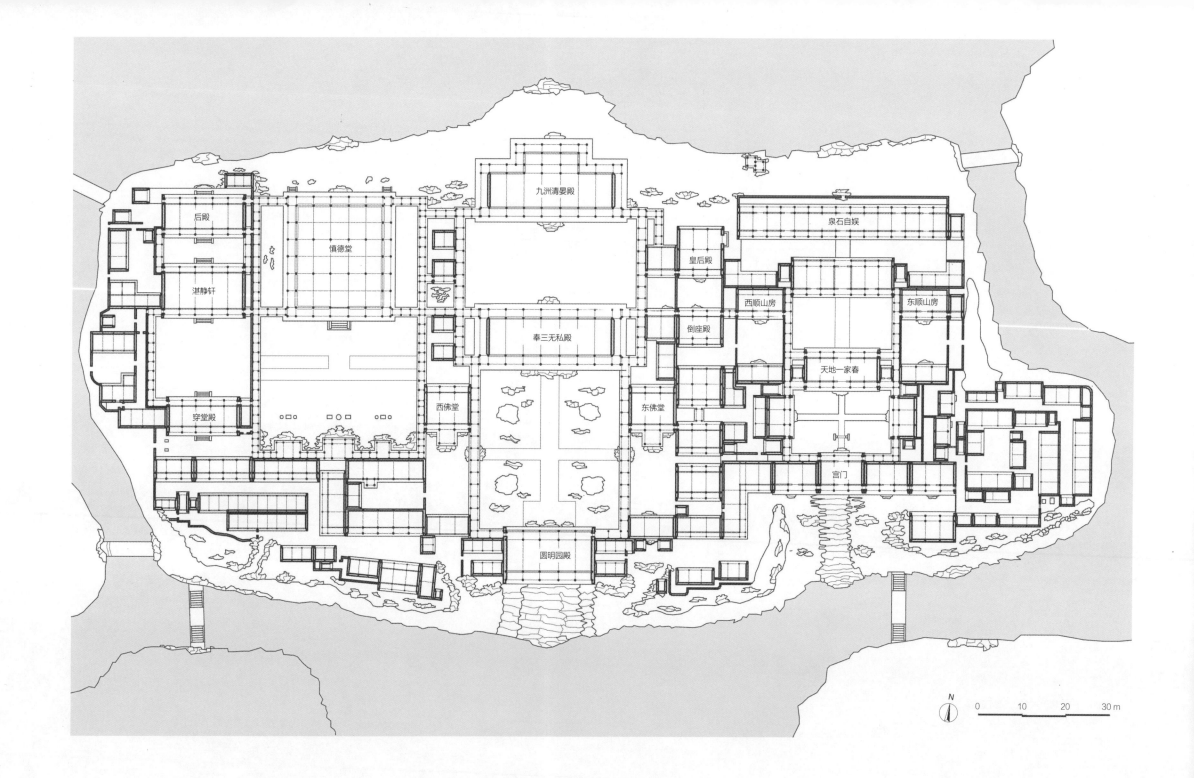

后殿

慎德堂

九洲清晏殿

泉石自娱

湛静轩

皇后殿

西顺山房

东顺山房

奉三无私殿

倒座殿

天地一家春

穿堂殿

西佛堂

东佛堂

宫门

圆明园殿

N

0   10   20   30 m

图 3-2**

道光十一年圆明园九洲清晏平面图
（根据样式雷图重新绘制）

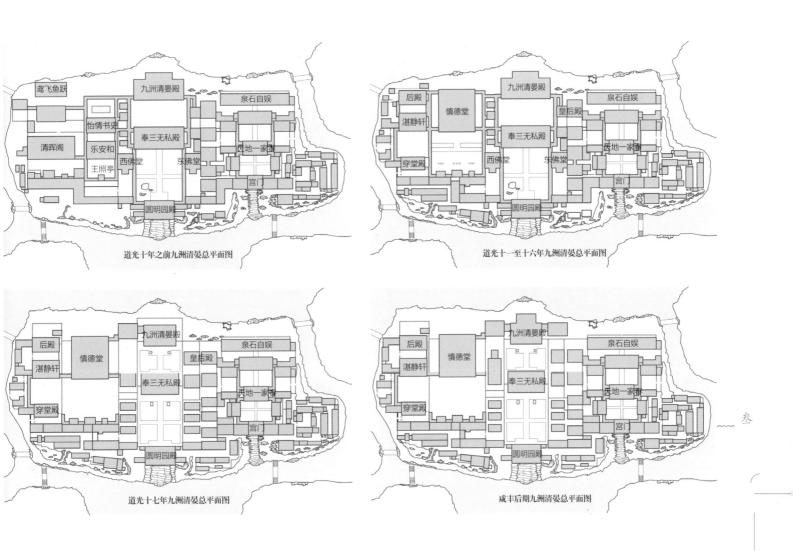

道光十年之前九洲清晏总平面图

道光十一至十六年九洲清晏总平面图

道光十七年九洲清晏总平面图

咸丰后期九洲清晏总平面图

套殿，咸丰帝继位后悬"同道堂"匾额，并将其南的殿宇改建为三卷戏台。咸丰九年（1859年）又在九洲清晏殿东侧建三间套殿，称"清晖堂"，后毁于火。

中路两侧曾设有东西跨院，在靠近奉三无私殿的位置分别修建了东西佛堂，均为三间硬山小殿，前出一间歇山抱厦，为皇帝平日拈香之处。道光十六年（1836年）改建时将佛堂移至圆明园殿内，原位置分别改设前后四座太监值房。

东路天地一家春为妃嫔居所，《养吉斋丛录》亦载："天地一家春，在九洲清宴之西（应为东），……院宇甚多，为诸主位寝兴之所。"[7] 在东路的西北角辟有一院，正殿三间，注明"皇后殿"；东路正中沿轴线布置宫门、正殿天地一家春、后殿承恩堂、后罩殿泉石自娱，前后院各设东西配殿，均为硬山建筑，除宫门外柱子均刷绿色油漆，梁

（清）弘历．题清晖阁四景．高宗御制诗三集．卷51.

清代光绪二年刊本．诗序："阁前乔松已毁，石壁犹存，突兀横亘致不惬观．山以树为仪，新松长成复需岁月，乃因高就低，点缀为楼斋若干间，取其小无取其大，取其朴无取其丽，坐阁中颇似展倪黄横批小卷也．"

张恩荫．圆明园变迁史探微．

北京：北京体育学院出版社，1993: 107.

（清）于敏中等编纂．日下旧闻考．

北京：北京古籍出版社，1981: 1331.

（清）奕詝．圆明园基福堂述志．文宗御制诗全集．卷5.

清代光绪二年刊本．诗注曰："予于辛卯六月九日生于御园之湛静轩，即今基福堂也．"

中国第一历史档案馆．圆明园．

上海：上海古籍出版社，1991: 912-915.

（清）弘历．题乐安和．高宗御制诗五集．卷44.

清代光绪二年刊本．

中国第一历史档案馆．圆明园．

上海：上海古籍出版社，1991: 1047.

（清）颙琰．清晖阁．仁宗御制诗二集．卷29.

清代光绪二年刊本．

图3-5** →

《圆明园四十景图》中的《长春仙馆图》
（引自法国国家图书馆藏《圆明园四十景图》）

枋绘有鲜艳的苏式彩画。从清代样式雷立样全图（图3-4**）中可见东路庭院的主要格局和各殿开间尺寸：宫门三间各面宽一丈（3.20米），进深一丈四尺（4.48米），前廊深五尺（1.60米），后廊深四尺（1.28米）；天地一家春殿七间，明三间各面宽一丈（3.20米），次稍间各面宽九尺三寸五分（3.05米），进深一丈四尺（4.48米），前后廊各深四尺（1.28米）；泉石自娱殿十五间，内十一间各面宽一丈（3.20米），四次稍间各面宽八尺（2.56米），进深一丈二尺（3.84米），前后廊各深4尺（1.28米）；前后院东西配殿各三间，均面宽一丈（3.20米），进深一丈二尺（3.84米），前廊深四尺（1.28米）。所有建筑的尺度均比较小，与北京普通四合院接近。

九洲清晏西路变化最多。据《日下旧闻考》记载，乾隆年间西路建有乐安和、怡情书史，再西为清晖阁、露香斋、茹古堂、松云楼、涵德书屋等，最北为鸢飞鱼跃。

从乾隆时期的《圆明园等处帐幔褥子档》可知当时九洲清晏殿、奉三无私殿、乐安和、怡情书史四殿均有寝宫陈设。其中乐安和是乾隆帝夏季常住的一座寝殿，其御制诗曾咏："御园乐安和，夏日每以居"。清晖阁似为清帝平时消夏纳凉之处，嘉庆帝《清晖阁》诗曾咏"夏日最佳处，清凉燕坐宜。"清晖阁的南侧院中曾种植了九株古松，乾隆二十八年（1763年）失火，九松被烧毁，之后便在阁南修建了松云楼、露香斋、涵德书屋、茹古堂四座点景楼轩，称"清晖阁四景"。根据张恩荫先生的考证，乾隆、嘉庆年间九洲清晏西路应该还建有一座池上居，乾嘉二帝多次作诗吟咏，道光年间不存。

道光十一年（1831年）乐安和、怡情书史一带改建为慎德堂。这是一座前后三卷五开间的硬山殿宇，其开间、面阔、进深均与嘉庆间建于福海东岸的观澜堂一致，仅台

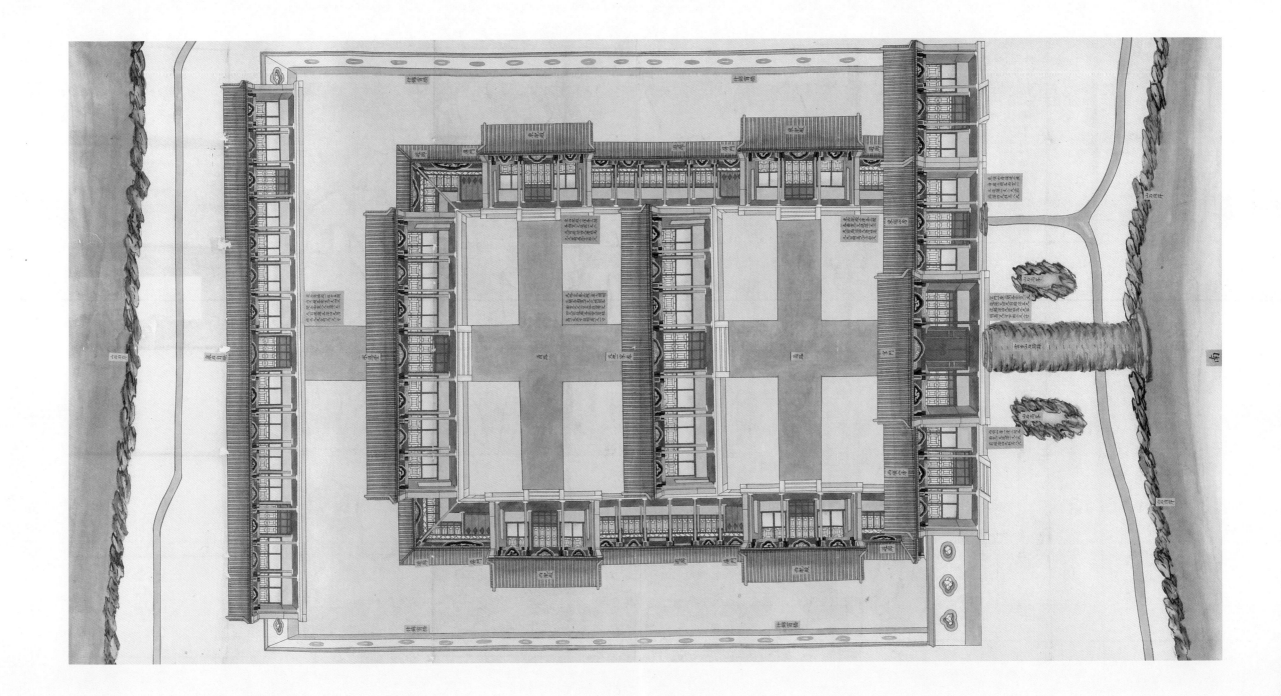

图 3-4**

圆明园天地一家春东路立样全图
（清华大学建筑学院提供）

基矮一尺多。同年又将原清晖阁一带改建为南北三座五间硬山殿宇，成为相对独立的一组居住庭院，其南为穿堂殿，北为后殿，中殿为湛静轩（斋），用作道光帝全贵妃寝宫，也是道光十一年（1831年）咸丰帝的出生处，因此咸丰五年（1855年）改称基福堂[14]。

另外值得一提的是，清代皇家园林均有一整套严格的门禁制度，非经特别准许，即便贵如王公大臣者也不得随便出入，其中对圆明园九洲清晏区的管理尤为严格，如《钦定总管内务府现行则例》明确规定："九洲清晏系属园廷内围禁地，官员、园户、匠役等俱不应擅自过如意桥、南大桥。嗣后即或遇有应修活计，亦须预为奏明，先报关防，方准官员、园户、匠役等过桥。"[15]

【2】 圆明园长春仙馆

长春仙馆位于正大光明之西，和正大光明之东的勤政亲贤相对，与中轴线北部的九洲清晏景区一起形成对前湖的大致合围（图3-5**）。雍正年间乾隆帝为皇子时在此园居，继位后以此作为太后驻圆明园时的寝宫，退位后赐嗣皇帝

图3-6**→

圆明园长春仙馆平面图
（根据样式雷图重新绘制）

图3-7**→

《圆明园四十景图》中的《洞天深处图》
（引自法国国家图书馆藏《圆明园四十
景图》）

N

0　10　20　30 m

嘉庆帝居住。《养吉斋丛录》记载详细："长春仙馆在正大光明之西偏，……雍正七年高宗蒙赐居于此，登极后为皇（太）后宴息之所[16]。嘉庆丙辰，内禅礼成，仁宗亦蒙赐居于此。中有含碧堂，其水常温，冬不冻冱。有古香斋、引筠轩、藤影花丛诸胜。乾隆间，新正幸园，奉皇太后至御园庆节，即跸憩于此。灯火宴赏之事既罢，然后还畅春园。"[17]乾隆九年（1744年）御制《长春仙馆》诗序亦称："循寿山口西入，屋宇深邃，重廊曲槛，逶迤相接。庭径有梧有石，堪供小憩。予旧时赐居也。今略加修饰，遇佳辰令节，迎奉皇太后为膳寝之所，盖以长春志祝云。"[18]

整个景区由四跨院落组成（图3-6**）。东路为主院所在，前设三间宫门，北为垂花门，再北五间正殿（长春仙馆殿），后罩殿为五间绿荫轩，东西两侧各设跨院和顺山房，其中西房名丽景轩。

正殿之西的院落南侧设穿堂，北为随墙门，前殿墨池云采用三卷三间殿的形式；后殿为三间随安室，墨池云的东南侧设有两间东配殿，名曰春好轩。

再西一路分为两进院落，最南为五间含碧堂，中间为林虚桂静，殿前种植玉兰。乾隆五十七年（1792年）在北侧添盖正房，成为五间后殿。

最西一路前殿原为三卷五间建筑，道光以后改为普通五间殿宇；后殿名藤影花丛，原为三间殿宇，道光年间改五间，北出三间抱厦，其北建有一座重檐方亭。《日下旧闻考》记载："（含碧）堂后为林虚桂静，左为古香斋，其东楹有阁为抑斋"[19]，从文字判断，抑斋似乎是书屋古香斋室内东部的阁楼，乾隆帝继位前在此读书。《圆明园四十景图》显示乾隆初年藤影花丛南侧院落中建有一座二层小阁，道光以后的样式雷图上则已消失，不知何名。

道光、咸丰年间的皇太后移居绮春园，长春仙馆有时也用作妃嫔的寝宫，如样式雷图标注道光时期的静贵妃、常贵人曾在此居住。

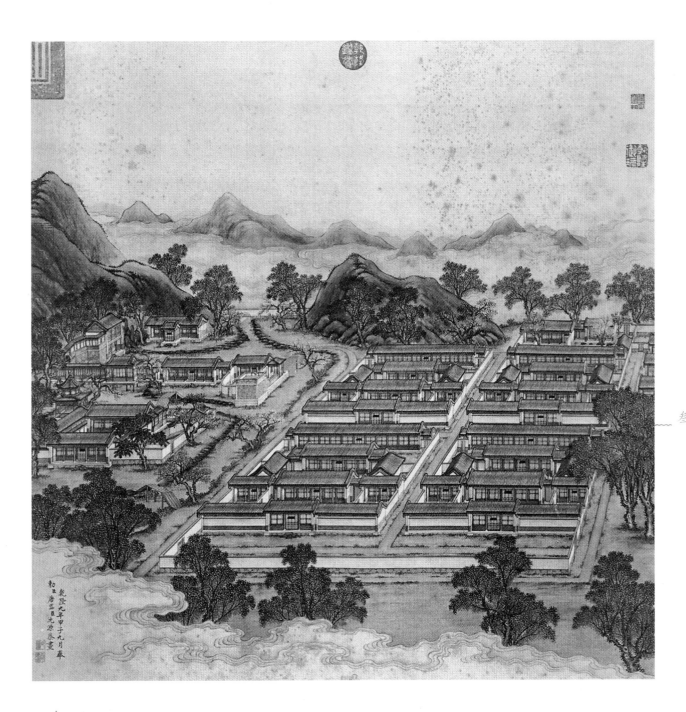

皇后宴息之所：从下文和实际情况来看，"皇后"当为"太后"之误。

（清）吴振棫．养吉斋丛录．
北京：北京古籍出版社，1983：189．

（清）弘历．圆明园四十景诗·长春仙馆．高宗御制诗二集．卷22．
清代光绪二年刊本．

（清）于敏中等编纂．日下旧闻考．
北京：北京古籍出版社，1981：1344．

（清）弘历．圆明园四十景诗·洞天深处．高宗御制诗二集．卷22．
清代光绪二年刊本．

【3】 圆明园洞天深处

洞天深处是御园中专门供皇子居住、读书的景区，位于如意馆之西南，可分为东西两部分。乾隆九年（1744年）御制《洞天深处》诗称这里："短椽狭室，于奥为宜。杂植卉木，纷红骇绿，幽岩石厂，别有天地非人间。少南即前垂天贶，皇考御题，予兄弟旧时读书舍也。"[20]（图3-7**）

东部又称东四所，前临福园门，分为4座大型四合院呈"田"字形分布，用作皇子们的寝宫，各院的格局几乎一模一样，均设三间宫门、五间前殿、五间后殿、十一间

（清）弘历. 洪范九五福之五日考终命联句.
高宗御制诗五集. 卷93.
清代光绪二年刊本.

（清）弘历. 题淳化轩.
高宗御制诗五集. 卷94.
清代光绪二年刊本.

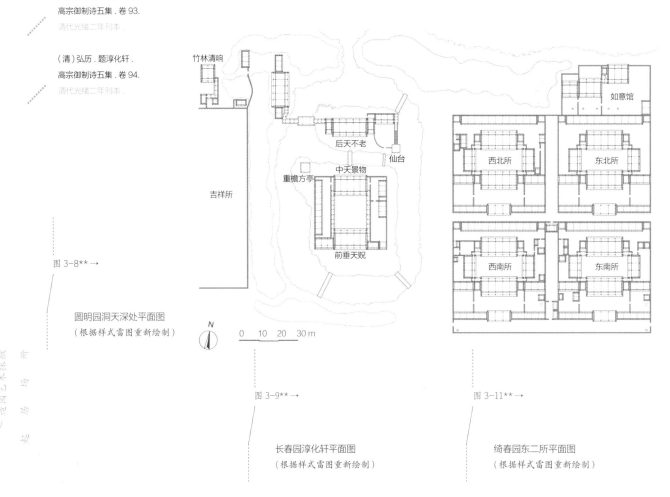

圆明园洞天深处平面图
（根据样式雷图重新绘制）

图3-8**→

图3-9**→

长春园淳化轩平面图
（根据样式雷图重新绘制）

图3-11**→

绮春园东二所平面图
（根据样式雷图重新绘制）

后罩殿，后殿之前设东西配殿，两侧设跨院和辅助用房，规制相当完备（图3-8**）。

西部一组建筑用作诸皇子读书处，前堂为前垂天贶，中为中天景物，后为后天不老，其间流水穿插，亭台交错，完全采用园林化的自由布局，颇有逸趣。

【4】 长春园淳化轩

乾隆帝曾经拟将长春园作为自己退位后的常住离宫，并于乾隆三十五年（1770年）对含经堂景区进行改建和扩建，在北部增加淳化轩、蕴真斋、三友轩、静莲斋、待月楼等建筑，其中的淳化轩拟定为寝殿，其御制诗中曾称"长春园在圆明园之东，内有淳化轩、含经堂等处，为归政后那居之所。"[21]殿西侧有一个小院设设三友轩，种植松、竹、梅岁寒三友，与叠石假山相伴（图3-9**）。

淳化轩的功能和形制均与紫禁城宁寿宫相似，乾隆帝也曾强调"是处之淳化轩亦犹大内之宁寿宫，皆豫为归政

后娱老之所也。"[22]但其实际情形也和宁寿宫一样，乾隆帝退位后并未真正在此居住，嘉庆元年至三年（1796～1798年）太上皇驻园期间仍然住在九洲清晏殿。

【5】 绮春园敷春堂

绮春园在道光、咸丰两朝成为皇太后的主要离宫，其地位相当于乾隆朝的畅春园。绮春园正殿迎晖殿北侧的敷春堂被定为太后寝宫（图3-10**）。

敷春堂景区分为三路。中路为主院，南侧设三间宫门，其北为五间前殿集禧堂，再北为敷春堂正殿，采用前后五间的工字形平面。

东西两路以及整个北部均为园林景观区，布局非常灵活，东侧有结峰轩、凌虚阁、翠合轩，西侧有凉玉轩、镜绿亭、蔼芳圃、蔚藻堂、点黛亭，北侧有问月楼以及协性斋、澄光榭，周围零星修建膳房、值房、朝房等辅助设施。

值房
库房
浥光榭
协性斋
翠合轩
库房
东宫门
凌虚阁
套殿
问月楼
敷春堂
结峰轩
含远
集禧堂
东配殿
西配殿
宫门
点黛亭
蔚藻堂
镜绿亭
涵玉轩
遗芳圃
值房
值房
朝房
值房
朝房

N

0
30 m

图 3-10**

绮春园敷春堂平面图
（根据样式雷图重新绘制）

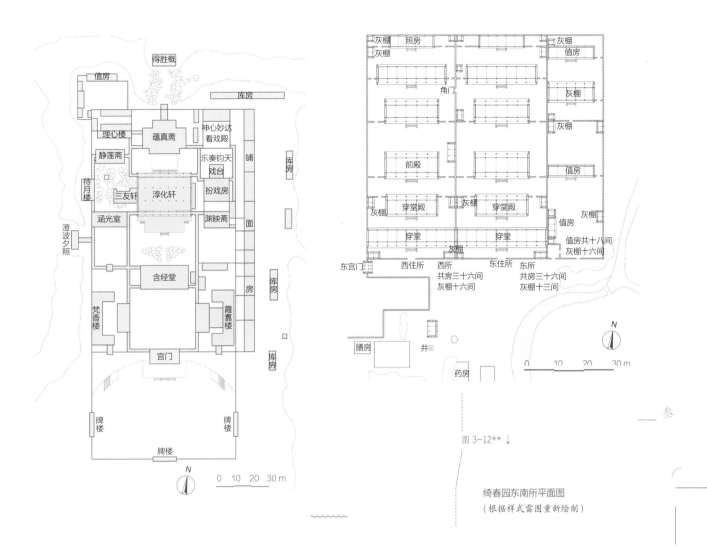

图 3-12** ↓

绮春园东南所平面图
（根据样式雷图重新绘制）

【6】 绮春园东二所与东南所

敷春堂东侧设有东二所（图3-11**），用作其他太妃、太嫔的居所。东二所分为东西两路，格局基本一致，分为前后六进院落，前设随墙门入口，然后依次设九间倒座房、五间穿堂殿、五间前殿、五间中殿、七间后殿以及五间后罩殿，其中后四殿可用作寝宫。样式雷图显示咸丰年间除了已故皇帝的妃嫔外，八公主、隐志郡王（咸丰帝之兄）福晋等皇室女性成员也曾在东二所居住。主体院落的东侧设有一路附属的跨院，用作辅助空间。东二所各进院落基本都不设厢房。

东西二所之南还有几座院落，称"东南所"，也曾用作太妃、太嫔居所，格局很小，呈连排房屋形式，大多也不设厢房（图3-12**）。

【7】 绮春园四宜书屋

绮春园四宜书屋位于敷春堂西侧，是一组格局规整的

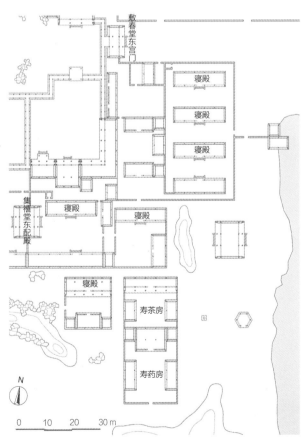

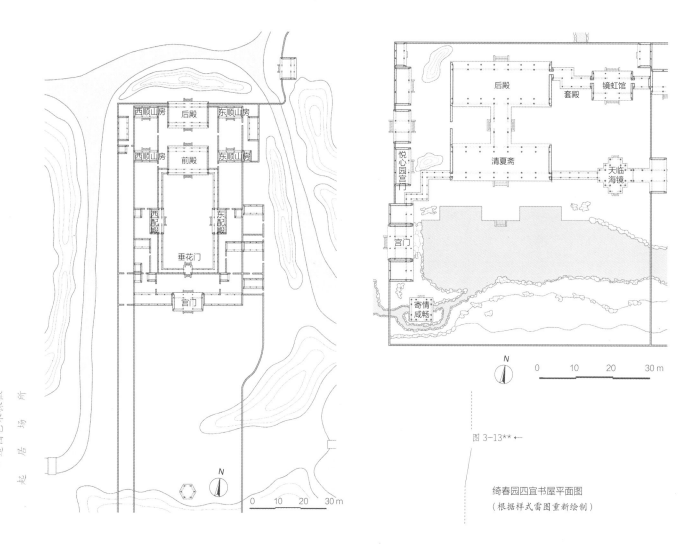

图3-13**←

绮春园四宜书屋平面图
（根据样式雷图重新绘制）

院落，前设三间宫门，北为垂花门，再北为前殿五间和后殿五间，东西两侧为跨院。道光、咸丰年间此处为太妃、太嫔居所（图3-13**）。

【8】 绮春园清夏斋

清夏斋所在地名西爽村，原为乾隆帝第十一子成亲王永瑆赐园，嘉庆四年（1799年）和珅论罪赐死，其赐园十笏园东部改赐永瑆[23]，而西爽村成亲王旧园则被并入绮春园，改建为清夏斋[24]。

咸丰年间，清夏斋成为如皇贵太妃的专用园居寝宫。从晚清样式雷图上看（图3-14**），小园正门位于西墙偏南位置，面西而设，正门之北有三间旧门，悬有"悦心园"之额。园中正堂居北，为前后七间工字形大厅，之间设穿堂，形制与清华园工字厅相仿，原额"凤麟洲"，后被嘉庆帝改为"清夏斋"。清夏斋后殿之东有三间镜虹馆，前厅东侧有十字亭"天临海镜"。斋前有平台，南临曲池，池西

南为流杯亭"寄情咸畅"。园中种植修竹、苍松，最宜于夏日，其余季节的风景也很清幽。

【9】 万春园天地一家春

圆明三园中还有一处未真正实现的起居空间，即同治十二年（1873年）重修圆明园时期拟建的天地一家春（图3-15**）。

天地一家春原位于九洲清晏东路，咸丰年间慈禧太后为妃嫔时曾经在此居住。同治年间，升格为太后的慈禧在重修圆明园时决定将绮春园改名为万春园，并在原敷春堂位置建设新的独立的寝宫区。

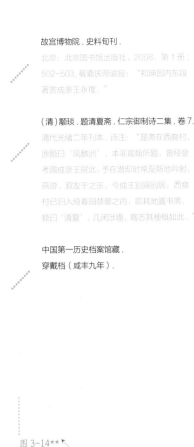

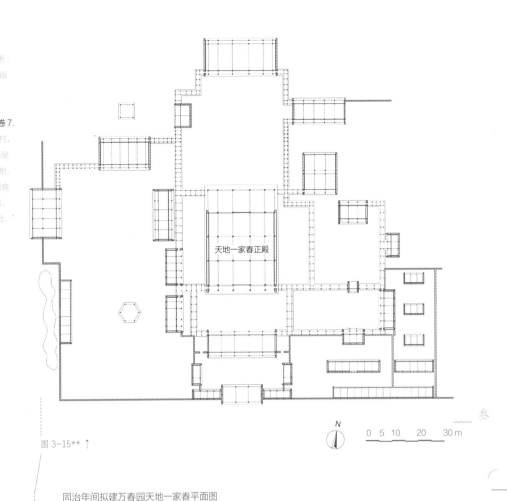

故宫博物院.史料旬刊.
北京:北京图书馆出版社,2008,第1册:
502-503,载嘉庆帝谕旨:"和珅园内东殴
菁赏成亲王永瑆."

(清)颙琰.题清夏斋.仁宗御制诗二集.卷7.
清代光绪二年刊本.诗注:"是斋在西爽村,
原额曰'凤麟洲',本非宸翰所题,曾经皇
考赐成亲王居此,予在潜邸时常至斯地吟射、
燕游、叙友于之乐.今成王别赐园居,西爽
村已归入绮春园禁藏之内,即其地置书斋,
额曰'清夏'.几闲涉趣,略志其梗概如此."

中国第一历史档案馆藏.
穿戴档(咸丰九年).

图 3-14**↖

图 3-15**↑

绮春园清夏斋平面图
(根据样式雷图重新绘制)

同治年间拟建万春园天地一家春平面图
(根据样式雷图重新绘制)

天地一家春正殿

N
0 5 10 20 30 m

整个景区格局与敷春堂相近,也分为三路,中路为主院,格局规整,前设三间宫门,北为五间穿堂殿;中央为正殿,拟采用四卷五间形式,尺度很大,仍沿用天地一家春旧名;最北为五间后罩殿。东西两路格局灵活,以游廊串联若干轩馆,并点缀小亭,显然属于附属的逸乐空间。最东设有跨院,安排值房。

由于重修工程半途而废,实际上这组寝宫并未真正建成,但营建过程中的很多档案和图样留存至今,成为清代晚期宫廷建设的珍贵史料。

通过不同时期史料的钩沉,可以了解到圆明三园中起居空间的一些具体的寝兴情况。

《穿戴档》记载咸丰九年(1859年)六月初九皇帝生日这一天在圆明园中的活动路线为:"……带正朝朝珠(系内殿),东里边带子(挂带挎),穿青缎凉里皂靴,慈云普护拈香毕,至安佑宫、湛静斋拈香行礼。毕,还慎德堂,皇后、贵妃、妃、妃子、贵人等位递万寿如意。毕,至慎德堂正大光明受贺。毕,至前殿送焚化。毕,至奉三无私受皇后、贵妃、妃、妃子、贵人等礼。毕,还慎德堂,受大阿哥、大公主礼毕,受总管、首领、太监礼。毕,朝珠下来,换戴碧砑珍朝珠(系内殿),至同乐园办事、进早膳、见大人,毕,朝珠、金龙褂下来,看戏。午初,进果桌。戏毕,还慎德堂。未初,……戴绿玉朝珠系内殿至奉三无私拜斗。毕,……更换青色春纱衫罩,还慎德堂,上同贵妃、妃、嫔、贵人等位看戏、进酒膳。"[25]这一天活动除了在正大光明殿接受王公大臣朝贺外,其余活动均在内寝区进行,包括在圆明园殿(前殿)焚化清册,在奉三无私殿、慎德堂接受后妃、子女拜贺,在同乐园看戏、接见大臣、进果桌,去奉三无私殿拜斗,最后回至慎德堂看戏、进酒膳、寝息。整个活动流线颇为复杂,分属仪礼、祭祀、办

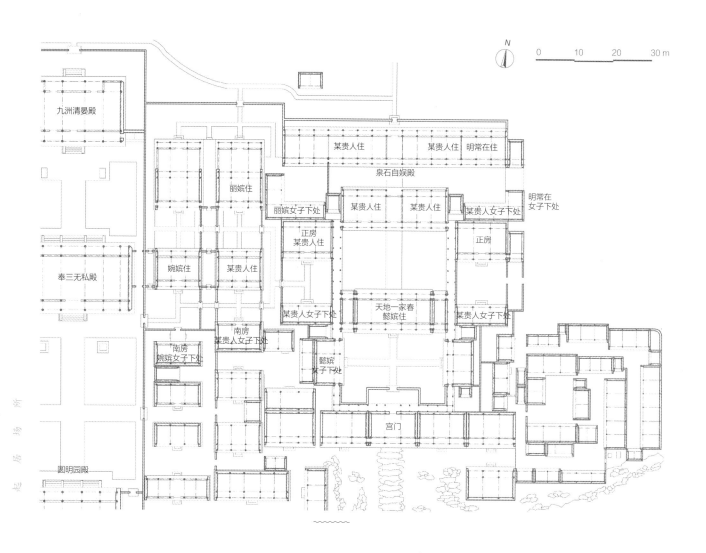

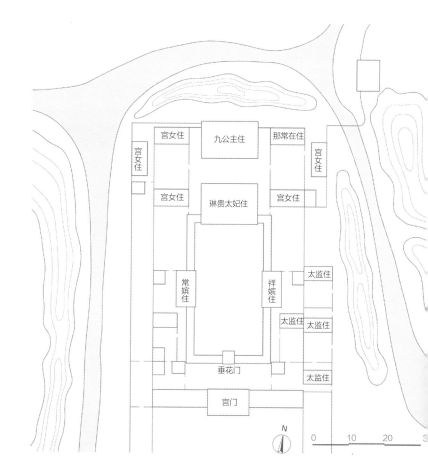

公、看戏、进膳和寝息等不同性质，充分反映出离宫起居空间功能的多样性。而这些不同的功能被安排在分散的殿宇中举行，对起居空间建筑类型的多样化和路径的曲折变化均有直接影响。

九洲清晏殿是五朝清帝园居期间最重要的寝殿，《养吉斋丛录》载："（九洲清宴殿）为宵旰寝兴之所。累朝以来，皆循旧制。"[26]雍正、道光两位清帝都在此驾崩。九洲清晏殿规模较大，同时也是举办只有皇帝与后妃参与的内廷家宴的场所。

从《穿戴档》记录看，自道光十一年（1831年）以后，道、咸两帝均以慎德堂为主要的寝宫。同治年间重修圆明园，仍拟以慎德堂为皇帝寝宫，并留下了若干营造装修档案。

皇后和后妃主要住在九洲清晏东路区域。道光时期的皇后寝殿位于九洲清晏殿东侧。咸丰五年（1855年）的样式雷图记录了当时九洲清晏东路的嫔妃寝殿分布情况（图3-16**），其中懿嫔（即后来的慈禧太后）住天地一家春正

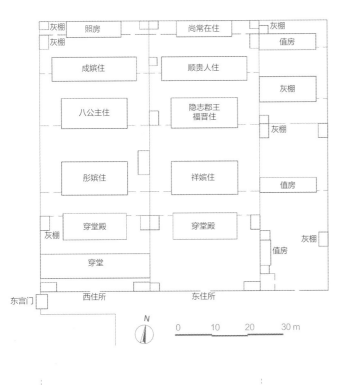

（清）吴振棫.养吉斋丛录.
北京：北京古籍出版社，1983：189

中国第一历史档案馆.圆明园.
上海：上海古籍出版社，1991：1077

（清）颙琰.随安室感旧.仁宗御制诗初集.
卷31.
清代光绪二年刊本.

寿庄固伦公主：道光二十二年（1842年）出生，咸丰五年（1855年）受封，同治二年（1863年）十一月下嫁德徽，光绪十年（1884年）去世。

寿禧和硕公主：道光二十一年（1841年）出生，咸丰五年（1855年）受封为寿禧和硕公主，同治二年（1863年）十月下嫁札拉丰阿，同治五年（1866年）去世。

图 3-16★★ ←

圆明园九洲清晏东路寝殿分布平面图
（咸丰五年）（根据样式雷图重新绘制）

图 3-17★★ ↙

绮春园四宜书屋寝殿分布示意图
（咸丰五年）

图 3-18★★ ↗

绮春园东二所寝殿分布示意图
（咸丰后期）

殿，西厢房为"懿嫔女子下处"，即其陪侍宫女的住所。其他妃嫔、贵人、常在分住后殿、后罩房和侧院中，如天地一家春后殿中央为穿堂，两侧各三间分别为贵人寝殿，十五间后罩殿由明常在和其他两位贵人分住，丽嫔、婉嫔住在西侧院落的正房中。各位妃嫔陪侍的宫女一般就住在倒座、厢房等次要房间内。

同治十二年（1873年）重修圆明园时，也曾经拟定九洲清晏景区后妃寝宫的分配方案："九洲清晏，福寿仁恩（改回同道堂），思顺堂（皇后住），后殿（近贵人住），同顺堂前殿，承恩堂后殿，新建殿（慧妃住）"[27]。

雍正年间，乾隆帝曾以皇子的身份住在长春仙馆的随安室，嘉庆元年（1796年）退位后以此为嗣皇帝嘉庆帝的居殿，故而嘉庆帝《随安室感旧》曾咏："仙馆右室额随安，皇考潜邸寝兴处。嘉庆丙辰特赐居，期望永久承恩顾。"[28]

乾隆时期孝圣皇太后主要住在畅春园，驻跸圆明园时以长春仙馆殿为寝宫。道光年间孝和皇太后、咸丰年间康慈皇贵太妃均曾住绮春园敷春堂正殿。

绮春园四宜书屋、东二所的地盘画样标明了当时一些太妃、太嫔以及公主、福晋的居殿分布。咸丰五年（1855年）图档记载琳贵太妃住绮春园四宜书屋的五间前殿，祥嫔和常嫔分住东西配殿，尚未出嫁的九公主（即道光帝第九女寿庄固伦公主[29]）住五间后殿，那常在住东顺山房，其余房屋由太监、宫女居住。咸丰后期祥嫔、常嫔和那常在分别移居东二所和东南所（图3-17★★）。

咸丰后期图档记载绮春园东二所两路院落的门殿均设首领太监值房；西路穿堂殿东西次间、稍间分别为佛堂和库房，前殿住彤嫔，中殿住尚未出嫁的八公主（即道光帝第八女寿禧和硕公主[30]），后殿住成嫔，后罩殿则用为库房；东路穿堂殿为宫女住所，前殿住祥嫔，中殿住守寡的隐志郡王（道光帝皇长子、咸丰帝长兄）福晋，后殿住顺贵人，后罩殿住尚常在，随侍太监则住东侧跨院中（图3-18★★）。

咸丰年间绮春园东南所的东院中设四座五间房屋，那

朱杰.长春园淳化轩与故宫乐寿堂考辨.
故宫博物院院刊,1999,第2期:26-38.

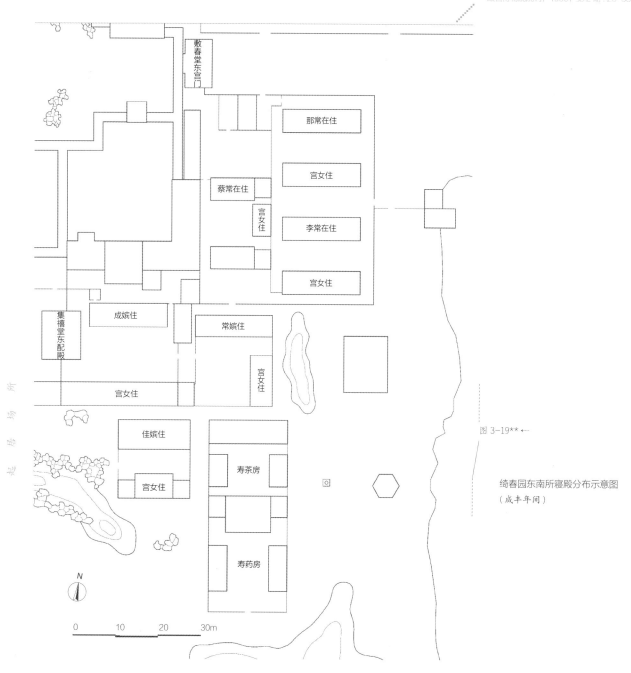

图 3-19** ←

绮春园东南所寝殿分布示意图
（成丰年间）

常在和李常在分住第一、三座，第二、四座则为宫女所居；其西一院正房住蔡常在，宫女住东厢房；再西一院五间北房住常嫔，南侧倒座房住宫女；再南一院五间正房住佳嫔，倒座房住宫女。其余院落用作寿茶房、寿药房等附属设施（图3-19**）。

圆明三园的寝宫区还设有很多辅助用房，其设置大多不拘朝向，灵活安插，使得生活起居区域规模庞大，格局繁复。长春仙馆后期样式雷地盘画样上标明了一些附属用房的功能。这些用房大多位于主体部分之西的独立区域以及周围的零散房屋中，如西侧最南一院的倒座房设为御膳房，东西厢房为执事用房，北侧三间正房为御茶房，西耳房为随侍总管值房，北院耳房为御药房，再北为皇后膳房、查房和宫女下屋，东北侧小院内设置长春仙馆首领大监值房以及库房，另外还在周围布置敬事房和负责安全保卫的技勇更房。

（四）

圆明三园中的起居空间基本上都是以院落形式出现的建筑组群，其总体格局差异很大。

九洲清晏、长春仙馆、敷春堂等组群是典型的大型多跨式布局，体现"屋宇深邃，重廊曲槛"的特点，将其中

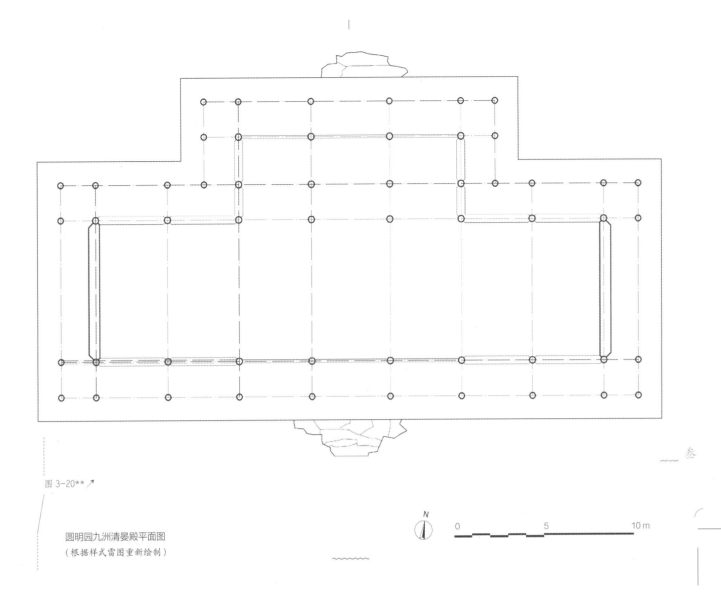

图 3-20**↗

圆明园九洲清晏殿平面图
（根据样式雷图重新绘制）

N   0   5   10 m

一路院落设为主院，并在中轴线上布置宫门、正殿、后罩殿等主要殿宇，主院两侧则布置若干跨平行的院落，安排相对次要的殿宇和辅助用房。这种组群规模很大，主院形状规整而其他院落相对灵活，彼此隔以院墙或连以游廊，空间非常丰富。

洞天深处东四所和敷春堂东二所明显模仿紫禁城东西六宫和东西五所的形制，布置成同一模式院落并列的格局，无主次之分，空间整齐划一，最适宜作为若干身份相同者（如皇子、妃嫔）居住。

绮春园四宜书屋规模略小，主次分明，格局严谨；清夏斋则属于独立院落的形式，不设跨院，规模也相对较小。

圆明三园起居空间区域的殿宇数量众多，其功能也甚为丰富。

其中地位最重要者为各区域中的寝宫正殿，如九洲清晏殿、淳化轩、长春仙馆殿、敷春堂正殿，其中除了寝室之外，还在明间设有皇帝或太后的宝座。其中长春仙馆殿为五间前后廊建筑，形制最简单；淳化轩为七间前后廊建筑，在东西暖阁分设寝室和其他起居空间或佛堂，平面和室内格局与紫禁城宁寿宫乐寿堂如出一辙[31]；九洲清晏殿前后形制不一，多数时期为七间周围廊建筑，北出三间抱厦，室内设有仙楼佛堂（图3-20**）；敷春堂正殿采用工字形平面，前后殿进深均很大，前殿明间与穿堂连通，

刘敦桢.同治重修圆明园史料.
中国营造学社汇刊, 4(2): 107.

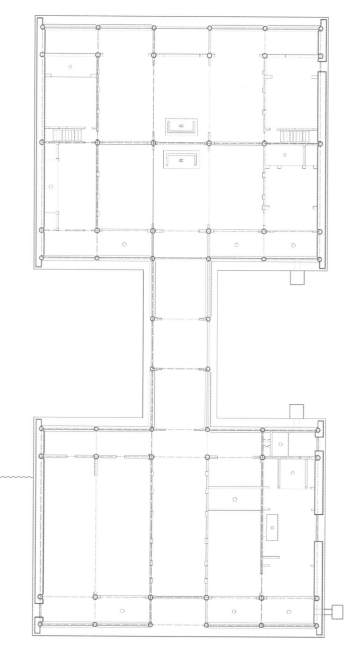

后殿明间设宝座，室内分隔为若干小间，局部也带有仙楼（图3-21**）。清夏斋的正殿与敷春堂正殿平面基本类似。

正殿之外的慎德堂殿和墨池云形制较为特别。这两座建筑均为前后三卷形式，总进深的尺寸超过面阔。咸丰时期的样式雷图显示，慎德堂室内以各种飞罩、栏杆罩、八方罩、圆罩及博古架分隔出极为灵活的空间效果，在不同的位置布置了宝座、暖炕和凉床，可供不同季节使用。同时设有仙楼和戏台，功能非常复杂，并可根据需要不断作出调整，与现代建筑中大开间自由分隔的设计理念颇为契合（图3-22**）。刘敦桢先生《同治重修圆明园史料》亦称：

"……如慎德堂等，为帝、后寝宫，内部以门罩、碧纱橱、屏风间壁，自由分划，不拘常套。大内建筑，仅养心殿重

户曲室，略似之耳。"³²墨池云面阔只有三间，规模明显小于慎德堂。同治年间慈禧太后准备兴建的天地一家春正殿采用四卷形式，与前二者属于同一类型，规模更胜一筹。

皇帝和太后以外的皇后、妃嫔和皇子的居所大多为三至五间的普通寝殿。乾隆帝继位前所居的随安室也只是三间小殿，在他登基后拥有特殊的象征含义，因此乾隆帝退位后还特意让继位的嘉庆帝以此为寝宫。

相比而言，九洲清晏中路的建筑最为宏伟，等级最高；长春仙馆、敷春堂、天地一家春东路次之；洞天深处再次之；绮春园东二所作为已故皇帝妃嫔以及公主、寡居福晋的居所，建筑形制相对较低，而东南所的主人地位更低，其住所在所有皇室成员中格局最小。

寝殿的屋顶形制也有明确的等级含义。只有皇帝专用的圆明园殿、奉三无私殿、九洲清晏殿、淳化轩等少数殿宇采用歇山屋顶，其余绝大多数寝殿都采用硬山顶。

这些寝殿使用频率最高，相比御园中的其他建筑而言，

更需要细致的日常维护，包括裱糊门窗天花、修理家具等。咸丰十年（1860年）二月的一份样式雷文档详细地记录了对绮春园东二所和东南所一些妃嫔寝宫建筑的维修情况："成嫔房五间，东进（尽）间后言（檐）添安糙木挂言（檐）

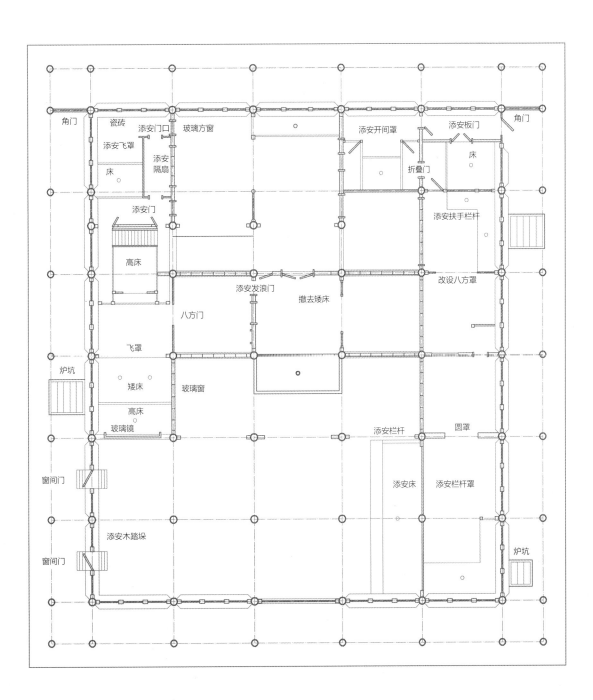

角门
瓷砖　　添安门口　　玻璃方窗　　　　添安开间罩　　　添安板门　　角门
添安飞罩
　　添安　　　　　　　　　　　　　　　　　　　　床
床　　隔扇
　　　　　　　　　　　　　　　　折叠门
添安门
　　　　　　　　　　　　　　　　　　添安扶手栏杆
高床
　　　　　　添安发浪门　　撤去矮床　　　　改设八方罩
八方门
飞罩
炉坑
　　矮床　　玻璃窗
　　高床
玻璃镜　　　　　　　　　　　添安栏杆　　圆罩
窗间门
　　　　　　　　　　　　　　　添安床　　添安栏杆罩
添安木踏垛
窗间门　　　　　　　　　　　　　　　　　　　炉坑

N

0 ————— 5m

图 3-21※※↖　　　　　　　　　　图 3-22※※↑

绮春园敷春堂正殿平面图　　　　　圆明园慎德堂内檐装修平面图
（根据样式雷图重新绘制）　　　　（咸丰七年）（根据样式雷图重新绘制）

床一张，西三间中间后言（檐）添安糙木挂言（檐）床一张，五间满糙糊什（拾）；南房七间，糊什（拾）门窗，找补逛裂；西屏门一座收什（拾）；常嫔房五间，满糙糊什（拾）；东房三间，糊什（拾）门窗，找补逛裂；蔡常在房三间，中间添木顶格，满糙糊什（拾）；东房三间，糊什（拾）门窗，找补逛裂，添搭炕一甫（铺）；李常在房五间，满糙糊什（拾）；南房五间，糊什（拾）门窗，找补逛裂；那常在房五间，东进（尽）间后言（檐）添安糙木挂言（檐）床一张，东次间后言（檐）炕添糙木挂言（檐），五间满糙糊什（拾）；南房五间，满糙糊什（拾）；各院俱清理地面；东所后院顺贵人房三间，满糙糊什（拾）；东西四间糊什（拾）门窗，找补逛裂；尚常在房三间，满糙糊什（拾）；东西二间，

糊什（拾）门窗，找补逛裂……"[33]

九洲清晏等大型寝宫区还设有书斋、佛堂，供园居时期读书、拜佛之用。此外建有若干楼阁、轩、亭等建筑，具有明确的景观意义，增强了整个区域的园林色彩。

根据内务府档案的记载，圆明三园中主要居住区域以外还有一些殿宇也布置有帐子、幔子、褥子等寝宫陈设，用作临时休憩之用（表3-1）。

此外另有传说乾隆年间曾以长春园西洋楼的方外观为香妃寝宫，但笔者未见确切的史料记载。

五.

古代帝王虽然身为王朝象征和政府首脑，号称"圣人"，其实仍是凡人，生活中必然也有常人的各种基本需求，如寝兴、用餐、读书、看戏、游乐以及孝亲、育子等等，其专制权力和巨额财富可以最大限度甚至过分地满足这些需求。相比而言，紫禁城中的起居空间大多笼罩在庄严肃穆的神性氛围之下，崇高严谨有余而生气不足，规矩严苛，有强烈的束缚感，并不为清代统治者所喜。而以圆明三园为代表的离宫中的起居空间尺度合宜、建筑形式灵活，舒适方便，并与山水花木充分结合，堪称世俗生活的天堂，乐趣远远大于紫禁城的同类空间。对此乾隆帝有御制诗提及："都城烟火多，紫禁围红墙。固皆足致灾，未若园居良。"[34]《养吉斋丛录》记载："大内宫殿崇宏肃静，非苑囿比。"[35]《清代遗闻》亦载："清制宫中祖制甚严，兴居有时，饮食服御有常度，各帝恒以为苦。间巡幸热河，稍事游宴。

林清变后，则罕幸热河，而常驻园，后妃皇子悉侍焉。"[36]

清代帝王为寝宫景区所作的御制诗最多，同时留下的改建、装修样式雷图的数量也远远超过其他景区，充分反映了皇帝和妃嫔的生活需求，也可窥见最高统治者对这类空间的重视程度。制度严格的紫禁城内廷难以对寝殿作出更多改造，而在离宫中则可以根据具体的需要对建筑的格局、位置、形制乃至室内陈设作出灵活的变更，尤其寝宫殿宇多出有抱厦，清代晚期更向前后三卷、四卷勾连搭的形式发展，室内空间变大，于日常起居更为相宜。

在同治重修圆明园相关图档中可以发现同治帝和慈禧太后对寝宫区的设计最为关注，经常发表各种意见，例如同治十二年（1873年）十一月初五日雷氏档案记载："皇上钦定，孟总管已刻面奉谕旨：著雷思起画各样装修名目，仙楼每一样分十样，要奇巧玲珑，各花样呈进。"[37]此外同治帝曾另有谕旨："慎德堂三卷殿：朕最爱赫亮，假柱均撤去不要，前卷俱安松鹤延年各样罩，中卷俱安喜鹊梅花

各样罩，后卷俱安竹式各样罩，二进间拟安寝宫。"[38] 同月《旨意档》还有这样的记录："皇上御制天地一家春内檐装修样一分。贵传旨：著将此烫样交样式房雷思起，按照御制烫样详细拟对丈尺，有无窒碍变通，赶紧再烫细样一分……"[39] "万春园中一路各座烫样奏准，奉旨依议，交下存内务府堂上。皇太后自画，再听旨意。天地一家春四卷殿装修样，并各座纸片画样均留中。"[40] 可见同治帝曾经亲自动手设计制作内檐装修烫样，慈禧太后也曾经亲自绘制草图，直接参与寝宫工程的设计。

由此可见，起居空间的建设往往直接代表了统治者的个人喜好和具体要求，因而相对仪典和理政空间而言也具有更多的个性色彩，一些重要殿宇的多次改修留下了不同统治者的个人印迹。例如圆明园九洲清晏殿之北面向后湖的一边原来出有五间抱厦，不设围墙，经过道光十六年（1836年）的改建之后，平面由七间改五间，取消了抱厦，添加了围墙，空间显得幽闭；咸丰帝继位后将围墙取消，重新添加了抱厦，恢复了宽敞的平面格局和良好的观景效果；同治年间重修，同治帝又提出"九洲清晏后抱厦撤去不要，改平台五间，不要后廊子。"[41] 如此变化莫测，均取决于君主的个人意见。

综合而言，圆明三园中的起居空间是清代宫廷建筑的重要组成部分，承载了五朝清帝及其家庭成员一百多年间的奢华生活，极具人性化色彩和个性特征，绝非紫禁城寝宫所能替代。

表 3-1　乾隆三十六－四十六年《圆明园等处帐幔褥子档》中规定的寝宫设置

景区	殿宇	帐子数	幔子数	褥子数	枕头数
九洲清晏	九洲清晏殿	4 架	2 架	26 个	6 个
	奉三无私殿	3 架	2 架	4 床或 10 个	2 或 4 个
	乐安和	3 架	2 架	20 个	4 个
	怡情书史	4 架	/		
勤政亲贤	保合太和殿	3 架	1 架	2 或 4 床	2 个
	富春楼	1 架	2 架	2 床	2 个
	怀清芬	1 架	2 架	2 床	2 个
长春仙馆	长春仙馆殿	3 架	2 架	3 床	2 个
	墨池云	3 架	2 架	4 床	2 个
澹泊宁静	澹泊宁静	1 架	2 架	2 床	2 个
西峰秀色	西峰秀色	1 或 3 架	2 架	2 床	2 个
万方安和	安然	1 架	2 架	2 床	2 个
濂溪乐处	慎修思永	1 架	2 架	2 床	2 个
	心怡身自安	1 架	2 架	2 床	2 个
蕊珠宫	蕊珠宫	1 架	2 架	2 床	2 个
方壶胜境	哕鸾殿	1 或 3 架	2 架	2 床	2 个
廓然大公	双鹤斋	1 架	2 架	2 床	2 个
蓬岛瑶台	蓬岛瑶台	/	/	2 或 3 床	
含经堂	含经堂	3 架	2 架	3 床	2 个
	三友轩	3 架	2 架	3 床	2 个
	淳化轩	3 架	2 架	2 床	2 个
	思永斋	3 架	2 架	3 床	2 个

国家图书馆藏《样式雷档案》。

（清）弘历．夏日养心殿．高宗御制诗四集．卷 51．
清代光绪二年刊本．

（清）吴振棫．养吉斋丛录．
北京：北京古籍出版社，1983：182．

裴毓麐．清代遗闻．
北京：中华书局，1915：2．

中国第一历史档案馆．圆明园．
上海：上海古籍出版社，1991：1117．

中国第一历史档案馆．圆明园．
上海：上海古籍出版社，1991：1123．

中国第一历史档案馆．圆明园．
上海：上海古籍出版社，1991：1118．

中国第一历史档案馆．圆明园．
上海：上海古籍出版社，1991：1123．

中国第一历史档案馆．圆明园．
上海：上海古籍出版社，1991：1126．

方晓风.圆明园宗教建筑研究.
故宫博物院院刊.2002,2期:39-49.

（清）于敏中等编纂.日下旧闻考.
北京：北京古籍出版社,1985:1339.

（清）弘历.慈云普护.高宗御制诗初集.卷22.
清代光绪二年刊本.

玉构金堤神所凭，崇祠象设祈昭佑

——祀庙祠宇

关帝殿

龙王殿

圆明园不但是一座规模巨大、景观丰富的万园之园，同时也是皇室长期生活的场所，故而含有大量特殊功能的建筑，其中尤以宗教祭祀类建筑最为庞杂。圆明三园中的宗教性建筑大致可涵盖儒、佛、道三大类别，属儒家系统者有祭祖的安佑宫（鸿慈永祜）和供奉孔子的圣人堂（位于洞天深处西南）；属于佛教系统的建筑较多，并可分为青庙、黄庙等不同派别，计有圆明园的慈云普护、日天琳宇（佛楼）、月地云居（清净地）、舍卫城、同乐园之永日堂、曲院风荷之洛伽胜境，长春园的法慧寺、宝相寺、梵香楼，绮春园的正觉寺、延寿寺、庄严法界，以及九洲清晏、含经堂、鉴园等景区所附设的佛堂等。

除儒、佛性质的建筑外，圆明三园中并没有严格意义上的道观建筑，但却拥有大量的祀庙祠宇，其中所祀神灵几乎都源自民间信仰，其中相当一部分可以归入道教范畴，

土地祠

图 4-1**

圆明园慈普护龙王殿与关帝殿（引自法国国家图书馆藏《圆明园四十景图》）

图 4-2**

圆明园杏花春馆土地祠（引自法国国家图书馆藏《圆明园四十景图》）

二

也有一些难以归类，同时又大多被列入清代的官方祀典，具有自身的特殊地位，同样不容忽视。

对于圆明三园中的宗教性建筑，方晓风先生所作《圆明园宗教建筑研究》一文已有详细论述，分析精辟，见解独到，对于我们今天理解圆明三园祭祀建筑以及清代皇家宗教生活具有很高的价值。惟方先生之文主要侧重于儒、佛性质的建筑，对于其他类型的庙宇所述不多，故本章即拟对园中儒、佛之外庞杂的祀庙祠宇另加考证，并对其形制渊源、祭祀仪式以及相关历史背景、文化内涵作进一步的分析。

圆明三园中的祀庙祠宇数量很多，所供奉的神灵也各有所宗，本文根据不同的景区位置加以分述。

【1】 圆明园慈云普护龙王殿、关帝殿

慈云普护本是一处以供佛为主的场所，前殿辟为欢喜佛场，东偏殿设为龙王殿（图 4-1**），三间悬山建筑，西向，前出平台，悬有"如祈应祷"额，其中"祀圆明园昭福龙王"。龙王殿北侧有楼，分为上下两层，悬山顶，前出一卷抱厦，"上奉观音大士，下祀关圣帝君"[2]，即楼上为观音殿，楼下三间为关帝殿。乾隆帝曾有诗注："（观音殿）其旁为道士庐"[3]，可见此处曾驻有道士。

【2】 圆明园杏花春馆土地祠

土地祠（图 4-2**）位于杏花春馆西南，为一间悬山建

中国第一历史档案馆.圆明园.
上海:上海古籍出版社, 1991: 546-547.

中国第一历史档案馆.圆明园.
上海:上海古籍出版社, 1991: 374.

（清）李卫,唐执玉等监修.（清）田易等纂.
畿辅通志.卷49.
清代乾隆年间文渊阁四库全书本.

图4-3** →

圆明园刘猛将军庙与魁星楼（引自法国
国家图书馆藏《圆明园四十景图》）

图4-4** →

圆明园日天琳宇瑞应宫（引自法国国家
图书馆藏《圆明园四十景图》）

筑，带前后廊，东向。这座小庙面宽一丈（3.20米），前后廊进深三尺五寸（1.12米），屋身进深为一丈零五寸（3.36米）。屋顶设有正脊鸱吻，前插幡杆。

此殿规模虽小，却是专奉圆明园土地公、土地母的场所，也是御园中最重要的一座土地庙，咸丰帝曾经因病来此许愿，后于咸丰八年（1858年）二月分别封土地公、土地母为"圆明园昭佑敷禧司土真君"和"圆明园昭佑敷禧司土夫人"，并重设楠木神牌、立碑，且于春秋两季令内务府大臣服蟒袍补褂致祭。当时内务府官员曾经上奏："该祠殿宇仅止一间，殿外地势亦不宽阔，拟于东北隅将土山铲去数尺，建立碑石，镌刻祠记神牌二座。拟用楠木恭制神号，交南书房翰林恭书后镌刻。"[4] 所附工程清单载明该祠的建筑尺寸与陈设情况："春雨轩土地庙一间，柱高八尺，面阔一丈，进深一丈零五寸，前后廊各深三尺五寸，台明高一尺……殿内神像二尊，站童二尊，供案一张，磬几一张。"

【3】 圆明园刘猛将军庙、魁星楼

刘猛将军庙位于月地云居西北侧，从《圆明园四十景图》上可见其形象为三间殿堂，设有正脊和吻兽（图4-3**）。乾隆五十八年（1793年）内务府维修清单上有"刘猛将军庙一座三间……并院内拆墁甬路一道，长一丈八尺五寸，以及照式油饰彩画等项"[5] 的简略记载，可见此庙设有院墙围合的小前院，进深不足二丈。

这是一座与灭蝗有关的祠庙，规模虽小，意义却很特别。《畿辅通志》引《降灵录》记载："神名承忠，吴川人，元末授指挥，弱冠临戎，兵不血刃，盗皆鼠窜。适江淮千里飞蝗遍野，挥剑追逐，须臾蝗飞境外。后因鼎革，自沈于河。有司奏请，遂授猛将军之号。"[6] 此祠原先盛行于江淮地区，雍正初年京师一带出现蝗灾，民间遂自发在京城内外模仿南方修建刘猛将军庙，据说颇见灵验，对此雍正三年（1725年）的皇帝谕旨中曾经提及："畿辅地方，每有蝗蝻之害，土人虔祷于刘猛将军之庙，则蝗不为灾。朕念

（清）胤禛.世宗宪皇帝圣训.卷8.
清代乾隆年间文渊阁四库全书本.

（清）李卫，唐执玉等监修.（清）田易等纂.
畿辅通志.卷49.
清代乾隆年间文渊阁四库全书本，载："刘
猛将军祠，在府治，春秋戊日祭。"

中国圆明园学会.圆明园.第2集.
北京：中国建筑工业出版社，2007：48.

中国第一历史档案馆.圆明园.
上海：上海古籍出版社，1991：1119.

一　肆

切洞瘝，凡事之有益于民生者，皆
欲推广行之。"[7]雍正间于御园建刘猛
将军庙，显然有进一步压制蝗灾的
意思，后来北京城内的顺天府治中
也建有此种庙宇[8]。《圆明园》丛刊
第2集所载晚清《圆明园匾额略节》
记录安佑宫附近有一座建筑，外檐
挂"昆虫毋作"匾（典出《礼记·郊
特牲·蜡辞》，《圆明园》丛刊原书
误刊为"昆虫母作"），内檐悬"用
佐为霖"匾[9]，可能就是这座小庙。

同治十二年（1873年）样式房雷
氏档案曾记当时查明圆明园内尚存
13处建筑，其中包括一座魁星楼[10]。
魁星又名奎木狼，是二十八星宿中
西方七宿之首，为主管文运之神。

玉皇殿　　　　　关帝殿

中国第一历史档案馆.圆明园.
上海：上海古籍出版社，1991：1354.

中国第一历史档案馆.圆明园.
上海：上海古籍出版社，1991：1608.

中国第一历史档案馆.圆明园.
上海：上海古籍出版社，1991：1176.

（宋）钱俨.吴越备史.卷2.
清代道光二年扫叶山房刊本.

中国第一历史档案馆.内务府现行则例·应
用物件.圆明园.
上海：上海古籍出版社，1991：1011，载："乾
隆五十三年十一月呈准，遵旨添建雷神殿."

《圆明园四十景图》上可见刘猛将军庙东侧有一座圆形平面的砖砌圆台，上建两座单间硬山小庙，旗杆上悬有黄幡。1933年《圆明园遗址实测图》将此处绘为八角形平面，并标明为"魁星楼"。此处临近圆明园西墙，与魁星方位吻合。

【4】 圆明园日天琳宇瑞应宫、雷神殿、 关帝殿、玉皇殿、太岁坛、三神殿

日天琳宇旧称佛楼，是一处以佛教寺院为主体的建筑群，但其中设有多处祀宇殿宇。《日下旧闻考》载："其规制皆仿雍和宫后佛楼式……中前楼上奉关帝……西前楼上奉玉皇大帝……瑞应宫诸殿皆祀龙神。" 关帝殿和玉皇殿分别位于中部极乐世界前殿楼上和西部一天喜色前殿楼上，乾隆五十三年（1788年）乾隆帝御笔题写"忠义神武灵佑关圣大帝"字样，仿照关帝殿牌位样式复制了一份安设在雍和宫后佛楼关帝像前。

瑞应宫（图4-4**）在东部自成一组独立的院落，共三进，前设庙门，中轴线上依次布置前殿仁应殿、中殿和感殿、后殿晏安殿三座正殿，主要供奉龙神，是圆明三园中最大的一座龙王庙。其中还设有一座斗坛，是清帝拜斗的场所，斗坛处悬"恩光仁照"匾额。

瑞应宫首建于五代时期的江南，《吴越备史》载："黄龙见于下山之金井洞，命立瑞应宫（一作祥应宫）。" 可见此宫本是专祀龙神的祠庙，故御园龙王庙借取其名。前殿和中殿均为歇山建筑，后殿晏安殿原为七间悬山建筑，于乾隆五十三年（1788年）改建为九间，在东次稍间增设了一个雷神殿，供奉雷神像和"风云雷雨"四神牌位。

景区的西南角位置曾建有一座太岁坛（图4-5**），为单开间楼宇，东向，带有前廊，是祭祀太岁神的建筑，其东另设一座仙台。

清代晚期样式雷图上在瑞应宫前院东厢位置绘有一座"三神殿"，不知所供究竟是哪三位神灵。

中国第一历史档案馆.圆明园.
上海：上海古籍出版社，1991：1358.

中国第一历史档案馆.内务府现行则例·养
蚕事宜.圆明园.
上海：上海古籍出版社，1991：1018，载：
"雍正六年八月奉旨：圆明园于七年起著
养蚕。"

中国第一历史档案馆.圆明园.
上海：上海古籍出版社，1991：398.

图 4-5** ↓

图 4-6** ↑

图 4-7** ↑

圆明园日天琳宇太岁坛（引自法国国家
图书馆藏《圆明园四十景图》）

圆明园映水兰香贵织山堂（引自法国国
家图书馆藏《圆明园四十景图》）

圆明园北远山村龙王庙（引自法国国家
图书馆藏《圆明园四十景图》）

【5】 圆明园映水兰香贵织山堂、天神坛

贵织山堂（图4-6**）是一座独立的三间歇山小殿，用于"祀蚕神"[16]。圆明园自雍正七年（1729年）开始在园中养蚕[17]，贵织山堂之设或与此有关。从《圆明园四十景图》上看，此殿的柱子刷绿色油漆，山墙上的窗户还设有挑檐。

根据样式雷图判断，映水兰香景区以南另有一座天神坛，位于围墙之中，亦为三间殿宇，而乾隆五十九年（1794年）内务府工程清单上也注明"天神坛殿庙一座，计三间"[18]。

中国第一历史档案馆.内务府奏案.圆明园.
上海：上海古籍出版社，1991：133，载："遵
旨慎修思永添建花神庙宇。"

中国第一历史档案馆.圆明园.
上海：上海古籍出版社，1991：134.

中国第一历史档案馆.圆明园.
上海：上海古籍出版社，1991：1007.

【6】 圆明园汇万总春之庙

此庙位于濂溪乐处之南，俗称花神庙，主体部分建于乾隆三十四年（1769年）[19]，为独立的院落，南为五间门殿，北有五间正殿，额名"蕃育群芳"，主祀花神；东西各有三间配殿。当年于"花神庙正殿庙门内添做悬山五座，山墩四座，与用松木胎骨垛增胎彩画青绿水色青苔成做花树地景，殿内添安神牌。"[20]

中国各地建有很多花神庙，其中以杭州西湖的花神庙最为著名，乾隆帝南巡曾经造访。此处形制有模仿西湖花神庙之意，但格局相对简单。乾隆三十五年（1770年）奏准："新建花神庙二月十二日花朝开光献供，佛楼幼僧办吉祥道场一永日，每日每月香烛供献，万寿圣节并花朝年节安摆供献。"[21]嘉庆帝也有诗吟咏此庙。庙内曾经设有一座牡

中国第一历史档案馆．圆明园．
上海：上海古籍出版社，1991：381，记载嘉
庆元年（1796年）内务府《奏案》清单记录
乾隆五十八年（1793年）的圆明园维修工程
包括"蕊珠宫、花神庙牡丹花罩二座，计八间，
挑换木植，找补油饰，并搬运安装拆卸等项"。

丹花罩[22]，应为培育花王牡丹的专用设施。

【7】 圆明园北远山村龙王庙

这座龙王庙（图4-7**）位于北远山村景区西北，是一座八角攒尖顶的殿宇，南面伸出一间悬山抱厦，建于雍正十一年（1733年），最初用于供奉原先放在四宜书屋船坞中的雍正御笔"雨神"牌位，当年相关档案有载："其旧雨神牌在北门内北苑山房之西北角响水处或建庙三间或大些

一间供奉。"[23]雍正十二年（1734年）又下旨："北门内水关之河北小庙，着供龙王牌位。"[24]正式改为龙王庙。此庙后来又改为观音庵，具体年代不详。

【8】 圆明园若帆之阁武圣祠、土地庙、山神庙

武圣祠靠近圆明园北苑墙，在若帆之阁湛虚翠轩东侧，《日下旧闻考》曾载："湛虚翠轩东数十武有关帝庙。"[25]从样式雷图上看，这座祠庙设有数跨院落，西院内三间正殿供奉关圣，院门南侧隔溪正对一轩，北出抱厦，似为戏台。这是御园中最重要的一座关帝庙，清帝经常来此拈香。

雍正十二年（1734年）有旨："北门关帝庙西边小一间，着供土地；北门西边山弯之处，着供山神。"[26]可见在武圣祠西侧曾经建有一间小土地庙，而在园北门西侧山弯处建有山神庙。

中国第一历史档案馆．圆明园．
上海：上海古籍出版社，1991：1232.

中国第一历史档案馆．圆明园．
上海：上海古籍出版社，1991：1236.

中国第一历史档案馆．圆明园．
上海：上海古籍出版社，1991：1365.

中国第一历史档案馆．圆明园．
上海：上海古籍出版社，1991：1236-1237.

中国第一历史档案馆．圆明园．
上海：上海古籍出版社，1991：1364.

中国第一历史档案馆．圆明园．
上海：上海古籍出版社，1991：1232.

中国第一历史档案馆．圆明园．
上海：上海古籍出版社，1991：1368.

一 肆

图4-8** ←

圆明园西峰秀色龙王庙（引自法国国家
图书馆藏《圆明园四十景图》）

图4-9** ←

圆明园四宜书屋船坞（引自法国国家图
书馆藏《圆明园四十景图》）

图4-10** ↑

圆明园涵虚朗鉴北龙王庙（引自法国国
家图书馆藏《圆明园四十景图》）

图4-11** ↑

圆明园广育宫（引自法国国家图书馆藏
《圆明园四十景图》）

【9】 圆明园西峰秀色龙王庙

《日下旧闻考》载："（西峰秀色）河西松峦峻峙，为
小匡庐，后有龙王庙。"[27] 从《四十景图》上可以清楚地看
到这座小庙（图4-8**），为三间悬山建筑，背山西向。

【10】 圆明园四宜书屋船坞

船坞本是贮藏船只的地方，而四宜书屋大船坞（图
4-9**）中还曾经供奉神牌，雍正十一年（1733年）有档案
记载："旧船坞现供风、云、雷、雨之雨神牌上字号错了，
着照此牌样式另造一牌，改旧字样，得时供在旧船坞。"[28]

【11】 圆明园涵虚朗鉴北龙王庙

《日下旧闻考》载："（蕊珠）宫南船坞后有龙王庙。"[29]
此庙（图4-10**）位于涵虚朗鉴景区北侧、蕊珠宫之南，靠
近五孔闸，为三间悬山建筑，设正脊、吻兽，南向而立。

【12】 圆明园广育宫

广育宫（图4-11**）位于夹镜鸣琴之东的山丘顶上，
松蟠环绕，颇有山林祠庙的气象。这座祠庙坐南朝北，自
成院落，前设牌坊，两面分别刻"含弘光大"和"品物仁照"
额，门殿之南为正殿凝祥殿，三间歇山建筑，内悬"恩光

仁照"匾额，原挂于瑞应宫，后移来此处。两侧设东西配殿。从《圆明园四十景图》上看，其建筑采用黄瓦，在圆明园所有祀庙祠宇中属于罕见的例子。正殿中供奉碧霞元君，相传是东岳大帝的女儿，主生育，故名"广育宫"。原祠始建于泰山，《大清一统志》载："碧霞元君庙，在泰山绝顶，宋真宗东封，构昭应祠，祀天仙玉女碧霞元君。"[30]

民间传说每年四月十八是碧霞元君的生日，乾隆、嘉庆、道光诸帝均曾来此拈香，有时还在附近举办"过皇会"或由南府戏班献演应景戏。平时在圆明园园居的嫔妃、公主经常来此祭拜求子，《内务府奏销档》曾记载乾隆五十四年（1789年）内廷嫔妃、公主、皇孙坐船经福海去广育宫拈香，因遇到大风而涉险[31]。

图4-12** ▲

图4-13** ▼

圆明园双鹤斋吕祖亭（引自法国国家图书馆藏《圆明园四十景图》）

圆明园舍卫城多宝阁（引自法国国家图书馆藏《圆明园四十景图》）

【13】圆明园双鹤斋吕祖亭

吕祖亭位于双鹤斋（廓然大公）景区，本名"采芝径"，为单间亭式建筑，总开间为两丈一尺（合6.72米），含周围廊，建于高台之上，西向（图4-12**）。雍正初年已建成，原来仅仅是一座点景建筑，并无祭祀功能。咸丰八年（1858年）二月咸丰帝有谕旨："双鹤斋采芝径四方亭一座，殿内添供奉吕祖、仙童、柳仙神台供案，著外边踏勘烫样呈览。"[32]所供"吕祖"即八仙中的吕洞宾，"仙童"可能指吕洞宾的弟子捉鬼仙童徐寿，"柳仙"则是民间传说的药神。其室内添改陈设，从此称"吕祖亭"。《穿戴档》载咸丰十年（1860年）十月十六日咸丰帝曾至双鹤斋吕祖亭拈香[33]。

【14】圆明园舍卫城多宝阁、城隍庙

舍卫城是圆明园中的一座微型城池，其中建筑多为佛教殿宇，但也有两处属于祠庙性质。

多宝阁为舍卫城最南的城关楼阁（图4-13**），三间，

歇山顶，《日下旧闻考》载："多宝阁祀关帝，额曰至胜大勇。"[34]

内务府《奏销档》记载乾隆四十二年（1777年）的维修工程中有一项是"舍卫城城隍庙并弥勒殿拆换旗杆四根，添换青砂石夹杆二根"[35]。可见城中曾经建有一座城隍庙，庙前竖立旗杆，具体位置不详。

【15】圆明园买卖街龙王庙、舍卫城龙王庙

从样式雷图上可见，这两座龙王庙都属于坐石临流景区，一在买卖街西侧，一在舍卫城外东侧，均只有一间。

【16】圆明园文昌阁

张仲葛先生家藏晚清《圆明园匾额略节》记载，在天然图画景区"静知春事佳"殿和"苏堤春晓"亭附近有一座文昌阁，神龛上挂"三宗会极"匾额[36]。此阁当是供奉文昌帝君的场所，具体格局不详，应为道光以后所建。

按内务府《穿戴档》记载，咸丰十年（1860年）三月

二十一日咸丰帝驻跸圆明园期间曾亲至"文昌阁文昌帝君前拈香"[37]。当年英法联军焚掠圆明园，文昌阁遭到破坏。同治十年（1871年）予以复建，并于当年十一月十六日子时开光[38]。同治十二年（1873年）重修圆明园时，经过探勘，发现这座文昌阁（殿）尚存，曾专门制作了烫样呈进御览[39]。

【17】长春园花神庙

这座花神庙位于长春园海岳开襟对岸西南处，从样式雷图上所绘判断，应为三间殿宇，带周围廊。

【18】绮春园龙王庙

从样式雷图可见，此庙位于绮春园延英论道景区中央，自成一院，四面环水，有东向门殿一间、正殿三间。

【19】绮春园惠济祠、河神庙

惠济祠、河神庙原建于江苏淮安府清河县，《大清一统志》载："惠济祠在清河县旧治。……陶庄河神庙在清河县西陶庄引河新口石坝上，本朝乾隆四十一年奉命创建。"[40]淮安府为明清治水要地，清代主管治水的江南河道总督长期驻节于府境内的清江浦。惠济祠始创于明代正德年间，位于淮河、黄河、运河交汇的清口地区，正是控制黄淮水患的关键位置，康熙、乾隆帝南巡时均曾亲临。乾隆帝且有诗云："玉构金堤神所凭，瓣香展谒肃虔增。黄清淮乂常资佑，楗密茭长敢恃能。"[41]"河宗稳渡紫霞舟，巍焕灵祠见举头。"[42]"瑞气扶舆凤阁峨，金堤千载镇洪河。"[43]惠济祠所祭神灵原为碧霞元君，后与天后（天妃，即闽粤所奉之妈祖）崇拜结合，一度改称"天妃庙"，乾隆帝诗注亦称"相传天妃为闽越人也。"[44]河神庙位于引河口石坝上，主要供奉淮河流域的一些河神，地位也很显赫，与惠济祠一起成为其他地区同类祀宇的范本。

（清）和珅等修.大清一统志.卷142.
清代乾隆年间文渊阁四库全书本.

中国第一历史档案馆.圆明园.和珅等奏福海行船涉险将总管太监等治罪折.
上海：上海古籍出版社.1991：288-289.

中国第一历史档案馆.圆明园.
上海：上海古籍出版社.1991：1063.

中国第一历史档案馆.穿戴档（咸丰朝）

中国第一历史档案馆.圆明园.
上海：上海古籍出版社.1991：1377.

中国第一历史档案馆.圆明园.
上海：上海古籍出版社.1991：222.

中国圆明园学会.圆明园.第2集.
北京：中国建筑工业出版社.2007：47.

中国第一历史档案馆藏.《穿戴档》（咸丰朝）

（清）昆冈等纂.大清会典事例.卷897.
清光绪二十五年刊本.

中国第一历史档案馆.圆明园.
上海：上海古籍出版社.1991：1119-1120.

（清）和珅等修.大清一统志.卷65.
清代乾隆年间文渊阁四库全书本.

（清）弘历.惠济祠.高宗御制诗二集.卷23.
清代光绪二年刊本.

（清）弘历.惠济祠.高宗御制诗五集.卷4.
清代光绪二年刊本.

（清）弘历.惠济祠.高宗御制诗二集.卷68.
清代光绪二年刊本.

（清）弘历.惠济祠.高宗御制诗二集.卷68.
清代光绪二年刊本.

雍正间北京永定河石景山一带已建有惠济祠、河神庙。至嘉庆间，因御苑中缺乏奉祭天后、河神的祠庙，故嘉庆十七年（1812年）特令两江总督百龄赴清河县摹绘天后、惠济龙神的神牌封号呈进，当年六月初八《仁宗实录》记载其谕旨："惟水府诸神，如天后、河神，向无祠位，凡遇发香申敬之时，皆系望空瞻礼，遥纾虔悃。今拟于御园内添建祠宇，著百龄亲赴清江浦[45]，于崇祀各神如天后、惠济龙神素昭灵应、载在祀典者，将神牌封号字样详缮陈奏，俟庙宇落成，照式虔造供奉，以迓神庥，将此谕令知之。"[46]二十九日又下旨："复思河神祠宇在清江浦者显应素著，其殿宇规制，灵爽式凭，著百龄至清江时，将惠济龙神庙殿宇层数、基址丈尺详细查开，绘图贴说，附报呈览，以便仿照建盖，以妥神灵。庙内如系书写神牌，即遵

前旨将封号字样敬录陈奏；若神位或系塑像，该督并遴选工绘事者，敬谨摹绘，装裱进呈，将来庙宇落成，庶可虔诚供奉也。"[47]

次年在绮春园动工兴建惠济祠、河神庙，至嘉庆二十二年（1817年）落成，当年的《内务府现行则例》记载："八月奉旨：谕御园内仿照江南规制建立惠济祠、河神庙二所，岁时陛香展礼，因思清漪园、静明园两处龙神庙均有春秋致祭典礼，御园惠济祠、河神庙显应尤昭允宜，特奉明禋以光祀典，著于每岁春秋二季一体致祭，届期奏派管理圆明园大臣一员肃恭将事，即自本年秋季为始。"[48]

嘉庆二十四年（1819年）嘉庆帝曾作《惠济祠河神庙拈香敬述》诗赞颂绮春园中的这两处祠宇："建祠祈妥佑，数载沐神恩。恬浪固河堰，安澜达海门。承天施渥泽，

率土靖黎元。永戴平成德，感衷诚述言。"诗注又云："御园之南惠济祠、河神庙建于癸酉秋间，所以妥侑明神，时致亲祈，俾东南亿万民生同登衽席者也。自创建以来，深荷神祇昭格，堤堰磐安，河流悉臻轨顺，转漕亦迅速如期，此皆仰赖天泽频施、神庥垂佑，故得此长庆安澜，永戴平成之德，升香展礼，诚感难铭。"[49]感戴之意，溢于言表。

从样式雷图来看，这两座祠宇格局很简单，两庙并列，惠济祠居东，中央建三间正殿，殿北设东西配殿；河神庙居西，为单进院落，北建正殿三间，左右各设朵殿二间。晚清《圆明园匾额略节》记载惠济祠正殿外檐悬"宅神天沼"匾，内檐悬"德施功溥"、"恬波昭贶"和"安流锡祜"三匾；河神庙正殿外檐悬"朝宗广运"匾，内檐悬"镜清寰宇"和"永佑安澜"额[50]。

惠济祠正殿内供奉天后神牌；而河神庙正殿内设有三个神龛，中央供奉淮渎神牌，左龛供奉金龙四大王神

牌，右龛供奉黄大王神牌[51]，均为河道纵横的淮安地区最重要的水神。

【20】绮春园关帝庙

从现存样式雷图可见，此关帝庙位于绮春园西南角，仅为单间小殿，带周围廊。

除此之外，圆明三园在不同时期内还根据具体需要设有一些临时性的坛、斗、龛之类，以备祭拜，如内务府则例《记事录》载雍正帝曾因为在深柳读书堂园居期间距离佛楼斗坛太远，往来不便，即下旨在深柳读书堂后新盖太平台下设立行龛斗坛[52]；《仁宗实录》载嘉庆十七年（1812年）六月"于黑龙潭及山高水长设坛祈雨"[53]，《起居注》载嘉庆帝曾多次亲至山高水长祈雨坛祈雨[54]；《穿

清江浦：清江浦本是山阳县的一大集镇，乾隆二十六年（1761 年）将清河县治迁移于此。

中华书局．仁宗实录（四）．清实录．
北京：中华书局，1986：486．

中国第一历史档案馆．清代妈祖档案史料汇编．
北京：中国档案出版社，2003：210．

中国第一历史档案馆．圆明园．
上海：上海古籍出版社，1991：1053．

（清）颙琰．惠济祠河神庙拈香敬述．仁宗御制诗三集．卷 61．
清代光绪二年刊本．

中国第一历史档案馆藏．起居注册（嘉庆朝）．

中国第一历史档案馆藏．起居注册（咸丰朝）．

中国圆明园学会．圆明园．第 2 集．
北京：中国建筑工业出版社，2007：52．

（清）昆冈等纂．大清会典事例．卷 1084．
清代光绪二十五年刊本．

中国第一历史档案馆．圆明园．
上海：上海古籍出版社，1991：1219．

中华书局．仁宗实录（四）．清实录．
北京：中华书局，1986：485．

戴档》载咸丰帝曾去奉三无私殿拜斗，还分别去西峰秀色七夕供、生秋庭秋供与冬供、上下天光月供前拈香，如此不胜枚举[55]。

综合以上所述，圆明三园中的各类祀庙祠宇至少有 33 处之多，其中圆明园 28 处，占总数的 85%；长春园仅有 1 处，占总数的 3%；绮春园 4 处，占总数的 12%（图 4-14**）。圆明园内的祠宇分布较为均衡，长春、绮春二园内的祠宇均位于西侧，靠近圆明园。

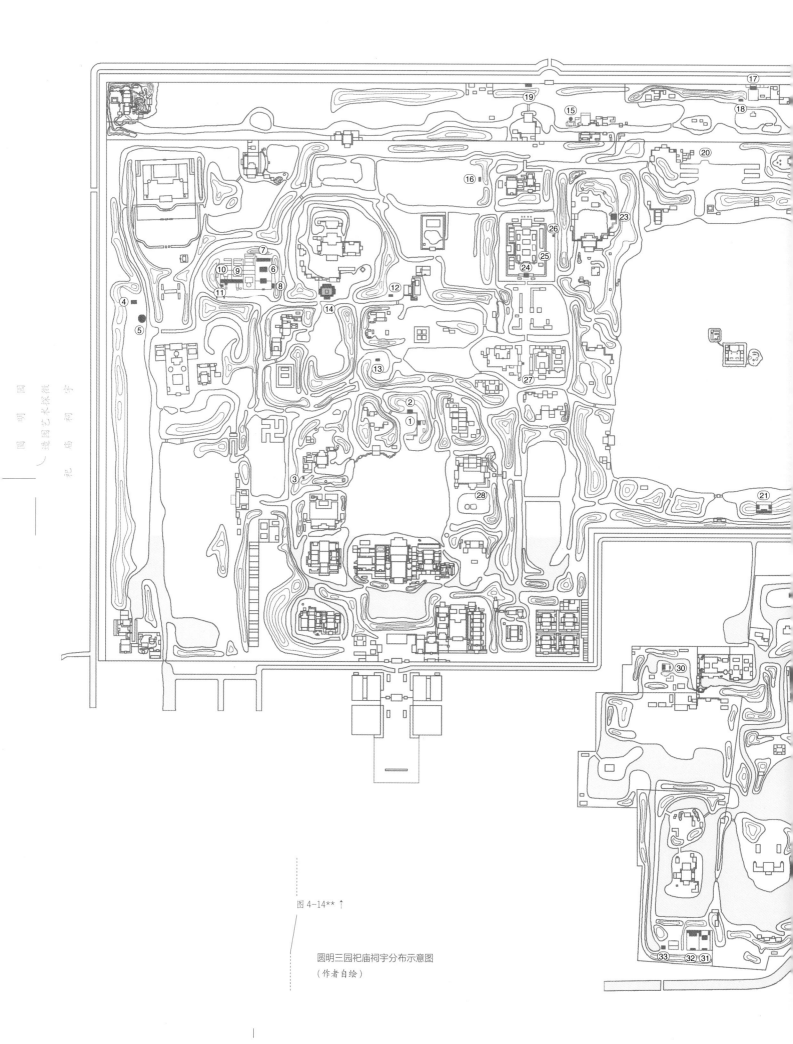

图 4-14** ↑

圆明三园祀庙祠宇分布示意图

（作者自绘）

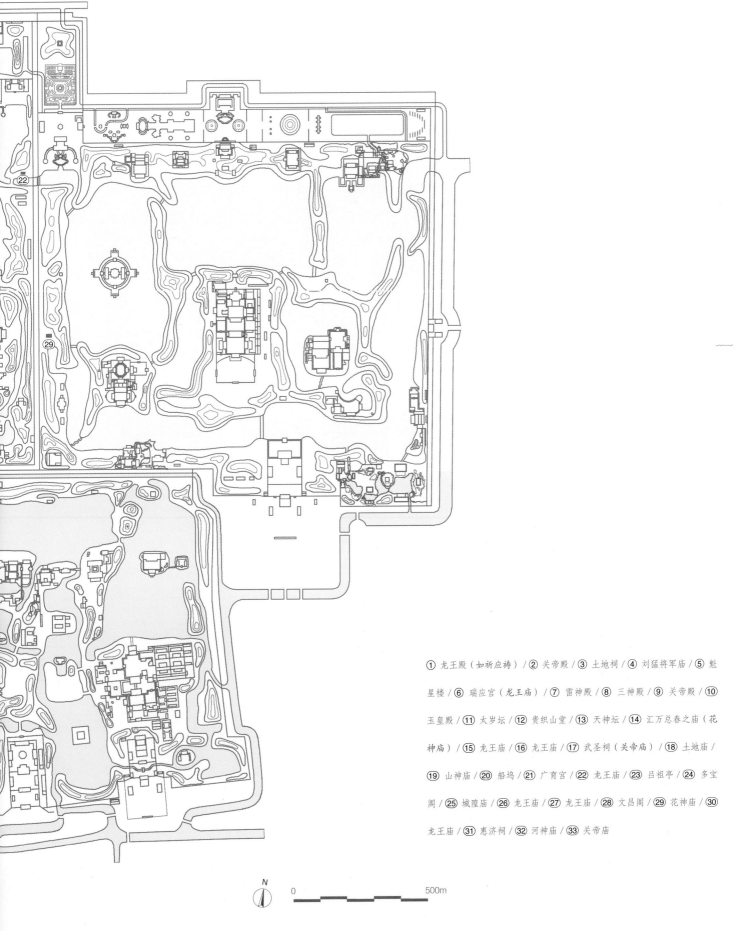

① 龙王殿（如祈应祷）/② 关帝殿/③ 土地祠/④ 刘猛将军庙/⑤ 魁
星楼/⑥ 瑞应宫（龙王庙）/⑦ 雷神殿/⑧ 三神殿/⑨ 关帝殿/⑩
玉皇殿/⑪ 太岁坛/⑫ 贵织山堂/⑬ 天神坛/⑭ 汇万总春之庙（花
神庙）/⑮ 龙王庙/⑯ 龙王庙/⑰ 武圣祠（关帝庙）/⑱ 土地庙/
⑲ 山神庙/⑳ 船坞/㉑ 广育宫/㉒ 龙王庙/㉓ 吕祖亭/㉔ 多宝
阁/㉕ 城隍庙/㉖ 龙王庙/㉗ 龙王庙/㉘ 文昌阁/㉙ 花神庙/㉚
龙王庙/㉛ 惠济祠/㉜ 河神庙/㉝ 关帝庙

N

0   500m

究其祭祀对象而言，有祀龙王(龙神)8处，祀关帝5处，祀土地、花神、风云雷雨诸神各2处，另有祀玉皇、天后、河神、碧霞元君、文昌帝君、蚕神、刘猛将军、太岁、天神、吕祖(及仙童、柳仙)、山神、魁星、城隍以及不知名三神各1处。具体情况列表如下(表4-1)：

就具体建筑形式而言，这些祀庙建筑可分三种类型(图4-15**)：

第一类祀庙拥有独立的院落，前设庙门，具备完整的庙宇格局，其中瑞应宫、广育宫、武圣祠、汇万总春之庙规模较大，拥有多进或多跨院落；绮春园河神庙、惠济祠、龙王庙次之。多数院落仅设正殿，不设配殿，形制明显低于安佑宫、月地云居等儒、佛系统的大型庙宇，如刘猛将军庙虽曾经设有前院，但尺度很小，并无配殿。

第二类祀庙不设院落，拥有独立建筑，尺度较小，基本为一间或三间殿宇，如多数龙王庙、土地祠均是如此；少数为楼房，如太岁坛、多宝阁、魁星楼。其中以北远山村西北面龙王庙的八角攒尖的形制最为特别，似乎是一座亭子的变体，前面又出有抱厦。

第三类祀庙并非独立设置的殿堂，而是与其他神祇同在一殿，混合共处，或分占楼上下，如日天琳宇之玉皇殿、关帝殿；或分占次稍间，如瑞应宫附设的雷神殿，规格又低一级。

祭奉同一神灵的不同庙宇有明显的主次之分。龙王、关帝、土地、花神的祀庙数量都不止一处，均以其中之一为主庙，成为祭祀的重点，如瑞应宫之祀龙王、武圣祠之祀关帝、杏花春馆土地祠之祀土地神、汇万总春之庙之祀

表4-1　圆明园、长春园、绮春园祀庙祠宇一览表

编号	园名	名称	位置	形制	功能	建设时期
1		龙王殿(如祈应祷)	慈云普护东部	三间硬山，西向，前出平台	祀圆明园昭福龙王	康熙年间建
2		关帝殿	慈云普护北楼	楼宇下层	供关帝	康熙年间建
3		土地祠	杏花春馆西南角	一间悬山，东向，前引幡杆	供土地公、土地母	雍正年间建，咸丰年间加封
4		刘猛将军庙	月地云居西北侧	三间，前设小院	祭刘猛将军(灭蝗之神)	雍正年间建
5		魁星楼	月地云居西北侧	圆台楼阁	祀魁星	乾隆九年之前
6		瑞应宫(龙王庙)	日天琳宇东院	三进院落，有门殿及前后三殿，内设斗坛	祀龙神	雍正年间建
7	圆明园	雷神殿	瑞应宫后殿	晏安殿东次稍间	祀风云雷雨诸神牌位	乾隆五十三年改建
8		三神殿	瑞应宫前院东配殿	三间，东向，带前廊	不详	不详
9		关帝殿	日天琳宇中部	极乐世界前殿楼上	供关帝	雍正年间建
10		玉皇殿	日天琳宇西部	一天喜色前殿楼上	供玉皇	雍正年间建
11		太岁坛	日天琳宇西南	单间小楼，东向，东有仙台	供太岁	雍正年间建
12		贵织山堂	映水兰香西侧	三间歇山，南向	祀蚕神	雍正年间建
13		天神坛	映水兰香之南	三间	祀天神	不详
14		汇万总春之庙(花神庙)	濂溪乐处之南	院落，有门殿五间、正殿五间及东西配殿各三间	祀花神	乾隆三十四年建
15		龙王庙	北远山村西北	八角形殿宇，南出悬山抱厦	初祀雨神，后祀龙王，后改观音庵	雍正年间建
16		龙王庙	西峰秀色西	三间悬山，西向	祀龙王	乾隆末年以前

图 4-15** →

圆明三园部分祀庙祠宇建筑平面示意图
（作者自绘）

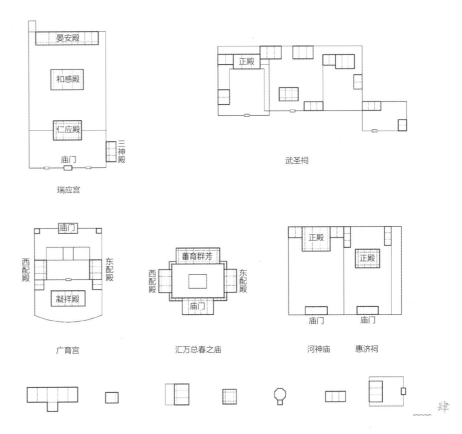

编号	园名	名称	位置	形制	功能	建设时期
17		武圣祠（关帝庙）	若帆之阁东侧	院落，北为三间正殿，附设戏台	祀关帝	雍正年间建
18		土地庙	若帆之阁东侧	一间，东向	祀土地	雍正年间建
19		山神庙	若帆之阁东侧	不详	祀山神	雍正年间建
20		船坞	四宜书屋东南	悬山建筑，内部陈设不详	供风云雷雨诸神牌位	雍正年间建
21	圆明园	广育宫	夹镜鸣琴之东	院落，北向，正殿三间，东西配殿	供奉碧霞元君	雍正年间建
22		龙王庙	涵虚朗鉴之北	三间，南向	祀龙王	乾隆九年之前
23		吕祖亭	双鹤斋东部	一间方亭，带周围廊	祀吕祖、仙童、柳仙	雍正年间建，咸丰年间改祀宇
24		多宝阁	舍卫城南城关	三间城门楼	祀关帝	乾隆二十四年建
25		城隍庙	舍卫城内	不详	祀城隍	乾隆四十二年之前
26		龙王庙	舍卫城外东侧	一间，临水	祀龙王	不详
27		龙王庙	同乐园买卖街西	一间	祀龙王	不详
28		文昌阁	天然图画东侧	不详	祀文昌帝君	道光以后
29	长春园	花神庙	海岳开襟西南对岸	三间，带周围廊	祀花神	不详
30		龙王庙	延英论道	院落，东向，门殿一间、正殿三间	祀龙王	嘉庆以后
31	绮春园	惠济祠	畅和堂之南	院落，门殿、正殿各三间	祀天后	嘉庆二十二年建成
32		河神庙	畅和堂之南	院落，门殿、正殿各三间	祀淮渎河神、金龙四大王、黄大王神牌	嘉庆二十二年建成
33		关帝庙	园西南角	一间，带周围廊	供关帝	嘉庆以后

花神，形制较高，其余同类祀宇的格局则比较简单。

大多数祀庙的室内陈设不详，其中少数供神像（如杏花春馆土地祠内并列供奉土地公、土地母两尊塑像），大多供奉神牌（如河神庙供奉淮渎、金龙四大王、黄大王三座神牌）。

从现存样式雷地盘画样上可见到瑞应宫晏安殿的平面（图4-16**），图上注明此殿明间沿北墙设置供桌、神台，台上置神龛，龛内有宝椅，估计其中供有龙王坐像；而东次稍间辟作雷神殿，同样有供桌、神台、神龛，龛内所供为风云雷雨四神牌（图4-17**），从东往西依次是"应时显佑风伯之神"、"顺时普荫云师之神"、"资生发育雷师之神"和"顺时佑畿时应雨师"。神龛的尺寸是面宽九尺四寸（3008厘米）、进深一尺三寸五分（432厘米）、高五尺二寸（1664

厘米）；神牌的尺寸是二尺五寸（800厘米）高，内下须弥座面宽八寸五分（272厘米）、进深六寸五分（208厘米）、高五寸二分（166.4厘米）。现存样式雷图中还有一张"顺时佑畿时应龙王神牌"的立面画样，可作旁证。这些陈设都由样式房设计定做而成。

乾隆五十三年（1788年）造办处《活计档》记载雷神殿内添设的神像、屏风形制："圆明园新建雷神庙内雷神，照先做过金黄缎底绣八团龙神袍一样，交苏州织处绣做一件，其宝床屏风内着做锦褥一件。……瑞应宫添建雷神殿内雷师一尊，法身高三尺九寸六分，内除面像脖项净高三尺一寸六分，肩宽一尺五寸，胸厚九寸，挂脚至地平高一尺五寸，衣面宽二尺四寸，坐像进深一尺五寸。宝床屏风内里面宽三尺二寸八分，进深一尺四寸。新建雷神座像高

图4-16**↗

瑞应宫晏安殿平面图（摹自样式雷图）

图4-17**↗

雷神殿神龛与神牌位置示意图
（摹自样式雷图）

图4-18**↘

吕祖亭内神龛立样（摹自样式雷图）

三尺九寸六分，挂角至地平一尺五寸。神袍一件，身长四尺四寸五分，身肯一尺五寸，台肯一尺四寸，下扎二尺二寸，领口一尺八寸，袖长三尺四寸，袖宽一尺五寸，绣团龙九寸。营造尺。"[56]

样式雷图中还保存着吕祖亭内神龛的立样（图4-18**），图上标注神龛上枋下皮至地平高一丈一尺四寸（3468厘米），内龛高六尺八寸（2176厘米）、宽六尺（1920厘米），两侧照壁高一丈八寸（3456厘米）、宽一丈四寸（3328厘米），龛内中央吕祖法身高三尺七寸（1184厘米），两侧童子连座高二尺（640厘米），尺度比晏安殿神龛略大一些。

圆明三园内的祀庙祠宇大多不拘朝向，东西南北都有。屋顶形式也包含歇山、悬山、硬山、攒尖等各种造型，以卷棚悬山的比例最高，歇山次之，也有部分殿宇带有正脊和吻兽，显得形制更隆重一些，但没有最高等级的庑殿顶。另外很多祠宇的外面都设有旗杆。除了个别实例之外，这些祀庙祠宇建筑的造型均无特异之处。值得注意的是，《圆

明园四十景图》上所示瑞应宫、太岁坛、杏花春馆土地祠、北远山村龙王庙、含虚朗鉴北龙王庙、广育宫、舍卫城多宝阁等殿宇的山墙上身部分均刷为红色，与其他景观建筑常用的灰砖墙、白粉墙形成明显的区别。

总体上看，所有这些建筑的规模均相对有限，没有与安佑宫、舍卫城规模相当的大型院落和巍峨殿宇，其中只有广育宫位于山巅，具有景致中心的地位；少数祀宇是所在主题景区的重要组成部分，如杏花春馆的土地祠对田畴村落主题有一定的提示作用；其余大多数小庙孤殿都掩藏于山后溪间之一隅，主要作为一类特殊的功能性建筑而存在，缺乏景观意义。

（四）

圆明三园中的这些祀庙所奉各路神祇几乎都源自民间信仰，除了玉皇、吕祖这类典型的道教神仙之外，其余神

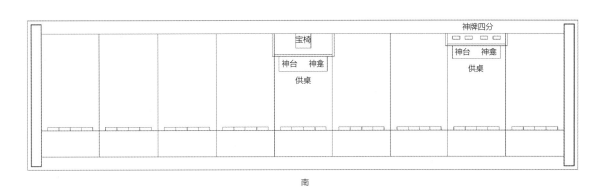

南

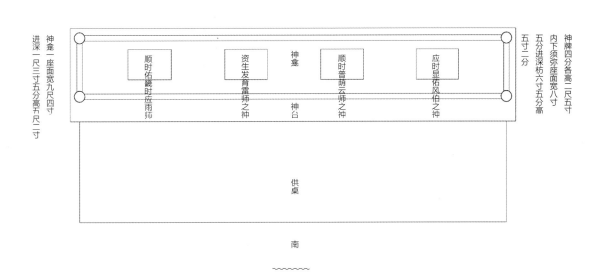

神牌四分各高二尺五寸
内下须弥座面宽八寸
五分进深枋六寸五分高
五寸二分

神龛一座面宽九尺四寸
进深一尺三寸五分高五尺二寸

南

中国第一历史档案馆．圆明园．

上海：上海古籍出版社，1991：1607．

地皮至上枋下皮高一丈二尺四寸

两边空当各

宽一尺四寸

照壁
高一丈八寸
宽一丈四寸

砖高二尺六寸

挂檐高一尺二寸

童子身连座高二尺

吕祖法身高三尺七寸

童子身连座高二尺

神龛
高六尺八寸
宽六尺

木座高八寸

灵也有不少得到道教的尊奉，但在御园中并未刻意强调其道教属性。同时，这些神灵大多被列入清代的官方祀典，分别属于"中祀"和"群祀"的性质，另有个别属于杂祀范畴。它们当中文有文昌，武有关圣，水有龙王，地有土地神，种花有花神，养蚕有蚕神，生育有求子之神，各路神灵五花八门，各司其职，充分反映了中国民间混杂的信仰状况。

其中数量最多的是各种水神，仅龙王庙就有8处之多，此外另有4处分祭天后、河神、风云雷雨诸神；其次是对关圣推崇备至，有5处祭祀场所；土地庙虽仅有2处，但地位也比较突出。

对于古代社会而言，河湖水系是国家经济的重要命脉，无论干旱还是水灾都可能造成重大的危害，因此水神的地位尤显重要，加上圆明三园本身以水景为主，河溪纵横，湖池充盈，清帝游园一般均走水路，尊奉水神也有保佑自身安全的意思。明清时期，关帝崇拜十分普遍，关圣成为保障国泰民安的重要守护神，因此在圆明三园中也获得了极大的尊崇；而土地是各处"现管"之神，同样不容忽视。这三类祠宇在御园中最受重视。

圆明三园是帝王、太后、后妃、皇子等皇室成员以及太监、宫女、侍卫、园户的生活场所，另有部分主管官员、宫廷画师和僧道也曾长期在此居住，人员构成复杂，称得上是一个具体而微的小社会，从上至下对各种事务都有避灾祈福的心理需求，不同种类的祠宇则从多方面充分满足了这种需求。以花神庙为例，北京大学图书馆藏有乾隆十年（1745年）的《圆明园莳花碑》碑文拓本，此碑原存于汇

万总春之庙，为当时负责管理御园养花工程的官员王进忠、陈九卿、胡国泰三人所立，其中有词曰：

伏念天地间一草一木胥出神功，况于密迩宸居，邀天子之品题，供圣人之吟赏哉。爰列像以祀司花诸神，岁时祷赛，心戒必虔，从此寒暑益适其宜，阴阳各遂其性。不必催花之鼓，护花之铃，而吐艳扬芬，四时不绝。于是以娱睿览，养天和，与物同春，后天不老，化工之锡福岂有量乎。若夫灌溉以时，培护维谨，此小臣之职，何敢贪天功以为己力也[57]。

碑文说得很清楚：御园中的花事盛衰全靠花神保佑，负责养花的官员对于花神丝毫不敢怠慢。这种对某类神灵的心理依托普遍存在于官廷之中，圆明园内所设的各种祠庙和祀奉行为正是其最具体的表现形式。

作为中国民间信仰状况的真实映射，圆明三园祀庙祠宇的祀奉对象还经常相互混杂，乃至与佛教殿宇混于一处，彼此兼容，相安无事。如慈云普护楼上供观音，楼下供关圣；作为佛教重地舍卫城城门楼的多宝阁同时也是供关圣的地方；而日天琳宇景区原本以佛楼为主题，瑞应宫、关帝殿、玉皇殿、太岁坛等建筑杂处其中，似乎更有喧宾夺主之势；北远山村的龙王庙在清代后期可以改作观音庵。这些例证反映了中国传统宗教特有的彼此渗透现象——本来在民间，关帝庙也常为佛寺所接受，而道观中也可能设有供奉观音的殿堂。

相比中国其他地区而言，江浙一带的祀庙祠宇种类最多，自古即有"吴越多淫祠"的说法。圆明园的祀宇建筑也有不少仿自江浙地区，如汇万总春之庙以杭州西湖花神庙为蓝本，惠济祠、河神庙摹自清河县的名祠，而瑞应宫、刘猛将军庙、蚕神庙均是南方先出现的祠庙。对于圆明园来说，这也是一种特殊的功能性的"写仿"，与摹拟江南名园的风景式的写仿性质不同。

民间祀庙兴旺，本是中国特殊的社会现象。这些庙宇所奉鬼神来源庞杂，富于迷信色彩，与正统的儒家理念颇

有出入，因此历史上统治阶层对于民间祀庙并非完全赞成，甚至也经常出现皇帝下诏或官员下令禁毁的情况。例如《宋书·武帝纪》载南朝宋武帝诏书："淫祠惑民费财，前典所绝。"[58]《梁书·王神念传》载："神念性刚正，所更州县必禁止淫祠。"[59]《旧唐书·穆宗纪》曾载："李德裕奏去管内淫祠一千一十五所。"[60]《明史·石天柱传》载："泰山有碧霞元君祠，中官黎鉴请收香钱为修缮费，天柱言祀典惟有东岳庙，无所谓碧霞元君。"[61]但从根本上来说，这类民间信仰是无法禁绝的，而且在很多时候直接对皇室产生深刻的影响。相比前朝而言，清代统治者对于这些神灵更为重视，大多予以封赐并列入正式的祀典范畴，使得此类祀庙祠宇的地位明显提高，数量大为膨胀，在皇家园林中也大行其道，盛况空前。

舒牧等. 圆明园资料集.
北京：书目文献出版社，1984: 224.

（梁）沈约撰. 宋书. 卷 3.
上海：上海古籍出版社，1986.

（唐）姚思廉撰. 梁书. 卷 39.
上海：上海古籍出版社，1986.

（后晋）刘昫等撰. 旧唐书. 卷 16.
上海：上海古籍出版社，1986.

（清）张廷玉等撰. 明史. 卷 188.
上海：上海古籍出版社，1986.

中国第一历史档案馆. 允禄等传谕将封赠龙王庙文字交付礼部. 圆明园.
上海：上海古籍出版社，1991: 11.

肆

除了官方祀典的需求之外，圆明三园中祀庙祠宇建筑的兴建与清帝的个人信仰有密切关系。据表4-1可见，此类建筑多建于康熙年间皇子赐园时期、雍正年间以及嘉庆以后，乾隆时期所建相对较少，而其中大约一半是雍正帝继位前后所建。雍正帝本人信仰复杂，佛道皆崇，且经常服食丹药以求长生不老，对这些儒家和佛教之外的神灵似乎也坚持"宁可信其有，而不可信其无"的准则。留存至今的《世宗御制文集》收录文章不多，其中却有相当部分是祀奉关帝、都城隍、风伯、太岁、风神以及各路河神的祭文，其执信程度可见一斑。对于圆明园中的祀庙祠宇及其祭典，雍正帝也常常表现得非常重视，如现存内务府《奏销档》记载雍正三年（1725年）即有上谕："将圆明园、畅春园两处封赠龙王庙文字一事交付礼部"[62]，显得很郑重。

乾隆帝的御制诗文较少提及此类祠庙，可能与他厌弃道教的思想有一定关系。但从宫廷档案记载来看，乾隆帝也经常去瑞应宫、广育宫等处拈香，与这些祀庙祠宇并不疏远。另外乾隆二十一年（1756年）《穿戴档》记载五月十三日皇帝园居期间"关圣帝君降神，遣官拈香。"[63] 可见乾隆帝对于重要的神灵仍然十分敬重。

嘉庆、道光、咸丰三帝似乎对于这类祀庙祠宇都比较热衷，不但自己亲自拈香，还屡遣大臣致祭于圆明园惠济祠、河神庙、土地庙。嘉庆帝本人曾经在谕旨中强调："朕敬礼神祇，为民祈福，大内及御园多有供奉诸神祠宇，每遇祈报，就近瞻礼，以申诚敬。"[64] 内务府档案记载，咸丰十一年（1861年）五月咸丰帝去世之前，依然派人对英法联军焚掠后幸存的圆明园春雨轩土地祠、双鹤斋吕祖亭、课农轩观音庵以及绮春园河神庙、惠济祠五处按时上供[65]。

另外值得一提的是同治年间圆明园的大部分景区已成废墟，但同治帝仍然多次遣官祭祀河神庙、惠济祠[66]，并曾亲往圆明园文昌阁拈香[67]，其敬信情况一如其祖先。

这些祀庙祠宇的修建往往与国家灾害或帝王个人心愿相呼应，含有"有求必应"的功利色彩。如雍正初年闹蝗灾，遂建刘猛将军庙以镇之；帝王与后妃均盼望子嗣繁多，故而建广育宫以保佑生育；嘉庆间黄淮水灾频繁，即仿清河县名祠建惠济祠、河神庙以保河道安澜、漕运顺利；咸丰年间国家多故，咸丰帝身体不佳，遂特意装饰土地祠并加封土地公和土地母。

晚清学者王闿运在《圆明园词》注中曾讲述了这样一个离奇的故事："咸丰九年，上一日独坐若瞑，见白须人跪前。上问何人？对曰'守园神'。问何所言，云将辞差使耳。问汝多年无过，何为而去，对以弹压不住，得去为

幸。上曰：'汝嫌官小邪？可假二品阶。'俄顷不见，未一年而乱作矣。"[68] 此事在清末似乎流传颇广，徐树钧《圆明园词序》中也特意提及。民国时期笑然先生《圆明园遗闻》则称："近人各笔记，多言圆明未毁时，文宗梦土地辞职事，澜言无稽，弗足信也。然梦事虽无，而土地神赏二品顶事，则尝聆先严言之。盖因宗人府中之土地像为王冠王服，咸丰八年六月初九日，文宗万寿节，命管园大臣奎荫诣园内土地庙封神，换二品顶戴。盖圆明内之土地像，乃服清制之衣冠也。梦辞之说，或沿此耶。"[69] 此说当指上述咸丰年间加封杏花春馆土地祠之事而言。这段插曲可以作为圆明园祀庙祠宇的一个注脚，由此不难推测当时御园内从上至下对这类民间神灵的迷信程度。

从宫廷档案来看，对于部分祀庙祠宇的祭祀已经成为清帝园居生活的重要组成部分，有时还和民间一样举行比较隆重的仪典或游乐活动，如从乾隆时期开始，清帝每月初一、十五均至广育宫拈香；四月十八日碧霞元君生日，

在广育宫附近举办过皇会；每年二月十五前后，清帝至汇万总春之庙拈香，平时还经常去瑞应宫斗坛磕头，基本形成惯例。

根据《清升平署存档事例漫抄》记载，嘉庆、道光、咸丰年间皇帝亲赴汇万总春之庙、武圣祠、广育宫、文昌阁等处拈香时，经常由内廷负责演戏、演乐的机构南府（升平署）承应献戏或奏乐，例如广育宫所献之戏为《天官祝福》《星云景庆》，或奏中和韶乐[70]。道光二年（1822年）皇帝朱批"祭花神应用单响炮仗三十件。"[71] 唱戏、放炮仗本是民间祭神的常见形式，御园中的祀庙祠宇也加以效仿，具有浓厚的民俗气息。

一些重要的祀庙殿宇和儒、佛系统的祭祀建筑一样，每天除了香烛、果品之外，还要供茶，需要使用较多的木炭，乾隆二十二年（1757年）《内务府奏销档》记载广育宫每日供茶用黑炭3斤、煤8斤，与舍卫城相同，关帝庙（武圣祠）每日供茶用黑炭2斤、煤5斤，明显要少一些[72]。一般次要

中国第一历史档案馆.圆明园.
上海:上海古籍出版社,1991:861.

中华书局.仁宗实录(四).清实录.
北京:中华书局,1986:486.

中国第一历史档案馆.圆明园.
上海:上海古籍出版社,1991:600.

大清穆宗毅皇帝实录.卷356.
中国台北:华文书局,1968.

大清穆宗毅皇帝实录.卷365.
中国台北:华文书局,1968.

舒牧等.圆明园资料集.
北京:书目文献出版社,1984:328.

舒牧等.圆明园资料集.
北京:书目文献出版社,1984:285.

周明泰.清升平署存档事例漫抄.卷5.
天津:大陆书局,1933:5-7.

中国第一历史档案馆.圆明园.
上海:上海古籍出版社,1991:483.

中国第一历史档案馆.圆明园.
上海:上海古籍出版社,1991:86.

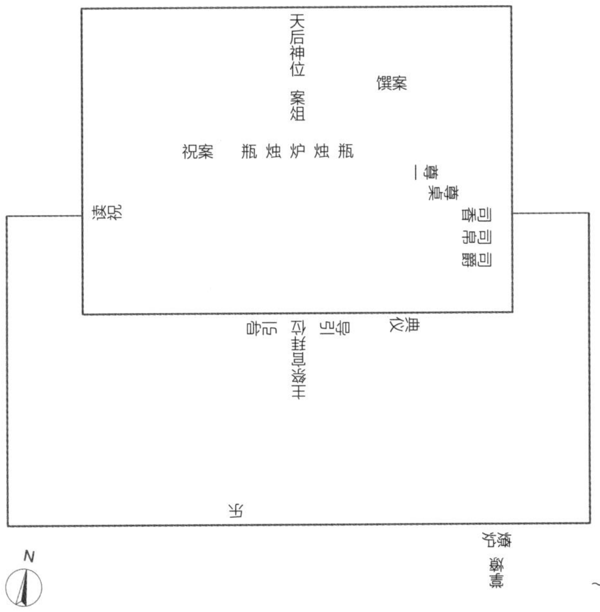

的祠宇如贵织山堂、土地祠、山神庙,多供奉纸金花,到年节的时候换新[73],相对比较简单。

遇到重要的祭祀日期,往往需要临时布置祭器和祭品,并由大臣主持祀典。例如嘉庆二十二年(1817年)《内务府现行则例》记载:"(八月)太常寺奏准,园内每岁春秋二季致祭惠济祠、河神庙,恭设祭品、祭器,至期由运料门外派拨园户抬至祭所,祭毕仍著园户将祭器抬出运料门外。"[74]《钦定大清会典图》记载祭祀惠济祠时位次、陈设与昆明湖龙神祠相同,正殿神龛前设案、俎、香几(供炉、烛、瓶),东西两旁设馔桌、祝案各一,殿内东侧设尊桌,祝官立于殿西,司香、司帛、司爵立于殿东,祭拜官在殿前领衔主拜,左右分设导引二人,再东为典仪,由乐部和声署在甬路旁设庆神欢乐;殿门外东侧另设燎炉,掌燎官率燎人站立于炉南侧(图4-19★★)[75]。咸丰八年(1858年)内务府《奏销档》记载春雨轩土地祠的祭祀规制:"祭日,所司备器陈果实五盘,饼饵五盘,茶琖二,香盘一,炉一,

中国第一历史档案馆.圆明园.
上海:上海古籍出版社,1991:1004.

中国第一历史档案馆.圆明园.
上海:上海古籍出版社,1991:1053.

(清)昆冈等纂.钦定大清会典图.卷20.
清代光绪二十五年刊本.

图 4-19★★

绮春园惠济祠位次及陈设图
(引自《钦定大清会典图》)

中国第一历史档案馆．圆明园．
上海：上海古籍出版社，1991：548．

中国第一历史档案馆．圆明园．
上海：上海古籍出版社，1991：1016．

中国第一历史档案馆．总管内务府奏遵旨裁
减圆明园佛楼道士折．圆明园．
上海：上海古籍出版社，1991：71．

中国第一历史档案馆．圆明园．
上海：上海古籍出版社，1991：85-86．

灯二。中和乐，太监设庆神乐于阶上，设洗于阶下，设拜位于殿外。对引太监道承祭大臣服蟒袍补褂至香案前立、乐作，司香太监跪进香，承祭太监三上瓣香，复位，行三叩礼毕，对引太监道承祭大臣出，乐止，众皆退。"[76]

另外值得一提的是，圆明三园中祀庙祠宇并非佛教建筑，也非严格意义上的道观，但一些重要的庙宇有时也会选派道士、僧人（或道童、幼僧）当差。如内务府奏案记载，雍正六年（1728年）内务府官员按照雍正帝旨意，在佐领、内管领下苏拉内拣选二十人在佛楼（日天琳宇）充当道童，后于雍正八年（1730年）分拨出十名在紫禁城御花园斗坛应差，乾隆十八年（1753年）又遵旨将佛楼处的道士裁减至五名[77]。乾隆二十二年（1757年）《内务府奏销档》载佛楼安排了法官二名、道士五名以及幼僧十三名做饭[78]，大约因为此处除了佛殿之外还有五处祠庙，所以特别需要较多的法事人员。另据《清会典·内务府太监事例》记载，广育宫、关帝庙（即武圣祠）、河神庙三处与佛楼、慈云普护、舍卫城、永日堂、法慧寺等佛教场所均有首领太监充当僧人上殿念经，至道光十九年（1839年）方才裁撤[79]。

综上所述，圆明三园中先后建有大量的祀庙祠宇，供奉各路神灵，类型复杂，可满足平安、祈福、求雨、治水、灭蝗、求子等各种心理寄托。其建筑规模不大，形制相对简单，内部设有神像或神牌，主要强调特殊的祭祀功能，景观属性较弱，但也具有一些自身的特色。对这些祠宇的祭奉是清代帝王和皇室成员园居生活的重要组成部分，其信仰带有明显的功利色彩，同时也反映了复杂的社会背景和多元的文化因素，在清代宫廷史上具有不可忽视的特殊意义。

卷二

天上人间

—— 圆明三园造园主题研究

　　圆明三园中的不同景区表现出富有历史文化内涵的景观主题，其中既有热闹嘈杂的市肆之景，又有恬淡朴素的田圃风光；既有隐喻海上仙山、昆仑瑶池的仙境楼阁，又有再现世外桃源的武陵村舍；既有濠濮观鱼的生动情趣，又有兰亭禊赏的优雅风度。这些景区除了陆路相通之外，主要依靠水路进行串联，因此御园中的水上游线对于造景具有举足轻重的意义；此外还兴建了一组西洋楼建筑群，而且很多其他景区也包含着或多或少的西洋元素，成为 18 世纪中西方文化交流的重要印记。

　　本卷选择圆明三园中的水上游线、田圃村舍、买卖街、神仙境界、观鱼景致以及西洋元素 6 个专题进行考证和分析，追溯其历史源流，并对其景观构成和文化内涵作进一步的探讨。

（清）胤禛. 雨后湖亭看月.
世宗御制文集. 卷 29.
清代光绪二年刊本.

（清）胤禛. 仲秋月夜题于清会亭.
世宗御制文集. 卷 29.
清代光绪二年刊本.

（清）胤禛. 立秋前二日游湖亭.
世宗御制文集. 卷 30.
清代光绪二刊本.

（清）弘历. 雨后御园即景.
高宗御制诗二集. 卷 33.
清代光绪二年刊本.

（清）弘历. 御园暮春三首.
高宗御制诗三集. 卷 12.
清代光绪二年刊本.

（清）弘历. 御湖雨泛.
高宗御制诗三集. 卷 83.
清代光绪二年刊本.

（清）弘历. 雨中泛舟（六月十四日）.
高宗御制诗三集. 卷 75.
清代光绪二年刊本.

籥林前后一舟通，坦然六棹泛中湖

——水 上 游 线

图 5-1**↗

圆明三园水系平面图

一

圆明三园均是以水景为主的大型园林，引玉泉、万泉两大水系入园，其中河网密布，脉络相连，呈现出一派烟水茫茫的水乡气息。如此之多的水体不但是首要的观景对象，同时也成为重要的水上交通线路。正因为拥有这样便利的水系条件，圆明三园于陆路游览路线之外形成了完整的水路游线系统，二者相辅相成，各有侧重，又有所交叉。其水上游线在路径、方向、视角等方面具有与陆上游线截然不同的鲜明特色，可充分展现圆明园变化繁复的水景魅力，而且对圆明园的景观形成也具有重要影响，值得予以探究（图5-1**）。

二

曾经长期在圆明园园居理政的五位清帝都喜欢沿水路

游园，作有大量诗文描写他们各自泛舟时所经过的图景和闲适的心情，留下了御园水上游线的真实写照。

雍正时期圆明园的水路系统的基本架构已经大致成型，雍正的游园诗中有"湖影远浮随棹月，柳塘斜系钓鱼舟"[1] "静向庭中持佛偈，闲来月下泛扁舟"[2] "每踏芳丛寻古句，闲乘小艇泛清波"[3] 等句描写其水路游观活动。

乾隆时期圆明园曾两次大加扩建，水路系统更趋完善，并与诸附园和西郊其他皇家园林相通。相比其他皇帝，乾隆帝在圆明园中生活的时间最长，也最喜乘船游园，所谓"最爱烟航凌北渚，适如明圣画中行"[4]，而且一年四季春夏秋冬都要乘船行水，乐此不疲。

乾隆帝春日行舟，看沿岸的花红柳绿以及早麦田青，有诗称："细雨轻风一漾舟，柳梢将褪絮飞浮。山村北远偏宜涉，绿水溶溶侵稻田。"[5] 夏天出航主要是纳凉和赏荷，其诗云："配藜茗邀飐烟篷，一片新荷白打红。"[6] "午热寻凉聊泛舟，东南天末起云头。"[7] 秋天看枫叶、菊花或稻田

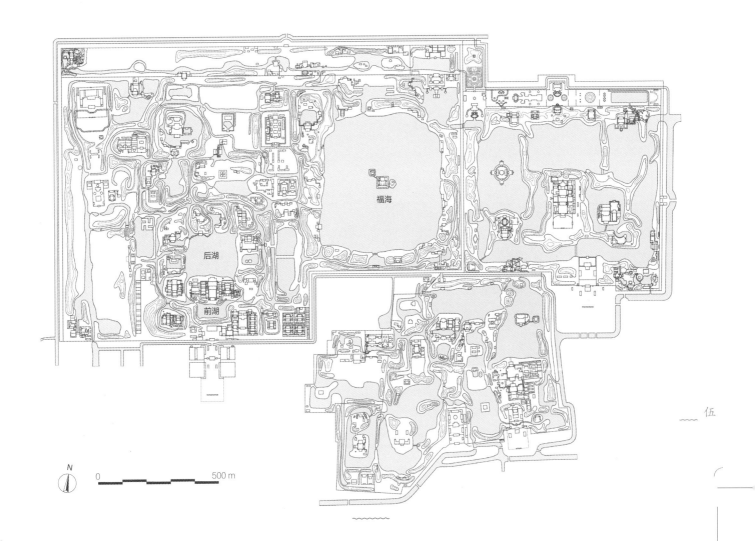

秋熟，有诗咏道："恰似看山移画帧，忽因乐水漾棠舟。枫留红叶宜题句，菊艳黄花欲挽秋。"[8] 冬天在水中看残枝挂雪，所谓"舟水迟冰原可泛，楼阴微雪已宜看。"[9]

平时碰上下雨、放晴、雪后或者遇到月明之夜，乾隆帝往往也要乘兴登船，一游而后快，如《御园雨泛》诗咏雨中泛舟："恰似辋川图画里，一篙冲雨泛敧湖。"[10]《雨后御园闲泛》、《御园晴泛》诗咏雨后天晴放舟："雨后园林润意含，溪山几曲似江南。好春景得未曾有，几暇烟舟试一探。"[11]"朗晴弗冷亦非暄，耐可兰舟泛御园。"[12]《雪泛四首》、《雪中舟泛四首》咏雪天行船："冰开一舸畅沿流，雪落漫天卒未休。几暇今朝心值喜，玉曼陀界试清游。"[13]"春水御湖早漾舟，雪中佳致益相投。浮空漠漠浑无定，一棹聊为汗漫游。"[14]

以上诗句除了说明乾隆帝对水路游览的特别兴致之外，也证明无论在不同的季节还是不同的天气，圆明园的水上游线都各有特色，值得畅游一番。

（清）弘历．木兰回跸驻圆明园作．高宗御制诗二集．卷 37.
清代光绪二年刊本．

（清）弘历．孟冬御园即景．高宗御制诗三集．卷 84.
清代光绪二年刊本．

（清）弘历．御园雨泛．高宗御制诗二集．卷 48.
清代光绪二年刊本．

（清）弘历．雨后御园闲泛．高宗御制诗二集．卷 85.
清代光绪二年刊本．

（清）弘历．御园晴泛．高宗御制诗四集．卷 4.
清代光绪二年刊本．

（清）弘历．雪泛四首．高宗御制诗四集．卷 27.
清代光绪二年刊本．

（清）弘历．雪中舟泛四首．高宗御制诗四集．卷 19.
清代光绪二年刊本．

嘉庆、道光、咸丰三帝继承传统，同样都对水上游园情有独钟，嘉庆帝有诗云："回环洲屿连诸胜，试泛兰舟漫挂帆。"[15] 道光帝诗云："偶移画舫访林泉，林碧泉清雨后天。"[16] 咸丰帝有诗："福海扬舲思渺然，林峦如画水如烟。"[17] 这些都是清帝行舟游观的忠实记录。

除了自己游乐之外，清帝也经常侍奉太后坐船游览御园，乾隆时期太后常住畅春园，乾隆帝往来问安或者侍奉太后来圆明园游赏、用膳，多数情况下都乘船走水路，如其诗所云："侍膳观荷历晚飧，凤舟恭送返前园。"[18]

清帝若赐亲信王公大臣游园，有时也会特许他们乘船。和亲王弘昼有《圆明园泛舟恭记》记录雍正四年（1726年）在圆明园坐船游览的情形："丙午三月，皇父召泛舟观花于杏村菜圃中。是日也，天朗气清，惠风和畅，树怡怡而

（清）颙琰．般若观．
仁宗御制诗二集．卷 13.
清代光绪二年刊本．

（清）旻宁．茜园．宣宗御制诗初集．卷 9.
清代光绪二年刊本．

（清）奕詝．新秋即景．
文宗御制诗全集．卷 6.
清代光绪二年刊本．

（清）弘历．溪亭对雨．
高宗御制诗三集．卷 91.
清代光绪二年刊本．

（清）弘昼．圆明园泛舟恭记．
稽古斋全集．卷 4.
清代乾隆十一年刊本．

图 5-2★★ ↗

圆明园武陵春色平面图（根据样式雷图重新绘制）

色绿，风飘飘而气清，桃重重而叠翠，杏行行而千重，川溶溶而不断，草菲菲而如茵。值兹风景，信可乐也。柳宗元所谓'悠悠乎与灏气俱而莫得其涯，洋洋乎与造物游而不知所穷'者，奚足以拟此哉。"[19] 大学士张廷玉也曾记乾隆三年（1738年）某次园中乘舟赐游："六月初五日甘霖普降，次日特召大学士及内廷翰林入圆明园泛舟游览。廷玉与长子若霭与焉。至蓬莱洲小憩，赐茶果。"[20]

每年端午节时，帝后与王公大臣经常登龙舟于福海观竞渡，如乾隆二十一年（1756年）《穿戴档》记载："（五月初五日）（上奉皇太后）乘船至望瀛洲，率王公大人等看斗龙舟毕。"[21] 乾隆帝曾有端阳节诗注："往侍圣母宴毕，每携在廷王大臣等同舟观竞渡。"[22] 这是圆明园中最重要的水上游乐盛典，极为热闹，嘉庆间礼亲王昭梿《啸亭杂录》"端午龙舟"条曾载："乾隆初，上于端午日命内侍习竞渡于福海中，皆画船箫鼓，飞龙鹢首，络绎于鲸波怒浪之间。兰桡鼓动，旌旗荡漾，颇有江乡竞渡之意。每召近侍

王公观阅，以联上下之情。"[23]

圆明园中另一项水上游览项目是七月十五中元节放河灯，乾隆时期一般是乘船去福海游观，看漂浮在水面上的灯笼，有"金莲万朵霎时舒"[24] 的壮观场面。嘉庆时期也曾在后湖放过河灯[25]。

三

圆明三园的各种水面变化多端，既有福海这样辽阔的大型湖泊，又有后湖这样幽静的四周环岛水面，其余各处，或辟池塘，或临港湾，或设河汉，或掩藏于山间，或坦荡于堂前，宽窄曲折，千变万化，惟有身处其中、随波逐流才可能深切领略其中的妙境。圆明三园范围很广，水面又将全园分割为一个个洲屿，在很多情况下从水路走要比陆路更为方便快捷，况且某些景点如福海中的蓬岛瑶台、长春园中的海岳开襟、绮春园中的凤麟洲，都是浮于水上的

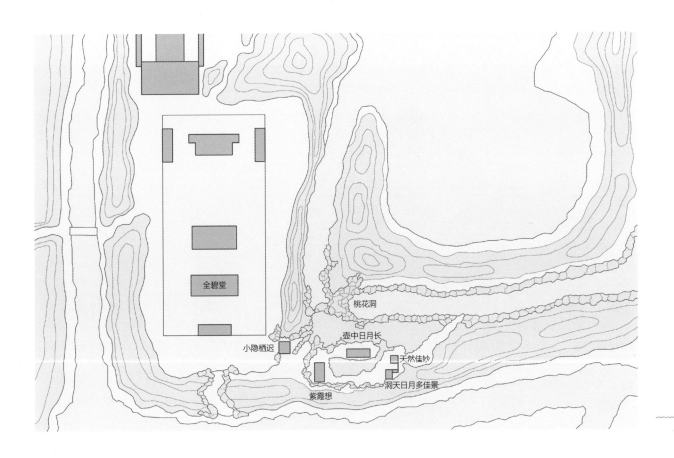

 全碧堂

桃花洞

壶中日月长

小隐栖迟

天然佳妙

紫霞想

洞天日月多佳景

小岛，并无道路桥梁可通，更是必须靠水路才能往来游观。

就局部而言，圆明三园有不少景致围绕水体渐次展开，通过乘船从水路游览方可强化造景主题，显出其中真趣。

如武陵春色一景，原名桃花坞，旨在模仿《桃花源记》中的世外桃源，陶渊明原文曾描写武陵渔人乘船进入桃源的经过："缘溪行，忘路之远近。忽逢桃花林，夹岸数百步，中无杂树，芳草鲜美，落英缤纷。渔人甚异之，复前行，欲穷其林。林尽水源，便得一山。山有小口，仿佛若有光，便舍船从口入。初极狭，才通人，复行数百步，豁然开朗。"[26]

为了表现出类似的路径过程，武陵春色景区也专门设置了一条桃花溪，蜿蜒曲折，雍正帝有《桃花坞》一诗咏及此溪："水南通曲港，水北入回溪。"[27]溪两岸种植桃树，形成桃林夹岸的景色，溪上又叠石为山，上辟一"桃花洞"，此洞长近8米，颇为深邃，以此体现桃源"山有小口，仿佛若有光"的特征（图5-2**）。平时清帝来游，必乘舟沿溪流而上，穿越洞口，以此模拟《桃花源记》中的渔

（清）张廷玉.澄怀园主人自订年谱.卷4.
清代光绪六年刻本.

中国第一历史档案馆.圆明园.
上海：上海古籍出版社，1991：858.

（清）弘历.端阳日恭侍皇太后观龙舟即事有作.高宗御制诗四集.卷7.
清代光绪二十五年刊本.

（清）昭梿.啸亭杂录.
北京：中华书局，1980：378.

（清）弘历.中元日御园放河灯.
高宗御制诗二集.卷19.
清代光绪二年刊本.

中国第一历史档案馆藏.起居注册.载："（嘉庆十年七月十五日）后湖看放河灯等，着送焚化毕，还九洲清晏。"

（晋）陶潜著.龚斌校笺.陶渊明集校笺.
上海：上海古籍出版社，1996：402.

（清）胤禛.桃花坞.世宗御制文集.卷26.
清代光绪二年刊本.

图 5-3** ←

《圆明园四十景图》中的《武陵春色图》
（引自法国国家图书馆藏《圆明园四十
景图》）

图 5-4** ↙

《清帝福海泛舟图》
（引自 Yuanmingyuan）

人路线。溪流和山洞正是特别为水上游览而设，通过这一系列的前导空间来渲染仿佛与世隔绝的一方壶中天地，确实有匠心独运之处，恰如乾隆帝《武陵春色》诗所称："复岫回环一水通，春深片片贴波红。钞锣溪不离繁围，只在轻烟淡霭中。"[28] 如果从陆上进入这片景区则无法体会其意境特色（图5-3**）。

北远山村一带仿"山村水郭"之意，前临曲水，形成水道，绵延至耕云堂一带，两岸村舍鳞次，又有垂柳稻畦，是重要的水上观赏之景，清帝来此也大多乘船。乾隆帝有诗云："山村久不到，乘闲一泛船。""岸树既迷离，庭草益芊绵。"[29] 嘉庆帝也有《北远山村泛舟至耕云堂即景成什》曰："几转溪湾到水门，扁舟缓度北山村。"[30]

别有洞天又名秀清村，是御园中另一处水村，疏林庄墅，夹水而列，号称"水村佳境宜吟赏，岩秀溪清二妙兼"[31]，颇受乾隆、嘉庆两帝青睐，仅乾隆二十一年（1756年）乾隆帝就去过26次，绝大多数都乘船。

圆明园后湖宽近200米，四周九岛环列，每一岛均各有佳胜，临湖之处，或出抱厦，或架曲桥，或建小亭，或垒山峰，变化多端，只有乘船沿湖游览方可遍观其中景致。雍正帝有《沿湖游览至菜圃作》诗称："一行白鹭引舟行，十亩红蕖解笑迎。"[32] 描绘的就是后湖水上行舟之趣。

福海水面宽弘，长宽尺度达到500多米，沿岸景致周布，平时最宜行舟，清帝也以福海为最常去的水上畅游之地（图5-4**），正如乾隆帝诗中所谓"面面欲看围丽景，坦然六棹泛中湖"[33]。福海四周的平湖秋月、夹镜鸣琴、接秀山房等景区，都是环水展开，更适宜从水上观赏。如果遇到大风，福海上也会波浪翻滚，甚至给行船带来危险[34]，可见这片全园最大的水面确实略有江湖气势，远非一般园林的池沼可比。福海局部还种有荷花和芦苇，不但点缀水面，同时也增加了行船的乐趣。

福海中的蓬岛瑶台仿海上三仙岛，烟波浩淼，唯有舟楫可探，恍若仙境，雍正帝有诗咏："唐家空筑望仙

（清）弘历.武陵春色.
高宗御制诗初集.卷22.
清代光绪二年刊本.

（清）弘历.绘雨山房.
高宗御制诗三集.卷91.
清代光绪二年刊本.

（清）颙琰.北远山村泛舟至耕云堂即景成什.
仁宗御制诗二集.卷53.
清代光绪二年刊本.

（清）颙琰.秀清村.仁宗御制诗二集.卷5.
清代光绪二年刊本.

（清）胤禛.沿湖游览至菜圃作.
世宗御制文集.卷29.
清代光绪二年刊本.

（清）弘历.暮春御园泛舟之作.
高宗御制诗三集 卷80
清代光绪二年刊本.

中国第一历史档案馆.和珅等奏福海行船涉
险将总管太监等治罪折.圆明园.
上海：上海古籍出版社,1991:288-289.
记载：乾隆五十四年（1789年）内廷嫔妃、
公主、皇孙坐船经福海去广育宫拈香，因遇
到大风而涉险，总管太监因此而获罪。

（清）胤禛.蓬莱洲咏古.
世宗御制文集.卷30.
清代光绪二年刊本.

（清）弘历.蓬岛瑶台.高宗御制诗四集.卷3.
清代光绪二年刊本.

（清）旻宁.雨中至蓬岛瑶台.
宣宗御制诗初集.卷7.
清代光绪二年刊本.

（清）颙琰.海岳开襟.
仁宗御制诗三集.卷60.
清代光绪二年刊本.

（清）颙琰.南湖初秋午泛至鉴碧亭.
仁宗御制诗三集.卷31.
清代光绪二年刊本.

（清）奕詝.南湖晴泛.文宗御制诗全集.卷7.
清代光绪二年刊本.

（清）颙琰.凤麟洲.
仁宗御制诗二集.卷30.
清代光绪二年刊本.

楼，秦汉何人到十洲。……弱水三千休问渡，皇家自有济
川舟。"[35]乾隆帝诗称："蓬岛瑶台福海中，往来只籍舟相
通。……鸣榔直到镜中阁，回看画舫浮云空。"[36]道光帝诗
云："恍似江南二月天，今春细雨喜连绵。去来放棹寻仙岛，
镜里楼台柳外烟。"[37]蓬岛瑶台是福海水上游线的中心，清
帝泛湖，经常在此小憩。

至于附园长春园和绮春园中也同样有不少精彩的水上
游观之景，例如长春园海岳开襟，其景致为"圆岛围中央，
问景扁舟渡。四围白栏杆，八面苍松树。"[38]绮春园中的南
湖是重要的泛舟之所，嘉庆帝《南湖初秋午泛至鉴碧亭》
诗描绘其中水上风光："长天秋水澈晴空，试放兰舟碧鉴中。
荷沼蒸霞红灼烁，柳汀漾绮翠玲珑。"[39]咸丰帝也有《南湖
晴泛》诗云："秋阳温煦丽景霄，又泛南园汉表桡。霜叶
千林红未半，风潭百顷雾全消。"[40]绮春园中有凤麟洲一岛，
号称"避暑无逾此，芳洲舟可通。回廊环曲折，虚牖启玲
珑。"[41]如此不胜枚举。

法国传教士王致诚对于圆明园水上泛舟曾有记录："当夫游船环集，金碧辉煌。或来荡桨，或事垂纶，或竞水嬉，或排阵势。必须身亲其境，方能领略海上之大观。而尤以良夜放花之时，殿宇齐明，船身树木毕现，其景为最玮丽。"[42]

此外值得一提的是乾隆帝曾经六下江南，其间多乘龙舟游山玩水，颇以为乐。而江南著名的胜景如杭州西湖、扬州瘦西湖、南京秦淮河、嘉兴南湖等，都辟有水上游线，以乘坐画舫游览为上等雅事。圆明园景致有很多地方模仿江南，其中的水路游线也同样含有追慕江南河湖泛舟的意趣。如乾隆帝《雨后御苑泛舟》诗云"一棹忽忘原液沼，数湾拟欲学秦淮"[43]，又有《曲院风荷》诗称："停桡堤畔饶真赏，那数余杭西子湖。"[44]《御湖雨泛》诗曰："曲池大有江南意，舟泛山塘虎阜寻。"[45]说的都是摇桨于圆明园中，

却联想起江南水上畅游之景。因此圆明园的某些水上游线也可以看做是写仿江南水乡的一种举措。

四

中国古典园林一向重视游线的设置，素来追求"步移景异"的效果，讲究通过游园者在园内的位置变化逐渐展现一幅幅不同的景观画面，具有很强的"历时性"特征。对于圆明园来说，水路游线是其最重要的观景路径。船行水上，游园者所处位置和路线变化与陆地差异很大，体现了特殊的场所意境，不但非陆路游线所能替代，而且远比

图 5-5** →

乾隆帝圆明园活动路线图
（乾隆二十一年七月十三日）

① 九洲清晏 / ② 金鱼池 / ③ 怀清芬 /
④ 勤政殿 / ⑤ 西峰秀色 / ⑥ 同乐园 /
⑦ 长春园

陆上路径更能体现圆明园特有的韵味。

国家图书馆现藏有一幅清代"样式雷"所绘之《圆明园内园河道泊岸全图准样》，详细描绘出圆明三园内水道的源流、支脉、走向，基本上可以发现园中水道脉络分明，顺应全园西北高而东南低的地形特征，充分利用园外的万泉、玉泉水系和内部的泉眼，其间多处关键部位均设置水闸，以控制水的流量，保证了河道的畅通和湖池的满盈，也保证水上流线能够四通八达。大致而言，圆明园主要自西南角位置引入水源，沿西苑墙流向西北角，再自西北分数支注入全园，于东北方壶胜境一带入长春园，最后于长春园东北角流出而汇入清河。绮春园的水系相对独立，主要从其南边的万泉河引水入园。此外沿南墙东流的随墙河也设有多处暗沟，与三园河道相通。

参照不同历史时期的地形测绘图和现状遗迹，可知圆明三园中河道的宽窄尺度差别颇大，较窄的仅3米左右，宽的超过10米，窄的地方仅能单线行舟。当然，园中水体

深浅不一，其中也有少数小溪流和池沼很浅，仅作水景之设，不通船只。

清廷对于圆明三园的河道建设颇为重视，现存乾隆三十六年（1771年）的内务府《奏案》中即有关于当时河道工程的记录，内容包括随墙河开宽清理、改建涵洞、闸座、平桥等，并交步兵统领衙门派兵挑挖[46]。

更重要的是，不但圆明三园的内部水系脉络相通，而且整个西北郊水系自西直门外高梁桥至昆明湖、圆明园均有御河水道连通，清帝从城内皇宫赴圆明园居住，经常坐船往来，由圆明园去畅春园、清漪园等其他西郊御苑游乐，也多假舟代步[47]，甚至偶尔会坐船出园打鱼[48]。

根据水上活动需要，圆明园中专门设有许多码头以供船只停靠，成为最重要的水路交通设施。九洲清晏是清帝及其后妃居住的场所，平时游园或去同乐园看戏及祭祀场所拈香礼拜，一般来回都在此处的前、后码头上下船，因此九洲清晏这两处码头的使用频率最高，而同乐园前码头、

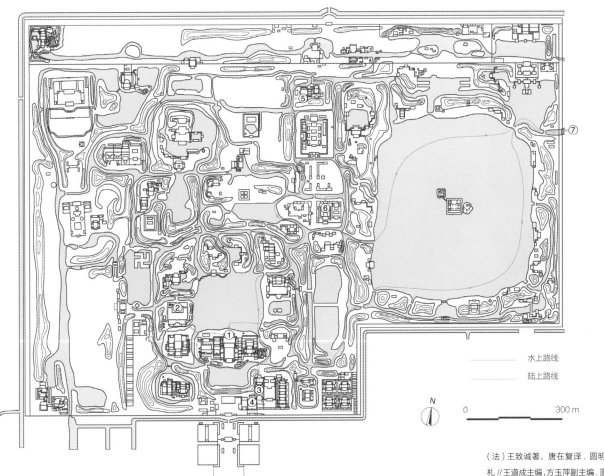

（法）王致诚著，唐在复译.圆明园纪事书
札//王道成主编，方玉萍副主编.圆明园——
历史·现状·论争.
北京：北京出版社，1999:884.

（清）弘历.雨后御苑泛舟.
高宗御制诗二集.卷29.
清代光绪二年刊本.

（清）弘历.曲院风荷.
高宗御制诗初集.卷22.
清代光绪二年刊本.

（清）弘历.御湖雨泛.
高宗御制诗三集.卷91.
清代光绪二年刊本.

中国第一历史档案馆.福隆安等奏销算河道
工程钱粮折.圆明园.
上海：上海古籍出版社，1991:153-154.

（清）弘历.自高梁桥泛舟由长河回御园即景.
高宗御制诗三集.卷90.
清代光绪二年刊本.

中国第一历史档案馆.穿戴档.圆明园.
上海：上海古籍出版社，1991:878. 记载：
"（乾隆二十一年六月二十日）乘船至三岔
口打鱼毕，乘四人亮轿回来".

中国第一历史档案馆.圆明园.
上海：上海古籍出版社，
1991:889, 890, 906.

藻园门码头、十字亭码头等也都是登陆或乘舟的主要停靠
点。其余水路可达的各处景点也都在附近设有码头。

　　五朝清帝在圆明园中活动的具体路线各有偏重，即
便是同一个皇帝，在不同年份、不同季节乃至不同的日
期，其游园路线也会有很大差异。本文按记载比较详尽的
乾隆二十一年（1756年）《穿戴档》[49] 所记，试举其中具有
一定代表性的三日的皇帝活动路径为例进行示意，文中以
"——"代表水路，以"……"代表陆路。

　　1. 该年七月十三日（农历，下同），乾隆帝的活动路
径如下：（1）九洲清晏……（2）金鱼池（喂鱼）……（3）
怀清芬（进早膳，办事）……（4）勤政殿（引见大臣）——
（5）西峰秀色——（6）同乐园（进晚膳）——（7）长春园（游
行）——（8）九洲清晏（寝息）

　　这是一条非常常见的日常园居生活路线（图5-5**）。除
游乐而外，清帝在圆明园中寝兴、办公、传膳一般也均不
在同一地点，需要在各景区之间不断移动。其中寝宫九洲

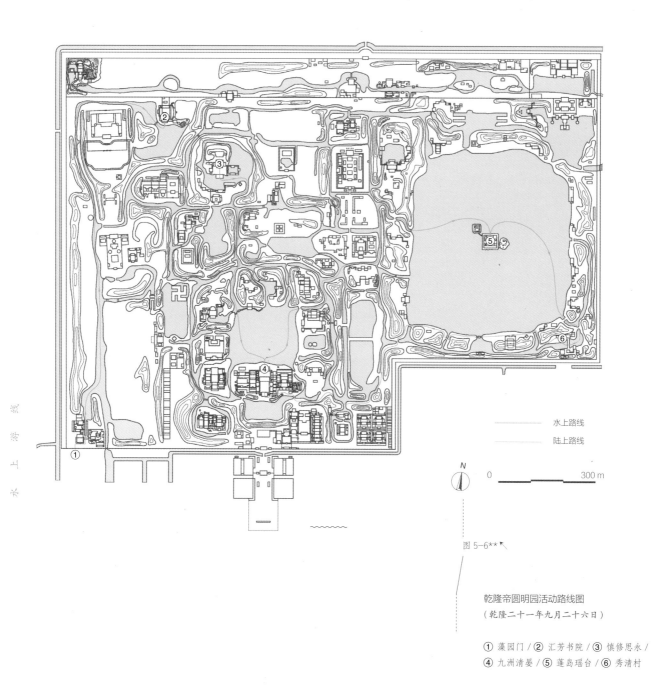

图 5-6★★↖

乾隆帝圆明园活动路线图
（乾隆二十一年九月二十六日）

① 藻园门 / ② 汇芳书院 / ③ 慎修思永 /
④ 九洲清晏 / ⑤ 蓬岛瑶台 / ⑥ 秀清村

水上路线
陆上路线

0   300 m

清晏距理政区勤政亲贤一带距离较近，主要靠乘轿或步行，去西峰秀色、同乐园戏楼及长春园等处即走水路。

2. 该年闰九月二十六日，乾隆帝于清晨出藻园门去万寿山进早膳，回园后的活动路线为：（1）藻园门——（2）汇芳书院……（3）慎修思永——（4）九洲清晏（少坐）——（5）蓬岛瑶台——（6）秀清村（晚膳）……（7）九洲清晏（寝息）

这是比较常见的以游乐为主的线路（图5-6★★），汇芳书院、慎修思永、蓬岛瑶台、秀清村都是乾隆帝喜欢造访的景点，基本以水路串联。其中秀清村回至九洲清晏一段在春夏时节一般也走水路，而本文所举之日已属晚秋，可能

天气较凉，故而当天这一段改乘暖轿。

3. 该年七月十五日，乾隆帝这一天的活动路线十分复杂：（1）九洲清晏——（2）慈云普护（拜佛）——（3）万方安和……（4）清静地（磕头）……（5）安佑宫（磕头）……（6）佛楼（拜佛）……（7）舍卫城（拜佛）……（8）西峰秀色（进早膳）——（9）蕊珠宫……（10）长春园各处（拜佛）……（11）广育宫（拜佛）……（12）勤政殿（办事，引见）——（13）同乐园（进晚膳）——（14）九洲清晏——（15）佛楼（拜佛）——（16）古香斋（拜佛）——（17）福海（看河灯）——（18）九洲清晏（寝息）

由于当日为中元节，所以这是一条比较特殊的节日活

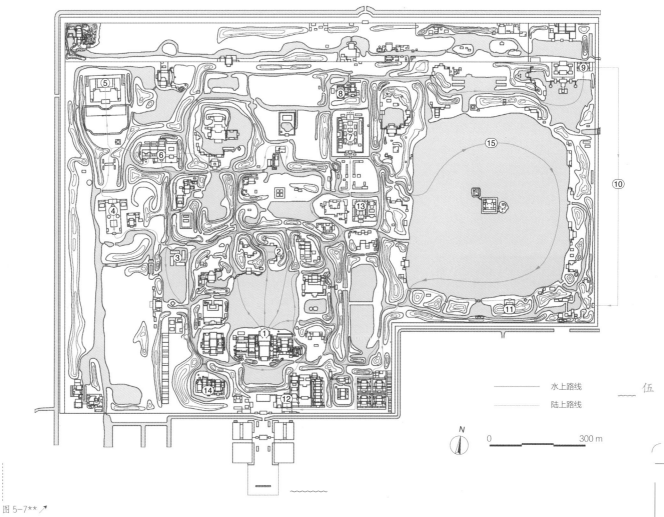

图5-7**↗

乾隆帝圆明园活动路线图
（乾隆二十一年七月十五日）

① 九洲清晏 / ② 慈云普护 / ③ 万方
安和 / ④ 清净地（月地云居）/ ⑤ 安
佑宫（鸿慈永祜）/ ⑥ 佛楼（日天琳宇）
/ ⑦ 舍卫城 / ⑧ 西峰秀色 / ⑨ 蕊珠
宫 / ⑩ 长春园 / ⑪ 广育宫 / ⑫ 勤
政殿 / ⑬ 同乐园 / ⑭ 长春仙馆古香
斋 / ⑮ 福海

（清）弘历. 雨后御苑泛舟.
高宗御制诗二集. 卷29.
清代光绪二年刊本.

动线路（图5-7**），其中有多处节点安排了与宗教祭祀有关
的内容，和平时的普通游乐有所不同。尤其是位于圆明园
北部的清净地至舍卫城一段以及东侧蕊珠宫至长春园各处
再至广育宫一段，行程较密，出入礼拜频繁，故而走陆路
可能更方便一些。其余较长的路线仍走水路。

通过以上示例可以看出，清帝在圆明园活动内容十分
广泛，往往一日之内足迹遍及多处，其间水上路线占有至
关重要的地位。

圆明园水道根据所处的湖塘河溪水体本身形状和宽窄
不同，水流或缓或急，视线远近的效果也各有差异。岸边
根据造景需要分别种植柳树、桃树、杏树等，或者叠石成
山，水如涧流。其间或辟有水门、洞穴之类，成为水上路
径的重要节点。岸边亭榭轩廊等建筑之设也多考虑与水路
的视觉关系，甚至如万方安和、芰荷深处、眉月轩等建筑
均直接建在水面上，进一步强调与水体的配合。行船途中，
看碧波荡漾，青山倒映，游鱼出没，楼台环绕，花木随岸，
确也其乐融融，正如乾隆帝诗中所云："峰姿濯翠入澄照，
镜影含虚惬旷怀。"[50]

不同区域的水路造景各有侧重。如后湖九岛上的建筑

（清）奕詝.放舟.文宗御制诗全集.卷6.
清代光绪二年刊本.

中国第一历史档案馆.穿戴档.圆明园.
上海：上海古籍出版社，1991：833.记载：
"（乾隆二十一年正月十八日）乘拖床至同
乐园码头，……乘拖床至双鹤斋，……后码
头乘拖床至山高水长，……乘拖床至同乐园
码头，……至前码头乘拖床，花手把灯引着，
回至九洲清晏讫."

中国第一历史档案馆.三和等奏销算圆明园
修造游船银两折.圆明园.
上海：上海古籍出版社，1991：46.

（清）吴振棫.养吉斋丛录.
北京：北京古籍出版社，1983：190.

（清）弘历.水村图.
高宗御制诗四集.卷13.
清代光绪二年刊本.诗注："卧游书室，御
园内舟名也."

（清）弘历.泛舟题平安月镜居.
高宗御制诗三集.卷67.
清代光绪二年刊本.

（清）弘历.御园泛舟即景.
高宗御制诗三集.卷72.
清代光绪二年刊本.

（清）弘历.泛月杂咏.
高宗御制诗三集.卷51.
清代光绪二年刊本.

图 5-8** ↓

圆明园游船（引自法国国家图书馆藏《圆
明园四十景图》与 Yuanmingyuan）

各成院落，湖上环线周围多布以土山，点缀曲桥、亭榭，其余部分基本掩映于假山、花木之后，各岛之间的河道也都曲折幽深，显得奥妙无穷，吸引游者一一深入其中去探寻究竟。而福海周围的景点多采用廊墙串联的散点方式分布，环湖沿岸主要展现临水建筑和垂柳而非山体，诸岛彼此之间的距离也显得更为开阔，这样从湖中四望，愈加显得壮观。长春仙馆在山峦围合中又以一圈溪流环岛，曲院风荷的水道夹着长堤，廓然大公建筑内部围合形成水院，而圆明园最北部的水路则沿着苑墙自成狭长的一脉河道，种种变化，丰富之极。

有些自然景致和植物的特色也要在水中才得以充分表现。例如荷花盛开的时候，惟有行舟穿梭于莲叶之间才能近赏其"出淤泥而不染"的美态，圆明园中的芰荷香、曲院风荷、濂溪乐处等都是乘船观赏荷花的佳处。又如明月高照之夜，也是身在船上，看天上皎轮与水中倒影，这才相映成景。

咸丰帝曾有一首《放舟》诗咏道："御湖新浪好放舟，冰太半开泛中流。渐入幽溪窈而曲，深林好鸟初轴鞴。豁然福海舒远目，山环树抱天四围。蓬岛停桡镜中阁，寻诗更上畅襟楼。扬舲北岸憩虚榭，仙山回首望若浮。传餐阅报命归棹，达观无滞戒逸游。"[51]

整首诗形象地描绘出水路泛舟游乐的历程：先经"窈而曲"的幽溪在深林中迂回，再来到豁然舒目、山环树抱的福海，登蓬岛瑶台的镜中阁、畅襟楼一游，然后船停靠福海北岸，入岸边敞榭小栖并回望水中三岛，最后"传餐阅报"，下令归航。乘船一路看来，曲水、林木、环山、坦湖、岛屿、楼阁、虚榭依次展开，如行长卷画中。

五

清帝游园，在陆上除偶尔步行或骑马外，多乘轿子；水上的交通工具主要是船，冬天或初春河湖结冰

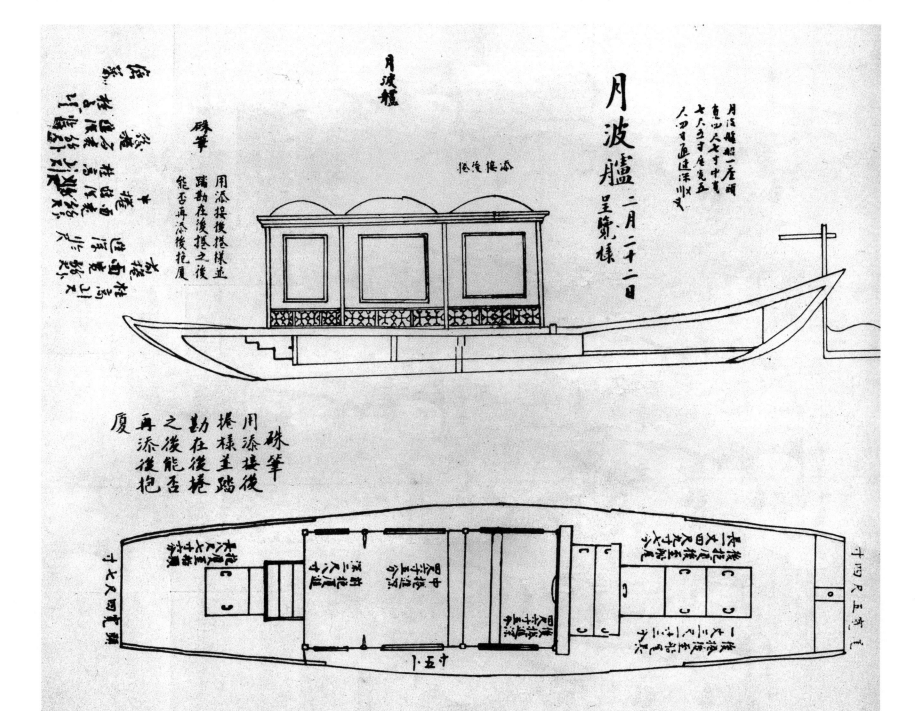

图 5-9＊＊

《样式雷》中的游船月波舻画样

（引自《乾隆御品圆明园》）

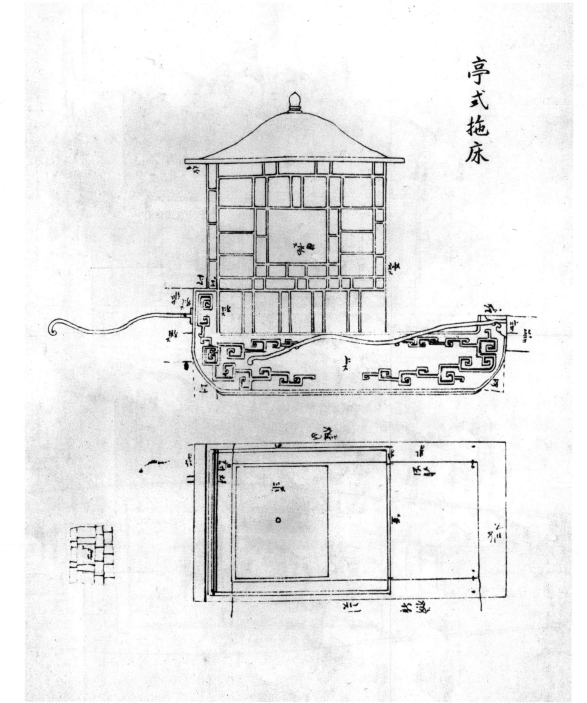

亭式拖床

图 5-10**

《样式雷》游亭式拖床画
（引自《乾隆御品圆明园》）

时或乘拖床[52]。

圆明园中专供御用的舟舫为数不少，平时皇帝出游，会根据不同的地段和气候情况乘坐不同的船。最有名的一艘名叫平安月镜居，《养吉斋丛录》曾记："御园湖中泛月，最称清赏。曩时夜游，至戌末亥初即罢。乾隆间，所乘舟曰'平安月境居'，盖以竹为之者。"[53]

乾隆帝有《泛舟题平安月镜居》诗称："竹报平安古所云，居称月境泛溶沄。"[54]乾隆帝另有《泛月杂咏》诗云："又泛平安月境居，冰轮高烛皎含虚。"其自注称："舟名'泛月'，所恒御。"[55]这艘"平安月镜居"又名"泛月"，可能是他经常用来月夜行水的专用之船，用竹材造成，寓意"竹报平安"，很是清雅。除此之外，内务府《奏销档》所记的瀛海、飞龙、逢岛游龙、飞龙艇、四季舟、紫霞舟[56]，乾

欧阳采薇译.西书中关于抢劫、焚毁圆明园纪事 // 王道成主编，方玉萍副主编.圆明园——历史·现状·论争.北京：北京出版社，1999: 966.

中国第一历史档案馆.旨意档.圆明园.上海：上海古籍出版社，1991: 1082-1083.载：同治十三年（1874年）重修圆明园期间"堂夸兰达交改船只，另写长宽尺寸，船舱各层进深，面宽尺寸。"且"另画船龙式、亭式大样"。

（清）赵慎畛.榆巢杂识.北京：中华书局，1982: 136.

伍

隆帝诗中提到的卧游书室[57]，嘉庆帝诗中的镜中游、履安舸，咸丰帝诗中的月波舻、如天上坐、浮汉槎等，都是圆明园中的御用船只。

从清宫描绘圆明园风光的藏画来看，御园中的游船有多种造型样式（图5-8**），较豪华的一种画舫分前舱、中舱、尾舱，犹如由三座轩榭拼接组合而成，上面绘苏式彩画；普通的船仅设一篷，亦有大小之别；最简单的船就只是一叶扁舟而已，犹如小渔船。乾隆帝另有诗附注称："舟棚四面施帷，春暖则去之。"[58]可见天冷的时候船上用帷布遮寒。

英国远征军步兵队长吴士礼（加内特·约瑟夫·沃尔斯利，Garnet Joseph Wolseley）《1860年中国战记》（Narrative of War With China in 1860）中记载咸丰十年（1860年）英法联军焚掠圆明园时所见情景，提及"有几个湖泽的水面上置有极小的海船，如同小人国中的，装载着小铜炮，有时即用此种船只，表演海战，清帝就

在湖畔茶亭中，观看演战，借以娱乐。"[59]如果所述及属实，则圆明园水上还曾经设置过一种海船模型，以表演水战的场景。

圆明园中还有不少建筑物模仿舟舫造型，如活画舫、绿帷舫等，好像是固定在岸边的画船；而这些水中的游船则可以看作是一类特殊的可移动的园林建筑，二者相映成趣。画舫常由建筑匠师负责设计，在现存样式房雷氏档案中也有关于设计御用船只的做法记载和画样（图5-9**），其情形类似于建筑设计[60]。这些舟舫无论泊于岸边还是行于水上，都是一道独特的风景，成为圆明园盛景的一个组成部分，也为全园增添了不少生动的气息。

另一类水路的交通工具拖床是一种形似床榻的乘具，在水面结冰时使用，又名"冰床"（图5-10**），靠人拖行于冰上，宛如雪橇。清人笔记《榆巢杂识》"御用拖床"条曾载："冬日液池，上御拖床。其制似榻无足，似车无轮，以人挽行冰雪中，至便。有施毡幄及饰以龙凤者。"[61]

（清）弘历.冰床.高宗御制诗四集.卷78.
清代光绪二年刊本.

（清）奕詝.题玉壶天冰床.
文宗御制诗集.卷7.
清代光绪二年刊本.

（清）弘历.御园泛舟.
高宗御制诗三集.卷63.
清代光绪二年刊本.

图 5-11** ↙

图 5-12** →

圆明园曲院风荷船坞（引自法国国家图
书馆藏《圆明园四十景图》）

圆明园中的水门与水关（引自法国国家
图书馆藏《圆明园四十景图》）

乾隆帝有《冰床》诗曰："今岁立春迟，春冰依旧厚。
辇轳坐冰床，平湖任行走。"[62]道光、咸丰两帝均曾在诗中
提到过一座名叫"玉壶天"的御用冰床，如咸丰帝《题玉
壶天冰床》诗曰："冰沼澄空上下圆，最欣稳渡玉壶天。
海中杰峙蓬莱岛，数点红灯一抹烟。"[63]由于冬天最冷的月
份清帝主要住在紫禁城，在圆明园中乘坐拖床的机会相对
较少，而且清帝显然更喜欢乘船，甚至深冬、初春天寒地
冻的时节经常不惜花费很大的人工凿开冰层，以利船行，
如乾隆帝即有《御园泛舟》诗云："河固未全开，凿由人力
耳。非供凌阴纳，见因行船起。"[64]这也从一个侧面进一步
反映出水路游线的重要性。

圆明园内除了设有若干码头外，还建了多处船坞，均
属于与水路游览直接相关的附属设施。码头多数为石制，
由柱子、栏板、基石、踏步等组成；也有个别的码头为木
制（如上下天光）。此外园中不少临水建筑都有台阶下探
至水面上，兼有码头之用。

（清）弘历.水门.高宗御制诗四集.卷5.
清代光绪二年刊本.

（清）弘历.水门.高宗御制诗四集.卷26.
清代光绪二年刊本.

（清）弘历.再题狮子林十六咏——水门.
高宗御制诗四集.卷61.
清代光绪二年刊本.

伍

船坞是专门用来贮存船只的建筑，犹如陆上的车库。圆明园共有6处船坞，最大的一处位于福海北侧的水湾之中，东西各设两座船坞建筑，其余5处分别在万方安和西岸、曲院风荷西南、天宇空明之东、方壶胜境东南以及园西南角的藻园内。长春园和绮春园中也各有1处和2处船坞。此项设施基本上遍布圆明三园，保证各处均可贮存船只以备使用。船坞均为长方形平面，其方向和具体位置根据所在水体的形态随宜设置，相对比较隐蔽。从《圆明园四十景图》中的《曲院风荷》图上可见船坞的具体形象（图5-11**），大致是在水上建台基，上设立柱，分隔成若干间，台基上砌槛墙，柱间设窗户，外观近于普通悬山建筑，但面阔颇长，规模大的有十几间之多。船坞中央留出水道，供船只进出之用。

同时圆明园的苑墙上特别设有多处水门，有的水道上还专门设置水关（图5-12**），与陆路上的园门同为重要的出入口。乾隆帝多次在诗中把水门比拟为《桃花源记》中的洞口，所谓"墙界林园水作门，泛舟雅似武陵源。"[65] "跨波门径上骑墙，历历人行来往航。设使桃源拟洞口，不教迷路误渔郎。"[66]如长春园狮子林中的水门还名列十六景之一，有"跨波月样辟为门，一棹因之与探源"[67]之谓。

水上游线对圆明园中的大量桥梁的设计也有重要的影响。驾船行驶的水道上石拱桥相对较多，可提供宽敞的桥洞；所有通航水道上所设的木桥要么高高架起，要么桥面可以开启，都是为了保证船只穿行顺利，不通船只的水面上的小桥则多为贴近水面的平板桥。

需要附带指出的是，圆明园的水路游线虽无法与真正的江海行船相提并论，但毕竟是水上行舟，也具有一定的危险性，这是与陆路不同的地方。因此清帝游行水上，颇注意安全，从前文所引的《和珅等奏福海行船涉险将总管太监等治罪折》即可见一斑，而且所乘龙舟有名曰"平安月镜居"，蓬岛瑶台邻近后码头的亭式建筑匾名为"日日平安报好音"，也都有祈求平安的意思。

六

　　综上所述，圆明园的水上游线是其景观表现的重要手段，也是历朝清帝主要的游园方式，在不同的景区以及不同的季节、气候条件下均具有丰富的景观特色，堪称是串联圆明三园景观系统的骨架脉络，对于我们理解圆明园的造园艺术，保护、整修圆明园遗址都具有重要的价值。

　　圆明三园遗址中现存的水道已经遭到相当的破坏，且有多处处于干涸状态。目前有关部门正在对圆明园的山形水系进行整治和复原，计划恢复其原有的水路系统。在此工作中，如果能够进一步参考历史上圆明园原有的水上游线的若干特征，结合河床标高的测量来进一步推测其具体的水道流线，考虑部分码头、水门、船坞的复建，增设传统样式的游船，并在今后的游览活动组织中恢复局部的相关线路，将是一件很有意义的事情。

伍

田家景物御园备，早晚农功倚槛看

——田圃村舍

清代皇家园林的景观构成十分丰富，功能也复杂多样，在不同的层面上充分反映了清代统治者的各种思想追求。在皇家园林所包含的诸多景观类型中，有一种景致主要以模仿农家田园村落风光为主题，深刻体现了清代帝王的重农思想。著名者如大内西苑之丰泽园，前有稻畦数亩，为清帝亲自演耕之处，乾隆帝曾有文追述："皇祖万几余暇，则于此劝课农桑，或亲御耒耜；逮我皇父，……数年以来，屡行亲耕之礼，皆预演礼于此。"[1]又如清代第一座离宫畅春园中，"无逸斋北角门外近西垣一带，南为菜园数十亩，北则稻田数顷。"[2]再如玉泉山静明园中设"溪田耕课"一景，"自垂虹桥以西，濒河皆水田"，"农家景色历历在目"[3]。此外避暑山庄万树园的东南部在康熙年间也曾开辟农田和园圃，种植御稻和各类瓜果蔬菜。但相比而言，这类景观仍以圆明园所设为最多，手法也最为丰富，堪称清代皇家园林中田村型景观的典型代表。

本章将对圆明园中的田圃村舍之景进行全面的梳理和考证，分析其景观构成元素，追溯其历史源流，并在此基础上进一步探讨其形成原因和文化内涵。

圆明园中以农田村落为主题的景区主要有杏花春馆、澹泊宁静、映水兰香、多稼如云、北远山村五景，占圆明园四十景的八分之一，另外武陵春色、鱼跃鸢飞、水木明瑟、西峰秀色、舍卫城、别有洞天、四宜书屋、紫碧山房、天宇空明、若帆之阁等景区中也在局部建有田圃村庐之景或与外部的农田景致有所关联。此类相关景区的数量如此之多，显然在御园中占据着特殊的地位。不同的景区在各自的建筑、理水、植物等方面的造景手法上又互有侧重，形成各具特色的景观效果。此外圆明园的附园熙春园中也

（清）弘历.丰泽园记.乐善堂全集定本.卷8.
清代光绪二年刊本.

（清）于敏中等编纂.日下旧闻考.
北京：北京古籍出版社，1981：1281.

（清）于敏中等编纂.日下旧闻考.
北京：北京古籍出版社，1981：1417.

（清）弘历.熙春园观麦.
高宗御制诗四集.卷30.
清代光绪二年刊本.诗云："过即为熙春，俗
曰东园惯.于中多隙地，种麦年来遍."可
知熙春园中辟有麦田，也是重要的观稼场所.

（清）胤禛.菜圃.世宗御制文集.卷26.
清代光绪二年刊本.

（清）胤禛.沿湖游览至菜圃作.
世宗御制文集.卷29.
清代光绪二年刊本.

图6-1**↓

《圆明园四十景图》中的《杏花春馆图》
（引自法国国家图书馆藏《圆明园四十
景图》）

具有类似景致[4]，长春园的观丰轩、
晴望楼等均可登高眺望园外农田，
相对次要。本书讨论的对象将以圆
明园本身的田圃村舍型景观为主。

杏花春馆（图6-1**）位于后湖西
北，其初名叫"菜圃"，雍正帝即位
前就有诗咏及此景："凿地新开圃，
因川曲引泉"[5]，"竹藏茅舍疏篱绕，
蝶聚瓜畦晚照明。最是小园饶野致，
菜花香里辘轳声"[6]。其中除了建有
春雨轩、翠微堂等建筑之外，还于
雍正五年（1727年）专门设有"杏花
村"石刻，屋宇仿农家小屋，四处
散种杏花点题，中央围着一片菜畦
小圃，圃之北设了一座井亭，有灌
溉小渠连通菜地，完全是一派山村

图 6-2** ↑

图 6-3** ↗

图 6-4** ↗

《圆明园四十景图》中的《澹泊宁静图》
（引自法国国家图书馆藏《圆明园四十
景图》）

《圆明园四十景图》中的《映水兰香图》
（引自法国国家图书馆藏《圆明园四十
景图》）

《圆明园四十景图》中的《多稼如云图》
（引自法国国家图书馆藏《圆明园四十
景图》）

（清）弘历．杏花春馆．高宗御制诗初集．卷22．
清代光绪二年刊本．

（清）于敏中等编纂．日下旧闻考．
北京：北京古籍出版社，1981：1281．

（清）弘历．田字房记．乐善堂全集定本．卷8．
清代光绪二年刊本．

（清）弘历．映水兰香．高宗御制诗初集．卷22．
清代光绪二年刊本．

澹泊宁静、映水兰香、水木明瑟三区彼此相连，
难以划分清晰。按《日下旧闻考》页1356所
载，多稼轩、观稼轩、稻香亭在澹泊宁静景区，
但从《四十景图》上看这些建筑位于映水三香
景区，且多稼轩可能是映水兰香的正殿所在。

（清）弘历．多稼如云．
高宗御制诗初集．卷22．
清代光绪二年刊本．

——陆

图6-5**

《圆明园四十景图》中的《北远山村图》
（引自法国国家图书馆藏《圆明园四十
景图》）

野景，正如乾隆帝在《杏花春馆》诗序中所述："由山亭逦
迤而入，矮屋疏篱，东西参错，环植文杏，春深花发，烂
然如霞。前辟小圃，杂莳蔬蓏，识野田村落景象。"[7]

澹泊宁静（图6-2**）景区环境以"稻田弥望，河水周
环"[8]为主要特征，其主体建筑是一座形制独特的田字殿，
建于雍正年间。乾隆帝继位前即作有《田字房记》描绘此
处景色："流杯亭之西南有田字房焉。丁未四月十八日，
皇父万几之暇，燕接亲藩，游豫于此。是地也，西山远带，
碧沼前流，每当盛夏，开窗则四面风至，不复知暑。其北
则稻田数亩，嘉禾生香，蔼闻于室。"[9]

映水兰香（图6-3**）与澹泊宁静相邻，乾隆帝《映水
兰香》诗序称此处"屋旁松竹交阴，翛然远俗。前有水田
数棱，纵横绿荫之外，适凉风乍来，稻香徐引，八百鼻功
德兹为第一。"诗云："园居岂为事游观？早晚农功倚槛看。
数顷黄云黍雨润，千畦绿水稻风寒。心田喜色良胜玉，鼻
观真香不数兰。日在豳风图画里，敢忘周颂命田官？"[10]

这一带除水田之外，另有丰乐轩、知耕织、多稼轩、观稼
轩、稻香亭等建筑[11]，其名称均直接与农田有关。

多稼如云（图6-4**）景区中也有一方农田，其景色正
如乾隆帝《多稼如云》诗所云："隔垣一方，鳞塍参差，野
风习习，被襫蓑笠往来，又田家风味也。盖古有弄田，用
知稼穑之候云。"[12]此区南部原有大片荷塘，至道光、咸丰
间也一并改为稻田。

北远山村（图6-5**）是圆明园中另一处以农舍为主要
景致的区域，不但有若干草庐模仿山村，还设有兰野、水
村图、皆春阁、稻凉楼、绘雨精舍诸景，以进一步体现田
园风光。嘉庆年间在此建有课农轩，此后这一景区也以"课
农轩"为代称。乾隆帝《北远山村》诗序称："循苑墙度北
关，村落鳞次，竹篱茅舍，巷陌交通。平畴远风，有牧篴
渔歌与春杵应答。读王储田家诗时遇此境。"诗云："矮屋
几楹渔舍，疏篱一带农家。独速畦边秧马，更番岸上水车。
牧童牛背村篴，馌妇钗梁野花。辋川图昔曾见，摩诘信不

我遐。"[13] 其中水村图一景直接写仿元代书画家赵孟頫名画《水村图》的景象。另外乾隆帝曾有诗描绘绘雨精舍："精舍水村畔，今年宛始游。为欣逢好雨，遂与舣轻舟。真是名相称，适看景正投。"[14] 村舍前临水面，兼有水村之致，且乾隆年间曾经一度设有几座铺面房，以增加山村野店的风味。

在其他景区中，村庐田圃虽非主要景观，却也不时出现，成为重要的点缀。如武陵春色一景刻意追摹东晋陶渊明《桃花源记》中"世外桃源"之意境，总体上以"落英缤纷"的桃花为主景，但同时也设有"菜圃数畦"，与《桃花源记》原文中"土地平旷，屋舍俨然。有良田、美池、桑竹之属"[15] 的描写更加契合。鱼跃鸢飞景区中特意设有一些村庐，形成"两岸村舍鳞次，晨烟暮霭"的"活泼泼"

之景[16]。水木明瑟景区临近澹泊宁静和映水兰香，周围同样围绕着多片稻田（图6-6★★）。西峰秀色景区中含有"斋外水田凡数顷"，以便"较晴量雨咨农夫"[17]。舍卫城西侧甬路两旁辟有麦田[18]，四宜书屋（安澜园）的飞睇亭则高踞山峰之上，"每当纵望园外，稻塍千顷皆在目中"[19]。别有洞天景区又名秀清村，其景象为"长薄疏林，映带庄墅，自有尘外致"[20]，风格也近于郊野村舍，因此嘉庆帝曾有诗称此处"崖秀溪清缭短垣，亭台位置仿山村"[21]。

此外，位于圆明园北部三个独立于四十景之外的小景区也与此类景致有关。其中西北的紫碧山房中辟有"学圃"，以种植果蔬。东北的若帆之阁临近圆明园北墙，本身虽无田圃之设，但其中建有一座耕云堂，高居假山上，登此可观墙外的农田，因此也成为一处重要的观稼场所，乾隆帝

图 6-6★★ →

《圆明园四十景图》中的《水木明瑟图》
（引自法国国家图书馆藏《圆明园四十景图》）

有诗称："假山巅筑室，墙外见溪田。时雨既常遇，耕云实有缘。"[22] 东北角的天宇空明筑有清旷楼，其北墙外也辟有多片稻田，同样可以登楼观稻，故道光帝有诗云："为爱高楼倚北垣，清和景象满芳园。留题漫羡林泉好，悦目端因稼穑蕃。"[23] 从所处方位来看，所有与农田村落主题相关的景区绝大多数都位于圆明园北部或西区的中部，相对集中。从各自的景观内容来看，均以农田、菜圃及村舍草庐式的建筑为主要的表现手段，但侧重不同，如杏花春馆强调村舍和菜圃之景；澹泊宁静、映水兰香、多稼如云三景均设有较大面积的稻田，再分别以厅堂轩榭点缀；北远山村临近苑墙，重点不在田圃，而是以一组农舍草庐背山临水，所谓"山村学溪庄，竹篱围茅屋"[24]，更有郊野山村之气。至于武陵春色、鱼跃鸢飞、水木明瑟、西峰秀色、紫碧山房等景区，分别以菜圃、村舍和稻田作为局部的衬景，也是对各自主景的一种补充。而四宜书屋、若帆之阁、天宇空明以楼堂亭榭作为远眺田野的观景点，重点在于借

景而非造景。

《养吉斋丛录》记载："御园弄田，多雍正。乾隆年间所辟治，如耕云堂、丰乐轩、多稼轩、陇香馆是也。嘉庆间，复治田一区，其屋颜曰省耕别墅，为几暇课农之所。"[25] 就落成时间而言，杏花春馆、澹泊宁静、映水兰香、多稼如云、北远山村五景均在雍正年间即已大体具备，有些甚至早在康熙年间的雍王府赐园时期就已存在，因此有不少匾额出自雍正帝御笔；乾隆时期对建筑有所增改，又添置了若干题匾并分别作诗加以吟咏，但景致本身没有大的出入。嘉庆以后诸帝只有零星增改。可以说主要是雍正帝创建了这一系列的田圃村庐之景。

三

结合历史来看，圆明园和其他皇家园林中拥有如此之多的田圃村庐型景观，并非清代统治者肇始，而是中国古

（清）弘历．北远山村．高宗御制诗初集．卷22．
清代光绪二年刊本．

（清）弘历．绘雨精舍．高宗御制诗三集．卷65．
清代光绪二年刊本．

（晋）陶潜著．龚斌校笺．桃花源记．
陶渊明集校笺．
上海：上海古籍出版社，1996：402．

（清）弘历．鱼跃鸢飞．高宗御制诗初集．卷22．
清代光绪二年刊本．

（清）弘历．西峰秀色．高宗御制诗初集．卷22．
清代光绪二年刊本．

中国第一历史档案馆．和珅等奏园内麦苗微
弱将该管官员治罪折．圆明园．
上海：上海古籍出版社，1991：290．中有"遵
旨查得舍卫城西边甬路两傍所种秋麦甚属微
弱"之语．

（清）弘历．安澜园十咏·飞睇亭．
高宗御制诗三集．卷39．
清代光绪二年刊本．

（清）弘历．别有洞天．高宗御制诗初集．卷22．
清代光绪二年刊本．

（清）颙琰．秀清村．仁宗御制诗三集．卷20．
清代光绪二年刊本．

（清）弘历．耕云堂．高宗御制诗四集．卷13．
清代光绪二年刊本．

（清）旻宁．清旷楼即目．
宣宗御制诗初集．卷15．
清代光绪二年刊本．

（清）弘历．初冬北远山村．
高宗御制诗初集．卷11．
清代光绪二年刊本．

（清）吴振棫．养吉斋丛录．卷18．
北京：北京古籍出版社，1983：190．

周维权．中国古典园林史．
北京：清华大学出版社，1999．

典园林造园传统长期发展的结果。

　　菜圃和农田本身含有一定的园林景观因素。按周维权先生《中国古典园林史》的论述，从上古时代起，园圃就是中国古典园林的重要源头。到了魏晋时期，官僚、文人的庄园和田园式别业大量兴起，菜圃和农田在园林中也已经成为常见的表现内容，如石崇的金谷园中有"金田十顷"，潘岳的洛阳郊外庄园中有蔬园可灌，孔灵符的永兴别墅中有"水陆地二百六十顷"，谢灵运的会稽别业也有田"连冈而盈畴"[26]。

　　至唐代时，别墅园林继续发展，同时田园诗日渐兴起，成为诗坛的重要流派；在文人山水画中，也颇多表现山村野田的作品。这些都进一步引发了对田园风光的热爱，也使得在园林中营建类似景致成为一种重要的追求，而且与诗画又有相互促进的关系。为了与田园景色相协调，园林中也经常设有类似村舍风格的屋宇，这种竹篱茅舍式的小筑与菜圃、农田相得益彰，成为文人园林所向往的一种重

要的景观类型，甚至有许多文人园亭直接被冠以"草堂"、"茅斋"之名，如杜甫、白居易、卢鸿一等人均有草堂留名于世。

至明清时期，园林中追求田园风味的趋向依然存在。明计成《园冶》述园林选址，即有"村庄地"一说，并称："古之乐田园者，居畎亩之中；今耽丘壑者，选村庄之胜。团团篱落，处处桑麻。凿水为濠，挑堤种柳。门楼知稼，廊庑连芸。"[27] 以明清时期北京地区的私家园林而言，引入园圃村庐之景也是常见的造园现象，如明代文人袁宗道的小园抱瓮亭中"隙地皆种蔬，瓜棚藤架，菘路韭畦，宛似村庄"[28]；清代大臣国辖布有园名"野园"，其中"亭东诸畦，凿井引泉，而交响于菜香之间者，取少陵诗而总名之，所谓'野圃泉自注'者也。"[29]《红楼梦》中的大观园也曾经

（明）计成著，陈植注释. 园冶注释.
北京：中国建筑工业出版社，1981：55.

（明）袁宏道. 袁中郎随笔.
北京：作家出版社，1999：39.

震均. 天咫偶闻.
北京：北京古籍出版社，1982：205.

（清）曹雪芹，高鹗. 红楼梦.
上海：上海古籍出版社，1988：254.

（汉）班固撰，（唐）颜师古注. 汉书. 第1册.
北京：中华书局，1962：219.

（清）汪启淑. 水曹清暇录.
北京：北京古籍出版社，1998：60.

张恩荫. 圆明园变迁史探微.
北京：北京体育学院出版社，1993：144-157.

设有一处"稻香村"，"里面数楹茅屋……篱外山坡之下，有一土井，傍有桔槔、辘轳之属。下面分畦列亩，佳蔬菜花，一望无际。"[30] 与圆明园中的杏花村馆景象颇为相似。

清代以前的皇家宫苑中也已出现此类景观设置，如汉代的未央宫即辟有"弄田"，《汉书·昭帝纪》曾载："（始元元年二月）己亥，上耕于钩盾弄田。"臣瓒注："西京故事弄田在未央宫中。"颜师古注："弄田为宴游之田，天子所戏弄耳。"[31] 明代也已经在西苑南海一带设有御田，其风貌类似于村野。但总体上这类情况还不很普遍。相比而言，清代统治者显然对田园风光更为重视，在皇家园林中大加经营，其田圃村舍景致之丰富，手法之纯熟，都算得上是中国古典园林田园景观的集大成者，而其中又以圆明园最为突出。

圆明园所在的西郊是北京地区一处难得的水土丰腴之地，尤其宜于种植稻麦菜蔬，清乾隆间汪启淑《水曹清暇录》中有"京郊开垦似江南"条记载："高梁桥至圆明园、香山，夹河两岸，近开水田已有二千余亩，并连康熙、雍正年间所开垦，为数更多。"[32] 可见此地环境本来就类似《园冶》所说的"村庄地"，在圆明园中开辟田圃景观也属于因地制宜的事半功倍之举。

对圆明园来说，这类表现田园风光的景区本身都具有重要的景观价值，是圆明园整个景观系统不可缺少的组成部分，也是清帝重要的游赏对象。据张恩荫先生统计，清雍正至咸丰五朝御制诗中有200多首诗咏及杏花春馆、澹泊宁静、映水兰香、多稼如云、北远山村五景[33]，另有许多在其他景区的游园诗也曾提及农田菜圃，其重视程度可见一斑。从具体的造景手法上看，这些景区从整体到局部都很好地表现了农家田园这一主题，达到很高的艺术水平。

就建筑而言，这类景观中厅堂轩榭的形式大多相对朴素，规模亦狭，空间尺度和细部风格都略微接近于真实的山村农居。如北远山村和多稼如云景区中就有好几处屋宇和亭子采用茅草苫顶，且整组建筑完全不用彩画，比之其

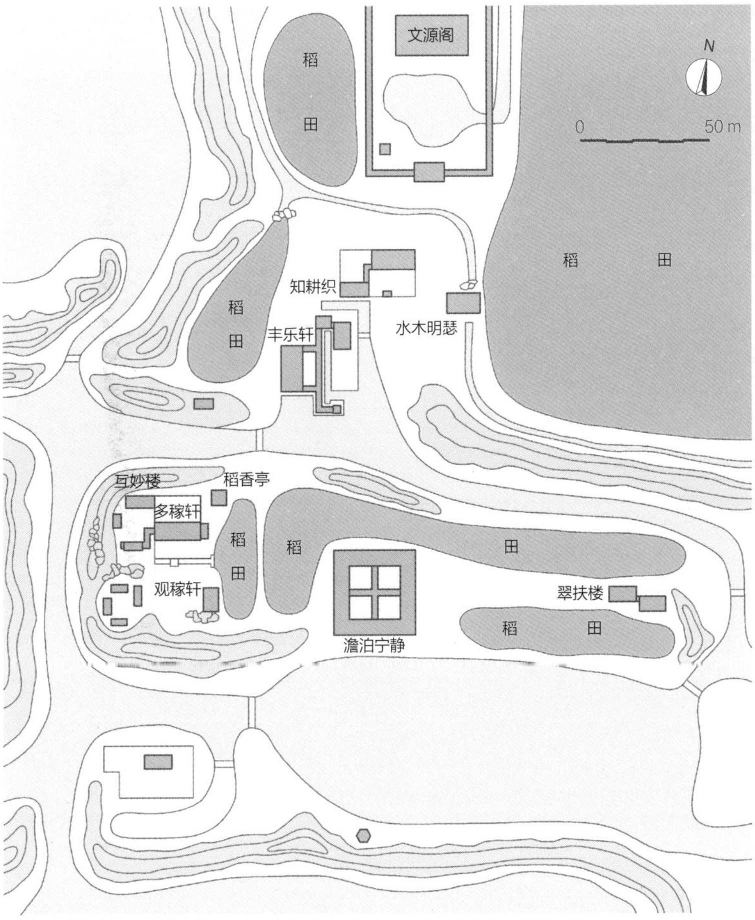

（清）弘历．观稼轩．高宗御制诗二集．卷87．
清代光绪二年刊本．

（清）胤禛．耕织轩．世宗御制文集．卷26．
清代光绪二年刊本．

（清）胤禛．菜圃．世宗御制文集．卷26．
清代光绪二年刊本．

图 6-7**

圆明园局部地区稻田分布示意图（根据
样式雷图重新绘制）

他景区确实要显得更为素雅。

同时，其中一些个体建筑的设计也颇见匠心。如观稼轩是一座三间小轩，紧邻稻田，特意建于高台之上，而且不设门窗，以利于观稼，即如乾隆帝《观稼轩》诗所言："憩于室，窗为宜；登于磴，台为宜。此轩在台上，不施户牖，故观稼恒于此"，"敞榭崇基表，鳞塍俯水田"[34]。映水兰香中有一亭屋顶用鱼鳞瓦，北远山村中出现了一些单开间、两开间的小屋，还有些轩榭在前檐接出一段席子棚架，均属于比较随意的做法，以示别具一格。

最特别的建筑是澹泊宁静中的田字殿，平面采用"田"字形，四面各有七间，中央有十字形游廊串联。这种平面图式具有很强的符号象征含义，一如万方安和之"卍"字形平面，以此点题，凸显田园主题。

此外，为了更好地表现农舍景观的特征，这些景区的建筑较少用游廊围成规整的院落，格局多比较分散，而且经常利用篱笆、虎皮石墙来分隔空间，更有村野风味。

在植物配置方面，除了某些景区必要的点题花卉（如杏花春馆之杏花，多稼如云之荷花）之外，基本以水稻农田或菜畦蔬圃为主体，配以高大绿色乔木，整片的稻子与蔬菜瓜果直接成为主要的造景素材。圆明园基本上属于平地造园，其广阔的范围内除了山、水、建筑之外，尚余大量空置的平原地段，如果全部种植花卉树木，所费既大，效果也未必理想。利用大量的平地开辟农田菜圃，可以获得成片的植物铺地效果，稻香菜清，春绿秋黄，既别致可观，又能形成一定的规模和气势。这一平实而自然的手法具有其他植物所不可替代的景观作用，特别在春夏之季，其绿野盈畴的视觉效果略有些类似西方园林中大片草坪。

从"样式雷"地盘画样和《圆明园四十景图》上看，这些田圃的外围形状均顺应地形（图6-7**），在山水、建筑之间随宜铺展，或大或小，或方或圆，无一定之规；其内部则基本按棋盘形式划分，渠埂纵横，形成"禾稼迎窗绿，桑麻窣地新"[35]和"碧畦一雨过，青壤百蔬妍"[36]的独特景象。

圆明园苑墙之外另有大片真正的农家稻田以及官属稻田，形成"嘉稻千畦绕御园"之势，成为御园的一种重要借景，北墙内侧的耕云堂和清旷楼以及飞睇亭都是清帝登临远望田畴的主要场所。

这类景观中的山水主要作背景之用，但也不乏自己的个性。山以土山为主，配以少量叠石，一般都蜿蜒于景区周围，以隔出一块相对独立的天地；水以溪流为主，在农田一侧常开有水渠，以利灌溉。在这里山和水都与田圃村舍有机结合，强调平远恬淡和朴实天然的意境，进一步烘托了整个景区的环境气氛。

需要指出的是，清代皇家园林经常以江南园林风景为写仿对象，其中所设农田也首重水稻，麦子却相对少见，而且不种高粱、玉米等北方常见的农作物，这一选择本身

旨在追摹江南水乡"稻花十里"的景象。圆明园中的村舍建筑及其山水背景同样也多有模仿江南之意，如乾隆帝咏水村图及北远山村诗分别有句曰："白芷青蒲绿水涵，槿篱茅舍学江南。"[37] "谁知村北一川景，却似江南三月春。"[38]

同时，清帝也非常重视对这些景区建筑的匾额和楹联之设，其品题多紧扣主题，一方面表示对农家淡泊无忧的田园之乐的向往，另一方面也时刻在彰示"劝农"的思想，具有很强的点睛作用。如"杏花村"、"多稼轩"、"知耕织"诸额，多引人联想；"水村图"直接引自元人名画之名；又如澹泊宁静殿内部挂有"淡泊宁静"、"麦雨稻风"、"畅清斋"、"舒遐想"、"静憩"、"曙光楼"六匾，多角度地表达出丰富的象征含义。再如春雨轩内有联曰："好是足山兼足水，自然宜画也宜诗"；多稼轩有联曰："厥惟艰哉，

载芟载柞筹稿事；亦既勤止，曰旸曰雨验农时。"水村图有联曰："鱼跃鸢飞参物理，耕田凿井乐民和。"[39] 同样都有深化意境之功。

此外在室内陈设方面，多稼轩中曾藏有元代程棨所摹宋画《耕织图》长卷[40]，此即清漪园中"耕织图"石刻的原本，也与田园主题有关。

值得注意的是，圆明园中的这些田圃除了景观作用外，同时还兼有一定的生产功能，平时由农夫负责耕种，设庄头管理，不但能够为园居的皇室提供日用的优质稻米和蔬菜，还可向外出售获利。乾隆十八年（1753年）二月内务府曾有奏案："查圆明园内所有稻田承种收割，设有庄头一名承办耕种，每年收获稻米除留种粒外，其余奏闻交内大仓收用。……至所得菜蔬果品择其上好者恭进土产外，其余菜蔬果品随昆明湖莲藕一并变价，汇总奏闻，交圆明园银库。"[41] 乾隆四十二年（1777年）七月《钦定总管内务府现行则例》记载："圆明园奏准：熙春园、绮春园共有

耕种地二顷八十余亩，请照静明园之例，交内务府拨派四等庄头一名前来，令其专司承种此项地亩，每年所得粮石（食）除留籽种，其余粮石柴草照例交纳大仓等处收用。"[42]

对此法国传教士王致诚曾记："有时市集之后，继以农作。在此围城之内，划定专区，备有农田牧地，屋舍草庐。有牛有犁，有他耕具。所播种者，有麦有稻，有菜蔬，有杂谷。时而收获，时而采摘。农田之事，无一不备。在此一举一动，朴俭村野，悉随农家之习俗也。"[43] 另一位法国传教士蒋友仁亦记："数处地方，专为种植稻麦及其他谷类，为耕植此田，周围环以村庄，田夫居之，永不出此范围。"[44]

清代其他皇家园林的田圃也均有类似功能，如避暑山庄的御田所收即可以满足秋狝期间的粮食供应[45]。内务府对这些特殊的田圃管理是相当严格的，如果耕种不力，相关人员将会受到比较严厉的处罚[46]。这也说明清代御苑中的田圃并非仅仅是布景式的摆设，而是货真价实的生产基地。

（清）弘历. 水村图三首.
高宗御制诗三集. 卷 13.
清代光绪二年刊本.

（清）弘历. 北远山村. 高宗御制诗初集. 卷 39.
清代光绪二年刊本.

（清）于敏中等编纂. 日下旧闻考.
北京：北京古籍出版社, 1981.

（清）弘历. 多稼轩. 高宗御制诗三集. 卷 86.
清代光绪二年刊本. 诗注："近得程棨摹楼
璹《耕织图》真迹, 藏之是轩."

中国第一历史档案馆. 苏赫讷等奏静明园等
地稻田菜园按圆明园经管折. 圆明园.
上海：上海古籍出版社, 1991: 70.

故宫博物院. 钦定总管内务府现行则例二种.
第 1 册.
海口：海南出版社, 2000: 253.

（法）王致诚著, 唐在复译. 圆明园纪事书
札 // 王道成主编, 方玉萍副主编. 圆明园——
历史·现状·论争.
北京：北京出版社, 1999: 886.

（法）蒋友仁著, 欧阳采薇译. 述圆明园事 //
王道成主编, 方玉萍副主编. 圆明园——历
史·现状·论争.
北京：北京出版社, 1999: 890.

（清）玄烨. 御稻禾. 圣祖御制文四集. 卷 31.
清代光绪二年刊本. 载："山庄稻田所收,
每岁避暑之用尚有赢余."

中国第一历史档案馆. 和珅等奏园内麦苗微
弱将该管官员治罪折. 圆明园.
上海：上海古籍出版社, 1991: 290-291.
记载乾隆五十四年（1789 年）舍卫城西侧秋
麦长势不佳, 结果负责管理的官员被罚俸,
承种庄头被责打.

褚斌杰. 诗经全注.
北京：人民文学出版社, 1999: 409.

（清）弘历. 御园亲耕. 高宗御制诗初集. 卷 21.
清代光绪二年刊本. 是岁时屡行之……触景
兴怀, 点笔成什.

一陆

四

以圆明园为代表的清代皇家园林中出现了如此之多的田圃村舍型景观, 绝非偶然现象, 其背后隐藏着深刻的思想文化内涵, 下面将一一加以分析.

首先, 这类景观充分体现了清代帝王的"重农"思想.

古代中国一贯以农业为经济基础和立国根本, 农民是社会的主体, 国家财政的收入主要取自农业赋税, 历代王朝多对农业高度重视, 早在周代天子就有亲耕之礼, 如《诗经·周颂》中《臣工》一诗即描述周王演耕并告诫农官之事[47].

虽然满人在关外原为渔猎兼营的半农业社会, 但入关后完全接受了汉族的农业文明, 并颇有发扬光大之力. 有清一代, 朝廷对农业的重视绝不在任何一个汉族王朝之下, 乾隆帝即曾宣称："我朝得天下, 马上搴旗帜. 创武守以文, 耕稼尤留意."[48] 从清朝历代皇帝的表现来看, 此语确非虚言.

原隰春光转
节序暖笔纡
青鸠呼雨急
黄犊驾犁初
畎亩人无逸
耕耘事取速
关心课东郊
扶策历书墟

耕

图 6-8**↑

《胤禛观稼图》（引自 Yuanmingyuan）

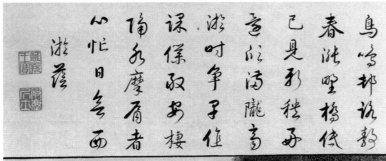

(清)玄烨.刈麦记.圣祖御制文四集.卷23.
清代光绪二年刊本.

（清）玄烨 . 刈麦记 . 圣祖御制文四集 . 卷 23.
清代光绪二年刊本 .

（清）胤禛 . 谕中外臣民 . 世宗御制文集 . 卷 3.
清代光绪二年刊本 .

（清）颙琰 . 民生在勤 . 味余书屋全集定本 . 卷 9.
清代光绪二年刊本 .

（清）于敏中等编纂 . 日下旧闻考 .
北京：北京古籍出版社，1981：1231.

（清）胤禛 . 圆明园记 . 世宗御制文集 . 卷 5.
清代光绪二年刊本 .

（清）弘历 . 圆明园后记 . 高宗御制文初集 . 卷 4.
清代光绪二年刊本 .

图 6-9★★

《胤禛灌田图》
（引自《清史图典·雍正朝》）

帝王是社会的最高统治者，需要为万民作出表率，通过各种途径来表示自己对农业的高度重视。历朝清帝在御制诗文和谕旨中也经常对此加以强调，如康熙帝《刈麦记》云："从来稼穑之艰，不可不知。"[49]雍正帝《谕中外臣民》曾强调："自古帝王致治诚民，莫不以重农为先务。《书》陈《无逸》，先知稼穑之艰难；《诗》载《豳风》，备叙田家之力作。"[50]嘉庆帝也曾有诗曰："四民首农政，四序惟龙春。"[51]除言语之外，清帝对农业的重视在其治国方略和具体的政务活动中更是得到了充分的体现，同时这种重视也体现在对天坛、先农坛等坛庙中与农业有关的隆重祭祀上。除此之外，皇家园林中的田圃村舍型景观也是一种不可忽略的重要表现形式。

雍正帝在即位前曾经请画师模仿宫廷画家所绘的《耕织图》绘制一套图册，主要表现其本人装扮为农夫辛勤耕种的场景，以表示自己身为皇子贵胄，却十分留意农事（图6-8★★、图6-9★★）。《日下旧闻考》曾载："圆明园启自世宗，实为勤政敕几，劝农观稼之所。"[52]这里特别把"观稼"与"勤政"并列，作为圆明园离宫的两大基本功能。雍正帝在《圆明园记》中论述道："园中或辟田庐，或营蔬圃，平原膴膴，嘉颖穰穰。偶一眺览，则暇思区夏，普视有秋。至若凭栏观稼，临陌占云，望好雨之知时，冀良苗之应候。则农夫勤瘁，稼事艰难，其景象又恍然在苑囿间也。"[53]可见雍正帝将圆明园扩建为御苑之时，已充分考虑更多设置田庐和蔬圃作为"观稼"的场所，以示在园居的同时时刻不忘关注农事，体察民情。

所谓"观稼"，就是观察庄稼的长势，考量雨水是否充沛，如乾隆帝在《圆明园后记》中所说："验农桑则有田庐蔬圃，量雨较晴也。"[54]圆明园中的田圃由此具有类似

（清）弘历.田字房记.乐善堂全集定本.卷8.
清代光绪二年刊本.

（清）颙琰.春雨轩记.仁宗御制文余集.卷下.
清代光绪二年刊本.

（清）弘历.御园耕种.高宗御制诗初集.卷31.
清代光绪二年刊本.

（清）胤禛.多稼轩劝农诗.
世宗御制文集.卷30.
清代光绪二年刊本.

（清）弘历.多稼轩.高宗御制诗二集.卷87.
清代光绪二年刊本.

（清）颙琰.北远山村泛舟至耕云堂将景成什.
仁宗御制诗二集.卷53.
清代光绪二年刊本.

试验田的性质，在一定程度上突破了宫禁的限制，成为皇帝了解农业生产的一个重要窗口，同时也有寄托农业丰收愿望的含义，如乾隆帝《田字房记》曰："盖我皇父重农之心，虽于燕闲游观之所，亦未尝顷刻忘也。……今田字房所以命意重农者，岂徒怡情娱览已哉？"[55]嘉庆帝在《春雨轩记》一文中曾述："我皇考以春雨颜楣，重农省岁之圣心贯六十年如一日也。盖京师地居上游，风日高燥，难得而可贵者春雨也，宿麦初苗，新麦即耕，助以膏腴，待其成熟，必需春雨也。"[56]在观稼之外，自雍正时期开始清帝还经常在圆明园的农田里亲自演示耕种，乾隆帝专门有《御园耕种》一诗咏及此事，其序称："皇考时岁举行之，盖自丰泽演耕，与夫耤田亲耕，并此而三，重农之意于周有昭云。"[57]其后的诸帝也延续了这一传统，园居期间始终把观稼、演耕视为一项重要的活动。

清帝在这些景区之间流连游观，触景生情，经常引发感慨，写下了不少表现重农思想的诗文，如雍正帝《多稼轩劝农诗》："夜来新雨过，几甸绿平铺。克尽农桑力，方无饥冻虞。"[58]乾隆帝《多稼轩》诗："数畦水田趣，一脉戚农心。"[59]嘉庆帝也有诗云："田家景物御园备，探讨民艰重本原。"[60]如此不胜枚举。这类景区由此也具有很重要的警示意义，提醒帝王时刻关注民生之艰。

圆明园表现田园为主的景区中除了农田、菜圃和相应的庐舍轩榭之外，还有两处地方设置了分别与求雨或土地有关的祭祀性建筑：雍正十一年（1733年）在北苑山房（即北远山村）西北角响水处建有龙王庙以供奉雨神牌，后改为观音庵；杏花春馆西南角则有一座小土地祠，坐西面东，前插幡杆。这两座小庙进一步强调了这些景区与农业生产的联系。

此外，清帝经常往返于大内与离宫之间，路过的京郊田野与离宫中的田圃内外呼应，也增加了皇帝察看农田、了解庄稼长势的机会。

这类景观的第二重内涵与清帝所标榜的"茅茨土阶"

（汉）司马迁. 太史公自序. 史记. 卷130.
上海：上海古籍出版社，1986.

（清）胤禛. 圆明园记. 世宗御制文集. 卷5.
清代光绪二年刊本.

（明）计成著，陈植注释. 园冶注释.
北京：中国建筑工业出版社，1981：55.

（清）曹雪芹，高鹗. 红楼梦.
上海：上海古籍出版社，1988：254

一陆

思想有关。所谓"茅茨土阶"指茅草顶、土台基的房子，典出上古贤君尧舜之官，如《史记·太史公自序》曾载："墨者亦尚尧舜道，言其德行，曰：'堂高三尺，土阶三等，茅茨不翦，采椽不刮。'"[61]这种风尚历来被看作是帝王官苑建设中"尚俭"美德的重要体现。清帝在圆明园的有关的御制诗文中也反复强调这一思想，如雍正帝《圆明园记》称圆明园的建筑为"采椽栝柱素甓版扉，不斫不枅，不施不腴，则法皇考之节俭也。"[62]实际上，圆明园的殿宇只是比紫禁城相对朴素一些，比起民间建筑来仍然是相当富丽的，所谓"不斫不枅，不施不腴"基本仅为托辞而决非实情，惟有在类似北远山村、多稼如云等田园景观中才偶尔采用一些未加油饰彩画的茅草顶小屋作点缀，略有"茅茨土阶"之意而已，因此圆明园中的仿村舍建筑除了造景功能之外，也有故意示俭的含义。

这类景观的另一重思想内涵是体现了清帝对隐逸文化的态度。田园素来被看作是历代高士退隐的恬然之居，如

三国时代诸葛亮出山前曾经在南阳隆中"躬耕"，东晋陶渊明辞官隐居后作有《归园田居》、《归去来兮辞》、《饮酒》等诗文，经过后世历代文人的一再赞颂，"田园将芜胡不归"也成为高逸遁世的一种象征，不少私家园林中出现田圃草庐之景多有显示清高之意，即如《园冶》所谓之"归林得志，老圃有余"[63]，连《红楼梦》中的贾政来到稻香村的时候也说："倒是此处有些道理。虽系人力穿凿，而入目动心，未免勾引起我归农之意。"[64]

清代的皇家园林和王公贵族的园林受文人私家园林影响很大，在不少地方都追求相似的意境。雍正、乾隆等清帝具有很高的汉文化修养，他们虽为最高统治者，但出于故作姿态或自我矛盾，有时却像普通文人一样在诗文中表现出对隐逸脱尘的人生境界的向往之意。康熙晚期诸子争位，勾心斗角，胤禛却特意在其赐园圆明园中多设田圃村舍，以此标榜自己的清逸澹泊，与世无争。他继位后进一步增加此类景致，也含有借景抒情的动机，在繁重的政务

（清）王士祯．居易录．卷2．
清代康熙四十年刊本．

（清）弘昼．秋日观稼．稽古斋全集．卷7．
清代乾隆十一年刊本．

赵光华．圆明园及其属园的后期破坏举例 //
王道成主编，方玉萍副主编．圆明园——历
史·现状·论争．
北京：北京出版社，1999：406-416．

张恩荫．圆明园变迁史探微．
北京：北京体育学院出版社，1993：25．

之余寄托一点田园之思，不完全出于矫饰。其中典型者如武陵春色对桃花源的模仿，北远山村对唐代诗人王维辋川别业的意象比拟，多稼轩内有额曰"恬虚乐古"，都可以看作是隐逸文化在皇家园林中的一种曲折的反映。

附带需要指出的是清代圆明园等皇家园林中所设的田园之景除了具有景观功能、生产功能以及特殊的文化含义之外，还有相对一个次要的作用，即教育皇子。清代年幼的皇子一般随皇帝一起园居，如圆明园四十景中的洞天深处即为皇子居所。御苑中的田圃可以帮助深宫中的皇子们了解农业的基本知识，从小灌输重农思想，不至于长大后"五谷不分"，因此早在康熙年间畅春园皇子读书处无逸斋殿外特设"种菽五谷之属"，其目的就是"盖欲子孙知稼穑之艰难，意深远矣。"[65]圆明园延续了这一传统，乾隆、嘉庆诸帝即位前的园居期间都曾有诗文表达自己对此类景观的感受（如《田字房记》即为弘历做宝亲王时所作），和亲王弘昼也曾作过一首《秋日观稼》诗："春夏力耕耘，三秋收稻黍。细思农夫勤，四时无闲处。霖雨复涂足，治禾日正午。冬在冻寒中，夏岂避炎暑。休言谷易得，万粒万辛苦。"[66]相关景区的教育意义由此可见一斑。

咸丰十年（1860年）圆明园遭到英法联军焚掠之后，又历经许多军阀、奸商的破坏盗卖，渐成废墟。自民国时期开始许多农民进入园内，平山填湖，开辟农田，对遗址破坏很大[67]，一代名园就此逐渐沦为真正的荒郊田野，至1980年圆明三园已有2200多亩的面积为水田、旱田所占[68]，接近其总面积的43%，这一凄凉图景是热衷于"观稼"的历朝清帝所无法预料的，古人所谓"黍离麦秀"之悲，无逾于此。值得庆幸的是近年来有关部门终于花费了很大力量把所有居民迁出园区，并将对全园进行整治，恢复其山形、水系、植被。在此背景下，如果能够参考历史上圆明园所辟田圃的原有情况，对此类景致重新予以规划设置，则可在一定程度上重现这一独特的御园景象，对于我们今天理解圆明园丰富的文化内涵也具有重要意义。

陆

中国第一历史档案馆.圆明园.

上海：上海古籍出版社，1991：220.

北京市文物研究所圆明园考古队.北京圆明

园含经堂遗址 2001-2002 年度发掘简报.

《考古》，2004年，第2期：41-65.

石衢黄道直如弦，市肆骈罗列两边

——买卖街市

圆明三园中景象繁复，蔚为大观，其中特别设有以表现街头闹市形态为主的市肆之景——买卖街，在恬淡幽静的御苑氛围中尤显突兀。买卖街作为清代皇家园林的一个特殊的组成部分，直接反映了当时的市井文化，内涵丰富，也是清代官苑研究中不可忽视的一环。但由于遗址破坏严重，相关文献较少，至今学术界对于圆明园买卖街的情况一直所知不多。本章拟就现有资料进行整理梳证，试图尽可能地勾勒出买卖街的历史轮廓，并对其景象特点和文化内涵作进一步分析。

二

圆明三园中的买卖街共有两处，一处位于圆明园西部东路的舍卫城之南、同乐园之西，呈"T"字形平面的商业街形式；另一处在长春园含经堂东侧，为单面长排的铺面房。

长春园含经堂、淳化轩一组建筑是乾隆帝精心修建以备退位后养老的工程，规模很大。从现存的样式雷图上可以清楚地看到其东路霞翥楼、渊映斋、戏台的东侧有一排铺面房，坐西面东，计40间，其对面是一些零散的库房。关于这组建筑现存文献记录极少，仅乾隆四十五年（1780年）内务府工程清单记载含经堂东边茶叶铺前曾经拆修拍子五间[1]。

2001年4月～2002年12月，北京市文物研究所曾经对含经堂遗址进行了系统发掘，此条买卖街也包含在内。从考古发掘简报可知[2]，这组铺面房的基址南北总长度为135.65米，东西宽约6.3米。遗址中共发现有28座炉灶，或许其中曾经设有多处饭馆（图7-1**）。目前遗址已经经过整修并对外开放（图7-2**）。

相比而言，同乐园买卖街的地位要重要得多，但《日

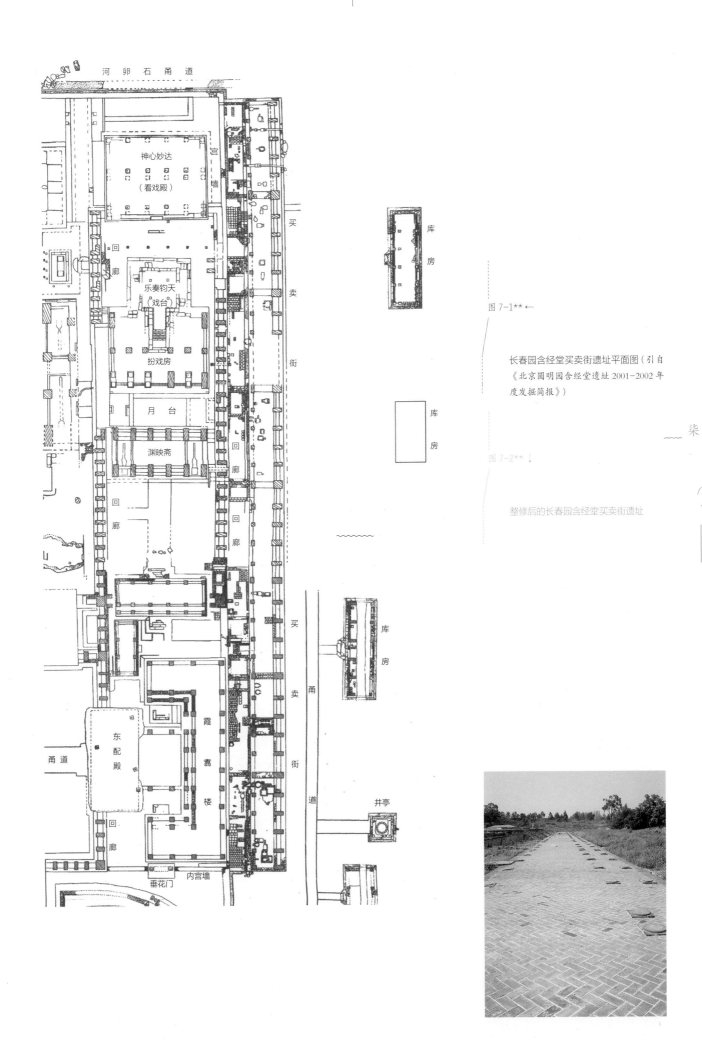

河 卵 石 甬 道

神心妙达

（看戏殿）

宫墙

买

乐奏钧天

（戏台）

扮戏房

卖

月 台

回廊

街

渊映斋

回廊

回廊

库
房

库
房

长春园含经堂买卖街遗址平面图（引自
《北京圆明园含经堂遗址2001~2002年
度发掘简报》）

图 7-1** ←

东
配
殿

霞
翥
楼

甬道

买

卖
库
房

柒

图 7-2** ↓

整修后的长春园含经堂买卖街遗址

回廊

街

甬
道

井亭

垂花门 内宫墙

下旧闻考》对此所记也很简略，惟有"（同乐园以西）中有南北长街"一句而已[3]。这条买卖街主体为南北向，中间有河流过，河上架设双木板踏跺桥，名双桥，长街由此被分为双桥南街和北街，向北延至舍卫城南则形成基本对称的东西二街，共同构成此组街市格局（图7-3**）。其中南北街总长超过130米，东西街则很短。圆明园中道路绝大多数均曲折蜿蜒，但此买卖街为笔直的通衢，与众不同。位于南街之东的同乐园是圆明园中的大戏楼，也是清帝最常去的观戏场所。

同乐园买卖街上的店铺很多，道光年间大臣姚元之《竹叶亭杂记》曾载："圆明园福海之东有同乐园，每岁赐诸臣观剧于此。高庙时，每新岁园中设有买卖街，凡古玩估衣以及茶馆饭肆，一切动用诸物悉备，外间所有者无不有

之，虽至携小筐卖瓜子者亦备焉。"[4]

乾隆年间供奉宫廷的西洋传教士对买卖街也颇为关注，在其书札或著作中曾经提及相关情况。如法国的蒋友仁曾记："（圆明）园中亦有通衢，店铺夹列，每逢佳节，中国、日本、欧洲各国，各种最珍奇之物，群汇于此，如市场然。"[5]

同样来自法国的王致诚在书札中的记载更为详细："开埠迎船，陈肆列货。丝绸布匹，则各分地段焉。磁货漆器，则各占专巷焉。木器衣装，妇女珍饰，则此一方焉。玩好书册，经典巨籍，则彼一地焉。亦有酒肆茶坊，行台村店，果浆走贩，针线游商，揽售牵裾，皆所不禁。"[6]

现存乾隆间《圆明园内拟定铺面房装修拍子以及招牌幌子则例》则明确开列了圆明园中一些店铺的种类，计有

当铺、首饰楼、银号、香蜡铺、纸马铺、油盐铺、菜床子、粮食铺、颜料铺、茶馆、南酒铺、干果铺等[7]，从所列货物判断，可能另有兵器铺、鞍辔铺、文具店等；按前引姚元之、王致诚的记载和其他档案材料，圆明园中除此之外至少还应该有古玩店、酒馆、饭庄、估衣铺、瓷器店、漆器店、丝绸店、布店、书店、木器家具店、鸟雀店等店铺，总计20种以上，另有卖饮料、水果、零食、针线百货的临时小商贩。嘉庆九年（1804年）正月曾有谕旨："向来同乐园大戏十日后，外传买卖摊子撤去，荤素铺照旧开设。嗣后大戏十日后，荤素铺一并撤去，著为例。"[8]可见街上的一些买卖摊子是"外传"的，而且饭铺还区分荤素。纸马铺本是卖丧葬用品的店铺，居然也列于御苑买卖街中，其货品的齐全程度可见一斑。若按蒋友仁的记录，有些店铺还出售一些来自日本、欧洲的进口商品。

嘉庆元年（1796年）内务府工程清单上曾记录乾隆五十九年（1794年）维修同乐园买卖街的情况，特别提到

若干店铺的字号和形制，其中双桥北街东面有圃香馆楼一座三间，街西有富兴楼并万香楼共六间、后院转角房五间、东西群楼后院净房六座共六间、酒楼一座，双桥北街西临河有茂源号一座三间带后抱厦一座，另有酒楼以及带孔雀笼的雀鸟房等[9]；舍卫城东西街及并双桥南街黏修铺面、牌楼、拍子共十九座，计五十七间，包括嫩绿轩、同盛号、魁元堂、兴盛号、韵古斋、广兴号、聚香斋、德兴号、天祥号、华服斋、居之安、乐婴号、文雅斋、天宝楼、翠云斋、宝华楼、如意渡等[10]。各店铺具体经营性质无详细记载，仅能从名称推断大概茂源号是银号，聚香斋是香蜡铺，韵古斋是古玩店，华服斋是估衣店，天宝楼是首饰铺，如此等等。

同乐园和含经堂买卖街始创的年代不详，其中同乐园买卖街至迟在乾隆九年（1744年）的《圆明园四十景图》上已经出现；含经堂建筑群于乾隆十二年（1747年）已大致建成，其东的买卖街可能也建于这一时期。

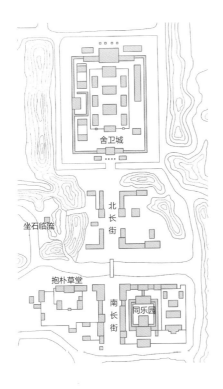

图 7-3★★ ↗

圆明园同乐园、买卖街平面图（根据样式雷图重新绘制）

（清）于敏中等编纂．日下旧闻考．
北京：北京古籍出版社，1985：1377．

（清）姚元之．竹叶亭杂记．
北京：中华书局，1982：5．

（法）蒋友仁著，欧阳采薇译．述圆明园事 // 王道成主编，方玉萍副主编．圆明园——历史·现状·论争．
北京：北京出版社，1999：890．

（法）王致诚著，唐在复译．圆明园纪事书札 // 王道成主编，方玉萍副主编．圆明园——历史·现状·论争．
北京：北京出版社，1999：885．

王世襄主编．清代匠作则例．第 1 卷．
郑州：大象出版社，2000：765．

中国第一历史档案馆．圆明园．
上海：上海古籍出版社，1991：1048．

中国第一历史档案馆．圆明园．
上海：上海古籍出版社，1991：396．

中国第一历史档案馆．圆明园．
上海：上海古籍出版社，1991：406．

中国第一历史档案馆．圆明园．
上海：上海古籍出版社，1991：1198．

中国第一历史档案馆．圆明园．
上海：上海古籍出版社，1991：1207-1208．

中国第一历史档案馆．圆明园．
上海：上海古籍出版社，1991：216．

中国第一历史档案馆．圆明园．
上海：上海古籍出版社，1991：222．

中国第一历史档案馆．圆明园．
上海：上海古籍出版社，1991：241．

中国第一历史档案馆．圆明园．
上海：上海古籍出版社，1991：385．

柒

除此之外，圆明园其他景区也有一些零星的店铺建筑，如雍正六年（1728年）六月雍正帝曾御书对联"麦翻千顷浪，鱼跃半池珠"，下旨挂在某酒馆内[11]，其具体位置不详；雍正七年（1729年）六月下旨在西峰秀色后铺面房做匾四面，分别是"川流老铺"、"水玉馆"、"留春居"、"远馥斋"[12]，同年记载某处河西岸拆修铺面拍子二座，计五间[13]；乾隆四十五年（1780年）工程清单记载北远山村的皆春阁附近"拆修铺面拍子五间"[14/15]；嘉庆元年（1796年）工程清单载某处修渔家乐窝铺二座，满换苇席拍子[16]。这些同乐园、含经堂以外的铺面房也都是园中的一种点缀，但并未形成街市的规模。

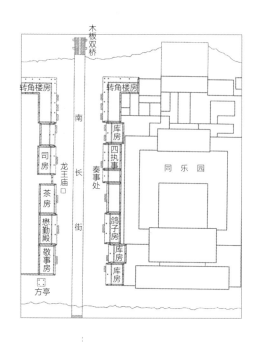

图 7-4** ↑

《圆明园四十景图》中的同乐园买卖街
（引自法国国家图书馆藏《圆明园四十
景图》）

图 7-5** ↗

圆明园同乐园买卖街局部平面图（根据
样式雷图重新绘制）

图 7-6** ↓

长春园含经堂买卖街平面图
（根据样式雷图重新绘制）

三

从乾隆九年（1744年）《圆明园四十景图》中的《坐石临流》图上看（图7-4**），同乐园买卖街的店铺以二层楼房与单层坡顶房相错，楼房多为五间悬山建筑，双桥南北岸边各设带前廊的转角楼房。铺前多带有平顶棚子，也有高高的幌子，尚未见冲天牌楼和单层的平顶房式样。南北长街道路宽敞，路面似是砖砌；各店位置略有进退，路两侧散种花木，街道虽平直，空间仍有一定变化。

在清代晚期的一张样式雷地盘样上附有双桥南街的平面图（图7-5**），其分布格局仍基本可与四十景图对应，惟有西南侧的一座楼房已改为两座三间建筑。值得注意的是，图上特别注明了一些建筑的功能，东有库房、鸽子房、奏事处、执事房等，西侧为敬事房、茶房、司房等，均与店铺无关。可能清代后期这组建筑已经不作买卖街使用，改作同乐园的附属用房，只是仍保持原有街市的

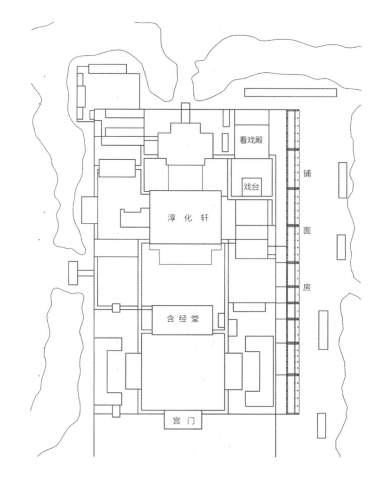

梁思成. 建筑设计参考图集·店面简说 // 梁
思成全集. 第 6 卷.
北京: 中国建筑工业出版社, 1999: 277-290.

图 7-7a** ←

清代北京旧式店铺形式——拍子式铺面
（引自《梁思成全集》）

建筑形式而已。

　　从另一张样式雷图上看，含经堂东侧的铺面房共有10
座40间，其中五开间者6座，三开间和两开间的各2座，均
带有前廊（图7-6**）。而经考古发掘的遗址上也有40间店面，
但分9个单元，自北而南，1~4单元、7~9单元均5间，第
5单元3间，第6单元2间，与样式雷图略有出入。

　　从相关档案来看，清朝中后期这些铺面房曾不断进行
了改造，其造型大多属于楼房、牌楼（或牌坊）、拍子3种
店铺形式，均为北京常见的店面形式，工程清单中经常提
到承重、枋子、带子板、押面枋、顶拍等构件。当然，还
应该有一些店铺仍采用最普通的单层坡顶房形式。

　　民国时期梁思成先生在《建筑设计参考图集》中曾经
辟有《店面简说》一章[17]，对北平的旧式店面进行了搜集
分析，大致推定清代北京铺面建筑的大木构架均以《工部
工程做法》中的"小式大木"为准绳，临街一面开敞，店
面装修比较轻巧。其中拍子即平顶房，形式最为简单，屋

顶上常做栏杆，上面标有字号；檐前带挂檐板，雕刻精美。
牌楼式店面最复杂，"为铺面建筑中之铺张最甚者。这种
牌楼，竟可说是一个大幌子，完全属于装饰性质，与店铺
本身无直接关系。"牌楼带有斗栱、楼檐，雕饰丰富，上
须加招牌匾额；较次的店面则用相对简单的牌坊，不用斗
栱、楼檐，也不设匾额。梁先生文章还特别提到"门前因
牌楼的立法，往往可以标示店铺的性质；如木厂无论门面
多少间，只立一间牌楼，高高耸起。香烛店多用重檐牌楼。
惟有染坊最为特殊，最能表示商品的性质。牌坊上面架起
细长的挑杆多根，遇有染好须晾干的布匹之类，便高高挂
起垂下。"楼房则以2层最为常见，也可多至3~4层，还可
在拍子之上加建楼房。位于街角的楼式店面常用转角等方
式处理，富有趣味。以上研究，可以作为圆明园买卖街店
面形式的注脚（图7-7**）。

图 7-7b** ↑

图 7-7c** ↗

清代北京旧式店铺形式——牌楼式铺面
（引自《梁思成全集》）

清代北京旧式店铺形式——楼房式铺面
（引自《梁思成全集》）

　　参照《圆明园内拟定铺面房装修拍子以及招牌幌子则例》，可将园中部分店铺的大致情形归纳如下：

　　梁思成先生在《店面简说》中曾述："当铺的门面与其他店铺性质不同，它须具有防范保卫的可能，于是森严的栅栏，便成了当铺的特征。"[18] 而且当铺前多带有高大的幌杆，圆明园买卖街的当铺为重檐牌楼式样，也特别做了栅栏和"楼子幌杆"，符合这项特征。此外，纸马铺用门神幌子，首饰楼做如意挑头，香蜡铺陈设木塔，都是重要的标志物，也都做得很逼真（表7-1）。

　　除了这些铺面之外，《则例》中还提到一种菜床子，为卖菜专用的摊位设施，附带菜拍子；还有一些单独的笔幌子、墨幌子、槟榔幌子、剃头幌子、肥皂幌子、鼻烟幌子、胭脂幌子，其中部分生意可能根本没有铺面，只是沿街设摊或提篮叫卖而已。

　　铺面房都饰有油漆彩画，如《圆明园各样杂记现行则例》明确记载了《同乐园铺面房油饰彩画定例》[19]，彩画主要是苏式，包括蝴蝶闹海、四季花卉、红蝠流云、墨画山水人物、树木花草、苏做博古花卉、五彩描二色金盘龙海珠等图案，不绘彩画者饰以油漆。

　　铺面房有严格的木工、雕工规定，故《圆明园内铺面牌幌则例》另载："乾隆二十二年十月又奉和大人谕，交严老爷将各铺面拍子、牌楼按座逐细查对，分别等次拟定刁（雕）工则例。"[20]

　　每年正月期间，同乐园一带陈设"庆丰图"灯戏，买卖街的铺面房都安装灯棚，显示出一派璀璨的热闹景象，对此乾隆二十五年（1760年）内务府造办处《记事录》曾记载："查得年例办理庆丰图，同乐园安设万寿灯牌楼等灯，并开设铺面灯棚"[21]。

　　除前引嘉庆元年工程记录外，现存清宫档案中还可见这组铺面建筑其他年份的维修记录，如乾隆四十六年（1781年）清单载："舍卫城黏修铺面拍子十九间，牌楼三座……同乐园、北远山村铺面拍子挑换木植，找补油饰。"[22] 又如

梁思成. 梁思成全集. 第6卷.
北京: 中国建筑工业出版社, 1999: 280.

王世襄主编. 清代匠作则例. 第2卷.
郑州: 大象出版社, 2000: 773.

王世襄主编. 清代匠作则例. 第2卷.
郑州: 大象出版社, 2000: 565.

中国第一历史档案馆. 圆明园.
上海: 上海古籍出版社, 1991: 1407.

中国第一历史档案馆. 圆明园.
上海: 上海古籍出版社, 1991: 241.

中国第一历史档案馆. 圆明园.
上海: 上海古籍出版社, 1991: 251.

(清)姚元之. 竹叶亭杂记.
北京: 中华书局, 1982: 5.

(法)王致诚著, 唐在复译. 圆明园纪事书
札 // 王道成主编, 方玉萍副主编. 圆明园——
历史·现状·论争.
北京: 北京出版社, 1999: 885-886.

表7-1　圆明园买卖街部分铺面形式

编号	店铺	铺面主要装饰形式	货物道具
1	当铺	栅栏柱子并上下枋，楼子幌杆，龙头流云挑杆，香草牙子，重檐楼子	
2	首饰楼	如意挑头，流云托子，吊牌，对联	
3	银号	插屏，壶瓶牙子	
4	香蜡铺	木塔	木雕蜡样，蜡台
5	纸马铺	门神幌子	
6	油盐铺	酱醋牌，木柱子桄子	盐斗子，小菜斗子
7	粮食铺	竹片栅栏	粮食筐篓，面柜
8	颜料铺		
9	茶馆	招牌，茶牌	
10	南酒铺		假火腿鸭子
11	干果铺	鲜果幌子	

柒

乾隆四十七年（1782年）清单载："铺面房四十三间，俱拆宧头停、挑换椽望；铺面拍子、牌楼一百一十一间黏修，挑换糟朽木植。"[23]

四

关于同乐园买卖街店铺的经营方式，姚元之和王致诚都有精彩描述。

姚元之《竹叶亭杂记》载："开店者俱以内监为之。其古玩等器，由崇文门监督先期于外城各肆中采择交入，言明价值，具于册。卖去者给值，存者归物。各大臣至园，许竞相购买之。各执事官退出后，日将晡，内官亦至其肆市物焉。其执事等官，俱得集于酒馆饭肆哺啜，与在外等。馆肆中走堂者，俱挑取外城各肆中之声音响亮、口齿伶俐者充之。每俟驾过店门，则走堂者呼茶，店小二报账，掌柜者核算，众音杂沓，纷纷并起，以为新年游观之乐。至燕九日始辍。……晚间仍备嘎嘎灯焉。嘉庆四年此例停止。"[24]

王致诚在书信中的描述是："皇帝临幸时，与其最下级臣民鲜区别焉。叫嚣兜售之中，俄而破口喧争，俄而挥拳奋斗。负弩之士，引肇事人至庭。公庭审理宣判，或加杖责，悉以游戏出之。有时取悦于君上；则几伪乱于真云。

胜会之有肱箧者流，亦未忘其点缀。以最轻捷之宦者若而人为之，颇能胜任愉快。若不幸当场破获，则讪笑之，责罚之，或刺配，或杖责，依其罪之重轻，技之优劣加罚，若实有其事然。设或空集转瞬告终，所失之物，仍归原主也。

市集为帝与后妃嫔等行乐而设，余曾言之，此王公大臣之所以绝鲜参预也。偶一邀准，惟在宫眷退出之时之时已。货品之大部分，由都城各商付托内监实行销售者，故交易之成，绝非虚假。君上收买最多，出价当然最大。宫眷内监亦各购其所需。交易既真，遂饶有兴趣，而使热闹倍增，欢乐加甚焉。"[25]

（清）姚元之．竹叶亭杂记．
北京：中华书局，1982：46．

王世襄主编．清代匠作则例．第2卷．
郑州：大象出版社，2000：773．

（清）于敏中等编纂．日下旧闻考．
北京：北京古籍出版社，1981：1279．

图7-8**←

《崇庆太后万寿盛典图》中的清漪园西
所买卖街（引自"老北京网论坛"bbs.
oldbeijing.org）

图7-9**→

清漪园（颐和园）买卖街重建景致

《竹叶亭杂记》中还记载了一则关于乾隆帝、和孝公主与和珅在同乐园买卖街购物的轶事，饶有趣味："和孝固伦公主下嫁和相国之子额附丰绅殷德。主未嫁时，呼和相国为丈人。一日高宗携主游同乐园之买卖街，和时入直在焉。高宗见售估衣者有大红夹衣一领，因谓主曰：可向汝丈人索之。和因以二十八金买而进之。"[26]

从相关则例记载可知买卖街的店铺陈设也很丰富，当铺专门有利息牌，粮食铺有笸箩，有的柜台上摆设招财童子、狮子、麒麟、和合二圣、刘海等民间常见的吉祥物件以及猴子、老虎、大象、骡、马、牛等动物雕像[27]，甚至还有财神龛。

其中货物还有许多纯粹是木头雕成的道具，《圆明园内拟定铺面房装修拍子以及招牌幌子则例》就记载了大量的"假货"，如南酒铺假火腿鸭子、元宵、饽饽、山楂糕、团粉、面筋等食品，东（冬）瓜、瓠子、王瓜、山药、藕、茄子、胡萝卜、生姜等瓜果蔬菜，乃至靴子、胰子、砚匣、

笔匣、书画册页、玉对联、玉匾、颜料定粉匣子等也是假的，几乎全用木雕，规定每项费工多少，历历可辨。

同乐园买卖街开市具有很大的表演成分，主要为了节日娱乐助兴，特别是新年期间，与同乐园的连日大戏以及庆丰图灯戏密切配合。

五

买卖街是清代北京西北郊的皇家园林中的常见之景，不但圆明园中有所设置，畅春园、静宜园、清漪园中都曾经出现过。

《日下旧闻考》载："（畅春园）二宫门外出西穿堂为买卖街……买卖街建于河之南岸，略仿市廛景物。"[28]畅春园中除了这条二宫门附近的买卖街外，《日下旧闻考》在后文中还提到在西路北端"集凤轩后河桥西为闸口门，闸口北设随墙，小西门北一带构延楼自西至东北角上下共

（清）于敏中等编纂.日下旧闻考.
北京：北京古籍出版社，1981：1285.

（清）于敏中等编纂.日下旧闻考.
北京：北京古籍出版社，1981：1220.

（清）于敏中等编纂.日下旧闻考.
北京：北京古籍出版社，1981：1292.

（清）阿桂，和珅等编.南巡盛典.卷30.
清代文渊阁四库全书本.

（清）阿桂，和珅等编.南巡盛典.卷30.
清代文渊阁四库全书本.

曾有督抚在奏报中提到实际上去各地原有集
市购物更为方便，而且南巡途中多水路，买
卖街很难设置。

柒

八十有四楹"[29]，其中包括天馥斋、雅玩斋等。从建筑形式和名称上判断，这一段也很像是街市店铺。

香山静宜园在东南部从香山寺至中官的山路上也设有类似的买卖街，且《日下旧闻考》曾记载："静宜园守备署在香山买卖街。"[30]

清漪园中的买卖街有两条。一条在万寿山西麓，称西所买卖街，街道曲折，其西为万字河，形成"前街后河"的形式（图7-8**）。另一条在后山，称后溪河买卖街，俗称"苏州街"，为"两街夹一河"的水街形式，长达270米。此街存有遗址，光绪间重修颐和园一度重建过，20世纪80年代末至90年代初在清华大学徐伯安先生的主持下再度重建（图7-9**）。

另外在西北郊皇家园林区之间还有一条万寿街，《日下旧闻考》载："万寿寺之西路北设关门，内有长衢列肆，北达畅春园，为万寿街，居人称为苏州街。"[31]这应当算是一条真正的商业街，尽管也带有一定的布景性质。

除了皇家园林外，清帝出京巡幸，也经常会令地方官员在行营外搭置临时的买卖街，其主要功能似乎是为了方便随驾官兵及时购买食物、补充粮草。如《南巡盛典》记载乾隆十五年（1750年）十二月两江总督黄廷桂的上奏："窃查明春扈从官兵所需各项食物，其程站如在陆路者，自应于大营附近一里外设立买卖街，以便就近买用。"[32]乾隆二十二年（1757年）江苏巡抚爱必达也有奏报："扈从官兵马驼沿途需用豆草、麦麸以及屯驻马驼地方设立买卖街，购备麸豆等物。"[33]

可见这类买卖街随行营搭置，类似临时街市，但这一举措的实际意义很有限[34]，在一定程度上也有摆排场、做样子以示隆重迎驾的意思，因此乾隆四十八年（1783年）九月乾隆帝给内阁颁布上谕，曾下令南巡时各督抚不能铺张浪费，不要再搭买卖街："如现在盛京途次见有搭盖买卖街席棚，即此一节亦属多事……朕明春巡幸，自直隶以至浙江，着传谕各该督抚，不得随营预备买卖街，支搭棚

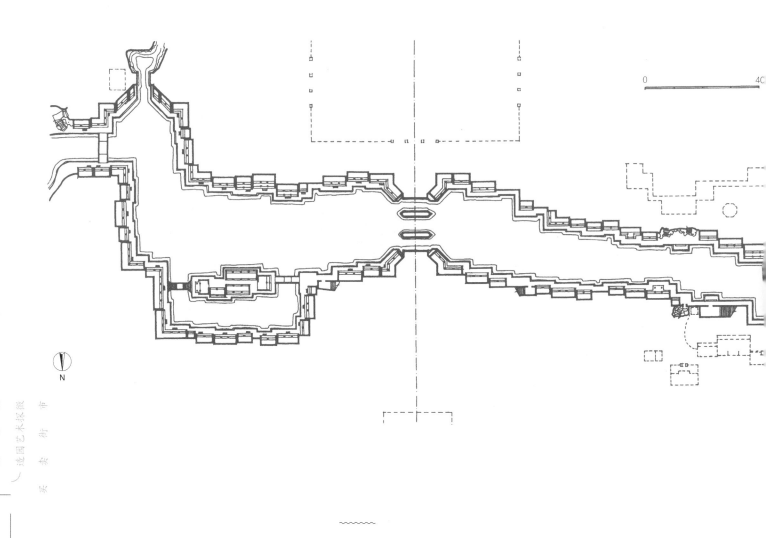

厂，以滋无益之费。"[35]

因此这类买卖街虽与皇家园林所设性质不同，但均有布景之意。

畅春园和清漪园的买卖街均临水设置，都有模仿江南水街的旨趣。而且街随水弯，形态都比较曲折，空间确实更接近南方街市的模式。清代御苑惟有圆明园同乐园买卖街一仍京城市肆格局，为典型北方商业街之缩影。特别是在街北端设置微型城池，使得整条长街与舍卫城的形态酷似北京前门大街与内城的关系。可见不同御苑中的买卖街风格并不雷同，畅春园和清漪园买卖街的设置可能与康熙、乾隆帝南巡有关，故以模仿江南为主；而圆明园的买卖街就是为了浓缩京城本身的市井氛围。

清初朝廷以内城为满人居所，还一度规定内城不得经营戏园，因此内城的商业发展相对受到抑制；而外城成为汉人的主要居住地，人口稠密，同时大运河终点码头南移，导致外城的商业发展很快，前门一带成为最繁华的街市，戏园兴旺，店铺林立，百物丰盈，故《道咸以来朝野杂记》载："戏园，当年内城禁止，惟正阳门外最盛。"[36]《日下旧闻考》也记载道："今正阳门前棚房比栉，百货云集，较前代犹盛。足征皇都景物殷繁，既庶且富云。"[37]清帝赴天坛、先农坛行郊天大礼或躬耕之礼，均出正阳门，从前门大街经过，对前门一带密集的商铺景象应该有很深的印象，因此同乐园买卖街以前门街肆作为摹本也是很自然的举措。乾隆帝曾有《甲午新正祈谷前一日诣斋宫作》一诗描绘前门大街的繁华景象："石衢黄道直如弦，市肆骈罗列两边。百岁休和人乐利，皇都富丽故应然。"[38]拿这几句诗来形容同乐园的买卖街似乎也颇为恰当。圆明园中的市肆之景由此可以看作是京城太平富足生活的一个缩影。

而北京城繁华的商业区经常建有戏园子，圆明园中的同乐园买卖街和舍经堂买卖街也都临于戏楼之一侧，更符合市井特性。

同乐园买卖街位居舍卫城之前。舍卫城是一座具有佛

图 7-10★★
清漪园苏州街复原平面图
（引自《颐和园》）

（清）阿桂，和珅等编．南巡盛典．卷 30．
清代文渊阁四库全书本．

崇彝．道咸以来朝野杂记．
北京：北京古籍出版社，1982：8.

（清）于敏中等编纂．日下旧闻考．
北京：北京古籍出版社，1981：887.

（清）弘历．甲午新正祈谷前一日诣斋宫作．
高宗御制诗四集．卷 17.
清代光绪二年刊本．

徐伯安．颐和园后湖"苏州街"重建工程规划、
建筑设计研究及实践 // 建筑史论文集．
第 17 辑.
北京：清华大学出版社，2003：205，207.

王世仁主编．北京市宣武区建设管理委员会，
北京市古代建筑研究所合编．宣南鸿雪图志．
北京：中国建筑工业出版社，1997.

清华大学建筑学院．颐和园．
北京：中国建筑工业出版社，2000：143.

王永斌．北京的商业街和老字号．
北京：燕山出版社，1999.

教意义的建筑群，似乎与街市颇为冲突，但实际上中国古代城市中不少商业街都依托著名的寺观而设，市与庙的关系很密切，比如清代北京的隆福寺一带就是如此，这也是市井之常态。

真正比较特殊的现象是同乐园买卖街西侧有抱朴草堂和坐石临流之兰亭八柱，含有隐逸之意，似乎是为了刻意与买卖街的热闹氛围形成鲜明的对比。

清漪园后溪河买卖街的铺面有83~84座之多（图7-10★★），单体建筑的开间一般在1.62~2.60米之间（平均2.30米，合清代营造尺7尺），进深仅为1.90~2.90米（平均2.30~2.60米，合7~8尺）而已，尺度很小[39]。相比而言，圆明园中的两处买卖街店铺的单体规模要大得多：勘查含经堂旧图及相关遗址，可见其店面开间大致多在3.20米左右（合1丈），进深达4.80米左右（合1丈5尺）。以样式雷图推测，同乐园买卖街的铺面房开间也多为3.20米，进深4.80米或略大。因此圆明园买卖街的店铺至少具有普通建筑的

真实尺度，不像清漪园买卖街基本属于微缩的布景性质。

查《宣南鸿雪图志》所附前门地区老店铺的测绘图[40]，可以发现清代不少真正的传统形式的商业店铺本身的尺度也相差较大，有的三间小店总面阔仅6米多一点，一般的店面开间多为3.20米左右，合清代1丈，与圆明园中的店铺尺度相近，也有少数较大店面开间超过1丈。同时这些商店的总进深普遍要比总面阔大得多，甚至是面阔的好几倍，以作后勤加工或仓储之用。而圆明园和清漪园中的铺面房都无此功能，进深均相对有限。

清宫档案中提到清漪园后溪河买卖街铺面房的字号有履祥泰、细香铺、云翰斋、品泉斋、帖古斋、妙化斋、吐云号、经纬号、芸雅斋等[41]，而圆明园中的买卖街店铺字号与之无一重复。查清代北京城中著名的店铺名称[42]，御苑中的店铺和他们基本也没有相重的。可见皇家园林中的铺面房都是专门取的名字。

在门禁森严的皇家宫苑中设置街市店铺之景，其实是中国古代造园的一项重要传统。

早在东汉时期，汉灵帝就曾经在后宫设立市肆，《后汉书·孝灵帝纪》载："是岁（光和四年，公元181年）帝作列肆于后宫，使诸采女贩卖，更相盗窃争斗，帝著商估服，饮宴为乐。"[43]

西晋愍怀太子的母妃出自屠夫之家，因此太子本人亦好在宫苑中设市，《晋书·愍怀太子传》载："（太子）于宫中为市，使人屠酤，手揣斤两，轻重不差。其母本屠家女也，故太子好之。又令西园卖葵菜、蓝子、鸡、面之属，而收其利。"[44]

南北朝时期宋少帝刘义符曾在御苑华林园中设置店铺并亲身扮演商贾，以此作乐，《宋书·少帝纪》有载："时帝于华林园中为列肆，亲自酤买。"[45] 齐废帝东昏侯也在阅武堂所改芳乐苑中设立集市，与后妃、宫女、宦官同乐，《南史·齐本纪·东昏侯》载："又于苑中立店肆，模大市，日游市中，杂所货物，与宫人阉竖共为裨贩，以潘妃为市令，自为市吏录事，将斗者就潘妃罚之。……又开渠立埭，躬自引船，埭上设店，坐而屠肉，于时百姓歌云：阅武堂，种杨柳，至尊屠肉，潘妃酤酒。"[46]

北齐后主高纬曾经在华林园中设置"贫儿村"和"穷儿之市"，《隋书》载："武平时，后主于苑内作贫儿村，亲衣褴褛之服而行乞其间，以为笑乐。多令人服乌衣，以相执缚。"[47]《北齐书·后主纪》载："又于华林园立贫穷村

舍，帝自弊衣为乞食儿；又为穷儿之市，躬自交易。"[48] 此处同样属于模仿市井俚俗的特殊布景，供皇帝装扮百姓，交易取乐。

唐中宗曾在长安玄武门举办类似的游乐活动，《旧唐书》载："（景龙三年二月己酉，中宗）幸玄武门……上又遣宫女为市肆，鬻卖众物，令宰臣及公卿为商贾，与之交易，因为忿事，言辞猥亵。上与后观之，以为笑乐。"[49] 此市肆不在宫苑内，可能只是临时的设施，但场面、性质也大体类似。

北宋徽宗在东京城内所营的艮岳中曾经设有一座高阳酒肆[50]，此或仅为摆设而已。《东京梦华录》记载汴京新郑门外的金明池和琼林苑两处御苑每年三月一日开放，金明池边"殿上下回廊，皆关扑钱物、饮食，伎艺人作场勾肆，罗列左右。……街东皆酒食店舍，博易场户，艺人勾肆质库，不以几日解下，只至闭池，便典没出卖。"琼林苑中"各有亭榭，多是酒家所占。"两处池苑内"除酒家艺人占外，

多以彩幕缴络，铺设珍玉、奇玩、匹帛、动使、茶酒、器物关扑。有以一笏扑三十笏者。以至车马、地宅、歌姬、舞女，皆约以价而扑之。"[51] 此为真正商业经营场所，除了艺人表演和酒家售卖之外，大多数商品以"关扑"[52]的形式为游客提供类似博彩的游戏。

南宋临安御苑中此类市肆更是大为盛行，《武林旧事》"赏花"条载："（禁中诸苑）又命小珰内司列肆关扑，珠翠冠朵，篦环绣段，画领花扇，官窑定器，孩儿戏具，闹竿龙船等物，及有买卖果木酒食饼饵蔬茹之类，莫不备具，悉效西湖景物。"[53] 其中以太监充任店员，店铺货物齐全，此等景象与圆明园同乐园买卖街已经非常相似。

历史上除了皇家宫苑常见店肆之设外，某些王公贵族的府邸也或有类似景致。典型者如东晋会稽王司马道子即曾在府园中建设店铺，《晋书·五行志》载："司马道子于府园内列肆，使姬人酤鬻，身自贸易。"[54]

但是值得注意的是，此类景致在历代宫苑中虽屡见不

（宋）范晔.后汉书.卷八.
北京：中华书局，1965：346.

（唐）房玄龄.晋书.卷53.
北京：中华书局，1974：1458.

（梁）沈约.宋书.卷4.
北京：中华书局，1974：66.

（唐）李延寿.南史.卷5.
北京：中华书局，1975：155.

（唐）魏征.隋书.卷22.
北京：中华书局，1973：630.

（唐）李百药.北齐书.卷8.
北京：中华书局，1972：113.

（后晋）刘昫等撰.旧唐书.卷7.
中华书局，1975：147.

（明）李濂辑.山岳·艮岳寿山.汴京遗迹志.卷4.
北京：中华书局，1999：55.

（明）孟元老撰.邓之诚注.东京梦华录.卷7.
北京：中华书局，1982：181-198.

关扑：宋代流行的一种赌博方式，将铜钱掷
于地上或瓦盆中，根据正反面确定输赢。东
京平时的市集上也有许多商贩以此法发售货
物，赚赔主要看运气，兼具一定的娱乐性，
很受市民欢迎。

（宋）四水潜夫.武林旧事.卷2.
杭州：西湖书社，1981：36.

（唐）房玄龄.晋书.卷27.
北京：中华书局，1974：820.

—— 柒

鲜，却大多属于昏君的杰作，也经常受到后世的批评。比
如《魏书·高允传》曾记载对汉灵帝设宫市的评论："汉之
灵帝不修人君之重，好与宫人列肆贩卖，私立府藏，以营
小利，卒有颠覆倾乱之祸。前鉴若此，甚可畏惧。"[55]另外
对司马道子在府园中列肆的行为，《晋书》同样有所批评：
"干宝以为贵者失位，降在皂隶之象也。俄尔道子见废，
以庶人终，此貌不恭之应也。"[56]中国古代素来轻视商业，
商人地位低下，如果帝王以宫苑列肆、扮演商贾为乐，必
然会被视作是极大的堕落，甚至是亡国之兆。

　　清代帝王对此史实也有所领悟。乾隆帝南巡，曾两次
作《华林园》诗，分别有"翛然林木本闲区，列肆何堪净
域污"[57]和"南朝佳胜说华林，未见民艰处会心。或拟濮濠
或列肆，至今迹总不堪寻。"[58]之句，此即指宋少帝华林园
列肆的旧事而言。

　　然而清帝依然热衷于在本朝所营的御苑中建设此类买
卖街，显然对此仍有特殊喜好。究其原因，《竹叶亭杂记》

（北齐）魏收.魏书.卷48.
北京：中华书局，1974：1072.

（唐）房玄龄.晋书.卷27.
北京：中华书局，1974：820.

（清）弘历.华林园.高宗御制诗四集.卷49.
清代光绪二年刊本.

（清）弘历.华林园.高宗御制诗四集.卷5.
清代光绪二年刊本.

的观点是："盖以九重欲周知民间风景之意也。"[59]

而王致诚则更进一步从皇帝的人身限制和心理需求出发，作出这样的分析："（买卖街之设）备君上随时临幸览观，城市喧嚣，非为人主所厌弃也。清帝为势位所限，出时，民居商铺，必先闭门，不能见一物。各处施以屏障，不使睹警跸。警跸未过数时前，即先清道，禁绝人行。有阐道者必为护军加罪。若赴郊野，则马队夹道森列，侦巡所及，每甚深远，逐闲人且以卫御驾也。帝者位分尊严，不能亲接民间庶事，迫处静默之中，不能不别开生面，以自娱乐。"[60]

以上的分析应该都是中肯的，御苑中的买卖街虽然仅是布景，毕竟也可在一定程度上反映城市生活的情态，略有助于皇帝了解民情；更重要的是，这类设施可以满足皇室暂时忽略身份、参与市井娱乐的欲望，因此大受欢迎，

遂在皇家园林中成为一种定制。台湾著名作家李敖在其著作《北京法源寺》中也曾经对圆明园买卖街进行过一番评论："（圆明园）有五千多军人防守，里面却没有百姓，有百姓也是扮演的。皇帝高兴，一声令下，所有的宫女太监等等都化装起来，扮演成法曹、商人、工人、卖艺的、说书的、小偷各行各业，在有衙门、有商店、有市场、有码头、有旅馆、有监狱种种地方，各司其业，你来我往，热闹非凡。这是中国式的化装舞会，远从纪元前二世纪便流行在中国皇宫里，有时候皇帝也亲自加入，扮演成商人等等，与左右同乐，学做老百姓开心。他们整个是另一个阶级——把老百姓关在十八道金碧辉煌的宫门外面，然后在里面装做老百姓的阶级。"[61]

以上虽属小说家言，不无夸张之处，却也颇切中其中

要旨。买卖街确实是中国宫廷特殊的化装舞会的表演舞台，只有在这里，缺乏人身自由的帝王后妃们才能够切身体验一下老百姓逛街购物的乐趣。

同时值得注意的是，买卖街虽然是皇家园林常见的景致（特别是同乐园买卖街，临近清帝日常听戏、办公、传膳的大戏楼，光顾的频率极高），但尚未发现历朝清帝有御制诗咏及这些铺面房。这也许从侧面说明，买卖街尽管热闹，而且具有粉饰太平的作用，却只是一种不登大雅之堂的点缀之物，并不被看作是重要的园林景观，也不宜作过多宣扬。

因此，同样作为社会景象在清代皇家园林中的反映，这类买卖街所代表的城市街衢闹市之景，与御苑中更为常见的田园村落之景恰成鲜明对比。清帝显然更重视体现重农思想的田园景观，并作有大量御制诗文进行歌咏，而买卖街这类城市景观的地位要低得多。这一差异也符合古代封建社会对社会阶层的高下划分。

此外，皇家园林中表现农家景象的农田菜圃往往兼有真正的生产功能，而表现市井风貌的买卖街则从根本上说并无真正的商业价值，其热闹景象带有极大的表演成分，喧哗的叫卖声、红火的场面都是刻意营造的结果，仿佛是同乐园节日大戏的延续和扩展；另一方面，这种热闹只是暂时的，和节庆时期的烟火盒子、灯戏一样，节日过后，一切又将回复为纯粹的摆设——这才是买卖街的本质所在。

（清）姚元之.竹叶亭杂记.
北京：中华书局，1982：5.

（法）王致诚著，唐在复译.圆明园纪事书札//王道成主编，方玉萍副主编.圆明园——历史·现状·论争.
北京：北京出版社，1999：885.

李敖.北京法源寺.
北京：人民文学出版社，1992：51.

（清）弘历.正月初十日恭奉皇太后幸圆明园.
高宗御制诗初集.卷25.
清代光绪二年刊本.

（清）弘历.新春含经堂.高宗御制诗三集.卷9.
清代光绪二年刊本.

雨果.致巴特雷上尉的信//王道成主编,方
玉萍副主编.圆明园——历史·现状·论争.
北京：北京出版社,1999:1011.

（晋）郭璞注.穆天子传.
上海：上海印书馆,1937.

（汉）司马迁.史记.卷28.
上海：上海古籍出版社,1986.

（汉）司马迁.史记.卷6.
上海：上海古籍出版社,1986.

庙堂待起烟霞侣，昆峤方壶缩地来

——神仙境界

中国自古以来常以"宛如仙境"来形容美丽的风景。清代皇家御苑圆明三园历经雍正、乾隆、嘉庆各朝的苦心经营，其中山水之灵秀，殿阁之精丽，花木之繁盛，举世罕有匹敌，足称人间仙境，乾隆帝曾有诗句夸耀园中景象："一道垂虹朝贝阙，万年春酒进仙家。输他羯鼓传佳话，俄顷瑶林尽发花。"[1] "人世有仙蓬，御园东复东。望春真合此，会景每无穷。"[2]其景俨然神仙画卷。清代宫廷画师描绘圆明园四十景的画册曾有不同版本，其中之一名《蓬壶春永》，即将全园比作蓬莱仙境。法国著名作家雨果也曾经赞美道："圆明园不但是一个绝无仅有、举世无双的杰作，而且堪称梦幻艺术的最高典范……在颇具诗人气质的能工巧匠创造出天方夜谭般的仙境之后……这是一个以宫殿、庙宇形式表现出的充满人类神奇幻想、夺目耀眼的宝洞。"[3]以上均为泛泛的比喻，而圆明三园中专门有若干

景致直接以传说中的神仙境界为主题，塑造出美轮美奂的景观效果，成为御园的重要特色。本章即拟对三园中的相关景致进行梳理，分析探讨其独特的造景手法和文化内涵。

中国古代神话中很早就有神仙居于"仙山"的传说。上古仙山传说主要有西方昆仑与东海仙岛两大体系。相传昆仑山为西王母所居，上有瑶池、悬圃，按《穆天子传》的记载，其中有"层楼千里，玉楼十二。琼华之阙，光碧之堂，九层玄室，紫翠丹房。左带瑶池，右环碧水，其山之下，弱水九重，非飙车羽轮不能到也"[4]

关于海上仙山的传说流传更广。最早的说法是东海之上有蓬莱、方丈、瀛洲三座仙山，依托烟波浩渺的大海，具有更加神秘的色彩。战国时期齐威王、齐宣王、燕昭王均曾遣人入海寻求，《史记·封禅书》载："自威、宣、

燕昭使人入海求蓬莱、方丈、瀛洲。此三神山者，其传在渤海中，去人不远；患且至，则船风引而去。盖尝有至者，诸仙人及不死之药皆在焉。其物禽兽尽白，而黄金银为宫阙。未至，望之如云；及到，三神山反居水下。临之，风辄引去，终莫能至云。"[5]后来热心追求不死仙药的秦始皇也曾"遣徐芾发童男童女数千人入海求仙人。"[6]

《列子·汤问》中记载海上有岱舆、员峤、方壶、瀛洲、蓬莱五座仙山，所谓"渤海之东，不知几亿万里，有大壑焉，实惟无底之谷，其下无底，名曰'归墟'，八纮九野之水，天汉之流，莫不注之，而无增无减焉。其中有五山焉，一曰岱舆，二曰员峤，三曰方壶，四曰瀛洲，五曰蓬莱。其山高下周旋三万里，其顶平处九千里。山之中间相去七万里，以为邻居焉。其上台观皆金玉，其上禽兽皆纯缟，珠

杨伯峻. 列子集释.
北京：中华书局，1979：151-152.

（晋）王嘉著. 齐治平校注. 拾遗记.
北京：中华书局，1981：321-235.

（晋）王嘉著. 齐治平校注. 拾遗记.
北京：中华书局，1981：20.

佚名. 海内十洲记.
清代文渊阁四库全书本

（清）顾炎武. 历代宅京记.
北京：中华书局，1984：43.

（汉）司马迁. 史记.
北京：中华书局，1959：482.

关于汉代至唐代宫苑中"仙山"景致的演变源流参见：赐也. "三山"的沉浮——关于汉唐宫苑建置的一种园林史解读. 纪念宋《营造法式》刊行900周年暨宁波保国寺大殿建成990周年学术研讨会. 宁波，2003.

傅熹年. 中国古代建筑史·第2卷·两晋、南北朝、隋唐、五代建筑.
北京：中国建筑工业出版社，2001：455.

—捌

玕之树皆丛生，华实皆有滋味，食之皆不老不死。所居之人皆仙圣之种，一日一夕飞相往来者，不可数焉。而五山之根无所连箸，常随潮波上下往还，不得暂峙焉。"后来天帝遣十五巨鳌"举首而戴之，迭为三番，六万岁一交焉，五山始峙而不动。"[7]

东晋王嘉所著《拾遗记》中也描写了昆仑、蓬莱、方丈、瀛洲、员峤、岱舆、昆吾、洞庭8座仙山的景象[8]，其中5座与《列子》中列举的渤海五仙山相同。《拾遗记》又称："三壶则海中三山也。一曰方壶，则方丈也；二曰蓬壶，则蓬莱也；三曰瀛壶，则瀛洲也。形如壶器。此三山，上广中狭下方，皆如工制，犹华山之似削成。"[9]则可知传说中的方丈、蓬莱、瀛洲形状都近似壶器，所以另有别称方壶、蓬壶、瀛壶。

后人伪托西汉东方朔所作的《海内十洲记》中进一步提出海上还有10座大型洲屿，其中东海有祖洲、瀛洲、生洲，南海有炎洲、长洲，北海有玄洲、元洲，西海有流洲、凤麟洲、

聚窟洲，都是神仙聚居的仙岛。此外还提及沧海岛、方丈洲、扶桑、蓬丘（即蓬莱）、昆仑等另外5座仙山岛屿[10]。这样海上仙山的系统一再扩充，东南西北四方海域遍布，颇为壮观，也为后世的园林造景提供了丰富的题材。

《历代宅京记》引《秦记》所载，称"始皇引渭水为池，筑为蓬瀛，刻石为鲸，长二百丈。"[11]可见秦代宫苑中已经出现引水为池，再在水中筑岛以摹拟仙山的情况。《史记·孝武本纪》记载汉武帝于建章宫"其北治大池，渐台高二十余丈，名曰泰液池，中有蓬莱、方丈、瀛洲、壶梁，象海中神山、龟鱼之属。"[12]在此以人工方式创造"仙境"景观的意图更为明确。

南北朝以降，以"海上仙山"为代表的模式在历代宫苑中层出不穷[13]，北齐邺城、南陈建康、隋代洛阳西苑均曾有"三山"之设，隋唐洛阳宫内还设有九洲池，池中筑有数岛象征东海九洲；唐代长安大明宫太液池分东西二池，西池上筑大岛，名蓬莱山[14]；受中原王朝影响的渤海国上

值房

N
0 10 20 30 m

（韩）朴景子．中、日、韩古代池苑比较研究
建筑史论文集．第 16 辑．
北京：清华大学出版社，2002：256-267．

中国第一历史档案馆．山东德平县知县张锺
子等查看圆明园风水启．圆明园．
上海：上海古籍出版社，1991：6．

（清）弘历．石帆室．高宗御制诗三集．卷 63．
清代光绪二年刊本．

（清）弘历．紫碧山房题名．
高宗御制诗三集．卷 10．
清代光绪二年刊本．

（清）弘历．蓬岛瑶台．高宗御制诗初集．卷 22．
清代光绪二年刊本．

（清）胤禛．蓬岛洲咏古．世宗御制文集．卷 30．
清代光绪二年刊本．

（清）颙琰．蓬岛瑶台．仁宗御制诗初集．卷 15．
清代光绪二年刊本．

京龙泉府禁苑水池、日本飞鸟京迹苑池以及新罗东宫月池
（雁鸭池）中也都有类似"一池三山"的景象[15]。金中都的
西苑中有瑶光殿、瑶池殿、瑶光台、瑶光楼等建筑，比拟
昆仑仙境。元大都御苑设太液池，其中以万岁山、圆坻、
犀山象征三仙山。清代皇家园林中摹拟仙境的例子更多，
除圆明园和承袭元明的西苑三海外，在静明园玉泉湖和清
漪园昆明湖中也都设有三岛。而在所有实例中，以圆明三
园的"仙境"塑造最具代表性，手法也更为丰富。

三

　　圆明园全园的地形风水格局是"水归东南巽地，山起
西北乾方"[16]，西北角的紫碧山房地势最高，有隐喻昆仑
山之意，其名称似乎也与《穆天子传》中提及的昆仑山"紫
翠丹房"有一定关联。其景色对昆仑仙境、瑶池风光虽然
没有特别具体的表现，但在山谷中辟有一座石帆室，面阔

图 8-1**←

《圆明园四十景图》中的《蓬岛瑶台图》
（引自法国国家图书馆藏《圆明园四十景图》）

图 8-2**←

圆明园蓬岛瑶台平面示意图
（根据样式雷图重新绘制）

一捌

五间，西出抱厦，轮廓略似航船，周围石峰林立，如漂浮空中的风帆，含有虚舟泛海、如临仙境的喻义。因此乾隆帝的诗句称："堆石翩如风帆浮，三间室亦似虚舟。会心此即蓬莱岛，何必裹粮更往求。"[17]除此之外，此景区还有小轩"坐霄汉"，寓意如在云上；山下一湾溪流自西向东萦回而去，类似昆仑山"左带瑶池，右环碧水"的环境特征。乾隆帝另有诗句描绘紫碧山房："赵家粉本饶仙趣，陶氏清辞无俗缘。最爱夕阳西下际，鹤林高致会当前。"[18]说明此处景致虽非直接摹拟仙境，但是也带有几分"仙意"。

圆明三园中更典型的仙境景观大多属于海上仙山的系统，依托水面设置岛屿以效仿蓬莱等仙岛，但在某些局部也参照了昆仑山的传说来营造景观。

表现仙境的最重要的一处景区是福海中的蓬岛瑶台（图8-1**）。福海位于圆明园东部，水面辽阔，象征着虚无飘渺、隐含仙山神迹的茫茫东海。福海中央设有三岛，一大二小，以此代表蓬莱、方丈、瀛洲三岛，此亦为"一池三山"的典型模式（图8-2**），其大岛又称"蓬莱洲"。乾隆帝《蓬岛瑶台》诗序称："福海中作大小三岛，仿李思训画意，为仙山楼阁之状，岩岩亭亭，望之若金堂五所，玉楼十二也。真妄一如，小大一如，能知此是三壶方丈，便可半升铛内煮江山。"其景象是"名葩绰约草葳蕤，隐映仙家白玉墀。天上画图悬日月，水中楼阁浸琉璃。"[19]其名"蓬岛瑶台"，实际上是综合了蓬莱山和昆仑山两大神话典故，乾隆帝诗序中提及的"金堂五所，玉楼十二"也是描绘昆仑瑶台的典型特征，由此可见御园中的"仙境"并不拘泥于某一具体传说，而是一种综合性的塑造。

此景始创于雍正时期，雍正帝也有诗句吟咏："尘外啸歌红树晚，壶中坐卧碧天秋。庙堂待起烟霞侣，泉石远看鹤鹿游。"[20]后来嘉庆、道光、咸丰诸帝也均有大量御制诗描绘此处景致，如嘉庆帝诗："福海周环皆胜景，瑶台中峙境凌虚。三春欣到清凉界，九夏永宜蓬莱居。"[21]道光帝诗："一棹新波千顷绿，御园胜概是瑶台。新春几暇延芳景，不厌扁舟数往回。"[22] "去来放棹寻仙岛，镜里楼台柳外烟。"[23] 咸丰帝诗："镜中蓬岛标诸胜，不羡凌虚羽化仙。"[24] "海中杰峙蓬莱岛，数点红灯一抹烟。"[25] 可见历朝清帝对此景的欣赏之情。

三座岛屿彼此有曲桥相连，大岛坐中，形似正方，四周叠石成岸。岛上建筑围合成方整的四合院，其中北为两卷七间正殿，前出五间抱厦，清帝游岛，常常在此休息、传膳。院南、东、西三面均为楼阁，分别构筑了镜中阁、畅襟楼和神洲三岛殿。东西二小岛规模约为大岛的1/4，格局简单，东岛上仅有假山与一座六方亭，上悬"瀛海仙山"匾，而西岛主要是一组由辅助用房组成的院落，连匾额都没有。

圆明园四十景中另一处以仙山琼阁为主题的重要景区是福海东北处的方壶胜境，由一组极为富丽的楼阁建筑组成（图8-3**）。乾隆九年《方壶胜境》诗序称："海上三仙山，舟岛风辄引去，徒妄语耳。要知金银为宫阙，亦何异人寰？即境即仙，自在我室，何事远求？此方壶所为寓名也。"并夸耀这组建筑"争如茅土仙人宅，十二金堂比不惭"[26]，言其金碧辉煌不在仙人所居的金堂玉楼之下。今台北故宫博物院收藏的一幅清代院本《庆丰图》，画中主景显然以圆明园方壶胜境为原型绘制而成（图8-4**）。

这组大型建筑建于乾隆初年，位于一个相对独立的水湾北岸，基座为高大的平台，南部的殿宇、楼阁、游廊伸入水中，平面接近"山"字形。整个建筑群呈严谨的对称形态，中轴线上设有迎熏亭以及宜春殿、哕鸾殿、琼华楼3座楼阁，左右分置集瑞亭、锦绮楼、紫霞楼、千祥阁和

图8-3** ↓

《圆明园四十景图》中的《方壶胜境图》（引自法国国家图书馆藏《圆明园四十景图》）

图8-4** →

清代院本《庆丰图》（引自《故宫藏画大系》第16册）

（清）旻宁.蓬岛瑶台.宣宗御制诗初集.卷15.清代光绪二年刊本.

（清）旻宁.雨中至蓬岛瑶台.宣宗御制诗初集.卷7.清代光绪二年刊本.

（清）奕詝.新秋即景.文宗御制诗全集.卷6.清代光绪二年刊本.

（清）奕詝.题玉壶天冰床.文宗御制诗全集.卷7.清代光绪二年刊本.

（清）弘历.方壶胜境.高宗御制诗初集.卷22.清代光绪二年刊本.

上皇不樂居關中詔徙豐
沛築新豐通闤帶闠閈九
市簇旗亭凡五重貨別隧
分庶且富甲第連雲車馬
湊沽酒屠兒煮餅商上物
色皆惟舊老多初來似久
居雞鳴于塒犬守閭絲紀
咸遵三輔尉市致無頹周
大胥鈞陳之外接閣道穹
隆曾命戧軒巧枋詰天泉
戶對閒憑軒下視凌空鳥
古來都會稱長安誰歟營
者匠胡寬祇令荒土基雜
覓還留圖畫人閒看

御製題新豐圖詩
　　　　　　　　臣董邦達
　　　　　　　　　敬書

（清）顒琰.方壶胜境.仁宗御制诗三集.卷53.
清代光绪二年刊本.

（晋）王嘉著.拾遗记.
北京：中华书局，1981：225.

（清）弘历.神洲三岛.高宗御制诗三集.卷39.
清代光绪二年刊本.

（清）弘历.海岳开襟歌.
高宗御制诗二集.卷87.
清代光绪二年刊本.

（清）弘历.半月台歌.高宗御制诗二集.卷87.
清代光绪二年刊本.

中国第一历史档案馆.圆明园.
上海：上海古籍出版社，1991：229-230.《英
廉等奏销算海岳开襟等处工程银两折》载乾
隆四十三年（1778年）时海岳开襟格局：页
302，《和珅等奏销算方壶胜境等处工程银
两折》记载乾隆五十六年（1791年）海岳开
襟尚有"正楼一座、四面抱厦四座，配殿二座、
方亭四座"，均落架大修.

（清）顒琰.海岳开襟.仁宗御制诗三集.卷60.
清代光绪二年刊本.

图 8-5★★

图 8-6★★

圆明园方壶胜境遗址

《圆明园四十景图》中的万方安和之神
洲三岛（引自《圆明园图咏》）

凝祥亭、碧云楼、万福阁，加上东西穿堂楼，全景区共有
11座楼阁建筑和3座高台重檐亭子，其间以石拱桥以及爬
山廊、复廊连接，彼此高低错落，屋顶均采用五色斑斓的
琉璃瓦，共同呈现出一派华丽之极的琼楼玉宇景象，令人
叹为观止，故而嘉庆帝曾有诗赞叹："飞楼杰阁焕金碧，
十二增城神仙宅。"[27]其气势至今从遗址上仍可依稀辨别（图
8-5★★）。景区中曾收藏了大量的佛像，但并非佛教祭祀场所，
仍然只是一处表现仙境特色的楼阁建筑群而已。

此景名"方壶"，即三仙山中的"方丈"。按《拾遗记》
所载，"方丈之山，一名峦雉，东有龙场，地方千里，
玉瑶为林，云色皆紫。"[28]其中特产一种"龙膏"，战国时
曾有海人取数斗进献燕昭王，昭王遂以龙膏为灯光，装
点自己的通云台，"上常有众鸾凤鼓舞，如琴瑟和鸣，
神光照耀，如日月之出。"方壶胜境中设有哕鸾殿，即与
此相关。其楼阁之景色彩艳丽眩目，略有"玉瑶为林，云
色皆紫"的意趣，更接近《史记·封禅书》所述三山以"黄

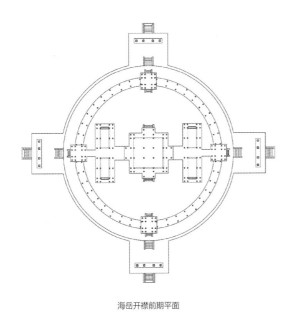

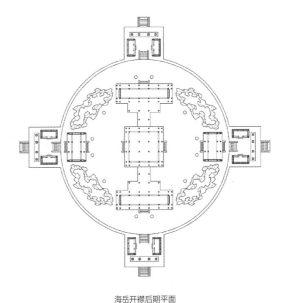

海岳开襟前期平面　　　　　　　　　　海岳开襟后期平面

N
0　10　20　30 m

图 8-7** ↑

长春园海岳开襟不同时期平面图

"金银为宫阙"的特征。

圆明园中另一处与仙境有关的景区是万方安和（图8-6**），其主体建筑是一座"卍"字形平面的殿宇，在北一路的五间殿内并列悬挂"高山流水"和"神洲三岛"二匾。其中"神洲三岛"为雍正帝御书，乾隆二十九年（1764年）挂于此处。之所以在此以"神洲"点题，可能是因为这组殿宇也居于水上，而北一路殿的中央一间室内设置了仙楼，窗外对瀑布，窗户上安装大玻璃，能让人产生身在仙山之中的联想，对此乾隆帝《神洲三岛》诗称："室中亦有楼，仙榜揭神州。云自栋梁写，风从窗户流。箫曾闻子晋，袖可挹浮邱。那似刘家帝，空劳海上舟。"[29]

长春园中的海岳开襟是另一处仙境景观。所谓"海岳"即"海上仙山"之意，乾隆帝曾作《海岳开襟歌》描绘其景致："沧池漾瀁蛟龙窟，中耸玉台规宝月。祖洲之草琪树枝，袭芳笼影水精阙。周神瀛海诚旷哉，昆峤方壶缩地来。"[30] 诗中将此岛比作海上十洲中的祖洲，又比作五仙山中的员

峤、方壶。此景为乾隆时期所建，位于长春园北面的湖水中央，岛为规则的圆形，直径约90米，所谓"中耸玉台规宝月"，说明其平面形状象征着满月。岛正中筑有一座开间、进深均三间且带周围廊的三层楼阁，四面各出一座重檐抱厦，楼上有匾额"青瑶屿"和"乘六龙"，乾隆帝诗中称："开襟海岳楼阁重，忽如涌出沧溟东"[31]；东西各设重檐穿堂配殿一座，四周以圆形游廊环绕，外围四面又各建一座重檐方亭和琉璃牌楼[32]。嘉庆帝也有《海岳开襟》诗描绘其景象："圆岛水中央，问景扁舟渡。四围白栏杆，八面苍松树。"[33] 景区后期经过改造，取消了圆形游廊、方亭和楼阁的四面抱厦，改在岛的南北各设一座重檐五间殿，东西则各设三间殿宇（图8-7**）。此景躲过了咸丰十年（1860年）英法联军的焚掠，一直保存较好，光绪间慈禧太后和光绪帝曾来此游览，直至1900年庚子之乱时才被拆毁。金勋先生的《成府村志》曾记海岳开襟拆毁前的面貌是"起圆形白玉石台二层，周环玉石栏杆，四明俱有上下船码头，

该台上层小于底层圆台，台上建殿宇三层：头层殿宇南向，为五间前代抱厦三间，为庑殿顶，额曰'海岳开襟'，殿前左右列太湖石二座……中层殿宇为方形楼，下层四明各显五间，四周加廊子一部，明间正中额曰'乘六龙'……后殿亦五间代三抱厦与前殿做法同。额曰'得金阁'，油饰为金线，和玺做法。殿之东西建值房四处各三间，东西部分用云片石头砌假山。台上部遍植白果松，兼植黄柏，翠色森林，殿顶于松间或隐或现，望之若仙宫紫府。"[54]

值得注意的是，海岳开襟的总平面，特别是乾隆时期的平面，与北宋皇家园林金明池中的水心殿格局颇为相似。根据宋代张择端《金明池夺标图》所绘（图8-8**），水心殿居于池中的十字形平台上，中央筑方形楼阁，四面各设一座殿宇，以圆形游廊连接。元大都内苑太液池中的圆坻似

乎是金明池水心殿的变体，在圆形岛屿上筑折角十字形平台，台上构筑仪天殿（图8-9**）。相比而言，长春园的海岳开襟的外围未设平台，直接在圆形岛屿上构筑楼阁、殿宇、牌楼，比宋代的水心殿和元代的圆坻更为复杂，但彼此似有一定传承关系，反映了一种特殊的景观模式在不同时期的演变。乾隆时期清漪园昆明湖中同样有三岛之设，其中的治镜阁也是圆形平面的楼台，形制与海岳开襟极为相似（图8-10**、图8-12**）。另外，乾隆间宫廷画师贾全曾经作

金勋. 成府村志.
民国二十九年（1940年）稿本.

图8-8** ↓　　　　　　　　　图8-9** ↘

《金明池夺标图》中的水心殿（引自《中国历代名画》）　元代大都太液池圆坻平面示意图

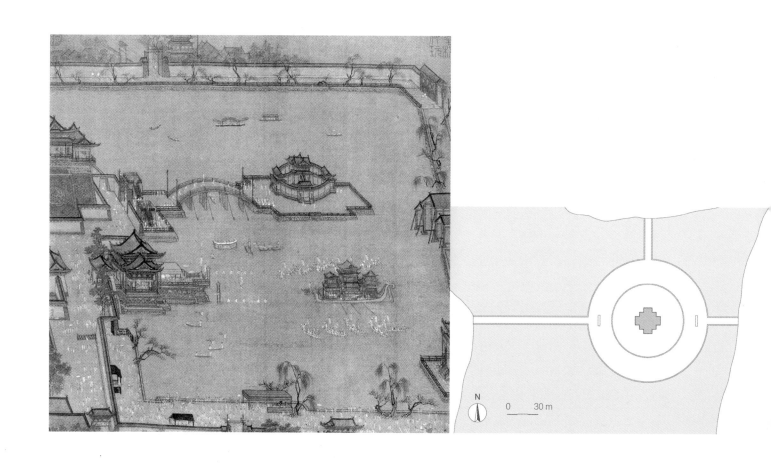

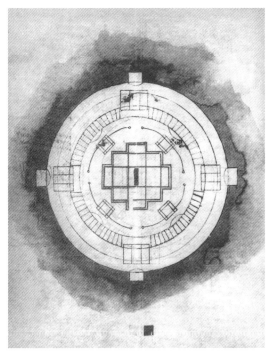 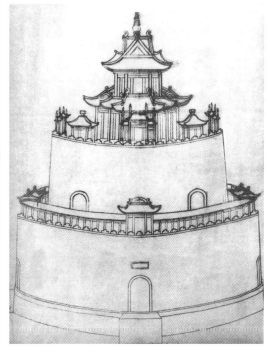

图 8-10**↗

《样式雷》中的清漪园治镜阁的地盘图
与立样图（引自《颐和园》）

图 8-11**↓

清代《京畿水利图》中的清漪园治镜阁
（引自《清史图典·乾隆朝》）

图 8-12**↓

清漪园治镜阁旧照（引自"老北京网论
坛"bbs.oldbeijing.org）

（清）颙琰.绮春园记.仁宗御制文二集.卷4.
清代光绪二年刊本.

（清）颙琰.凤麟洲.仁宗御制诗二集.卷30.
清代光绪二年刊本.

佚名.海内十洲记.
清代文渊阁四库全书本.

（晋）王嘉著.齐治平校注.拾遗记.卷1.
北京：中华书局，1981.载："尧登位三十
年，有巨槎浮于西海.槎上有光，夜明昼灭，
常浮绕四海，十二年一周天，周而复始，名
曰贯月槎，亦谓挂星槎.羽仙栖息其上."
卷4载："有宛渠国之民，乘螺舟而至，舟
形似螺，沉行海底而水不浸入，一名沦波舟."

图 8-13** →

（清）贾全《登瀛洲图》（引自《清代宫
廷绘画》）

有一幅《登瀛洲图》，其中所描绘的仙岛楼阁也是圆形平面，
与海岳开襟、治镜阁的景象颇为接近（图8-13**）。

绮春园中的凤麟洲同样是一处海上仙山型的景区（图
8-14**）。此景由东湖中的东西二岛组成，大致于嘉庆年间
建成，嘉庆帝《绮春园记》云："园北平湖百顷，碧浪涵空，
远印西山，近连太液。洲屿掩映，花木回环，殿宇五楹，
高深明达，楣枅额曰：'凤麟洲'。"[35] 其《凤麟洲》诗称此
处是"南园避暑最佳处"，又称"惟愿安澜朝四海，不求炼
药访三山。"[36] "凤麟洲"是传说中的"十洲"之一，《海内
十洲记》载："凤麟洲在西海之中央，地方一千五百里，
洲四面有弱水绕之，鸿毛不浮，不可越也。洲上多凤麟数万，
各为群；又有山川池泽及神药百种，亦多仙家。"[37] 绮春园
此景符合书中所称"四面有弱水绕之"的特征，但岛上不
可能有"凤麟"、"神药"，也没有特殊的景观建筑。两岛
东西并列，西大东小，有曲桥相连。西岛北有正殿两卷七
间，前出五间抱厦；南为敞厅绣绮轩，四周游廊环绕。东

岛为值房所在，院落格局简单。相比而言，凤麟洲是圆明三园中表现最弱的一处"仙境"，似乎重在题名而非造景。

以上诸景即为圆明三园中表现神仙境界的主要景区。此外，因为传说中的海上三山均为壶形，有"壶"之别称，古代神话亦多"壶中天地"之类的故事，体现了"小中见大"的哲学意味，正合中国古典园林造景原理。故而圆明三园中还有一些称"壶"的局部景观也隐含着仙境的比喻，例如武陵春色中有壶中天、壶中日月长、壶中仙籁等匾额，长春园有壶中镜，如此等等。再如圆明园四十景中的长春仙馆、洞天深处、别有洞天以及长春园中仿杭州汪氏园的小有天园，其名也都带有洞天仙府的意味。而在很多体现

隐逸情怀的景致中也常常借用一些具有一定神话色彩的名称，如云、鹤之类，无非是强调超凡脱尘之意而已。

绮春园涵秋馆的东侧曾设有一座露水神台，建于山石之上，底部砌筑方形砖台，上设石雕须弥座，顶置铜铸仙人，手托铜盘，承接天降甘露（图8-15**、图8-16**）。此为汉武帝时期宫苑遗制，西苑北海也有类似设置，同样与神仙境界有关。

《拾遗记》中记述仙人所乘船，有贯月槎、挂星槎、沧波舟等名目[38]，圆明园中的御舟命名也常带有相似的神话色彩，如蓬岛游龙、紫霞舟、如坐天上、飞龙舫等，冰床则名"玉壶天"，在此历朝清帝大概也有自比仙人的寓意。

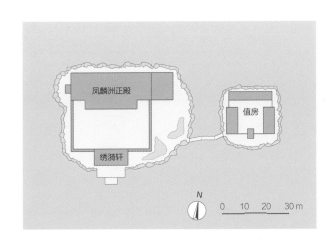

图 8-14** ↑

绮春园凤麟洲平面示意图（根据样式雷
图重新绘制）

图 8-15** ↑

绮春园仙人承露盘（复制品）

四

古代神话中的仙境都是山岳，概括而言，其主要特征有四：一是常常四面环水，二是多建崇楼峻宇，三是有各种神药异卉，四是多龙凤麒麟之类的祥禽瑞兽。圆明园中的"仙境"正是通过在一定程度上对这些特征的再现，塑造出优美的景象和深远的意境。

首先值得注意的是，神话中的仙山大多居于水上，海上的五山十洲自不待言，连《穆天子传》中描述的西方昆仑山也是"左带瑶池，右环碧水，其山之下，弱水九重，非飙车羽轮不能到也"；《拾遗记》中称洞庭山"浮于水上，其下有金堂数百间"，同样离不开周围的水面。正因为如此，历朝宫苑摹拟仙山妙景的时候都会先挖大池，再在池

中筑山，如秦始皇在宫中引渭水为池，中筑蓬瀛；汉建章宫北置太（泰）液池，筑蓬莱、方丈诸岛；隋代东都西苑"其内为海，周十余里，为方丈、蓬莱、瀛洲诸山，高出水百余尺"[39]；唐代长安东内蓬莱宫和元大都的大内御苑也同样是在大池中筑岛。与此相类，圆明三园中的蓬岛瑶台、方壶胜境、海岳开襟、凤麟洲等"仙境"景观均位于大面积的水上，以水喻海，以岛比附仙山。包括远离湖面的紫碧山房同样也有水流绕过，以此象征弱水。

神话中关于仙居的描述总是离不开富丽堂皇的楼阁建筑，如"层楼千里，玉楼十二。琼华之阙，光碧之堂"、"金银官阙"、"皆五色玉为台基"等，其情形多为楼阁高台耸立、金玉珠宝杂陈的绚丽图景。中国楼阁的起源本来就有通神求仙的含义，历代宫苑中塑造"仙境"，往往也离不开极度华丽的楼台殿堂，如汉代建章宫太液池设高达二十余丈的渐台，隋代西苑内"堂殿楼观，穷极壮丽"。反过来，自春秋战国、秦汉魏晋以来宫苑中盛行的"高台厚榭"也

会对长期流传的神话中的仙境描绘产生影响，以至"仙山楼阁"逐渐成为一种固定的词组搭配。因此，圆明园中的"仙境"也大多以楼阁建筑为主，即便是单层的亭子或配殿也常设重檐，以示略有重楼之意。这些建筑常常采用彩色琉璃屋顶，彩画、雕饰异常丰富，与御园大部分景区崇尚的素净淡雅之风大相径庭，正是为了展现"十二金堂比不惭"的特殊效果；其台基和栏杆常采用汉白玉砌筑，以体现"隐约仙家白玉墀"的境界。奇丽的高台楼阁与假山、水面相映，愈加显得玉宇凌波，超逸不凡，故而法国传教士王致诚曾赞叹道："神仙宫阙之忽现于奇山异谷间，或岭脊之上，恍惚似之。"[40]

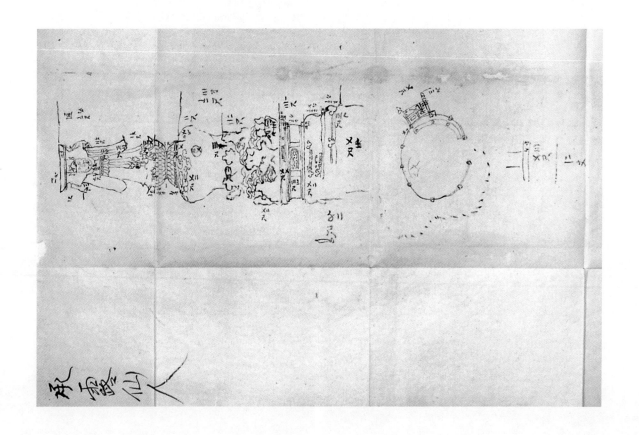

图 8-16**

清代《样式雷》图中的仙人承露盘草样

（引自国家图书馆藏样式雷图）

岛为值房所在，院落格局简单。相比而言，凤麟洲是圆明三园中表现最弱的一处"仙境"，似乎重在题名而非造景。

以上诸景即为圆明三园中表现神仙境界的主要景区。此外，因为传说中的海上三山均为壶形，有"壶"之别称，古代神话亦多"壶中天地"之类的故事，体现了"小中见大"的哲学意味，正合中国古典园林造景原理。故而圆明三园中还有一些称"壶"的局部景观也隐含着仙境的比喻，例如武陵春色中有壶中天、壶中日月长、壶中仙籁等匾额，长春园有壶中镜，如此等等。再如圆明园四十景中的长春仙馆、洞天深处、别有洞天以及长春园中仿杭州汪氏园的小有天园，其名也都带有洞天仙府的意味。而在很多体现

隐逸情怀的景致中也常常借用一些具有一定神话色彩的名称，如云、鹤之类，无非是强调超凡脱尘之意而已。

绮春园涵秋馆的东侧曾设有一座露水神台，建于山石之上，底部砌筑方形砖台，上设石雕须弥座，顶置铜铸仙人，手托铜盘，承接天降甘露（图8-15**、图8-16**）。此为汉武帝时期宫苑遗制，西苑北海也有类似设置，同样与神仙境界有关。

《拾遗记》中记述仙人所乘船，有贯月槎、挂星槎、沦波舟等名目[38]，圆明园中的御舟命名也常带有相似的神话色彩，如蓬岛游龙、紫霞舟、如坐天上、飞龙舫等，冰床则名"玉壶天"，在此历朝清帝大概也有自比仙人的寓意。

捌

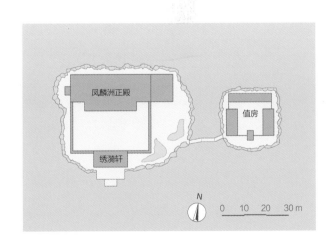

图 8-14** ↑

绮春园凤麟洲平面示意图（根据样式雷图重新绘制）

图 8-15** ↑

绮春园仙人承露盘（复制品）

古代神话中的仙境都是山岳，概括而言，其主要特征有四：一是常常四面环水，二是多建崇楼峻宇，三是有各种神药异卉，四是多龙凤麒麟之类的祥禽瑞兽。圆明园中的"仙境"正是通过在一定程度上对这些特征的再现，塑造出优美的景象和深远的意境。

首先值得注意的是，神话中的仙山大多居于水上，海上的五山十洲自不待言，连《穆天子传》中描述的西方昆仑山也是"左带瑶池，右环碧水，其山之下，弱水九重，非飙车羽轮不能到也"；《拾遗记》中称洞庭山"浮于水上，其下有金堂数百间"，同样离不开周围的水面。正因为如此，历朝宫苑摹拟仙山妙景的时候都会先挖大池，再在池

中筑山，如秦始皇在宫中引渭水为池，中筑蓬瀛；汉建章宫北置太（泰）液池，筑蓬莱、方丈诸岛；隋代东都西苑"其内为海，周十余里，为方丈、蓬莱、瀛洲诸山，高出水百余尺"[39]；唐代长安东内蓬莱宫和元大都的大内御苑也同样是在大池中筑岛。与此相类，圆明三园中的蓬岛瑶台、方壶胜境、海岳开襟、凤麟洲等"仙境"景观均位于大面积的水上，以水喻海，以岛比附仙山。包括远离湖面的紫碧山房同样也有水流绕过，以此象征弱水。

神话中关于仙居的描述总是离不开富丽堂皇的楼阁建筑，如"层楼千里，玉楼十二。琼华之阙，光碧之堂"、"金银宫阙"、"皆五色玉为台基"等，其情形多为楼阁高台耸立、金玉珠宝杂陈的绚丽图景。中国楼阁的起源本来就有通神求仙的含义，历代宫苑中塑造"仙境"，往往也离不开极度华丽的楼台殿堂，如汉代建章宫太液池设高达二十余丈的渐台，隋代西苑内"堂殿楼观，穷极壮丽"。反过来，自春秋战国、秦汉魏晋以来宫苑中盛行的"高台厚榭"也

会对长期流传的神话中的仙境描绘产生影响，以至"仙山楼阁"逐渐成为一种固定的词组搭配。因此，圆明园中的"仙境"也大多以楼阁建筑为主，即便是单层的亭子或配殿也常设重檐，以示略有重楼之意。这些建筑常常采用彩色琉璃屋顶，彩画、雕饰异常丰富，与御园大部分景区崇尚的素净淡雅之风大相径庭，正是为了展现"十二金堂比不惭"的特殊效果；其台基和栏杆常采用汉白玉砌筑，以体现"隐约仙家白玉墀"的境界。奇丽的高台楼阁与假山、水面相映，愈加显得玉宇凌波，超逸不凡，故而法国传教士王致诚曾赞叹道："神仙宫阙之忽现于奇山异谷间，或岭脊之上，恍惚似之。"[40]

（宋）司马光编纂.隋纪四.资治通鉴.
长沙：岳麓书社，1990.

（法）王致诚著，唐在复译.圆明园纪事书
札//王道成主编，方玉萍副主编.圆明园——
历史·现状·论争.
北京：北京出版社，1999：887.

（清）弘历.蓬岛瑶台八咏·月台.
高宗御制诗三集.卷74.
清代光绪二年刊本.

（清）弘历.蓬岛瑶台八咏·庭松.
高宗御制诗三集.卷74.
清代光绪二年刊本.

张恩荫.圆明园部分景点（群）树木、花卉、
泉瀑、叠石分布.圆明园变迁史探微.
北京：北京体育学院出版社，1993：158-
177.

（清）弘历.蓬岛瑶台.高宗御制诗初集.卷22.
清代光绪二年刊本.

捌

这些楼阁的形态有很多变化，如蓬岛瑶台中的畅襟楼为普通的五间楼宇，而镜中阁采用三间殿中央高出一间小楼的形式，神洲三岛殿原为顶设平台的殿宇，后改二层楼；方壶胜境的11座楼阁或重檐，或单檐，均为歇山屋顶，体量各异，其屋顶蓝、黄、绿、灰诸色交错，足有神光迷离之态；海岳开襟的正宇是一座形态正方的三层楼阁；万方安和则是在室内设置仙楼。

色彩华丽的牌楼也是标榜仙境的重要手段。海岳开襟岛四周早期曾经各建琉璃牌楼一座；方壶胜境迎熏亭北的石桥两端各有一座琉璃牌楼，平台东西两侧各建一座琉璃牌楼门；紫碧山房澄素楼东面桥头也筑有一座小牌楼。

这些建筑的细部以及内部陈设往往也有特别的设计，与"仙境"契合。例如蓬岛瑶台的游廊中设置了水晶窗（玻璃窗），殿内有玉屏风，仿佛琼室宝物；蓬岛瑶台、方壶胜境和海岳开襟均临水设置平台，平瞰大片水面，略有观海之感，如乾隆帝《月台》诗所咏"月台临沧波，如月才涌海。八鸿岂伊遥，三壶斯宛在。"[41]

神话中的仙山充满了仙草神药之类的植物和鸾凤瑞麟之类的珍禽异兽，现实世界的园林中自然无可寻觅，但圆明三园中的此类景区还是对此作了一定程度的表现。如蓬岛瑶台院中曾经植有两株苍松，按乾隆帝诗句描绘，其形态是"苍鳞已作龙，翠盖欲舞凤。千载讵可量，付与仙人弄。"[42]似乎大有仙气。方壶胜境、凤麟洲和海岳开襟也都同样种植了遒劲的松树。松树高大参天，四季常青，自有一种脱俗之气，确也宜于"仙境"的氛围。方壶胜境和凤麟洲另植有梧桐树，大概和"凤栖梧桐"的典故有关[43]。乾隆帝《蓬岛瑶台》诗曾提及"名葩绰约草葳蕤"[44]和"庭

（清）弘历．蓬岛瑶台．高宗御制诗四集．卷3．
清代光绪二年刊本．

中国第一历史档案馆．圆明园．
上海：上海古籍出版社，1991：1280．

中国第一历史档案馆．和尔经额奏伤损瓷鹿
将苑副福升罚俸折．圆明园．
上海：上海古籍出版社，1991：110．载："今
因拆堆万方安和西边响水山石，移挪原设瓷
鹿二只，误将南边瓷鹿失落，伤损鹿腿三只．"

松峙翠盆花红"[45]，可见其中曾经以盆栽的方式配置一些特殊的花卉以作点景。此外，蓬岛瑶台院内种竹子，岸边植柳树，方壶胜境种芭蕉，属于相对常见的景观植物配置。

雍正帝咏蓬莱洲诗有"泉石远看鹤鹿游"之句，或许岛上曾经养过鹤、鹿之类，都是神话中常见的仙界动物。方壶胜境的平台上另设两个鱼池，可能是通过饲养特殊品种的金鱼来增加生气和进一步渲染仙境色彩。雕塑的手段也在某些景区中得到运用，与秦代宫苑和汉代建章宫刻石为鲸或龟鱼的手法相似，如乾隆年间铸造炉处《活计档》记载御园中以废铜铸造鹤、鹿、龙、凤、麒麟并在方壶胜境平台的大桥两边陈设铜制龙、凤各一对[46]，内务府奏折记载万方安和对面的假山上曾经设置瓷鹿[47]，这些均可看作是对仙禽神兽的一种表现形式。此外，在匾额题名方面，此类景区中的"凤鸣珠树"、"麟舞灵台"、"乘六龙"、"凤麟洲"等名目，同样是对仙禽神兽的虚拟表达。

除了以上共性之外，圆明园体现神仙境界的景象各有侧重。如蓬岛瑶台、凤麟洲、海岳开襟均为岛屿，但数量分别是3：2：1，形状和规模更是各不相同；方壶胜境为临水楼阁建筑群，重点在于展现天宫楼阁的华美绝世；万方安和为"卍"字形房屋，主要通过内设仙楼，外临秀景来产生"神洲三岛"的联想。

这些水上的岛屿不但宜于登临，其本身也宜于隔岸观赏或者从湖上远眺，福海西岸专门设置了望瀛洲，而海岳开襟的东面对岸也有半月台，都是专门用来欣赏"海上浮岛"的特殊观景点。

（清）胤禛．蓬莱洲咏古．世宗御制文集．卷30．清代光绪二年刊本．

（清）弘历．蓬岛瑶台．高宗御制诗初集．卷22．清代光绪二年刊本．

（清）弘历．方壶胜境．高宗御制诗初集．卷9．清代光绪二年刊本．

（清）弘历．神洲三岛．高宗御制诗三集．卷39．清代光绪二年刊本．

自秦始皇、汉武帝以来，皇家宫苑中屡屡兴建仙境之景，其实是历代帝王向往仙境、希求长生心理的反映和补偿。而清帝游赏圆明三园中的仙境之景，常常作诗大发议论，嘲贬古代帝王访求海上仙山、妄想长生不老的行为，如雍正帝《蓬莱洲咏古》："唐家空筑望仙楼，秦汉何人到十洲。"[48] 乾隆帝《蓬岛瑶台》诗："海外方蓬原宇内，祖龙鞭石竟奚为？"[49]《方壶胜境》诗："却笑秦皇求海上，仙壶原即在人间。"[50]《神洲三岛》诗："那似刘家帝，空劳海上舟。"[51] 嘉庆帝《方壶胜境》诗："长生有道在养生，海外祈求妄劳役。"道光帝《蓬岛瑶台》诗："省识蓬莱延妙景，还嗤徐福海中求。"随着文明的进步以及与西方文化交流的开展，清代对于世界地理的知识已经远远超出《山海经》的范围，也大概了解地球上未必有所谓的"仙山"存在。但清帝们对蓬岛瑶台、方壶胜境这些景区异乎寻常的喜爱仍然表明自己其实对"仙境"、"清福"和"长生"并未忘怀。圆明三园中另有大量祀庙祠宇，奉祭龙王、土地、花神、玉皇、天后、河神、碧霞元君、文昌帝君、蚕神、吕祖、山神、魁星等各路神灵，定期上供祭拜，从侧面证明了清帝对神仙的崇拜和信仰。且雍正帝曾经在圆明园中设置了炼丹的场所，有不少清史学者曾指出其暴卒的原因很可能就是为了追求长生而服食丹药的结果。如此看来，无论是清帝的个人情感和行为，还是圆明三园中的仙境塑造，都与秦汉以来的帝王心理和宫苑建置一脉相承。"神仙境界"作为历代皇家园林中一个永恒的造景主题，也因此在圆明三园中得到了进一步的表现和发扬。

捌

程俊英译注.大雅·灵台.诗经译注.
上海：上海古籍出版社，1985: 516.

（汉）司马迁.史记.
北京：中华书局，1959: 482.

佚名著.（清）张澍辑.三辅故事.
北京：中华书局，1985: 10.

佚名著.王云五编.三辅黄图.
上海：商务印书馆，1936: 32.

（晋）葛洪.西京杂记.
北京：中华书局，1985: 15.

凭栏坐可数游鱼，锦鳞几个镜中悬

——观鱼景致

一

圆明三园富含水体，河湖池沼大小不一，其中多处蓄养鱼类并以"观鱼"为景观主题，不但饶有情趣，同时也集中体现了中国古代造园传统的深刻影响，富有文化内涵，而且各处景致的具体手法和表现重点也各有差别，成为清代皇家园林中此类景观的重要代表。本章拟就圆明三园中的观鱼型景观的不同类型进行考辨分析，并试图进一步揭示其文化内涵和特色所在。

二

鱼是常见的水生动物，本身种类繁多，色彩多变，在波涛涟漪间往来穿梭游动，与水草、芦苇配合，可以为水景增加特殊的生气，兼之又可充作垂钓之用，故而世界各地的早期园林几乎都曾在水池中养鱼，以作观赏，例如在古埃及壁画中可以看到当时的园林池塘中有多种鱼正在畅游（图9-1★★）。

中国古典园林素重理水，有水则往往有鱼，因此从很早开始，游鱼就成为园林中的一道独特风景。如《诗经·大雅·灵台》中记述周文王灵沼，即有"王在灵沼，於牣鱼跃"[1]之景，其池满鱼盈的情态被后世引申为对文王盛德的赞美。

《史记》载汉武帝经营建章宫，特别提到太（泰）液池中筑有三岛，"象海中神山、龟鱼之属。"[2]汉代上林苑昆明池中"有豫章台及石鲸，刻石为鲸鱼，长三丈，每至雷雨，常鸣吼，鬐尾皆动。"[3]这两处都以石雕模拟海洋鱼类，并非真鱼；同时昆明池中也"养鱼以给诸陵祭祀，余付长安厨。"[4]可见其中亦养真鱼，主要用作祭品或食材。诸侯梁孝王刘武的菟园中辟有雁池，"王日与宫人宾客弋钓其中"[5]，池中自然也应有鱼，以供垂钓。

随着时代的发展，皇家苑囿和私家园林中此类景观的记载更加常见。如东汉张衡《东京赋》描写洛阳濯龙园的

图 9-1 ** ↑

古埃及壁画中的园林鱼池（清华大学建筑学院提供）

"九谷八溪"中呈现出"芙蓉覆水，秋兰被涯，渚戏跃鱼，渊游龟蠵"[6]的景象；西晋左思《魏都赋》描写曹魏邺城铜雀园有"疏圃曲池"，池内"奔龟跃鱼"[7]；西晋石崇《思归引序》称自己的金谷园中"有观阁池沼，多养鱼鸟"[8]，《金谷诗序》又载其中"有水碓、鱼池、土窟，其为娱目欢心之物备矣。"[9]唐代长安禁苑中建有鱼藻宫，以鱼和水藻为主题。唐代诗人白居易曾作《闲居自题》诗描绘其洛阳履道坊宅园之景："波闲戏鱼鳖，风静下鸥鹭。"[10]如此不胜枚举。

宋代已用杂交法培育出金鱼，《桯史》载："今都中有鬻鱼者，能变鱼以金色，鲫为上，鲤次之。贵游多凿石为池，置之檐廇间以供玩。"[11]从此园林中更重视凿池养金鱼，以供清赏。宋人园林常蓄观赏鱼类，如南宋刑部侍郎俞澄的吴兴宅园中有大石潭，"潭中多文龟、斑鱼，夜月下照，光景零乱，如穷山绝谷间也。"[12]偶尔仍有在园林水池中放置鱼类雕塑的记载，属于比较特殊的情况，如《宋

（汉）张衡．东京赋//（梁）萧统．文选．上海：上海古籍出版社，1998：19．

（晋）左思．魏都赋//（梁）萧统．文选．上海：上海古籍出版社，1998：40．

（晋）石崇．思归引序//（梁）萧统．文选．上海：上海古籍出版社，1998：384．

（晋）石崇．金谷诗序//（明）梅鼎祚．西晋文纪．卷5．清代文渊阁四库全书本．

（唐）白居易．闲居自题//御定全唐诗．卷453．清代文渊阁四库全书本．

（宋）岳珂．桯史．北京：中华书局，1981：143．

（宋）周密著．癸辛杂识．北京：中华书局，1988：15．

（元）脱脱等编纂.宋史.卷386.
上海：上海古籍出版社，1986.

（清）高晋等.南巡盛典.卷22.
清代乾隆三十六年刊本.

（清）王先谦撰写.庄子集解.
北京：中华书局，1987：148.

（南朝·宋）刘义庆.世说新语.
上海：上海古籍出版社，1982：29.

图 9-2**↑

太原晋祠鱼沼飞梁

史》载高宗所居的德寿宫"方甃石池，以水银浮金凫鱼于上。"[13] 金代中都曾经建皇家园林鱼藻池，放养大量珍贵鱼种。

公共风景区园林也常有以观赏游鱼为主的景色，如著名的西湖十景中即有"花港观鱼"一景；山西晋祠圣母殿前有方形鱼沼，上建飞梁（图9-2**）。而寺庙园林中常辟有放生池一类设施，既有宗教含义，又有观赏效果，如杭州清涟寺内放生池呈现出"玉泉观鱼"（又名"玉泉鱼跃"）之景，其中"甃石为池，方广三丈许，清澈见底，游鱼鳞鬣可数。"[14] 为当地名胜，乾隆帝六下江南到此，都曾为之赋诗。

"观鱼"是中国文化中的重要典故。《庄子·秋水》曾经记载了一个著名的故事，即庄子与惠子在濠梁之上（即濠水的桥上）关于"知鱼之乐"的辩论："庄子与惠子游于濠梁之上。庄子曰：'鲦鱼出游从容，是鱼之乐也。'惠子曰：'子非鱼，安知鱼之乐？'庄子曰：'子非我，安知我不知鱼之乐？'惠子曰：'我非子，固不知子矣；子固非鱼也，子之不知鱼之乐，全矣！'庄子曰：'请循其本。子曰'汝安知鱼乐'云者，既已知吾知之而问我。我知之濠上也。'"[15]

这段典故后来经过历代文人的讨论和渲染，使得水中游鱼成为一种具有哲学意味的特殊景象。因为庄子又曾钓于濮水，所以后世园林经常以"濠濮"合称，并与"知鱼"或"观鱼"之类的主题相联系进行造景，如东晋简文帝在华林园中曾感慨道："会心处不必在远。翳然林水，便自有濠濮间想也。觉鸟兽禽鱼自来亲人。"[16] 历史上"濠濮观鱼"和"兰亭禊赏"、"海上三山"等著名题材一样，逐渐成为典故式的园林景象而不断得以重现。

（明）文震亨.长物志.
北京：中华书局，1985：126-134.

（明）袁中道著.珂雪斋集.
上海：上海古籍出版社，1989：1363.

（明）刘侗，于奕正.帝京景物略.
北京：北京古籍出版社，1980：102，218.

玖

明代文震亨《长物志》述宅园经营，其中即专门辟有"禽鱼"一卷，分别介绍朱鱼、蓝鱼、白鱼等品种，并细述观鱼的要诀[17]，可见至明代晚期，观鱼已经成为园居生活的一项重要的雅事。明清江南园林多以水池为中心，通常有池即有鱼，不少园子都有一处或几处景致以"观鱼"来点题，如沧浪亭的观鱼处（原名濠上观）、寄畅园的知鱼槛等。同样，明清两代北京的私家园林中也不乏鱼池之设，如《珂雪斋集》记泰宁侯府园假山"下有小池贮朱鱼，皆械水也。"[18]《帝京景物略》记载明代外戚武清侯李氏位于京城西郊的清华园"飞桥而汀，桥下金鳞长者五尺，锦片片花影中，惊则火流，饵则霞起。"又载外城金鱼池前身为金代鱼藻池，"池泓然也，居人界而塘之，柳垂覆之，岁种金鱼以为业。鱼之种，深赤曰金，莹白曰银，雪质墨章，赤质黄章，曰瑇瑁。"文中对金鱼的品种、色彩作了细致的评论，介绍了饲养方法以及防病、喂饵的诀窍，同时还论及："金鱼，古未闻。……今亦贵鲫不售鲤，盖鱼

寿莫如鲤，金鲤则夭，且拚身而鸿，且投饵不应，且游迟迟，不数掷出波间也。"[19]特意对金鲫鱼和金鲤鱼的优劣进行了评价，指出金鲤鱼寿命短、体形大、游速慢、反应迟，远不如金鲫鱼那样富有活力，可见当时京城园林赏鱼已经达到很高的水平。

清代皇家园林鼎盛，观鱼之景几乎遍及各大御苑，如西苑三海中均有游鱼，北海设濠濮间，而蕉园（椒园）专门在正殿前辟有金鱼池；承德避暑山庄前后三十六景中分别有"石矶观鱼"、"濠濮间想"和"知鱼矶"，均与"观鱼"主题有关；清漪园昆明湖边有鱼藻轩，东部的园中园惠山园（谐趣园）有知鱼桥，如此不一而足。在清代所有御苑中，以圆明园所含观鱼型景观为最多，也最有代表性。

圆明园中与观鱼有关的景点有好多处，从造景的角度分析，大致可分成"实观"、"泛观"和"虚观"三大类，下面将分别进行详细说明。

图9-3★★▶

《圆明园四十景图》中坦坦荡荡景区金
鱼池（引自法国国家图书馆藏《圆明园
四十景图》）

三

第一类"实观"，即确实以欣赏游鱼为主的景点，以圆明园四十景中的坦坦荡荡以及映水兰香景区的濯鳞沼、印月池为代表。

坦坦荡荡位于后湖西侧，早在康熙年间雍邸赐园时期即已修筑，旧称"金鱼池"，雍正帝有"知鱼亭"和"双佳斋"题额，且有诗曰："甃地成卍字，注水蓄文鱼。藻映十分翠，栏围四面虚。泳游溪涨后，泼刺月明初。物性悠然适，临观意亦舒。"[20]另有《知鱼亭待月》诗曰："知鱼亭畔观鱼跃，得月台前望月升。"[21]可见当时此景筑有"卍"字形的池塘，周围设置栏杆，水中蓄养游鱼，成为主人经常临观的场所。

至乾隆时期，金鱼池已被改建。从乾隆九年（1744年）《圆明园四十景图》上看，水池改作方形，中间辟有平台和平桥，分隔成3块曲尺形小池，但彼此有桥洞连通，水中点缀了一些山石（图9-3★★）。池边均裁为直线，与御园中

绝大多数曲折的池岸不同。建筑物相对简单，其正宇素心堂居于南侧，五间硬山建筑，北出是三间歇山抱厦；北面池中平台上建五间歇山水榭，名"光风霁月"，水上另有一小亭（图9-4★★）。南面陆地上则有知鱼亭、双佳斋、萃景斋等附属建筑。乾隆帝《坦坦荡荡》诗序描绘此处景致："凿池为鱼乐国，池周舍下，锦鳞数千头，喁唼拨剌于荇风藻雨间。回环泳游，悠然自得。"其诗句称："凿池观鱼乐，坦坦复荡荡。泳游同一适，奚必江湖想？"[22]

杨鸿勋先生曾有《略论圆明园中标题园的变体创作》[23]一文，认为圆明园坦坦荡荡的景致模仿自杭州"玉泉鱼跃"，属于变体创作。经过比较，可以发现二者的景象确有一定的相似之处，如均为方形水池，旁设平台、水榭、小亭、栏杆，水中置有湖石，而且都以游鱼为欣赏的重点。但乾隆帝首次南巡是在乾隆十六年（1751年），而从《四十景图》上看，圆明园坦坦荡荡的改建早在乾隆九年（1744年）之前即已完成，二者未必有直接的关系，不过确实不排除坦

（清）胤禛.金鱼池.世宗御制文集.卷26.
清代光绪二年刊本.

（清）胤禛.知鱼亭待月.世宗御制文集.卷28.
清代光绪二年刊本.

（清）弘历.多稼如云.高宗御制诗初集.卷22.
清代光绪二年刊本.

杨鸿勋.略论圆明园中标题园的变体创作 //
中国圆明园学会筹备委员会.圆明园.第1集.
北京:中国建筑工业出版社,1981:67-70.

（法）王致诚著,唐在复译.圆明园纪事书
札//王道成主编,方玉萍副主编.圆明园——
历史·现状·论争.
北京:北京出版社,1999:884.

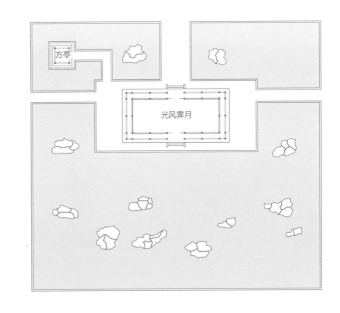

图 9-4** ↗

圆明园坦坦荡荡景区金鱼池平面图
（根据样式雷图重新绘制）

图 9-5** ↘

《圆明园四十景图》中坦坦荡荡景区金
鱼池中的游鱼（引自法国国家图书馆藏
《圆明图四十景图》）

图 9-6** ↓

圆明园坦坦荡荡景区金鱼池遗址

坦荡荡的金鱼池有摹拟寺院放生池的意思。

　　这里是全园规模最大的一处金鱼池，法国传教士王致
诚的《圆明园纪事书札》曾记："有金鱼一种，视为珍品，
鱼身大半作金黄色，然亦有银色与蓝红绿紫黑及胡麻炭色
者，又有诸色混合者。园中鱼沼甚多，而以此为最。因其
面积大也。沼有细铜丝网作篱，以防鱼之散布全池也。"[24]

　　信中描绘的鱼沼必指坦坦荡荡的鱼池而言。这个水池
以砖石砌筑，池水较深，周边设有石栏杆，平台和平桥通
道上则安装红木栏杆，池水环绕中央的平台水榭，不但使
得水面本身具有一定的变化，同时也增加了观赏游鱼的立
足点并缩短了视线距离。池中布有铜丝网，所蓄金鱼当颇
为珍贵，从《四十景图》上也可见到游鱼穿梭的景象（图
9-5**）。水中以湖石叠成假山，其遗址已被发掘，大致景
貌至今仍可辨别（图9-6**）。

　　濯鳞沼是园中另一处鱼池，位于映水兰香景区，其西
又有印月池，与濯鳞沼名虽为二，实际合为一体。此水池

图9-7**↖

《圆明园四十景图》中的濯鳞沼、印月池（引自法国国家图书馆藏《圆明园四十景图》）

图9-8**↘

清代后期印月池平面图
（根据样式雷图重新绘制）

图9-9**↗

圆明三园中部分景区鱼池平面图
（根据样式雷图重新绘制）

与南侧河道直接相通，中间用鱼蠓间隔。池中筑有平台，上建三间殿宇，雍正帝题有"印月池"额，而水池东北院中一座五间小殿则悬挂"濯鳞沼"匾，平台南侧另有一小亭伸入水中，名"钓鱼矶"（图9-7**）。清代后期样式雷图所示格局与乾隆九年（1744年）《圆明园四十景图》略有出入（图9-8**），但大体相似。整个水池被平台、游廊分隔成长条形，北部池岸平直，南端则并无明确的边界，岸边也不设栏杆，池上跨桥，平台边另有踏步探至水面。

雍正帝《秋夜印月池作》有句："松引仙禽舞，萍摇锦鲤沉。"[25]乾隆帝《濯鳞沼》诗序称："印月池之右，别为一沼，有闸通水，育热河美鲫鱼数百头，取携为便。"[26]《钓鱼矶》诗序称："回廊接小亭独出水面。时弄竿线，不在得鱼否耳。"[27]则此处当为赏鱼兼垂钓的场所，池中所蓄为鲫鱼，来自热河，与坦坦荡荡的品种不同。乾隆帝有诗咏道："文鳞千许头，灵藻恣悠游。……闯萍堤影动，戏藻浪花浮。"[28]估计其中放养的鲫鱼数量很多，与浮萍、

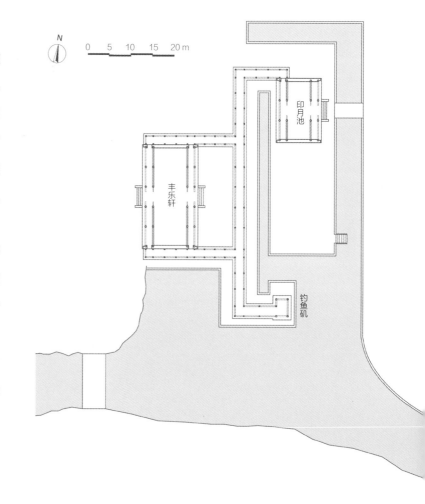

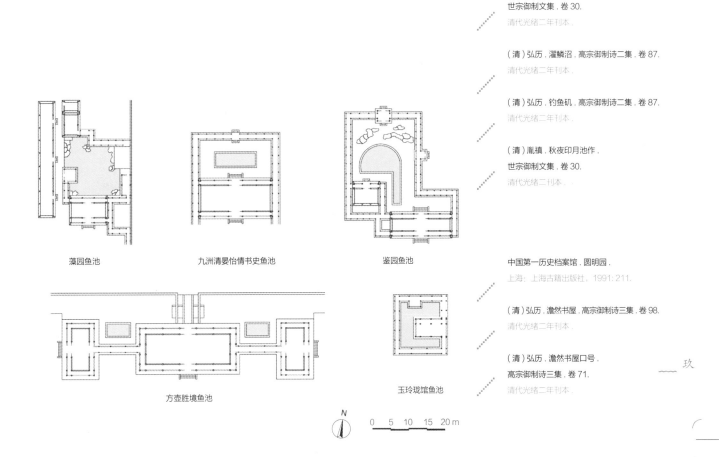

藻园鱼池　　　　　　　　　九洲清晏怡情书史鱼池　　　　　　鉴园鱼池

（清）胤禛．秋夜印月池作．
世宗御制文集．卷30.
清代光绪二年刊本．

（清）弘历．濯鳞沼．高宗御制诗二集．卷87.
清代光绪二年刊本．

（清）弘历．钓鱼矶．高宗御制诗二集．卷87.
清代光绪二年刊本．

（清）胤禛．秋夜印月池作．
世宗御制文集．卷30.
清代光绪二刊本．

中国第一历史档案馆．圆明园．
上海：上海古籍出版社，1991：211.

（清）弘历．澹然书屋．高宗御制诗三集．卷98.
清代光绪二年刊本．

（清）弘历．澹然书屋口号．
高宗御制诗三集．卷71.
清代光绪二年刊本．

方壶胜境鱼池　　　　　　　　　　　　　　　玉玲珑馆鱼池

N

0　5　10　15　20 m

水藻相伴，景色也是不错的。

坦坦荡荡和濯鳞沼印月池这两处景点都是典型的"实观"之景，均凿有相对独立的几何形水池，蓄养特殊品种的鱼类，亭榭之设仅作陪衬，地面上没有特别的花木假山之设，游鱼成为主要的观赏对象。

除了以上两处之外，圆明三园其他一些大景区也经常会在某个院落中专辟一个鱼池。例如深柳读书堂太平台设有"养金鱼处"；九洲清晏怡情书史殿后设有一个长条形鱼池，乾隆四十二年（1777年）曾在池内添做养鱼砖井一眼[29]；从样式雷图上看，在方壶胜境景区的锦绮、翡翠二楼一侧各凿有一个小鱼池，均为长方形，左右对称；圆明园西南角的藻园中也辟有鱼池，乾隆五十九年（1794年）曾在鱼池北修葺游廊；长春园鉴园北部有一鱼池，北为半圆形，南为条形，整体轮廓近于勺形。

长春园玉玲珑馆的澹然书屋北侧游廊环绕着一个独立的小院，院中也辟有小池，本为规整的方形平面，因中间筑有一座仿船形的芥舟而变成曲尺形，池中养鱼，乾隆帝时常临观，并有诗吟咏："阶砌临渌水，窗牖糊玻璃。坐可数游鱼，俯堪撷藻蕨。"[30]"方塘半亩犹然欠，澹趣凭来览有余。此意问谁能会得，画波几个小金鱼。"[31]

以上这些小鱼池也都是真正的"实观型"的赏鱼之地，水池均采用封闭的几何形状，而且以长方形或曲尺形为主，池岸大多不设叠石驳岸，尺度都比较小，玲珑一区，仿佛是放大的金鱼缸，很适合蓄鱼玩赏（图9-9**）。此外，绮春园苹香榭中有一长方形水池，看上去也很像是一个小鱼池。这些鱼池均为所在大景区的局部点缀，地位远不及坦坦荡荡和濯鳞沼印月池重要。

张恩荫.圆明园变迁史探微.
北京：北京体育学院出版社，1993: 122.

（清）弘历.池上居.高宗御制诗二集.卷73.
清代光绪二年刊本.

（清）弘历.池上居.高宗御制诗二集.卷44.
清代光绪二年刊本.

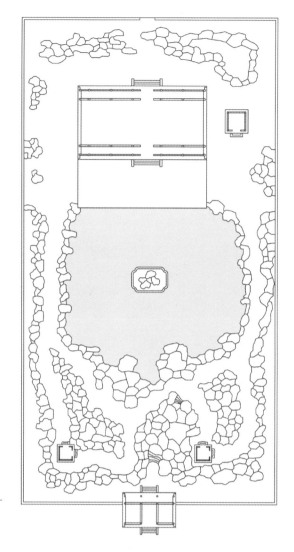

图 9-10** →

圆明园文源阁水池平面图（根据样式雷图重新绘制）

N
0　5　10　15　20 m

（四）

　　圆明园中第二类观鱼景观属于"泛观"，以九洲清晏的池上居、文源阁以及西峰秀色北侧的花港观鱼为代表。

　　池上居原为九洲清晏一带的一处小景，极受乾隆帝钟爱，成为其重要的夏日休闲场所，并为此作有30多首御制诗。由于此景未见载于《日下旧闻考》，而且从道光年间之后已被改建，因此难以厘清其具体景象，只能参照乾隆帝的诗文和张恩荫先生的考证[32]，略加分析。

　　乾隆帝《池上居》诗曰："引流藉高水，曲折成石渠。注地得半亩，爱筑龙首疏。池上何所有，文轩碧纱橱。池畔何所有，九松翠郁扶。步廊三面围，其外乃后湖。"[33] 又有诗称："砌石为池上构居，一泓襟袖揽如如。石潨响答松湍静，水镜澄含月镜虚。舒卷天真任岚霭，飞沉自得乐禽鱼。丝竿烟舫都无藉，南柯空明意泛诸。"[34] 由此可见，池上居景色甚佳，辟有石渠引水，注入半亩方塘，水池三面环以游廊，其外即为后湖。池四边砌石为驳岸，池畔另有苍翠的九株古松和假山叠石。池上居正室内中还藏有很多名家书画。

　　水禽和游鱼是池中重要的点缀。乾隆帝曾有诗注："时有进活凫者，放之池中，任其飞去也。"[35] 可见其中曾蓄野鸭。而游鱼的地位相对更重要些，乾隆帝曾作《池上居四咏》，含池、鱼、松、石四题，鱼是其中之一，有"跃喜浮波潜喜渊，锦鳞几个镜中悬"[36]之句，其余关于池上居的诗中也经常提到游鱼，如"雨现潜泥蚓，波恬在藻鱼。"[37]"饮鹤翮去来，游鱼结友生。"[38]"逐伴飘来新绀蝶，成群分出小秧鱼。"[39]"永日偏宜池上居，玻璃窗水泳游鱼。"[40]"隔院闲常闻唳鹤，凭栏坐可数游鱼。"[41]"帘下缃云猜乳燕，阶平镜水数游鱼。"[42]如此等等。清帝来此消夏，虽主要不

（清）弘历. 池上居. 高宗御制诗二集. 卷55.
清代光绪二年刊本.

（清）弘历. 池上居四咏.
高宗御制诗三集. 卷67.
清代光绪二年刊本.

（清）弘历. 池上居. 高宗御制诗二集. 卷10.
清代光绪二年刊本.

（清）弘历. 池上居. 高宗御制诗二集. 卷32.
清代光绪二年刊本.

（清）弘历. 池上居. 高宗御制诗二集. 卷35.
清代光绪二年刊本.

（清）弘历. 池上居. 高宗御制诗三集. 卷65.
清代光绪二年刊本.

（清）弘历. 池上居. 高宗御制诗三集. 卷75.
清代光绪二年刊本.

玖

图9-11**

《圆明园四十景图》中的花港观鱼
（引自法国国家图书馆藏《圆明园四十景图》）

是为了赏鱼，但观鱼也是其中的一项重要内容。

　　除池上居外，圆明园中的藏书楼文源阁前也筑有一片较大的水池（图9-10**），中心竖立大型湖石"玲峰"，两岸叠石斑驳，遍植青竹，据金勋先生记述，"池水由西北角流入，深五、六尺，清可见底。池水饲金鱼，大可盈尺，何止数千之多。沿池山石以上，陈列各种花盆，花开五色，灿烂如锦，序时更换，常呈繁盛。"[43]说有数千条鱼，恐有夸张之处，但此池应该确实蓄有金鱼，与湖石、盆花组成生动有机的景致。

　　花港观鱼是圆明园仿西湖十景之一，位于西峰秀色景区北侧溪流之上，原是一座三开间的廊桥（图9-11**），至乾隆晚期改为七间过河敞厅。无论是廊桥还是敞厅，都直接跨在水池北侧的溪流之上，水中可能放养一些特殊的鱼种，随水流而动，人在其中，从左右两侧都可以观赏游鱼。

　　长春园狮子林的曲池模仿苏州狮子林的玉鉴池，也和

（清）弘历. 池上居. 高宗御制诗四集. 卷90.
清代光绪二年刊本.

舒牧等. 圆明园资料集.
北京：书目文献出版社，1984：196.

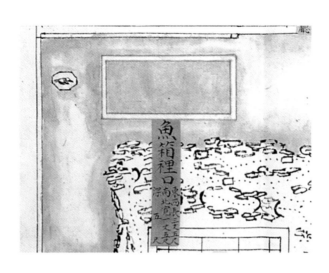

（明）文震亨．长物志．
北京：中华书局，1985：19.

（清）胤禛．春夜永春亭作．
世宗御制文集．卷29.
清代光绪二年刊本．

（清）颙琰．澄光榭．仁宗御制诗二集．卷13.
清代光绪二年刊本．

（清）奕詝．畅和堂岸右维舟即景．
文宗御制诗全集．卷8.
清代光绪二年刊本．

（清）弘历．鱼跃鸢飞．高宗御制诗初集．卷22.
清代光绪二年刊本．

程俊英译注．大雅·旱麓．诗经译注．
上海：上海古籍出版社，1985：504.

毛泽东．毛主席诗词三十七首．
北京：北京出版社，2002：1-2.

（清）弘历．含清阁．高宗御制诗三集．卷12.
清代光绪二年刊本．

（清）弘历．味腴书屋．高宗御制诗二集．卷83.
清代光绪二年刊本．

图 9-12**

《样式雷》图上的狮子林鱼箱
（清华大学建筑学院提供）

原型一样蓄养观赏鱼种。从样式雷图上看，水池中央放置了一座方形的鱼箱，以便更好地养护游鱼（图9-12**）。

《长物志》记载："阶前石畔凿一小池，必须湖石四围，泉清可见底。中蓄朱鱼、翠藻，游泳可玩。四周树野藤、细竹，能掘地稍深，引泉脉者更佳，忌方圆八角诸式。"[44]圆明三园中的泛观型的鱼池均采用不规则的形状，尺度一般大于实观的几何形鱼池，周围以自然石块堆叠驳岸，更强调与植物、假山的配合，符合《长物志》所定的标准。

从御制诗文判断，在另外一些景区的水池中也含有游鱼，清帝游览之中，常会注意到这些鱼儿，如雍正帝《春夜永春亭作》云："鱼跃清波惊犬吠，月穿绿柳觉莺眠。"[45]嘉庆帝《澄光榭》诗云："静聆觅友巡檐雀，乍见浮波在藻鱼。"[46]咸丰帝题绮春园畅和堂诗有"濯浪金鳞看活泼"[47]之句。这些游鱼同样成为所在景区水景不可分割的一部分。

这类"泛观"的景点中，景致的构成很丰富，鱼并非观赏的主角，数量未必很多，似乎也不强调特异的品种。

在此游鱼只是景致的一个组成要素而已，主要作用是增添池水的生气。

圆明园中第三类观鱼景观属于"虚观"，以鱼跃鸢飞景区为代表，而且从某种意义上说，园中大多数其他水景都可以看作是此类观鱼之景的延伸。

鱼跃鸢飞是四十景之一，位于御园北端。其主体建筑是一座方形的重檐楼阁，跨在溪流之上（图9-13**）。乾隆帝《鱼跃鸢飞》诗序称："檐楹翼翼，户牖四达。曲水周遭，俨如萦带。两岸村舍鳞次，晨烟暮霭，蓊郁平林，眼前物色，活泼泼地。"[48]诗中并没有提到游鱼景观。

"鸢"指飞鹰，此处与"鱼"并列，源自《诗经·大雅·旱麓》的"鸢飞戾天，鱼跃于渊"[49]，被引申为"德教明察，万物得所"之意，后世诗文常以"鱼鸢"为特定的典故（例如

玖

图 9-13** ↑

毛泽东主席青年时代所作的《沁园春·长沙》："鹰击长空，鱼翔浅底，万类霜天竞自由"[50]，实际上与《诗经》的意思也很接近）。鱼跃鸢飞景区同样借用了这个典故，虽不排除溪流中确实有鱼，但从更高的层面来说，此处临近北苑墙，可俯瞰园外，视野开阔，极有农家水村的风韵，鱼和鸢均非限于实指，而是对其周围畅达活泼景象的一种象征性的概括。

此外，九洲清晏西北角上曾有临水一榭也题额为"鸢飞鱼跃"（图9-14**），情形大致类似。清帝园居期间所作的一些御制诗也经常使用"鱼鸢"之典，如乾隆帝《含清阁》诗曰："春秋足风月，飞跃有鸢鱼。"[51]《味腴书屋》诗："跃飞精趣察鱼鸢"[52]《映清斋》："鱼跃何尝离藻浦，鸢

《圆明园四十景图》中的《鱼跃鸢飞图》（引自法国国家图书馆藏《圆明园四十景图》）

（清）弘历.映清斋.高宗御制诗三集.卷98.
清代光绪二年刊本.

（清）弘历.御园秋深.高宗御制诗初集.卷4.
清代光绪二年刊本.

（清）弘历.恭奉皇太后御园赏荷.
高宗御制诗二集.卷57.
清代光绪二年刊本.

（清）旻宁.茜园.宣宗御制诗初集.卷9.
清代光绪二年刊本.

（清）弘历.御园初冬.高宗御制诗初集.卷11.
清代光绪二年刊本.

（清）弘历.御园舟泛三首.
高宗御制诗三集.卷4.
清代光绪二年刊本.

（清）弘历.御园暮春即事.
高宗御制诗初集.卷21.
清代光绪二年刊本.

（清）弘历.雨后圆明园.
高宗御制诗初集.卷40.
清代光绪二年刊本.

（清）弘历.夏日御园闲咏.
高宗御制诗初集.卷9.
清代光绪二年刊本.

（清）弘历.首夏奉皇太后御园行乐之作.
高宗御制诗二集.卷9.
清代光绪二年刊本.

飞每亦下云涯"[53]。道光帝《茜园》诗:"芦荻疏疏连岸角,生机活泼悟鱼鸢。"[54]这些均是在观水的同时所产生的一种联想,鱼和鸢一样,已经成为一种虚拟的概念,具有抽象符号的意义。

在历代清帝吟咏圆明园的大量诗作中,鱼是很常见的意象。例如乾隆帝《御园暮春即事》:"泼刺鱼跳依藻见,栗留莺语隔林闻"[55],《夏日御园闲咏》:"鱼唼花红浮水面,鸟为知寒自补窠"[56],《御园秋深》:"蛩音鸣节晚,鱼跃怯波寒"[57],《御园初冬》:"却疑嫩紫放新科,鱼偏识节群辞饵（霜降后鱼不饵）"[58]四季之景中均可见到鱼的身影。再如《雨后圆明园》:"画栋参差燕,文波泼刺鱼"[59],《首夏奉皇太后御园行乐之作》:"鱼识锦纹浮翠浪,鸟鸣仙乐下瑶阶"[60],《恭奉皇太后御园赏荷》:"鱼鲜弄珠跃纹绮,蝉如度曲杂清弦"[61],《御园舟泛三首》:"棹牵蔓藻醉鱼跃,帆拂垂杨乳燕飞"[62],如此不胜枚举。诗中"鱼"经常与各种鸟类或鸣蝉形成对仗,并与动态的水波涟漪联系在一起,

从而成为泛舟、赏荷时的一种必然的点缀。

由此看来,"虚观型"的观鱼之景其实重点已经不在于观赏鱼的实体,而是更大的范围内富有生机的水景及其周围环境。当类似景致呈现的时候,虽然未必有真鱼出没,却自然令人联想到游鱼,颇有几分"眼中无鱼,心中有鱼"的意思。

圆明三园是典型的平地水景园,其中水系纵横,堪称鱼的天堂,各处放养的鱼类数量很多。乾隆二年（1737年）内务府有奏案提及分七次将畅春园之鱼网入圆明园河内,鱼的总数在1万条以上:"臣遵旨自本月十二日起,至二十日,臣七次往畅春园内等处网得金鱼等鱼一万二千二百六十尾。此内除鳝鱼、黑鱼赏给网鱼人等外,圆明园共放鱼一万二千一百五十尾"。后附清单:"大金鱼二百十九尾,小金鱼四百十四尾,鲤鱼四百二十七

中国第一历史档案馆.允禄奏遵旨网得畅春
园鱼类并放入圆明园河内折.圆明园.
上海：上海古籍出版社，1991：439.

（清）吴振棫.养吉斋丛录.卷26.
北京：北京古籍出版社，1983.

中国第一历史档案馆.圆明园.
上海：上海古籍出版社，1991：214.

中国第一历史档案馆.圆明园.
上海：上海古籍出版社，1991：1216.

中国第一历史档案馆.圆明园.
上海：上海古籍出版社，1991：242，载："水
关挑换鱼幪"；页407，载："五孔闸鱼幪四
扇，挑换边抹，满换铁丝幪".

中国第一历史档案馆.圆明园.
上海：上海古籍出版社，1991：537.

图 9-14** ↓

《圆明园四十景图》中九洲清晏景区的
鱼跃鸢飞水榭（引自法国国家图书馆藏
《圆明园四十景图》）

尾，鲛鱼一百八十尾，青鱼三尾，白鱼一百三十五尾，胖头鱼三百三十五尾，嘎呀鱼一百八十尾，鲫鱼等鱼一万零二百五十七尾。"[63] 种类包括大金鱼、小金鱼、鲤鱼、鲛鱼、青鱼、白鱼、胖头鱼、嘎呀鱼、鲫鱼等，品种很丰富。

这么多鱼平时需要喂食，所需颇大，对此《养吉斋丛录》曾载："园中自谷雨至霜降，饲金鱼，每日例支九十饼。"[64] 此处"饼"应指"银饼"。

以专门赏鱼为主的鱼池大多需要特别砌筑，池底或设有水井，如怡情书史院内所做养鱼砖井，里口上径六尺，下径七尺，深五尺三寸，安松木井盘、青砂石井口[65]。同时在其入水通道以及主要的水关、水闸等处需要专门设置铜丝或铁丝的鱼幪（鱼网），如内务府《活计档》曾记载："（雍正八年八月初一日）太平台养金鱼处着安红铜丝系幪三块。"[66]。前引王致诚信札中也提及"沼有细铜丝网作篱，以防鱼之散布全池也"，可见此为必要措施。鱼幪易破，需要经常维修更换，内务府档案中可以见到不少相关记载[67]。

圆明三园中所养的鱼似乎主要作观赏之用，清帝未必真的有垂钓的雅兴，也未见捕鱼的记载。倒是道光十七年（1837年）内务府奏折记载有太监在圆明园中藻园内土山后侧高水河一带偷钓鱼，被抓获后供称："河水甚浅，不能网捞"[68]，可以成为圆明园养鱼情况的一个注脚。

除了鱼池之外，圆明园中也在室内用鱼缸和玻璃瓶养鱼。内务府《活计档》曾载："（乾隆五十四年十月十三

中国第一历史档案馆.圆明园.
上海:上海古籍出版社,1991:1627.

(清)弘历.瓶鱼.高宗御制诗三集.卷58.
清代光绪二年刊本.

(清)弘历.盆荷.高宗御制诗三集.卷91.
清代光绪二年刊本.

(明)文震亨.长物志.
北京:中华书局,1985:27.

中国第一历史档案馆.圆明园.
上海:上海古籍出版社,1991:842-869.

(清)弘历.饲鱼.高宗御制诗二集.卷10.
清代光绪二年刊本.

(清)弘历.春日御园闲咏.
高宗御制诗初集.卷13.
清代光绪二年刊本.

(清)弘历.静香馆.高宗御制诗三集.卷39.
清代光绪二年刊本.

(清)弘历.濯鳞沼.高宗御制诗三集.卷86.
清代光绪二年刊本.

(清)弘历.多稼如云.高宗御制诗初集.卷22.
清代光绪二年刊本.

日)将五福堂、苏堤春晓现安设鱼钢(缸)一对,着配做架座。"[69]乾隆帝另作有《瓶鱼》诗描述养鱼的玻璃瓶:"玻璃瓶子贮鱼儿,庙市寻常衔鬻之。"[70]另外一些荷花盆中同样可以养金鱼,如乾隆帝有《盆荷》诗曰:"益清花犹鲜,下可游锦鱼。"[71]

古人观鱼,颇讲究时辰。《长物志》记载:"(观鱼)宜早起未出时,不论陂池盆盎,鱼皆荡漾于清泉碧沼之间;又宜凉天夜月,倒影插波,时时惊鳞泼剌,耳目为醒。至如微风披拂,琮琮成韵,雨过新涨,縠纹皱绿,皆观鱼之佳境也。"[72]长期在圆明园生活的五朝清帝中,乾隆帝最喜欢赏鱼,园居期间,经常在清晨的时候去坦坦荡荡的金鱼池亲自喂鱼取乐,按《穿戴档》记载,仅乾隆二十一年(1756年)四月至七月间,乾隆帝就共去金鱼池喂鱼达67次之多(其中4月19次,5月20次,6月17次,7月11次)[73]。他专门有《饲鱼》一诗描述其中乐趣:"坐石俯澄波,游鳞生趣多。识人先已待,得饲乐无过。讵

是曝腮鲤,堪方听讲鹅。竿丝权且置,非欲效詹何。"[74]除时辰因素以外,观鱼也具有季节性,最宜于春夏两季。以圆明园而论,春天到来,有"波涨鱼儿跃,窗开燕子穿"[75]的景象;夏天则是"鱼飞常入境,蝉韵自调琴。"[76]有时冬末初春的时候,水面还结着冰,已可看见鱼儿游动,如乾隆帝《濯鳞沼》诗曾记:"试向一层冰下看,文鳞依旧濯其中。"[77]这些不同季节的实观景象可以与前文所述四季虚观之景形成很好的互补。

综合而言,在古代园林中观鱼场所是一种具有文化含义的特殊景象,因此清帝在御园鱼池玩赏之余,也没有忘记拿《庄子》中的"知鱼"典故来议论一番,如乾隆帝《坦坦荡荡》诗中曾称"却笑蒙庄痴,尔我辨是非。有问如何答,鱼乐鱼自知。"[78]对于在圆明园长期生活的五朝清帝而言,鱼乐虽未必可知,但御园中的赏鱼之乐却是无可置疑的事实。

激水引泉流荡漾，玻璃为牖佳境布

——西风东渐

一

16世纪后期至18世纪末的200多年间，中国与欧洲曾有过广泛的文化交流，并对彼此的建筑和园林领域相互产生了一定的影响，以至18世纪的欧洲一度兴起"中国园林热"，而中国的少数皇家园林和部分南方私家园林中也在局部模仿了西洋风格，成为这次文化交流的重要印记。

圆明园的附园长春园北侧曾经专门辟有一组西洋楼，其中包括谐奇趣、蓄水楼、养雀笼、方外观、海晏堂和远瀛观等建筑，此外还有几组大型喷泉和若干庭园景致，集中采用欧洲建筑式样和造景手法，成为御园中极为特殊的一个景区。圆明三园经过焚掠和持续破坏之后，废墟中残存的建筑遗迹寥寥无几，其中以西洋楼的断柱颓垣最为著名，已成为圆明园遗址的重要象征。实际上西洋楼在圆明三园中所占的面积十分有限，此外的绝大部分景区均为中国传统风格的园林景观。但其中另有一个情况不常为人所

重视，即圆明三园除西洋楼以外的其他景区中同样不同程度地包含有若干西方风格的设计手法或西式因素。本章即拟在史料整理的基础上对这一现象进行较为详细的分析，并试图进一步探讨其中隐含的思想内涵和文化意义。

二

圆明三园西洋楼以外景区中所包含的欧式手法或西方因素涉及建筑式样、材料、装饰图案、理水、室内装修与陈设等多个方面，并在许多景区中都有所体现。

首先，御园西洋楼以外区域的亭台楼阁尽管形式多变，但并无西洋楼那样的欧式风格的建筑出现，其中比较特殊的是慈云普护景区中专门设置的一座钟楼（图10-1**）。这座建筑为三层六角形楼阁，逐层收分，不设平座栏杆，在二层正南悬挂着一面西洋大自鸣钟，表盘上的时刻均为罗马数字，在《圆明园四十景图》上清晰可辨。乾隆帝《菩

（清）弘历.慈云普护.高宗御制诗初集.卷22.
清代光绪二年刊本.

中国第一历史档案馆.杂活做.圆明园.
上海：上海古籍出版社，1991：1167，载：
"（雍正三年六月十八日）郎中保德口奏：
圆明园蓬莱洲西北角亭子上，涧阁自鸣钟楼
上，二处安铜风旗。……于六月十二日做得
铜风旗二件，交刘三九持去圆明园安讫。"

（清）胤禛.涧阁.世宗御制文集.卷26.
清代光绪二年刊本.

中国第一历史档案馆.山东德平县知县张锺
子等查看圆明园风水启.圆明园.
上海：上海古籍出版社，1991：6.

图 10-4** ↓

圆明园茹古含今楼阁（引自法国国家图
书馆藏《圆明园四十景图》）

图 10-3** →

圆明园慈云普护石台（引自法国国家图
书馆藏《圆明园四十景图》）

萨蛮》词序称此处"有楼三层，刻漏钟表在焉"，并有"高
阁漏丁丁，春风多少情"之句描绘钟楼所带来的特殊钟鸣
声。此建筑的造型虽为中国样式且每层均有挑檐，但其形
制介乎塔和楼阁之间，颇为奇异。钟楼的攒尖屋顶上也不
设宝顶，而是安设一面鸟形的铜风旗。中国古代寺院或
城市中心经常建有钟楼一类的建筑，其中所设均为铜、铁
所铸的响器，与西方城镇悬挂时钟的钟楼完全是两回事。
总体而言，这座钟楼的功能和形式均非典型的传统样式，
更像是西方钟楼的中式变体。

慈云普护景区早在康熙后期的雍王府赐园时期就已存
在，原名"涧阁"，雍正帝继位前曾有诗吟咏此处，钟楼
之建应不晚于雍正二年（1724年）。此楼位处圆明园宫门—
正大光明殿—九洲清晏殿轴线的延长线上，可以看作是这
条重要中轴线的终点，位置很显要。此区殿宇众多，既供
奉观音大士，又恭祀关圣帝君，属于佛道合一的宗教性场
所，而这个特别的钟楼虽有些类似西方建筑，却并没有基

督教的含义，依然只是一种特殊的点缀品而已。

有趣的是，这座略带有欧式风味的建筑却具有重要的
中国传统风水内涵。雍正二年（1724年），山东德平县知
县张锺子等人查看圆明园风水后，在其奏折中称"正殿居
中央，以建皇极八方拱向。正北立自鸣钟楼，楼高叁丈，
以应一白水星。"此楼与西北位置的佛楼和东北方的台榭
楼阁一起代表"三白"居于北方。

圆明园部分景区中可以见到西式的栏杆。从《圆明园
四十景图》来看，鱼跃鸢飞中有一排栅栏明显为西式（图
10-2**），慈云普护东侧石台（图10-3**）和茹古含今楼阁（图
10-4**）的二层栏杆都是典型的宝瓶式样。圆明园中有多座
桥梁，少数石桥上也采用了西式的栏杆，例如曲院风荷的

王世襄.清代匠作则例.第1卷.
郑州：大象出版社，2000: 306, 310, 801,
802, 803.

王世襄.清代匠作则例.第1卷.
郑州：大象出版社，2000: 169.

王世襄.清代匠作则例.第1卷.
郑州：大象出版社，2000: 135.

中国第一历史档案馆.圆明园.
上海：上海古籍出版社，1991: 1217.

中国第一历史档案馆.圆明园.
上海：上海古籍出版社，1991: 1274.

中国第一历史档案馆.圆明园.
上海：上海古籍出版社，1991: 1391. 载："（乾
隆二十五年五月）看照上次在山高水长预备转
云流西羊秋千点设油灯。"

图10-5** ←

圆明园曲院风荷石桥（引自法国国家图
书馆藏《圆明园四十景图》）

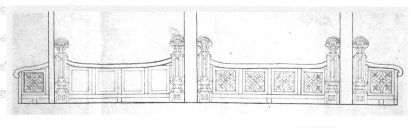

图10-6** ←

《样式雷》图中的圆明园西式栏杆画样
（清华大学建筑学院提供）

九孔大石桥（图10-5**）。《圆明园装修作现行则例》记载同乐园桥上用"西洋栏杆"，"每扇中心折柱"，另有"西洋瓶儿栏杆"、"西洋瓶儿卷边栏杆"、"方柱子上做西洋头"等，现存样式雷中也包含西洋式栏杆的立面画样（图10-6**）。

西方式样的装饰也用在墙上，如《圆明园内工瓦作现行则例》提及有"西洋墙宝塔"和"西洋墙宝瓶"，用砖砌筑。《石作则例》也提到"西洋墙打主心榫眼，每肆个石匠壹工"。

此外，圆明园中曾经多次搭建一些毡帐式的建筑作为临时性的筵宴空间使用，多采用蒙古包的形式，但清宫档案中也专门提到圆明园中的一种"西洋毡房"，如雍正八年（1730年）九月初一日内务府《活计档》载："西洋毡房门上用长四尺八寸、宽二尺七寸两个细藤席二块。"又如乾隆四年（1739年）十月十四日《活计档》载："传旨：将武备院收贮旧三丈西洋房一座搭在山高水长呈览。……此三丈西洋房一座，俱照四丈二尺西洋大房一样改做；再，

二丈西洋房内添做高床三张。"这也是在毡帐形式上模仿西洋建筑的例子。

与西洋毡房一起经常在圆明园山高水长搭建的还有一种西洋秋千，也是一种特别的设施[10]。

明清时期的中国初以"水法"一词作为引水机械设施的称谓，后来亦专指喷泉。水法源自欧洲，由传教士传至中国，因此又称"西洋水法"或"泰西水法"。明末来华的耶稣会传教士邓玉函（Johann Schreck）《远西奇器图说》中即记录了"泰西水法"的基本构造，并附插图（图10-7**）。中国学者徐光启与传教士熊三拔（Sabatino de Ursis）合作完成的介绍西方水利科学的著作即定名为《泰西水法》，共分5卷，分述龙尾车、玉衡车、水库记、水法附余、水法或问，并附有诸器之图式（图10-8**），徐光启

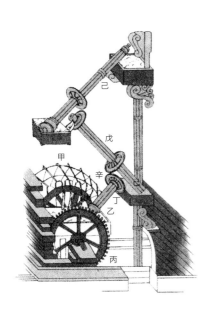

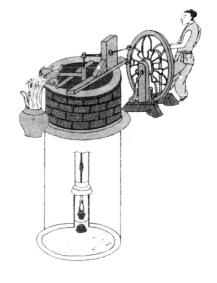

（清）谈迁.北游录.
北京：中华书局，1960：62.

（清）弘历.水木明瑟.高宗御制诗初集.卷22.
清代光绪二年刊本.

图 10-7** ↑

《远西奇器图说》中的西式龙尾车与恒
升车构造示意图（引自《奇器图说》）

图 10-8** ↓

《泰西水法》中的西式龙尾车构造示意
图（引自《测量法义（外九种）·泰西
水法》）

本人的《农政全书》也含有相关内容。此时的水法主要被视为农业、水利机械，与园林喷泉关系不大，也没有在中国得到普及。

清初顺治十一年（1654年）著名史学家谈迁进京，与耶稣会传教士汤若望（Johann Adam Schall von Bell，字道未）有交往，在其《北游录》中记载了当年五月游览其宅园的经过："午同友人入汤道末园，中方池，通铜窍于井，井上转铁轮，则池水喷注如钧突，至四五尺。"[11] 可见园中设有西式喷泉装置，由铁轮、铜孔组成，可喷水至4～5尺高，是水法机械应用于喷泉的典型例证，但在同时期中国的皇家园林和私家园林中尚未发现类似记载。

雍正五年（1727年）圆明园的水木明瑟景区首次利用水法设施创建了一座"风扇屋"，可能是现存记载中最早设置的一处水法。乾隆帝《水木明瑟》词序称此处"用泰西水法，引入室中，以转风扇。泠泠瑟瑟，非丝非竹，天籁遥闻，林光逾生净绿。"[12] 可知其中大概是以机械装置借

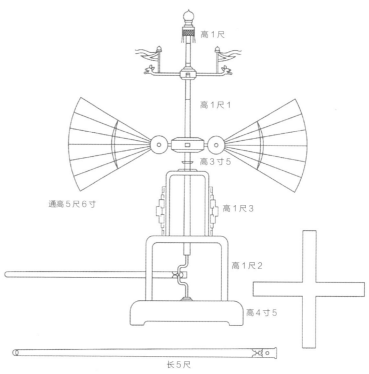

助水力转动风扇以供纳凉，并具有悦耳的音响效果。这座
三开间厅堂建筑跨在一条小溪上（图10-9**），其中装有"翎
毛风扇"，雍正五年（1727年）已设，后来又换了一个较大
尺寸的（长一尺七寸，宽一尺八寸，靶长三寸六分）[13]，另
有两个轮子和一个笼子[14]。现存的一张晚期样式雷图上有
此类风扇的构造图样（图10-10**），可作参证。

清帝对西方园林中的喷泉非常感兴趣，早在西洋楼
大水法修建之前就曾尝试在西峰秀色景区利用西式喷泉装
置来营造瀑布式的水景（图10-11**）。这套装置于雍正六年
（1728年）下旨制作，次年安装完成，而且因为雍正帝的
喜爱而特别赏银200两[15]。后来乾隆帝专门为此题匾曰"小
匡庐"，并有诗形容其水景之妙："怪石苍龙似，飞泉玉练
如。……挂为瀑布寒，散作菱花皎。"[16]

据童寯先生考证[17]，此种水法乃是利用西式龙尾车操
纵水源，与《远西奇器图说》、《泰西水法》所载取水车的
构造原理相同。小匡庐的这套水法装置颇为复杂，加上瀑

布水流又急又大，似乎经常出现故障。从相关的修理档案
记载可以窥见这套装置大致由7份喷水设施组成，其中包
括"红铜葫芦底子"（后改"厚铜底水筒"，又换"铸料铜
水筒"）和铁轴、销子、护眼、戳铁、压杆、箍、铜绢幔、
白秋毛毡、黑春毛毡等构件[18]。

瀑布是中国古典园林中的一种特殊的水景，一般常见
的做法是从涧流引水或在山头设蓄水池、水柜之类聚水，
利用自然落差形成悬瀑。而西峰秀色这套水法借鉴西方喷
泉手法，以机械装置来喷水，算得上是独出心裁，其景致
更有特色。嘉庆帝也有《观小匡庐水法》诗咏及此机械装
置："未见匡庐真面目，偶观奇景亦堪欣。虽云人力炉锤具，
旋转车轮功在勤。"[19]

圆明三园西洋楼以外的中式景区中还有几处水法，相
对比较简单，且均设于相对封闭的庭院中。

始建于雍正年间的长春仙馆中路随安室套殿东侧有一
个非常狭小的院子，院内辟长方形小池，池中叠石间设有

图 10-9★★

圆明园水木明瑟风扇屋（引自法国国家
图书馆藏《圆明园四十景图》）

图 10-10★★

《样式雷》图上的风扇画样
（摹自样式雷图）

图 10-11★★

圆明园西峰秀色小匡庐（引自法国国家
图书馆藏《圆明园四十景图》）

中国第一历史档案馆.圆明园.载："（雍正
五年闰三月十七日）据圆明园来帖内称，郎
中海望传，做水法上翎毛风扇一分，记此。
于五月初一日做得翎毛风扇一分，催总吴花
子持进，安在水法上讫。""（雍正五年闰
三月十七日）据圆明园来帖内称，清茶房总
管太监李英传旨：风扇屋内翎毛风扇小了，
将大些的翎毛风扇再做一份。钦此。于五月
十一日做得长一尺七寸，宽一尺八寸，靶长
三寸六分染黄色翎毛风扇一分，交领催闻二
黑持去，安在风扇屋内讫。"
上海：上海古籍出版社，1991：1180，
1180-1181.

中国第一历史档案馆.圆明园.载："（雍
正八年闰三月二十九日）耕织轩水法上轮子、
笼子磨淤，着照样做轮子二个，笼子一个，
换上。"
上海：上海古籍出版社，1991：1215.

中国第一历史档案馆.杂活作.圆明园.载：
"于（雍正）七年四月初四日做得柏木水法
七分，郎中海望带催总刘山久持进西峰秀色
瀑布处安讫。……奉旨：水法做的好，着赏
做水法人等银二百两。"
上海：上海古籍出版社，1991：1198.

（清）弘历.小匡庐.高宗御制诗初集.卷1.
清代光绪二年刊本.

童寯.北京长春园西洋建筑.建筑师.第2期.
北京：中国建筑工业出版社，1980：156-168.

中国第一历史档案馆.圆明园.载："（雍正
七年五月二十五日）西峰秀色安的水法七分
上红铜葫芦底子俱薄了，使不得，着照样换
厚铜底七个。""（雍正七年十月二十三日）
圆明园西峰秀色高水瀑布处安的水法七分，
下身水筒系打料红铜成造，但水瀑布处水势
浩大，不知力量，红铜水筒软薄，不时常坏，
另改换做铸料铜水筒七分。再，水法上件俱
已磨细，亦换作七分。""（雍正八年三月）
圆明园西峰秀色水瀑布处安的水法，着备用
行长三尺、宽一尺铜绢幪一块，白秋毛毡一
块，长二尺、宽一尺，黑春毛毡一块。""（雍
正九年二月初四日）圆明园西峰秀色水法七
分上，熏牛皮眼钱、铁销子、沥青白布磨坏，
用不得，欲另换。"
上海：上海古籍出版社，1991：1207，
1212-1213，1214-1215，1219.

（清）颙琰.观小匡庐水法.仁宗御制诗初集.
卷19.
清代光绪二年刊本.

一处小型水法，具体建造年代不详。

建于乾隆十二年（1747年）的长春园玉玲珑馆鹤安斋套殿的西侧也有一个小院，院内有个方形小水池，池中也设有叠石和水法，基本情况与长春仙馆的水法如出一辙。

长春园思永斋建筑群内设了两处小型水法。一处位于西部，称“西所水法殿”，乾隆二十七年《活计档·记事录》有载“九月二十一日奉旨：思永斋西所水法殿内西山墙冰裂纹方窗上满安玻璃”[20]，具体情况不详。

另一处位于东部一个独立的院落小有天园中。小有天园建成于乾隆二十三年（1758年），以微缩的尺度模拟杭州的汪氏名园及其周围环境，其中的假山仿西湖南岸的慧日峰，特意在山石间设水法，以锡管引水营造瀑布之景，对此内务府乾隆五十五年（1790年）维修工程《奏案》曾记载“水法锡管二道，滴焊、裹布沥青”[21]，则其原理当与西峰秀色的小匡庐相似，只是规模小得多。

绮春园涵秋馆建于嘉庆年间，其主体院落中央辟正方形水池，池中叠石间设喷泉水法，尺度比长春仙馆、玉玲珑馆明显要大一些，另在东侧假山上设高台蓄水箱，与一条溪流相通，样式雷图显示水箱下有埋地水管通向西侧的喷泉水池（图10-12**）。

以上水法可分为室内装置、瀑布之景和方池喷泉三类，未设雕塑，多与叠石结合，其中瀑布之景将西方喷泉手法与中国传统造园艺术融为一体，形成特殊的动态效果，但又和纯粹的欧洲园林景象迥异，富有创新精神，最值得称道。

长春园西洋楼景区的花木大多被修剪成规则的几何造型，但三园其他所有景区的植物配置未见以西式手法处理树木、花坛、草坪等情况。

四

在建筑装饰材料方面，18世纪初的清代宫廷建筑中已经大量采用从西方引进的玻璃构件，圆明三园中装有玻璃的插屏、镜子、窗户、户眼等建筑构件同样比比皆是。

雍正元年（1723年）九月《木作》曾记载做紫檀木边玻璃插屏3座，最大的一座高八尺，其中镜高六尺三寸，宽三尺四寸；另有花梨木边玻璃插屏1座，镜子高一尺六寸五分，宽一尺三寸五分[22]。

雍正三年（1725年）九月《木作》载：“圆明园后殿内仙楼下做双圆玻璃窗一件，直径二尺二寸，边做硬木的，前面一扇画节节双喜，后面一扇安玻璃。”[23]蓬莱洲曾有一种“集锦玻璃窗”[24]；有些玻璃窗上还另有花卉或山水贴画。

其余关于玻璃构件的重要记载例如雍正九年（1731年）正月十八日《杂活作》载“圆明园深柳读书堂卷棚板房着安锦帘玻璃窗户眼四处”[25]；雍正十二年（1734年）的《库储》档案中提及一种“洋漆玻璃镜”[26]；乾隆五十八年（1793年）九洲清晏西暖阁曾经挂有“月白细玻璃挡帘”3件[27]，如此等等。

乾隆帝曾在园中作有《写镜亭》一诗，其注云：“西洋玻璃镜，必以水银和锡贴版面，然后能照物。”[28]可见清帝对西洋玻璃镜的原理已很了解。他另作诗咏长春园澹然书屋，称：“阶砌临渌水，窗牖糊玻璃。坐可数游鱼，俯堪撷藻蕤。”[29]其中门窗上设有透明的玻璃窗，人可以留在室内观赏风景[30]。

有些大尺寸的玻璃由粤海关进贡或采买而来，乾隆三十五年（1770年）《油木作活计档》记载工匠在淳化轩三友轩安装玻璃时不小心将大块玻璃弄裂，责令相关官员赔偿，特别提及“所有惊裂玻璃应着落赔补，但京中不能购得，请交粤海关照尺寸采办送京。”[31]

除玻璃以外，西洋纸也成为一类重要的装饰材料，如雍正五年（1727年）皇帝曾经传旨，认为九洲清晏后抱厦

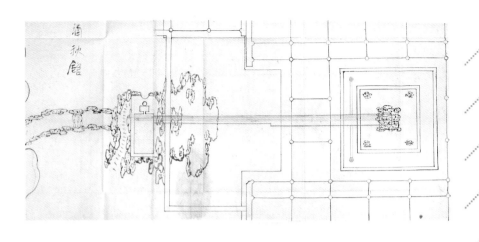

中国第一历史档案馆.圆明园.
上海：上海古籍出版社，1991: 1163.

中国第一历史档案馆.圆明园.
上海：上海古籍出版社，1991: 1170.

中国第一历史档案馆.圆明园.
上海：上海古籍出版社，1991: 1176.

中国第一历史档案馆.圆明园.
上海：上海古籍出版社，1991: 1218.

中国第一历史档案馆.圆明园.
上海：上海古籍出版社，1991: 1239.

中国第一历史档案馆.圆明园.
上海：上海古籍出版社，1991: 1630.

（清）弘历.写镜亭.高宗御制诗三集.卷73.
清代光绪二年刊本.

（清）弘历.澹然书屋.高宗御制诗三集.卷98.
清代光绪二年刊本.

中国第一历史档案馆.圆明园.
上海：上海古籍出版社，1991: 181.

中国第一历史档案馆.圆明园.
上海：上海古籍出版社，1991: 1479.

中国第一历史档案馆.圆明园.
上海：上海古籍出版社，1991: 1424.

中国第一历史档案馆.圆明园.
上海：上海古籍出版社，1991: 322.

中国第一历史档案馆.圆明园.
上海：上海古籍出版社，1991: 1183.

中国第一历史档案馆.圆明园.
上海：上海古籍出版社，1991: 1311.

中国第一历史档案馆.圆明园.
上海：上海古籍出版社，1991: 1174.

一拾

内东西两边牌插板做工粗糙，故要求"将造办处有巡抚扬文乾呈进裹象牙席的西洋金笺纸糊在东牌插上，纸的花纹要对缝，着海望酌量将造办处收贮的西洋金笺纸亦照样对缝，将西边牌插板背后糊上。"[32]乾隆十二年（1747年）五月皇帝也曾有旨："慎修思永楼上西洋塔后面板墙，着糊西洋凤尾纸，其纸向工程处要。"[33]

雍正、乾隆时期，圆明园许多中式的建筑的室内墙壁、天花或隔断上经常绘制一种西洋"通景画"，有些类似于西方的壁画，采用了透视技法，与中国传统的挂墙卷轴画不同。这些画早期大多由传教士亲自起稿绘制，画法包括油画和线法画，后来一些中国画家也参与其中。相关记载列举如下：

雍正四年正月：四宜堂后穿堂内安隔断，隔断上面着郎世宁照样画人物画片，其马匹不必画[34]。

雍正五年七月：六扇写字围屏上空白纸处，着郎世宁二面各画隔扇六扇，应画开掩处，着其酌量。……（八月

图 10-12★★

绮春园涵秋馆水法地盘画样
（引自国家图书馆藏样式雷图）

中国第一历史档案馆.圆明园.
上海：上海古籍出版社，1991：1182-1183.

中国第一历史档案馆.圆明园.
上海：上海古籍出版社，1991：1319.

中国第一历史档案馆.圆明园.
上海：上海古籍出版社，1991：1319.

中国第一历史档案馆.圆明园.
上海：上海古籍出版社，1991：1320.

中国第一历史档案馆.圆明园.
上海：上海古籍出版社，1991：1320.

中国第一历史档案馆.圆明园.
上海：上海古籍出版社，1991：1376.

中国第一历史档案馆.圆明园.
上海：上海古籍出版社，1991：1484.

中国第一历史档案馆.圆明园.
上海：上海古籍出版社，1991：1520.

中国第一历史档案馆.圆明园.
上海：上海古籍出版社，1991：1520.

中国第一历史档案馆.圆明园.
上海：上海古籍出版社，1991：1521.

二十二日传旨）万字房通景画壁前着郎世宁画西洋栏杆，或用布画，或用绢画，或用绫画，尔等酌量画罢，不必起稿呈览[35]。

乾隆十三年闰七月：长春园思永斋戏台上，着郎世宁起稿呈览。……于七月十一日，郎世宁画得通景小稿一份，……奉旨；照样准画[36]。

乾隆十三年九月：长春园含经堂照背后，着郎世宁照静宜园情赏为美赸廊内油画起稿，画通景画[37]。

乾隆十三年十月：长春园海岳开襟著王致诚画骚青地异兽十六张[38]。

乾隆十三年十一月：澹泊宁静东墙并南北两边墙，连棚顶共四面，俱着郎世宁起稿呈览[39]。

乾隆二十三年七月：思永斋东所楼下着郎世宁照汇芳书院眉月轩西洋景式样，亦画西洋通景画[40]。

乾隆三十五年八月：蒨园湛景楼南面游廊内线法画糟旧，着于世烈等重画[41]。

乾隆三十八年三月：鉴园渌净榭楼上下线法大画二十四张，今画得十五张，余下不必画，将现得十五张另看地方贴落[42]。

乾隆三十八年三月：如园深宁堂东西墙通景大画二张，着方琮、袁瑛各画一张[43]。

乾隆三十八年四月：思永斋小有天园画墙三面，着魏鹤龄收拾着色见新[44]。

这类通景画以写生为主，或张贴或直接绘于墙上和天花上，图幅大多比中国建筑原有的建筑彩画和悬挂的字画尺度更大，也更富有表现力，装饰效果强烈，所以颇受乾隆帝的喜爱，经常下旨令如意馆的宫廷画师们精心绘制。从记载来看，很多通景画直接出自西方传教士的手笔，但也有不少是中国的画师所作，绘画的题材很广泛，包括人物、动物、西洋景等，有时需要事先起稿呈览再正式绘制。

圆明三园一些中式殿宇的室内装修设计也采纳了一些西式的构件或纹饰。如乾隆四年（1739年）内务府《活计

中国第一历史档案馆.圆明园.

上海:上海古籍出版社,1991:1265,1267.

中国第一历史档案馆.圆明园.

上海:上海古籍出版社,1991:1400.

王世襄.清代匠作则例.第1卷.

郑州:大象出版社,2000:67.

王世襄.清代匠作则例.第1卷.

郑州:大象出版社,2000:365.

王世襄.清代匠作则例.第1卷.

郑州:大象出版社,2000:460.

中国第一历史档案馆.圆明园.

上海:上海古籍出版社,1991:1185.

(清)昭梿.啸亭杂录.

北京:中华书局,1980:468.

中国第一历史档案馆.圆明园.

上海:上海古籍出版社,1991:1211.

中国第一历史档案馆.圆明园.

上海:上海古籍出版社,1991:1218-1219.

档》记载慎修思永室内装有"西洋戏台"和"西洋楼"[45];乾隆二十五年(1760年)圆明园紫碧山房新建的澄素楼室内拟设置一种"转向楼梯",类似西方的螺旋梯样式,专门由著名的意大利传教士郎世宁进行设计,"起得楼梯八方筒小稿八张伺候呈览。"[46]西式木质栏杆也在室内出现,如《圆明园内工装修则例》曾记载花梨木踢脚栏杆的"栏杆柱子上做西洋头,不拘叁肆方,打戳灯眼"[47]。纹样方面则有"玲珑西洋金夔式"[48]。《三处汇同现行则例》另有:"刁(雕)活上烘染西洋式花卉"的记载[49]。

圆明园有些殿宇中铺设的地毯也是西式的,如雍正五年(1727年)的《皮作》档案就提及万字房通景壁前和圆明园殿上铺设的地毯为"西洋吉祥草花毯子"[50],长宽均一丈三尺有余。

五

清代中叶,宫廷中已经经常出现各种西洋器具,更多的"洋玩意"作为陈设出现在圆明园的殿堂中,其中尤其以自鸣钟最为典型。

自鸣钟一向很受中国上层社会青睐,《啸亭杂录》曾载:"近日泰西氏所造自鸣钟表,制造奇邪,来自粤东,士大夫争购,家置一座以为玩具。纯皇帝恶其淫巧,尝禁其入贡,然至今未能尽绝也。"[51]

清宫造办处《活计档》中专门有"自鸣钟"一项,记录相关的陈设、修理情况。如雍正七年(1729年)闰七月有记载称圆明园勤政殿、四宜堂、万字房、九洲清晏、莲花馆等处陈设自鸣钟16座,"其内有羊肠弦、发条、簧、绦子等俱已损坏。"[52]雍正九年(1731年)正月记载:"圆明园各处陈设玻璃时钟、乐钟四个,因地震墙倒,打坏玻璃木架,欲添补收拾。"[53]而乾隆二年(1737年)圆明园各处

中国第一历史档案馆.圆明园.
上海：上海古籍出版社，1991：1250.

中国第一历史档案馆.圆明园.
上海：上海古籍出版社，1991：1231.

欧阳采薇译.西书中关于抢劫、焚毁圆明园
纪事 // 王道成主编，方玉萍副主编.圆明
园——历史·现状·论争.
北京：北京出版社，1999：969.

王世襄.清代匠作则例.第1卷.
郑州：大象出版社，2000：97.

中国第一历史档案馆.圆明园.
上海：上海古籍出版社，1991：1262.

中国第一历史档案馆.圆明园.
上海：上海古籍出版社，1991：1295.

中国第一历史档案馆.圆明园.
上海：上海古籍出版社，1991：345.

图10-13** →

《英使进献天文仪器图》
（引自 Yuanmingyuan）

陈设钟表总数即已达到40件之多[54]。雍正十年（1732年）档案中还提到"圆明园时时如意大自鸣钟，并各处陈设自鸣钟表上轮子、法条应用厄里歪油八两。"[55]此"厄里歪油"显然是音译，可能指的是从西洋进口的机油。园中自鸣钟常有专名，如时时如意大自鸣钟、飞仙风琴时钟、花喜风琴时钟等。

经过长期积累，圆明园中的西洋钟表数量很多，至咸丰十年（1860年）英法联军焚掠之时，很多士兵都抢到了钟表，英国远征军步兵队长吴士礼（加内特·约瑟夫·沃尔斯利，Garnet Joseph Wolseley）《1860年中国战记》（Narrative of the War With China in 1860）中也记载道："欧洲制造的钟表，显然是清帝喜爱的装饰物，因为每间屋子，总有两三个似的。"[56]

清廷内工也可以自造西洋表盘，《圆明园内工装修则例》载有"西洋表盘一座，高贰尺，宽壹尺壹寸，上宝盖西洋塔，下安须弥座，俱水磨烫腊（蜡）成造"[57]。其中包括楠栢木西洋柱子、刁（雕）叠落西洋岔角香草、西洋塔顶等细部制作，均规定了明确的用工额度。

常见的西洋的器皿还有各种灯具，如乾隆四年（1739年）《记事录》载圆明园所藏西式灯就有西洋人灯、玻璃盘盛葡萄灯、西洋狗灯、葫芦架玻璃缺灯、玻璃盆景灯、玻璃花瓶灯、玻璃瓶灯等样式[58]，乾隆九年（1744年）《灯作》记载清晖阁西近（尽）间悬挂有西洋楼子式灯和栏杆夔龙口足西洋式灯[59]。

具有特别历史意义的陈设是乾隆五十八年（1793年）英国使团访问中国，曾经带来一批西洋仪表器具作为礼物，这些东西当时就陈列在圆明园中（图10-13**）。清廷原本以为这些仪器体积很大，可能一殿空间难以容纳，便下令在正大光明殿和澹怀堂分别陈列其中的4件。后来英使来到现场，发现"天朝殿宇如此宏大"[60]，安放这些礼品绰绰有余，即将此8件全部安设在正大光明殿内东侧。

按乾隆五十八年（1793年）八月《金简奏正大光明殿

中国第一历史档案馆. 圆明园.
上海：上海古籍出版社, 1991: 356-357.

中国第一历史档案馆. 圆明园.
上海：上海古籍出版社, 1991: 355.

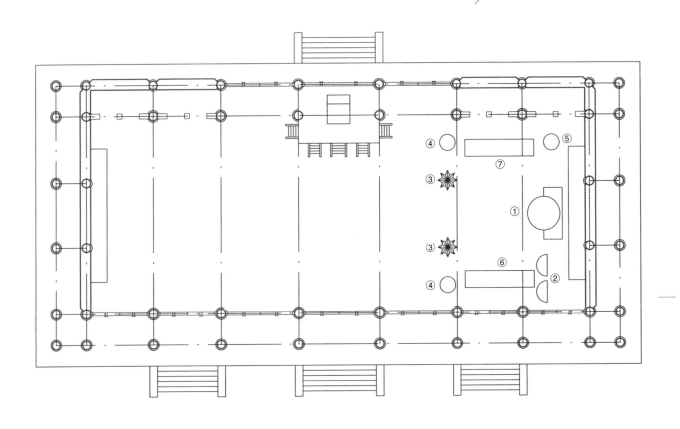

拾

图 10-14** ↑

圆明园正大光明殿礼品陈设位置示意图
（综合各种资料作者自绘）

① 天象仪 / ② 钟表一对 / ③ 玻璃吊灯一
对 / ④ 地球仪一对 / ⑤ 太阳仪 / ⑥ 韦奇
伍德陶瓷器皿 / ⑦ 金属器皿

内天文地表安装完竣折》记载，这八件器物分别是："天
文地理大表一件，地理运转全架一件，天球一件，地球一件，
指引月光盈亏一件，测看天气阴晴一件，玻璃灯二件。"[61]

　　而英人也曾经绘制了当时正大光明殿中礼品的陈设位
置示意图，所注物件名称与清宫档案记载略有出入。这些
物件均放在殿东，大致排成对称的形式，居中为一件天象
仪，北为一件太阳系仪，南为一对钟表；两侧各置一长桌，
南桌陈列英国韦奇伍德陶瓷器皿，北桌陈列一些金属器具；
再西为一对地球仪和一对玻璃灯（图10-14**）。后来乾隆帝
又下令将使团带来的其余物品如探气架子一件、西瓜炮二
个、铜炮六个、椅子一对、火镜一个、车二辆、巧益架一件、
西洋船样一件等也一并存览于正大光明殿上[62]。但这些器
物只是临时展览，不久就分别撤藏淳化轩等别处殿宇了。

同治年间欲重修圆明园时，虽不拟修复西洋楼，但在若干景点中也同样体现了西式手法，反映了19世纪西方建筑文化的进一步渗透，如样式房雷氏《旨意挡》载同治十二年十一月二十三日九洲清晏区拟新建垂花门一座，两边设看面墙二段，其中"北面墙下碱要五色伢缝石，画洋线法画。"

（法）王致诚著，唐在复译.圆明园纪事书札//王道成主编，方玉萍副主编.圆明园——历史·现状·论争.
北京：北京出版社，1999：888.

中国第一历史档案馆.圆明园.
上海：上海古籍出版社，1991：1518.

大清高宗纯皇帝实录.卷1435.
中国台北：华文书局，1968；乾隆五十八年八月己卯条.

故宫博物院.第5辑.
清代外交史料（嘉庆、道光朝）.故宫博物院，1933：60.

（朝鲜）柳得恭.热河纪行诗二卷.
国家图书馆藏清代抄本.

（清）阮元.畴人传.卷44.
北京：中华书局，1991.

（清）奕绘.自鸣钟.明善堂文集.
清代抄本，流水编一.

中国第一历史档案馆.圆明园.
上海：上海古籍出版社，1991：1324.

戴逸，黄爱平著.18世纪的中国与世界·思想文化卷.
沈阳：辽海出版社，1999：350.

朱静编译.洋教士看中国朝廷.
上海：上海人民出版社，1995：213.

六

圆明园中所反映出的各种西方因素是18世纪中西方发生大规模文化交流的必然产物。作为清代雍正——咸丰五位皇帝长期园居的离宫，其中出现若干西方样式的建筑、装饰、陈设，直接反映出西方文化对中国宫廷生活的渗透。

从清朝初年开始，不少来华传教的西方传教士就陆续为朝廷服务，并得到皇帝较高的礼遇，如汤若望、南怀仁、安文思等人。传教士们旨在传播天主教，同时也带来了各种科学知识、仪器设备和文化艺术，对当时的中国文化界有相当的影响和冲击。雍正和乾隆两朝对于传教士们的传

教活动基本采取禁止的态度，但仍然吸收了一批具有很高文化修养的传教士在宫廷从事科学和艺术创作活动，包括执掌钦天监、绘制地图等，在皇家园林中从事绘画和建筑、园艺设计也是一项重要的工作，著名者如郎世宁、王致诚、蒋友仁等，均曾为圆明园的建筑、园林和室内通景画创作作出重要贡献。早在西洋楼建筑群尚未修建的雍正时期和乾隆早期，带有西洋风格的水法、栏杆、通景画、玻璃构件等就已经在圆明园中出现，而在西洋楼建成之后，这类手法依然在不同的景区和殿宇中不断得到应用，成为御园中的重要点缀[63]。这些传教士和画师、匠师经常住在圆明园中，便于创作活动，王致诚的书札中曾记"欧西人中，惟画家及治钟表者，得赴园内各处。画师所居，亦一小规模之殿宇，君上日来看视，故不能他去。交绘之件，移来此室。"[64]

郎世宁在圆明园中所绘的通景画很受皇帝青睐，而且还设计过室内楼梯，后来和王致诚、蒋友仁等都参加了西

洋楼的建筑和园林设计工作。圆明园西洋楼以外景区水法的设计者尚待考证，但其机械装置相当复杂，非中国传统工匠所能创制，也应该与西洋传教士有直接关系。此外，有些特殊的陈设也专门由供职清廷的洋人设计，例如乾隆三十八年（1773年）十月有记载称西洋人汪达洪做得地球表陈设一件、鸭浮水盆景一件，后乾隆帝下旨另派人在盆景上"堆宣石山子，做象牙花树"[65]。同时中国的画师和匠师也参与了相关的创作活动，具体施工则主要由中国工匠完成，如《圆明园内工装修则例》中就规定了很多西式装饰、装修的工程用功定额。

纵观以上相关的例证，不难发现清帝对西方建筑和园林艺术的欣赏是有所偏重的，在早期的圆明园建设中吸纳的西方因素主要侧重于新奇的技术和材料、物品，比如水法的机械装置以及玻璃物件、自鸣钟等，大多属于"奇技淫巧"之类，同时对西洋的绘画和工艺品也比较欣赏。这些内容多经过了中国化的处理，如慈云普护的钟楼造型虽

怪，仍不脱中式建筑的形态；西峰秀色的水法虽带有喷水装置，但模仿的却是类似于庐山瀑布的景色，名称也叫"小匡庐"；西式的宝瓶栏杆大多仍依托中国风格的楼宇建筑、平台或拱桥来设置；镶嵌着玻璃的屏风、照背一般仍采用中国传统的造型和花饰纹样；包括建筑内的通景画，也经常与中国传统绘画技法相融合而非纯粹的西画。在这里清帝需要的是新颖的西洋"玩意儿"，以此作为中式园林中的特殊点缀。这类举措实际上与雍正帝留下的洋装画像的性质相似，反映出对西方技术和艺术的猎奇心理。

另一方面，清代实行的是闭关锁国的政策，其心态在某种程度上也充满了矛盾。在与西方正式交往当中，清帝经常强调自己对西洋物品并无兴趣，如乾隆五十八年（1793年）八月乾隆帝致英王文书中称："天朝德威远被，万国来王，种种贵重之物，梯航毕集，无所不有，尔之正使所亲见，然从不贵奇巧，并无更需尔国制办物件。"[66]嘉庆帝也曾在致英王文书中说："天朝不贵远物，凡尔国奇巧之器，亦不视为珍异。"[67]

大小钟表，西洋箱子；西洋椅子；西洋桌子。"[71]清单呈报后，乾隆帝又下旨："西洋水法房内装修不必做，将黄底黄花毡要些，其余按数准要"，还特别强调："再京内无有的希奇物件，着带些来。"后来专门"于九月十五日，为往西洋传要物件，内庭交出银二万两。"这些东西后来主要陈设在新建的西洋楼谐奇趣室内。

很显然，皇帝对那些中国所没有的"希奇物件"其实是很感兴趣的，不但在仿欧式建筑中集中摆放，也不时在圆明园的中式园林景观和殿宇中穿插一些西式的装饰和物件。但这些西式因素在西洋楼以外的区域基本上都是从属性的，并未对传统的园林景观产生根本性的影响，其中惟有慈云普护的钟楼和西峰秀色的小匡庐水法的设计手法比较新颖。

有清史研究者指出："综观18世纪中西文化交流的情形，不难看出，清统治者对西学的兴趣，已逐渐由实用的科学技术，转向于以鉴赏和享乐为目的的绘画、建筑、小

但实际上清朝中叶的王公贵族对自鸣钟、洋表之类的器具均相当喜好，乾隆五十五年（1790年）来华朝贺的朝鲜使臣柳得恭在其纪行诗中曾特别提及"王公以下皆佩西洋时标"[68]，乾隆间大臣阮元的《畴人传》也称："西人以技巧相尚，殚精竭虑于此，故所为自行诸器，千奇百怪，迥非西域诸国所能及。"[69]道光年间贝子奕绘有诗赞自鸣钟："奇绝洋钟制，铜壶巧莫并。枢机对境转，早晚应时鸣。马齿轮周密，螺文轴旋精。人天一如幻，迅速过浮生。"[70]与前引《啸亭杂录》所记士大夫争购自鸣钟的情况均可作为洋风渲染的一个注脚。

在这种风气之下，清帝私下里也很热衷地在圆明园中采集"奇巧"的西洋物件，与上述旨意中冠冕堂皇的态度大相径庭。如乾隆十五年（1750年）五月内务府《记事录》的记载就很有代表性，当时乾隆帝下旨："着造办处想有用处西洋物件开写清单呈览"，所开物件包括："大玻璃镜，高五尺余，宽三尺余；西洋珐琅大瓶罐；金线、银线；西洋水法房内装修；内里装修，黄底红花毡或红底黄花毡；

型机械制作等方面。"[72]另有传教士称乾隆帝的兴趣"像四季一样多变。他曾经喜欢过音乐、喷泉，如今又喜欢上了机器、建筑物。只有对绘画的爱好至今还未改变。"[73]圆明园中所反映的西洋因素正是以绘画、建筑和小型机械制作为主，尤其代表了雍正、乾隆两位皇帝对西方技术和艺术的态度。这种对西方样式的爱好在雍正时期即已经有明显的表现，至乾隆时期得到更大的发展。

但乾隆帝显然对于只在圆明园中零星地引入西洋器具或西式手法并不满足，终于在长春园北侧集中修建了一组西洋楼，可以看作是这种猎奇心态的进一步发展。事实上，典型的欧洲园林并不会出现像长春园西洋楼这样的高密度的建筑群，西洋楼景区更像是若干西方建筑和园林手法（特别是喷泉）的一种集锦式的展示，颇有堆砌炫耀的嫌疑，也更大地满足了清帝对"西洋物件"的向往之意。而圆明三园中除西洋楼以外景区陆续出现的西方影响因素，可以看作是西洋楼的前奏和补充，同样具有相当的历史意义。

卷 三

江南画境

—— 圆明三园写仿景观研究

　　圆明三园一方面继承了秦汉唐宋以来许多富有历史文化内涵的造园题材并加以发展，另一方面又对全国其他地区的山水园亭胜景进行模仿，最终形成景象极其丰富的"万园之园"。三园中有明确原型的写仿景观接近 30 处之多，其中除个别特例以外，绝大多数都以江南风景作为模仿的对象，成为清代皇家造园的一个极为特殊的现象。

　　本卷将对圆明三园中著名的仿西湖十景、仿江南四大名园（小有天园、安澜园、狮子林、如园）以及其他不同类型的写仿景致分别进行考证和论述，与各自的原型进行比较分析，总结其具体的手法，并探寻其中隐含的文化元素。

舒牧等.圆明园资料集.

北京: 书目文献出版社, 1984: 328.

舒牧等.圆明园资料集.

北京: 书目文献出版社, 1984: 320.

举 头 见 额 忆 西 湖 ， 此 时 谁 不 道 钱 塘

——西 湖 十 景

一

圆明园作为清代雍正、乾隆、嘉庆、道光、咸丰五朝之理政御园，是一座包罗万象的大型人工山水园林，其造园艺术有一个极其重要的特点，就是大量仿建全国各地的山水名胜，尤其是江南的美景佳园，在园中写仿了不下数十处之多，诸如仿海宁陈氏园的安澜园、仿杭州汪氏园的小有天园、仿江宁瞻园的如园以及仿自苏州同名园林的狮子林等，蔚为大观。而且园中有10处景致居然全部以著名的西湖十景来命名，并由皇帝一一题写匾额，成为圆明园颇引人注目的一大特色。对此王闿运《圆明园词》注中曾云："（乾隆）行幸所经，写其风景，归而作之。若西湖苏堤曲院之类，无不仿建。"遂有"谁道江南风景佳，移天缩地在君怀。"[1]之名句。毛澄《西园引并序》也称赞圆明园"尽占西湖十锦图"[2]。由此可见，西湖十景是圆明园中具有一定典型意义的写仿型景观，也是清代皇家园林"移

天缩地"的造园思想的重要体现。本章拟对圆明园中的仿西湖十景各自景象的格局以及不同的处理类型进行梳证分析，并与杭州西湖进行对比，对其中所反映的皇家造园思想作进一步的探讨和总结。

二

杭州素称"人间天堂"，其湖光山色之胜，首在西湖。早在南宋时期"西湖十景"之名即已流传于世，数百年来几乎家喻户晓，堪称天下最著名的美景之一，历代吟咏西湖十景的诗词文章更是多不胜数。所谓"西湖十景"，历代所题名称微有出入，景观本身也或有变迁，至清代时基本确定为苏堤春晓、柳浪闻莺、花港观鱼、曲院风荷、两峰插云、雷峰夕照、三潭印月、平湖秋月、南屏晚钟、断桥残雪十种景致（ 图11-1** ）。十景均围绕湖面展开，各自独立，又相互串联一体，共同构成丰富的景观效果（ 图11-2** ）。

图 11-1** ↑

清代杭州西湖十景（引自《西湖志纂》）

图 11-2** →

清代杭州西湖总平面图
（引自《江南理景艺术》）

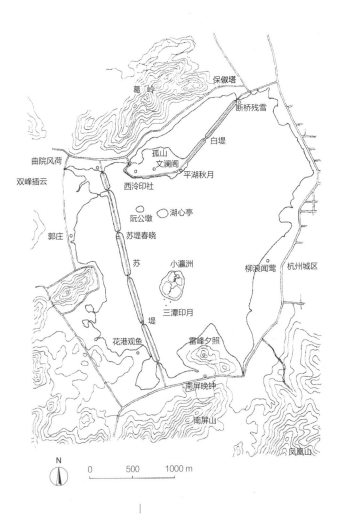

保俶塔

葛岭

断桥残雪

曲院风荷

白堤

孤山

文澜阁

平湖秋月

双峰插云

西泠印社

湖心亭

阮公墩

郭庄

苏堤春晓

苏

小瀛洲

柳浪闻莺

杭州城区

堤

三潭印月

花港观鱼

雷峰夕照

南屏晚钟

南屏山

凤凰山

N

0   500   1000 m

（清）胤禛．平湖秋月．世宗御制文集．卷29．
清代光绪二年刊本．

（清）弘历．平湖秋月．高宗御制诗初集．卷22．
清代光绪二年刊本．

（清）弘历．曲院风荷．高宗御制诗初集．卷22．
清代光绪二年刊本．

图 11-3★★

《圆明园四十景图》中的《平湖秋月图》
（引自法国国家图书馆藏《圆明园四十
景图》）

康熙三十八年（1699年）圣祖南巡，亲笔为十景题名，并改"两峰插云"、"雷峰夕照"、"南屏晚钟"为"双峰插云"、"雷峰西照"、"南屏晓钟"。康熙四十一年（1702年）在各景点勒石立碑，西湖十景之名进一步传唱天下。

圆明园中最早在雍正时期就第一次出现用西湖十景之一命名的景点，即位于福海北岸的"平湖秋月"。平湖秋月后来正式列入圆明园四十景之中，从乾隆九年（1744年）《圆明园四十景图》（图11-3★★）上看，此景由一组散布的临水建筑组成，主院分设前后两座三间小殿，嘉庆间将其正宇改为一座三开间的前后三卷殿堂。此外东侧尚有流水音、花屿兰皋、山水乐、君子轩、藏密楼诸景（图11-4★★）。"平湖秋月"四字为雍正帝所题，且雍正帝曾在雍正七年（1729年）写过一首《平湖秋月》诗："树杪暮烟收，晴光逐水流。浅沙闲立鹭，轻浪稳眠鸥。心月双圆镜，湖天一色秋。恍疑星汉里，缥缈玉京游。"[3] 乾隆九年（1744年）乾隆帝也作过《平湖秋月》词，其序描绘此景云："倚山面湖，

竹树蒙密，左右支板桥以通步屧。湖可数十顷，当秋深月皎，潋滟波光接天无际，苏公堤畔，差足方兹胜概。"词曰："不辨天光与水光，结璘池馆庆霄凉，蓼烟荷露正苍茫。白傅苏公风雅客，一杯相劝舞霓裳，此时谁不道钱塘。"[4]

除平湖秋月之外，圆明园中仿西湖十景的其他9个景点均为乾隆帝所题，同时值得一提的细节是乾隆帝并没有遵照其祖父对两峰插云、雷峰夕照、南屏晚钟三景景名的改动，而是仍然沿用了民间原有的说法。

曲院风荷是十景中仅有的两处名列圆明园四十景的景点之一。此景位于后湖与福海之间，北为一组庭院，南为大片荷池，池上架有九孔石桥。其正宇为五开间殿，殿西有洛伽胜境楼（图11-5★★）（图11-6★★）。乾隆九年（1744年）《曲院风荷》御制诗序称："西湖曲院，为宋时酒务地，荷花最多，是有曲院风荷之名。兹处红衣印波，长虹摇影，风景相似，故以其名名之。"诗曰："香远风清谁解图，亭亭花底睡双凫。停桡堤畔饶真赏，那数余杭西子湖。"[5]

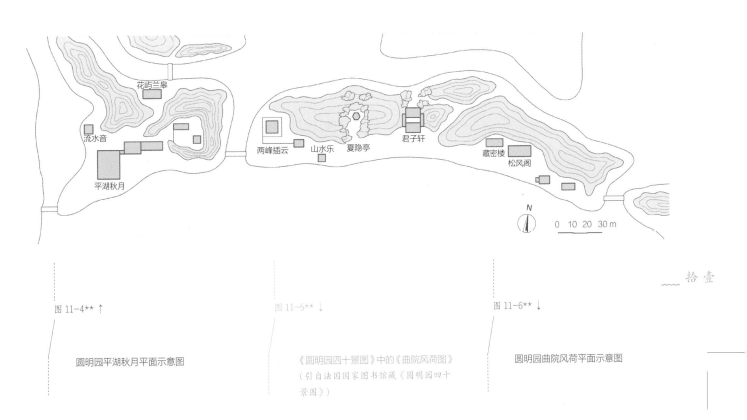

花屿兰皋

流水音

平湖秋月

两峰插云　山水乐　夏隐亭

君子轩

藏密楼

松风阁

N

0　10　20　30 m

拾壹

图 11-4** ↑

图 11-5** ↓

图 11-6** ↓

圆明园平湖秋月平面示意图

《圆明园四十景图》中的《曲院风荷图》
（引自法国国家图书馆藏《圆明园四十
景图》）

圆明园曲院风荷平面示意图

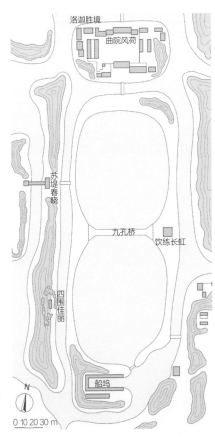

洛迦胜境

曲院风荷

苏堤春晓

九孔桥　　饮练长虹

四围佳丽

船坞

N

0 10 20 30 m

三潭印月是位于方壶胜境西侧的一个相对独立的小景区（图11-7＊＊），以游廊串联五座亭榭，横跨于水上（图11-8＊＊）。在水中的一座重檐四方亭上悬"三潭印月"之额，亭西水中置有三座小砖塔，在东边还有一座名叫"涌金桥"的小石桥。乾隆帝诗中曾咏："高冈翔羽鸣应六，曲渚寒蟾印有三。[6]"乾隆四十五年（1780年）的工程清单上记载了三塔的尺寸以及维修状况："三潭印月河内砖塔三座，各通高七尺五寸，内青砂石底垫径过三尺五寸，四出轩花砖须弥座见方三尺三寸，塔囊径过三尺；换柱心木三根，归陇青砂石底垫，添安铁拉扯，拆砌花砖四出轩须弥座、十三天伞衣伞柄仰月云托，添安铁镴等项……[7]"三塔的遗址至今仍清晰可见（图11-9＊＊）。

十景中的其余诸景均包含在其他大景区中。"两峰插云"之匾悬于平湖秋月景区中的一个重檐四方亭中，亭高

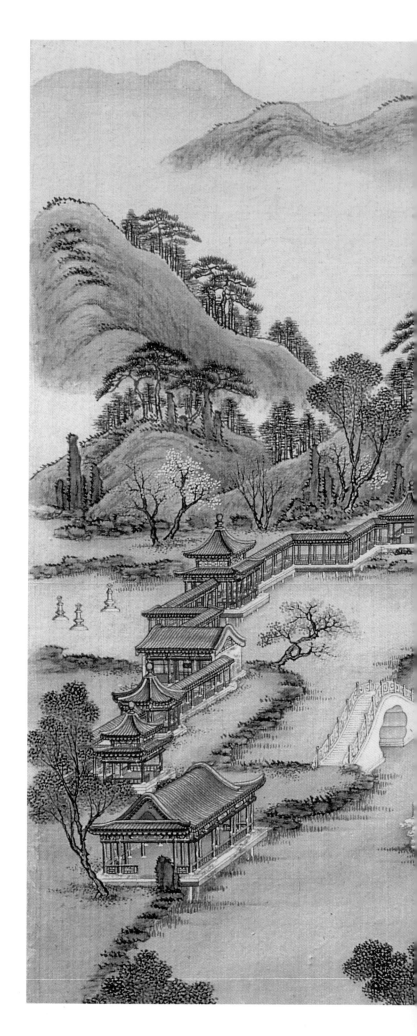

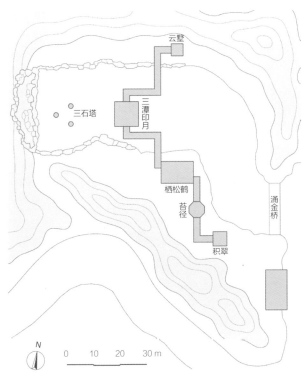

云墅

三石塔

三潭印月

栖松鹤

苔径

涌金桥

积翠

N
0 10 20 30 m

（清）弘历.方壶胜境.高宗御制诗初集.卷22.
清代光绪二年刊本.

中国第一历史档案馆.圆明园.
上海：上海古籍出版社，1991: 217.

图 11-7** ↑

《圆明园四十景图》中的三潭印月
（引自法国国家图书馆藏《圆明园四十
景图》）

图 11-8** ↑

圆明园三潭印月平面示意图

图 11-9** ↑

圆明园三潭印月遗址

踞石台之上，或可登临望远，乾隆五年（1740年）九月曾经在此亭上安装过两块玻璃[8]（图11-10**、图11-11**）。

在天然图画和曲院风荷之间有一道较长的堤岸，堤上有三间敞轩题额"苏堤春晓"，乾隆二十三年（1758年）五月曾经将"苏堤春晓"匾改换为黑漆金字玉匾[9]，五十四年（1789年）又在此安设鱼缸一对[10]。

雷峰夕照位于福海东岸的涵虚朗鉴景区，为一座西向临水的三间小轩，前出一卷抱厦。轩外檐挂"雷峰夕照"匾，后又在内檐移挂"涵虚朗鉴"之匾[11]。

南屏晚钟是夹镜鸣琴景区中一个十字形平面的小亭子，其西侧为供奉碧霞元君的广育宫。

花港观鱼在西峰秀色景区北端溪流之上。从乾隆九年（1744年）《圆明园四十景图》看，原来位置上有一座三开间的廊桥，桥身为可启合的木板。乾隆晚期改为

七间过河敞厅。

乾隆十六年（1751年）春天乾隆帝南巡游杭时所作《柳浪闻莺》诗注中曾有"圆明园四十八景中亦有是名"[12]之语，但不知所指何处。后于乾隆二十八年（1763年）在文源阁西北的垂柳树荫之下树立了一座汉白玉的石坊，坊上刻有"柳浪闻莺"之额以及乾隆当年所作的御制诗："十景西湖名早传，御园柳浪亦称旃。栗留叽喋无端听，讶似清波门那边。"[13]此坊之楣额至今仍然幸存于圆明园遗址公园中（图11-12**）。

同年，在汇芳书院景区之东的跨溪小桥的东边也树一石坊，楣上刻"断桥残雪"额以及御制诗："在昔桥头密雪铺，举头见额忆西湖。春巡几度曾来往，乃识西湖此不殊。"[14]这是对圆明园中仿西湖十景的最后一次题名，至此西湖十景在御园已经全部具备。

综合以上叙述，可将圆明园仿西湖十景概况列表如下：

表 11-1 圆明园西湖十景概况

仿西湖十景名	所在景区	主要标志性建筑与景观	备注
平湖秋月	平湖秋月	原为前三间敞榭/后三间正殿,嘉庆间改为三卷大殿,临湖	雍正七年有诗
曲院风荷	曲院风荷	五间正殿、荷塘	乾隆初年已有
两峰插云	平湖秋月	高台重檐方亭	乾隆初年已有
苏堤春晓	天然图画	方亭、堤岸	乾隆五年有诗
花港观鱼	西峰秀色	原为带棚木盖板桥,后改过河敞厅	乾隆二十二年做區
三潭印月	方壶胜境	重檐轩榭、池中三塔	乾隆九年四十景图可见
雷峰夕照	涵虚朗鉴	三间轩宇前出抱厦	乾隆初年已有
南屏晚钟	夹镜鸣琴	十字亭	乾隆初年已有
柳浪闻莺	文源阁	汉白玉石坊	乾隆二十八年有诗
断桥残雪	多稼如云	小桥、石坊	乾隆二十八年有诗

中国第一历史档案馆.活计档.圆明园.上海:上海古籍出版社,1991:1284.载:"(乾隆五年九月十七日)将造办处收贮玻璃,长一尺七寸,宽九寸二块,用在福海北泊岸两峰插云亭上。"

中国第一历史档案馆.奏销档.圆明园.上海:上海古籍出版社,1991:1374.(乾隆四十五年十二月初十日)

中国第一历史档案馆.活计档.圆明园.上海:上海古籍出版社,1991:1627.载:"(乾隆五十四年十月十三日)将五福堂、苏堤春晓现安设鱼钢(缸)一对,着配做架座。"

(清)于敏中等编纂.日下旧闻考.北京:北京古籍出版社,1985:1373.载"涵虚朗鉴在福海东,即雷峰夕照正宇。……(涵虚朗鉴)额为皇上(指乾隆帝)御书,旧悬湖西澄虚榭,后移置湖东雷峰夕照轩宇内。"

(清)沈德潜等.西湖志纂,首卷.清代乾隆二十年刊本:16.

(清)弘历.柳浪闻莺.高宗御制诗三集.卷30.清代光绪二年刊本.

(清)弘历.断桥残雪.高宗御制诗三集.卷34.清代光绪二年刊本.

—— 拾壹

图 11-10**↘

清代宫廷绘画中的圆明园两峰插云亭
(引自 Yuanmingyuan)

图 11-11**←

圆明园两峰插云亭旧照(引自"老北京网论坛"bbs.oldbeijing.org)

图 11-12**↙

圆明园柳浪闻莺石坊楣额

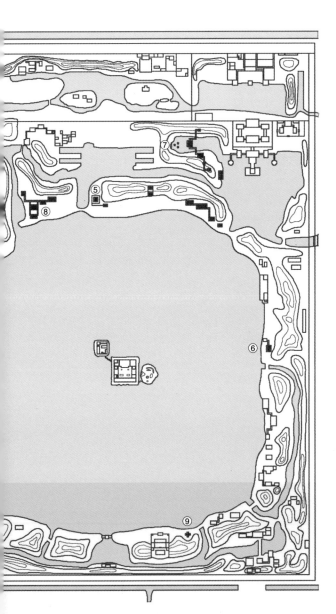

从总体来看，杭州的西湖十景以湖面为依托，全部分布在西湖周围的岸边，彼此有所呼应。而圆明园所仿十景并没有环福海布置，而是分散在全园之中，彼此相距甚远，没有特别的路径联系，基本上都是个体的景观，各自的具体位置也和杭州西湖的同名景致没有多少关联（图11-13★★）。

拾壹

图 11-13★★

圆明园仿西湖十景位置分布图

① 苏堤春晓 / ② 柳浪闻莺 / ③ 花港观鱼 / ④ 曲院风荷 / ⑤ 两峰插云 / ⑥ 雷峰夕照 / ⑦ 三潭印月 / ⑧ 平湖秋月 / ⑨ 南屏晚钟 / ⑩ 断桥残雪

N

0   300 m

曲院风荷
苏堤春晓
三潭印月
两峰插云
平湖秋月
断桥残雪
花港观鱼
雷峰夕照

从各自景观的特点来看，圆明园的仿西湖十景大致可分3种情况（图11-14**）：一是以水月花木等自然景象为主，如平湖秋月、曲院风荷、柳浪闻莺，重点分别在于湖月、荷花、柳树，以赏鱼为目标的花港观鱼也可归于此类；二是以某种特殊形态的人工景观为标志，如三潭印月之三座石塔、苏堤春晓之长堤、断桥残雪之小桥；三是仅在个别亭榭建筑上悬额点题，并无特别的造景措施，如两峰插云、雷峰夕照、南屏晚钟。

如果与真正的西湖十景分别进行比较，可以发现圆明园中最具象的模仿是三潭印月一景中的三塔。杭州西湖中的三塔相传为宋朝所立，形似喇嘛塔，中空，开五孔圆窗，可燃灯伴月，是三潭印月乃至整个西湖的重要的标志。现存者为明朝遗物，塔高出水面2米左右，而圆明园中的三塔"各通高七尺五寸"，除去水的深度，尺寸应该大致相近，从《圆明园四十景》图上看，形态也基本相同。但杭州西湖的三潭印月一景还包括小瀛洲（一座田字形平面的小岛）在内，而圆明园中的三潭印月并没有对小瀛洲进行复制，二者还是有很大区别的，所谓具象的模仿也只限于局部。

如平湖秋月、曲院风荷、柳浪闻莺、花港观鱼诸景，圆明园所取者，不过是与杭州西湖自然风光相近的立意，彼此的园林建筑格局并无多少相似之处。杭州西湖的平湖秋月一景，唐代建有望湖楼，清朝在其原址上改建御书亭，前出平台；圆明园平湖秋月与之相通的主要是"心月双圆镜，湖天一色秋"的自然景貌。杭州西湖的曲院风荷为宋朝时官家酿酒之曲坊，院中多荷花，清康熙间建迎薰阁、望春楼。圆明园中的曲院风荷的院落格局与之完全不同，只是因为这里"红衣印波，长虹摇影，风景相似"，才特意"以其名名之"。杭州西湖的柳浪闻莺在宋代原指聚景园一带的风光，清朝时修建了亭、桥、舫、斋，而圆明园对应之景仅以一石坊代之。杭州西湖的花港观鱼肇始于宋代之卢园，后来园废，清代重新又建亭砌池，而圆明园中先在一跨河廊桥上悬挂"花港观鱼"之额，后来桥又改过河敞厅，自身前后的变化就很大，更勿论与杭州西湖同名景点的差异了。因此，圆明园各处景观与杭州西湖所呼应者也就是湖月、荷花、柳树、游鱼而已，其手法应该算是一种写意

（清）沈德潜等. 西湖志纂，首卷. 清代乾隆二十年刊本：22.

拾壹

图 11-14** ←

圆明园仿西湖十景景象总览（引自《圆明园图咏》）

化的主题模仿。

杭州西湖的苏堤为北宋苏东坡守杭时所筑，纵贯全湖，长达2.8公里，中有六桥串联，垂柳夹道，花草相间，是西湖最有代表性的景观；断桥则是一座较长的单孔石拱桥，系于白堤东端，清朝时在桥上建有一亭。而圆明园中的苏堤春晓虽然也设于一条堤岸上，但仅仅是普通的小堤；从《圆明园四十景图》上看，断桥残雪所在位置在题名之前只有一座简单的木板桥，而后期的样式雷地盘图上显示题名后此景仍然只是一座小桥，具体造型不详。无论如何，这二景与真正的苏堤和断桥相比，其规模、走向、形态均大相径庭，只是略有"堤"和"桥"之名，已经完全是一种符号化的处理。

至于两峰插云、雷峰夕照、南屏晚钟三景，无论是形或意均与杭州西湖相去甚远。杭州西湖外围有重重山峦，其中"南高、北高二峰相去十里许，其间层峦叠嶂、蜿蜒蟠结，列嶂争雄……山峰高出云表时露双尖，望之如插"，因此"宋人称两峰插云"[15]；而圆明园福海周围并无这样高耸的山峰，只有一些土丘，特意在一座高台方亭进行悬额而已。杭州西湖的雷峰夕照以南岸夕照峰上的雷峰塔为主景，而圆明园仅代之以一座西向的小型轩榭。杭州西湖的南屏晚钟本指南屏山的山色和净慈寺的钟声，而圆明园此处并无佛寺，景致也完全不同，只是位置相似而已。可以说，这三景之设实际上与杭州西湖的关系更为疏远，主要是借用西湖十景之名。

通过以上的分析，我们不难看出圆明园的仿西湖十景与真正的西湖十景实际上有很大差别，有的甚至相差甚远。十景中虽有九景为乾隆帝亲笔所题，但其中有部分景点可能早在乾隆之前就已经建成[16]，即便建于乾隆年间者也很可能是先有景而后品题。乾隆帝对十景的品题颇为重视，所题匾额均悬挂在某一建筑上，乃至在乾隆二十八年（1763年）[17]还特意树立两座石坊来标识柳浪闻莺和断桥残雪二景，以完成十景之全数。

乾隆帝是一个好大喜功而又酷爱游山玩水的皇帝，曾经六次巡行江南，其间多次造访杭州，对西湖风光更是流连忘返，一而再、再而三地写下了多组吟咏西湖十景的诗作，毫不吝惜赞美之词。说他具有某种"西湖情结"，似不为过，因此在集天下胜景于一苑的御园中对西湖十景通通加以写仿，此举并不足为奇。

可是圆明园是一座平地建造的人工山水园林，其自然条件与杭州西湖差异极大。早在北宋时大词人柳永就用"重湖叠巘"来形容杭州西湖的湖山面貌特点，而圆明园四周并无高大的天然山峰，园中最大的水面福海的形态接近四方，与曲折重掩的杭州西湖以及湖岸层叠起伏的群山并无相似之处。

乾隆五十五年（1790年）朝鲜使臣柳得恭来华朝贺，曾经访问过圆明园，并在其纪行诗中记录了与著名画家罗聘[18]的问答："余问于罗两峰曰：'先生游西湖否？曰：'屡游。'余曰：'圆明园比西湖何如？'两峰大言曰：'安敢当

天然山水？'余曰：'山水系天然，楼台未必胜。'又大言曰：'楼台亦当胜。'"[19]。显然，罗聘把圆明园与真正的西湖作了对比后，认为就景色而言，无论是"天然山水"还是"楼台"，西湖都要胜过圆明园。这种看法可能反映了杭州西湖在当时文人心目中的崇高地位。

杭州西湖十景基本上属于公共风景区园林的范畴，其优美景色离不开西湖绝佳的湖山环境，非一般封闭性的私家园林可比，如果脱离宏观的山水条件，仅对局部加以模仿，很难取得好的效果。同时值得注意的是杭州西湖各景的亭台楼阁代有兴废，至清朝中叶时所遗者多已经过康熙时期的重建或改造，自然景色虽胜，其本身园林建筑的格局多比较简单，楼台之观并不及圆明园的"高楼邃室"（柳得恭怀疑罗聘"大言"是有道理的），未必值得一一加以严格仿效。比较特殊的建筑如雷峰塔，虽为五代十国时期吴越国的旧物，但到清朝时早已是一副沧桑的残败形象，要在皇家苑囿中按此样式复制，既不可能也不相宜。因此，

很可能出于以上两个原因，乾隆帝并没有在不具备条件的圆明园中刻意强求与原景的高度相似，除了三潭印月的三塔属于比较逼真的仿建之外，其余不过是略求其意，有些甚至是只求其名，即所谓"举头见额忆西湖"而已。概括来说，圆明园的所谓西湖十景明显是一次"名大于实"的写仿。

鲁迅先生曾经在《再论雷峰塔的倒掉》一文中说过："我们中国的许多人……大抵患有一种'十景病'，至少是'八景病'，沉重起来的时候大概在清朝。"[20]乾隆帝很可能是最有"十景癖"的一位皇帝，一生追求完满齐全，晚年还自号"十全老人"。他在皇家园林中动辄大题"八景"、"十景"、"三十六景"乃至"四十景"，其中难免有牵强拼凑的痕迹。乾隆帝在圆明园中仿建的西湖十景，既表示自己对西湖的喜爱之情，也象征着自己对西湖无可辩驳的拥有权，其实质是为了追求一种"万物皆备于我"的帝王心理的满足。

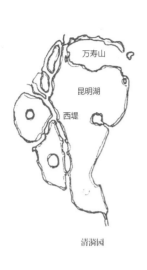

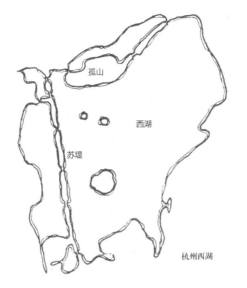

清漪园　　　　　　　　　　　　　　　　　　　　　　杭州西湖

张恩荫.圆明园变迁史探微.
北京：北京体育学院出版社，1993.

乾隆二十八年（1763 年）正是乾隆帝第三次
南巡的次年。

罗聘（1733-1799），字遯夫，号两峰、花
之寺僧，清代著名画家，为"扬州八怪"之一。

（朝鲜）柳得恭.热河纪行诗二卷.
国家图书馆藏清代抄本.

鲁迅.再论雷峰塔的倒掉 // 鲁迅选集.
北京：人民文学出版社，1983: 57.

清华大学建筑学院.颐和园.
北京：中国建筑工业出版社，2000: 108.

____ 拾壹

图 11-15★★↖

清漪园与杭州西湖平面比较图
（摹自《颐和园》）

同时我们可以发现圆明园中所仿的西湖十景在整个御
园中均非主要景观，规模也相对较小，其工程量加在一起
也比不上九洲清晏或方壶胜境一景。一般来说，乾隆帝对
某一景的兴趣越大，则光顾的次数越多，题咏的御制诗也
越多。而他为圆明园仿西湖十景所写的诗一共只有寥寥数
首，不但与圆明园中一些重要的景点差距甚远，也和真正
的杭州西湖不可同日而语。这至少从一个侧面说明乾隆帝
对这些景色本身的实际兴趣并不大。

乾隆帝对西湖真正意义上的一次写仿是在始建于乾隆
十五年（1750年）的清漪园（颐和园前身）中。清漪园拥有
万寿山和昆明湖这样优越的自然条件，更有西山诸峰可以
借景，乾隆帝没有放弃这次难得的机会，以杭州西湖为蓝
本，经过一番改造，营造出与真正的西湖形神皆似的山水
景观来。清漪园中昆明湖的水面划分、山与湖的尺度和空
间关系、西堤的走向与六桥之设等等地方均可与杭州西湖
一一对应[21]（图11-15★★），并在昆明湖西南设睇佳榭模拟西

（清）弘历.睇佳樹.高宗御制诗三集.卷79.
清代光绪二年刊本.诗注："西湖蕉石鸣琴景
在丁家山,居湖之西南,此处亭台结构皆肖之."

（清）弘历.万寿山即事.
高宗御制诗二集.卷38.
清代光绪二年刊本.

（清）弘历.昆明湖上作.
高宗御制诗三集.卷24.
清代光绪二年刊本.

（清）弘历.小西泠.高宗御制诗三集.卷98.
清代光绪二年刊本.

（清）弘历.玉带桥.高宗御制诗三集.卷99.
清代光绪二年刊本.

湖的蕉石鸣琴[22]，还一度拟在万寿山上修建延寿寺塔以仿杭州六和塔。乾隆帝在描写清漪园的御制诗中也多次强调了此园与杭州西湖的亲缘关系，如"背山面水池，明湖仿浙西。琳琅三竺宇，花柳六桥堤。"[23] "三岛忽疑移北地，六桥原不异西湖。"[24] "西峰浸水西湖似，缀景西泠小肖诸。何必孤山忆风景，已看仲夏绽芙蕖。"[25] "玉泉津逮溯洄始，西子春光想像中。"[26] 等，不胜枚举。但在清漪园中并无与西湖十景同名的题额，仅有"小西泠"等个别景名采自西湖。这完全是一次"实重于名"的仿建。

在中国历代帝王苑囿中，对天下的名胜风景进行仿建是一种常见的现象，也是皇家园林的重要特色，著名的例子如秦始皇在咸阳北坂上仿建六国官苑，东汉洛阳西园以大假山模仿关中名山少华山，东魏仙都苑中堆山引水以仿五岳四海，北宋东京艮岳中筑万岁山以仿杭州凤凰山，南宋德寿宫叠石以仿灵隐飞来峰。这一传统到了清代进一步发扬光大，尤其在乾隆时期，写仿已经成为皇家造园的主

要内容之一，模仿的对象从自然的山水转向以人工景园为主，就具体的实例而言，其写仿的方式和模拟的程度是有很大差别的：有的重整体，有的重局部；有的追求形似，有的强调写意，有的只求借名。圆明园的仿西湖十景实际上与杭州西湖差异很大，其中部分景致有写意的效果，部分景致仅是约略相似而已。总体上看，圆明园的这次仿建的重点不在于造景而在于品题，这也是清代皇家园林中具有一定代表性的特殊写仿手法，其情形更类似于文学创作中的"用典"，即试图以联想的方式把皇家园林景观与经典名胜西湖联系在一起，使之成为"移天缩地在君怀"的一个组成部分。

拾壹

蔚然深秀秀而娟，宛识名园小有天

——小有天园

一

清帝南巡，遍阅江南名胜，常常在皇家园林中加以仿制，其中尤以圆明三园所仿最多。刘敦桢先生《同治重修圆明园史料》称："南宋以后，江南林园之胜甲于全国，倪瓒、计成所经营，张南园父子所规划，脍炙人口，迥非一日。故数次南巡，流览名园胜景，图写形制，仿置园中。"[1]圆明三园写仿江南景致，以小有天园、安澜园、狮子林、如园四座园中园最富有代表性，因此清末王闿运《圆明园词》曰："行所留连赏四园，画师写仿双镜开。"[2]其中后三处都自成独立景区，名气也较大；惟小有天园附属于长春园的思永斋，格局很小，加上留存的资料和遗迹相对较少，常被忽视。但小有天园建成于乾隆帝第二次南巡之后的乾隆二十三年（1758年），早于其余三景，是圆明三园中第一次明确完整仿制江南名园的实例，具有首创意义。更重要的是，作为乾隆帝较为喜爱的一处小景，此园景致采用非

常独特的微缩手法，又与其他写仿景观迥异。本章即拟通过文献考证，对其原型杭州汪氏园的景象以及御园此景的特殊营造手法进行分析探讨。

二

长春园中的小有天园仿自杭州的汪氏园。汪氏园位于西湖南岸的南屏山慧日峰下，其前身是一处僧堂，名"壑庵"。清雍正间徐逢吉《清波小志》载："壑庵，在南屏下，向为方外西吾之居。西吾名道衡，字方平，虞山李氏子。剃发武林，托迹于此。贵游子时来借寓，心厌之，遂焚庵而去。已复来，手葺茅篷，独处于内。门外小桥，横以独木，渡则撤去，不通人迹。后为怨家据有其地，今则为汪氏别业，人称'赛西湖'焉。"[3]

清初以来文人游西湖，时有诗词咏及这座壑庵，如陆世楷《壑庵访姚望侯大尹》诗："别业南山下，清阴一径浓。

刘敦桢.同治重修圆明园史料.
中国营造学社汇刊.第4卷.第2期:106.

舒牧等.圆明园资料集.
北京:书目文献出版社,1984:328.

(清)徐逢吉.清波小志.卷下//王国平.西
湖文献集成.第8册.
杭州:杭州出版社,2004:86.

(清)李卫,嵇曾筠等修.(清)沈翼机,傅
王露等纂.浙江通志.卷274.
清代乾隆元年刻本.

(清)吴绮.林蕙堂全集.卷23.
清代乾隆三十九年刊本.

(清)朱彝尊.曝书亭集.卷5.
清代康熙间刊本.

(清)厉鹗.樊榭山房集.卷6.
清代乾隆四年厉氏刊本.

(清)李卫,嵇曾筠等修.(清)沈翼机,傅
王露等纂.浙江通志.卷194.
清代乾隆元年刻本.

(清)和珅等修.大清一统志.卷217.
清代文渊阁四库全书本.

(清)阿桂,和珅等.南巡盛典.卷104.
清代文渊阁四库全书本.

危桥斜渡涧,曲蹬冷穿松。小阁凭虚壁,幽亭面远峰。香台原咫尺,坐听晚堂钟。"[4]吴绮《小重山·游鳌庵》词:"苏小堤边东复东,啼莺声不住,百花中。断桥无路倩云通,人过处,又被碧云封。"[5]朱彝尊《由净慈寺登南屏山绝顶晚憩鳌庵精舍》云:"……山僧顾我笑,拍手磬石间。檐前桂树白,镜里荷花殿。攀荷坐更迟,拂石影相并。爱此精舍闲,留连日将暝……"[6]厉鹗《湖上泛舟至鳌庵》:"石带残云涧,潭临杂树青。"[7]由以上描述可见,鳌庵是一座规模不大的精舍,旁倚涧流,与外界隔绝,仅设小桥相通;其内部格局清幽,曾筑有茅篷,又有小阁、山亭居于山坡之上。

鳌庵后归汪之萼。按《浙江通志》记载,汪之萼字含章,安徽歙县人,是当时著名的孝子,其母生病他曾经割臂为药疗亲,因为"闻西泠山水名胜,来钱塘结庐南屏山麓,榜曰'鳌庵'。父母卒,遂葬焉,萼庐墓不复归。未几亦卒,葬于此。"[8]汪氏后人以鳌庵为宅园,世居于此,重加经营,

景致更佳,逐渐成为西湖边重要的一座园亭。但此园之所以在西湖众多的私家园林中独享盛名,主要还是因为乾隆帝六次南巡均曾经来此游览、作诗,特赐名"小有天园"并题写匾联,此园由此成为"盛世恩宠"的典范,地位非凡。

乾隆《大清一统志》载:"小有天园在钱塘县南屏山,汪氏所建。本朝乾隆十六年、二十二年、二十七年、三十年、四十五年、四十九年銮华六次临幸,俱有御制诗,并御书'胜阁'、'入云'两匾额。"[9]《南巡盛典》载:"小有天园在净慈寺西慧日峰下,旧名'鳌庵',后辟为园,上构南山亭以供暇眺,拾级而登,有幽居洞、欢喜岩,石壁摩崖刻米芾'琴台'二字及司马光隶书'家人卦',俱称名迹。乾隆辛未御书额'小有天园',壬午御书额曰'胜阁',联曰:'每闻善事心先喜,或见奇书手自抄'。己酉御书额曰'入云'。"[10]

乾隆间礼部侍郎沈德潜作《小有天园记》,记录乾隆十六年(1751年)初次临幸的经过:"天子奉圣母南巡江浙,三月朔驾至杭州,行幸净慈寺,取道经鳌庵,庵之主汪湛

（清）沈德潜等编.西湖志纂.卷11.
清代乾隆二十年刊本.

（宋）李昉等编纂.太平御览.卷40.
清代文渊阁四库全书本.

（唐）杜甫著.张志烈主编.杜诗全集.
成都：天地出版社：561.

（清）弘历.题小有天园.
高宗御制诗二集.卷25.
清代光绪二年刊本.

（清）弘历.小有天园.高宗御制诗二集.卷70.
清代光绪二年刊本.

（清）弘历.小有天园.高宗御制诗三集.卷21.
清代光绪二年刊本.

（清）弘历.再游小有天园.
高宗御制诗三集.卷22.
清代光绪二年刊本.

（清）弘历.小有天园.高宗御制诗三集.卷48.
清代光绪二年刊本.

率一门五世迎銮道左，上问：'此何地也？'刺史杜甲奏云：'名壑庵，系故孝子汪之莘庐墓之所，其孙之湜增葺之，累世同居，敦睦好善。'天颜甚霁，爰驻跸游焉，周览池馆，玩赏高深，遂赐嘉名，亲洒奎章，龙骞凤翥。越三日，圣驾再幸，进早膳，毕，撤馔赐湛等。逾时驾旋，湛等率族人跪送。上问：'是一门五世耶？'嘉奖不已，复御制《小有天园》诗一章赐之，湛等恭摹勒石，荫之华栋。"[11]

乾隆帝亲自为此园题额"小有天园"，典出道教传说，《太平御览》载："太素真人王君内传曰：王屋山有小天，号曰'小有天'，周回一万里，三十六洞天之第一焉。"[12]唐代杜甫《秦州杂诗二十首》之十四首中也有"万古仇池穴，潜通小有天"[13]之句。乾隆帝对这座小园颇为喜爱，不但以此比拟洞天仙府，而且每次南巡杭州均造访此园，共作有8首御制诗加以吟咏，列举如下：

乾隆十六年（1751年）《题小有天园》："佳处居然小有天，南屏北渚秀无边。如依妙鬘云中住，便是超尘劫外仙。几曲涧泉才过雨，一园梅柳欲生烟。坐来拈句浑难得，不落空还不涉诠。"[14]

乾隆二十二年（1757年）《小有天园》："蔚然深秀秀而娟，宛识名园小有天。新笋紫苞雷后堤，落花红织涧边泉。清幽最喜树皆古，点缀微嫌景胜前。新构御书楼固好，挥毫却愧米家颠。"（图12-1**）[15]

乾隆二十七年（1762年）《小有天园》："南屏峰下圣湖隈，小有天园清跸来。了识曰门及曰径，依然为榭复为台。山多古意鸟忘去，水有清音鱼喜陪。昔写斜枝红杏在，恰同庭树一时开。"[16]《再游小有天园》："不入最深处，安知小有天。船从圣湖泊，径自密林穿。"[17]

乾隆三十年（1765年）《小有天园》："花木昌如候，名园小有天。面湖澄净影，背岭蔚晴烟。何碍高楼起，翻成一览全。兴心尚龙井，诗就便鸣鞭。"[18]《游小有天园登绝顶》："最爱南屏小有天，登峰原揽大无边。易诠藉用还司马，琴趣那能效米颠。百卉都知斗春节，千林乍欲敛

（清）弘历.游小有天园登绝顶.
高宗御制诗三集.卷48.
清代光绪二年刊本.

（清）弘历.小有天园.高宗御制诗四集.卷71.
清代光绪二年刊本.

（清）弘历.小有天园.高宗御制诗五集.卷6.
清代光绪二年刊本.

（清）沈德潜等.西湖志纂.卷1.
清代乾隆二十年刊本.

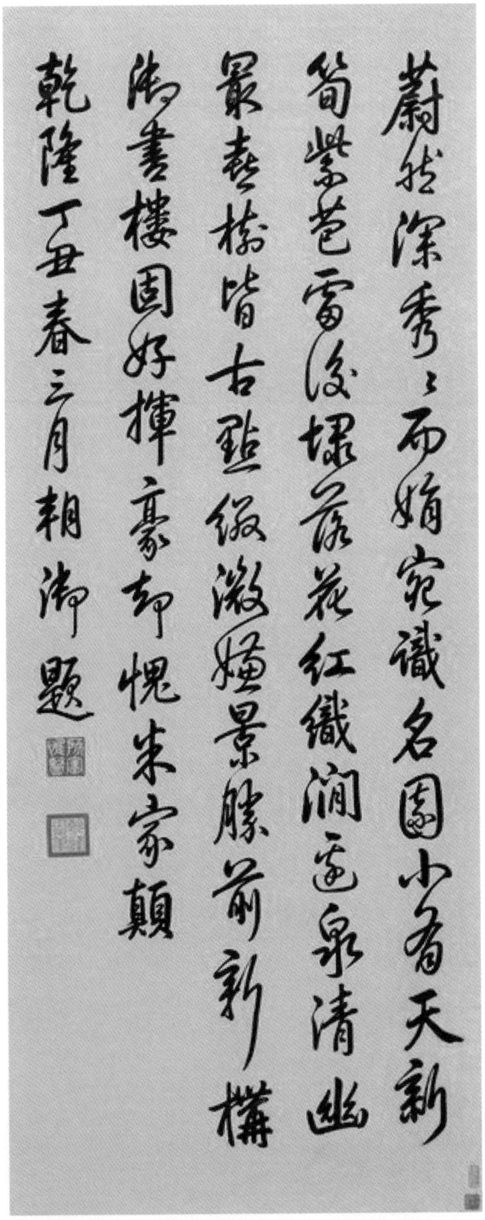

图12-1**

乾隆帝御笔《小有天园》诗卷
（引自 www.n21ce.com:8080）

朝烟。菁葱峭茜间妙探，比似仇池然不然。"[19]

乾隆四十五年（1780年）《小有天园》："小有天园
吾所名，既窈且深复明净。别后忽忽十五年，倘此重临宛
熟径。为堂为阁为林木，一一含晖碧波映。入幽得回复开
豁，眼底西湖显远镜。"[20]

乾隆四十九年（1784年）《小有天园》："向年游此园，
无过咏佳景。春风此重来，乃觉别有省。"[21]

《西湖志纂》对乾隆间汪氏园的景致有详细记载："慧
日峰为南屏山之主山，上多层峦叠嶂，丹崖翠壁，下有精舍，
旧名'壑庵'，郡人汪之尊别业也。石笋林立，绣削玲珑。
有泉自石罅出，汇为深池，饶寿藤古木，环植芙蓉，游人
称为'赛西湖'。之孙守湜辟为园，更加葺治，轩槛周遭，
池亭合匝，复构南山亭于慧日峰之上。拾级而登，历幽居洞，
涉欢喜岩，抵琴台，观司马光摩崖隶书'家人卦'，憩南山亭，
山峰既高，所建益远，全湖风景，近在目睫。"[22]

沈德潜《小有天园记》则描述道："园在南屏山慧日峰

图 12-2**

杭州小有天园湖山环境
（引自《西湖旧影》）

下，司马文正公摩崖之书在焉。湖山之胜，荟萃于此"，有"山高水幽、木石亭榭之美"[23]。

许乘祖《雪庄西湖渔唱》载此园"内多奇石，疏数偃仰，清泉周流。即东坡咏'金鲫鱼池'，俗号'赛西湖'，侧为懒窝。"并有诗赞曰："奇石骈罗翠作环，别开天际小林峦。金舆过处春风遍，仿佛蓬莱袖底看。"[24]

乾隆二十四年（1755年）春季游杭州的文人张仁美在《西湖纪游》中也记录了此园的风光："（雷峰塔）再南数十步，崇山茂木，若无屋宇。逶迤而前，忽通一径。径尽，洞然有门。入门有堂有楼，有台有榭，有馆有阁，有池有沼，有小桥仄径，有曲槛纡廊，有乔松翠竹、碧柳红桃，有青桐黄榆、丹桂白薇，有紫藤覆架、碧藻浮波，旧名'壑庵'，为郡人汪之莘别业。乾隆十六年，御题'小有天园'"[25]。

《湖山便览》载："小有天园旧名壑庵，郡人汪之莘别业，石皆瘦削玲珑，似经洗剔而出……契嵩所称幽居洞等迹，皆萃于此，盖此实南屏正面也。有泉自石罅出，汇

为深池，游人称'赛西湖'。乾隆十六年圣驾临幸，御题曰小有天园，二十七年又题半山亭曰胜阁。"另引毛先舒《游壑庵》诗："胜地宜幽赏，况逢晴日辉。逶迤穿竹径，疏豁到柴扉。桥小通波去，林深过雨微。直愁新翠滴，未觉乱红稀。"引钱陈群《恭和御制小有天园元韵》："始信壶中别有天，芳园一曲傍湖边。玉梅倚石如高士，斑鹿穿林见古仙。深护翠屏宜贮月，细铺瑶草亦耕烟。南山最好供留赏，睿想清莹不落诠。"[26]

从以上的诗文记载以及《南巡盛典》和《西湖志纂》所附插图来看，汪氏小有天园的景色主要有这样几个特色：

首先是此园位于西湖南岸的南屏山麓，面湖背山，位置绝胜。所在地段同时兼有《园冶》"相地"篇所说的"江湖地"和"山林地"的优点，正所谓"湖山之胜，荟萃于此"，尤以北瞰西湖的视线效果最佳，同时南屏山"石色苍翠，峰峦奇秀，为湖上诸峰之冠。"[27]，而且园东即为西湖十景中的雷峰夕照和南屏晚钟，借景条件非常难得（图12-2**）。

（清）沈德潜等．西湖志纂．卷 11.
清代乾隆二十年刊本．

（清）崔灏登．湖山便览．
上海：上海古籍出版社，1998：185.

（清）许乘祖．雪庄西湖渔唱．卷 2 //
王国平．西湖文献集成．第 8 册．
杭州：杭州出版社，2004：452.

（清）徐逢吉．清波小志．卷下 //
王国平．西湖文献集成．第 8 册．
杭州：杭州出版社，2004：85.

（清）张仁美．西湖纪游 //
王国平．西湖文献集成．第 8 册．
杭州：杭州出版社，2004：943-944.

（清）沈复．浮生六记．
北京：人民文学出版社，1980：40．

（清）朱彝尊．曝书亭集．卷68．载："故东
坡居士《访南屏臻师》诗：'我识南屏金鲫鱼，
重来抚槛教斋余．'今壑庵前池尚存，疑即
种金鱼旧迹．"
清代康熙年间刊本．

图 12-3** ←

杭州小有天园图景之一
（引自《西湖志纂》）

其次是此园的规模虽小，空间却独有幽趣。园门隐藏在茂密的树林幽竹中，隔绝尘嚣，宛如世外之境。入门则别有洞天，跨过溪流上的小桥，过一亭，中路设三进厅堂，御笔"小有天园"匾额即悬挂在最北之堂上。西部有两跨宅院，山池园亭居于东部，其中设置楼阁、水榭、山亭、高台、岛屿、小桥、曲廊，疏密有致，竭尽错落之能事（图 12-3**、图12-4**）。乾隆间文人沈复《浮生六记·浪游记快》评价西湖名胜，称："结构之妙，予以龙井为最，小有天园次之。"[28]其布局之佳，可见佐证。

其三是园中山水花木之景十分秀美。所在地段本有奇石林立，再加洗剔堆叠，更见匠心；园周围有清溪涧流曲折萦回，山石缝隙间又有泉水沁出，汇为池沼，相传是宋代苏东坡所吟咏过的金鲫鱼池遗迹[29]；池岸斑驳，中有一小岛；园内花木，至少有松、竹、梅、柳、桃、桐、榆、桂、杏、白薇、紫藤，水上碧藻浮波，一园之内，景象极为丰富，因此才赢得"赛西湖"的美誉。

其四是园景并不局限于围墙之内，而是扩展到背后山坡上的幽居洞、欢喜岩、琴台、三生石等自然景致，扩大了景观的范围。幽居洞又名仙人洞，中有瀑布泉流叮咚作响；《雪庄西湖渔唱》载："琴台在慧日峰西麓，怪石耸秀，石壁有米元章书'琴台'二字，大径三尺。"[30]山崖石壁上另刻有传说为北宋名臣司马光所书的"家人卦"隶书以及元代周昌的题刻，《清波小志》载："壑庵后山半有石壁，上镌《家人卦》、《乐记》篇及《中庸》'道不远人'一章，皆隶书，笔甚故，相传为司马温公书……其前有'三生石'。又有字三行在下……"[31]这些人工遗迹进一步加深了景观的文化内涵，成为游人乐于探访的名胜。《清波小志补》载："南山亭在南屏山之半，壑庵后。壑庵自归汪氏，越数十年，有裔孙守湜字又持……其子廷对、廷扬谋所以乐其志

者，乃于其曾大父之蓼庐之旁，建石亭名曰南山，以寓冈陵之祝。"[32]汪氏后人另在山坡上陆续构筑南山亭、望湖亭以及御碑亭，于亭中可观全湖景色，美不胜收。

乾隆二十三年（1758年）大臣杨廷璋的奏议中提及"将小有天园门前圈占之水荡清出，建筑马头，不特湖船直达无碍，而水源亦疏畅流通。"[33]由《南巡盛典》插图上可见后来园门前确已建有码头，与西湖水系关系更加紧密，自湖上可坐船直达。

正因为拥有如上特色，此园著称于当时，也算实至名归。在得到乾隆帝的欣赏之后，汪氏小有天园的佳胜景致更为时人所推重，已经成为清代西湖沿岸最著名的私家园林。

图 12-4** ↓

杭州小有天园图景之二
（引自《南巡盛典》）

（清）许乘祖.雪庄西湖渔唱.卷2//
王国平.西湖文献集成.第8册.
杭州：杭州出版社，2004：453.

（清）徐逢吉.清波小志.卷下//
王国平.西湖文献集成.第8册.
杭州：杭州出版社，2004：86.

（清）陈景钟.清波小志补//
王国平.西湖文献集成.第8册.
杭州：杭州出版社，2004：107.

（清）阿桂，和珅等.南巡盛典.卷93.
清代文渊阁四库全书本.

（清）于敏中等编纂.日下旧闻考.
北京：北京古籍出版社，1981：1384.

（清）弘历.小有天园记.高宗御制文初集.卷7.
清代光绪二年刊本.

（清）弘历.林屋.高宗御制诗二集.卷81.
清代光绪二年刊本.

（清）弘历.题小有天园.
高宗御制诗三集.卷38.
清代光绪二年刊本.

样式雷图上也未标明抱清楼的位置，但乾隆帝有《抱清楼》诗云："回廊曲折自通幽，拾级登临纵远眸。"可见此楼应该临近曲廊，与图上思永斋东侧一处东西向的三间建筑位置吻合。

三

出于对汪氏园的特殊喜爱，乾隆帝在乾隆二十二年（1757年）第二次南巡回京之后，即命工匠在长春园思永斋的东部林屋之北的小院中仿建小有天园，次年建成。《日下旧闻考》记载十分简略："蒨园后河北岸为思永斋七楹……斋东别院为小有天园。"[34]乾隆帝为此另作有《小有天园记》，称："左净慈，面明圣，兼抱湖山之秀，为南屏最佳处者，莫过于汪氏之小有天园。盖辛未南巡所命名也。去岁丁丑，复至其地，为之流连，为之倚吟。归而思画家所为收千里于咫尺者，适得思永斋东林屋一区，室则十笏，窗乃半之。窗之外隙地方广亦十笏，命匠氏叠石成峰，则居然慧日也。范锡为宇，又依然壑庵也（汪氏别业旧名）。激水作瀑，泠泠琤琤，不殊幽居洞之所闻。而黄山松树子虽盈尺，有凌云之概，夭矫盘拿，高下杂出，于石笋峭蒨间，复与琴台之古木苍岩玲珑秀削不可言同。何况云异？

吾于是知天地间之景无穷，而人之心亦无穷。境有异，而人之心无有异。夫此为轩、为亭、为磴、为池、为林泉、为崖壑，固不可历历手攀而足陟之者。……"[35]

此外，乾隆帝还两次为此景题诗。《林屋》诗曰："激水飞来雪瀑，叠峰耸出云根。壶里绝无尘处，窗中小有天园。"其诗注："堆假山肖西湖汪氏园，自窗中见之。"[36]《题小有天园》诗云："叠石肖慧峰，范锡写壑庵。分明虚窗北，宛似圣湖南。缩远以近取，收大于小舍。既非仙术幻，亦岂佛偈拈。屦步丹崖侧，抚掌琴台尖。游神无不可，骋目还须兼。过去成陈迹，未来犹豫探。奚如眼前对，前三与后三。"[37]

由于现存的样式雷长春园地盘图上并未标明小有天园的位置，清宫档案相关记载极少，遗址也未系统发掘，因此此景的资料十分有限。从目前思永斋叠石遗迹并综合御制诗文的记载来看，小有天园应位于景区东部抱清楼曲廊[38]之北，小院近似正方形，三面围墙，其南有屋宇三间，

中国第一历史档案. 圆明园.

上海：上海古籍出版社，1991：1521.

中国第一历史档案. 圆明园.

上海：上海古籍出版社，1991：322.

名叫"林屋"，屋之北墙半为虚窗，坐在屋内就可以观赏院中小有天园的景致，所以号称"分明虚窗北，宛似圣湖南"。思永斋景区早在乾隆十二年（1747年）就已经基本建成，这个小院可能是剩下的一块空地，正好用来构筑小有天园（图12-5★★）。

杭州小有天园虽然规模不大，但毕竟池沼亭阁毕备，至少也有数亩以上的面积，但是御园中仿建小有天园的院落最多四丈见方，约合160平方米，连1/4亩都不到。而且四面以围墙、房屋封闭，远非杭州汪氏园面湖背山的环境可比。在此特殊的条件下，御园对小有天园的仿建采用的是模型化的微缩手法，类似盆景，以缩小的比例复制了汪氏园的山池亭阁，还摹拟出慧日峰一带的峰峦环境。此处与御园写仿安澜园、狮子林、如园的情形完全不同，也是所有清代皇家园林中写仿景观的罕见特例。

乾隆帝在《小有天园记》中说得很明白，院中以叠石摹拟南屏山主峰慧日峰，然后"范锡为宇"，作为对壑庵

的复制。所谓"范锡为宇"，就是用锡作材料，打造轩亭楼阁等房屋模型。同时，在山峰和建筑都缩小尺度的情况下，其中培植的松树只有"盈尺"的规模；至于山洞、瀑布、水池、石磴、崖壁、沟壑，也无一不是缩小的尺寸。因此所有这些景致都只能观赏而无法登临，正如乾隆帝所说的那样，"夫此为轩、为亭、为磴、为池、为林泉、为崖壑，固不可历历手攀而足陟之者。"乾隆三十八年（1773年）内务府造办处《活计档》曾经记载当年四月皇帝传旨："思永斋小有天园画墙三面，着魏鹤龄收拾着色见新。"[39] 可见小园三面围墙之上均有如意馆画师所作的壁画，以情理揣度，所画的必定是南屏山周围的湖山风光，以此作为山池屋宇的外围背景。内务府《奏案》记载乾隆五十五年（1790年）的维修工程包括"小有天圆（园）水法锡管二道，滴焊、裹布沥青，以及拆堆太湖山石、勾抿油灰等项"[40]，其瀑布之景可能通过锡管引水，与西峰秀色小匡庐的水法大致类似。

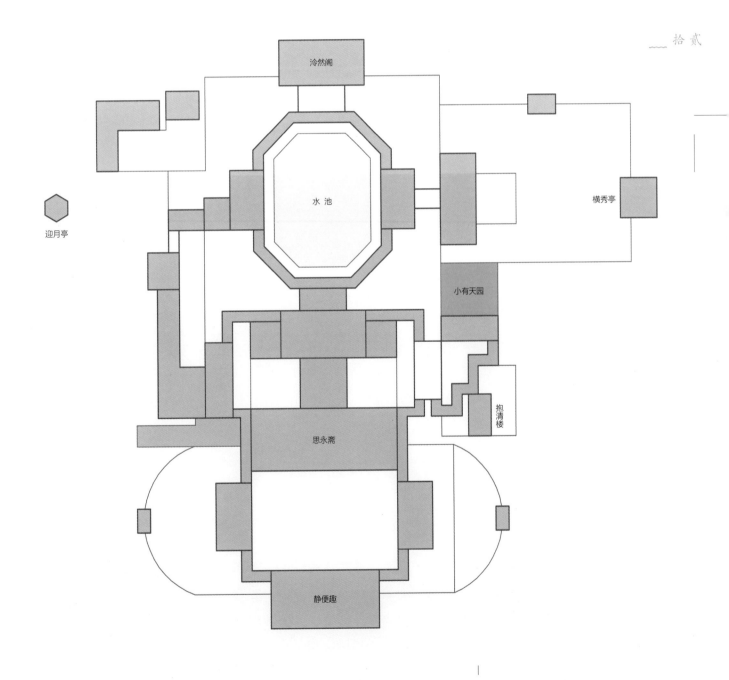

图 12-5** ↓

长春园思永斋平面示意图

拾贰

冷然阁

水 池

迎月亭

横秀亭

小有天园

抱清楼

思永斋

静便趣

（清）沈复.浮生六记.
北京：人民文学出版社，1980：19.

（清）弘历.题罨画窗.高宗御制诗三集.卷26.
清代光绪二年刊本.

（清）弘历.罨画窗.高宗御制诗三集.卷54.
清代光绪二年刊本.

（清）颙琰.罨画窗.仁宗御制诗初集.卷18.
清代光绪二年刊本.

图12-6**

浙江天台来紫楼庭园景致
（引自《浙江民居》）

这种微缩手法，被乾隆帝称为"缩远以近取，收大于小含。"尺度虽小，仍然追求形神俱似，纤毫毕现，包括通过机关设备营建的喷泉也能够发出类似幽居洞泉瀑的清音。其主景是背依北墙叠置的假山，以石笋、石峰模仿慧日峰，锡制的亭台和树木仅是陪衬，但其叠石玲珑峭茜，自有妙趣。这种手法其实更接近于江南宅园天井小院中的"壁山"之景，与浙江天台来紫楼庭园（图12-6**）等处的院落景象较为相似。在很狭窄的空间中堆叠山景，以少代多，以小见大，本是中国古典园林常见的造景手法，沈复《浮生六记》有云："小中见大者，窄院之墙宜凹凸其形，饰以绿色，引以藤蔓，嵌以大石，凿字作碑记形。推窗如临石壁，便觉峻峭无穷。"[41]而小有天园的独特之处在于专门"范锡为字"，以建筑模型点缀山石，所以更像是放大的盆景。

留存至今的一座清代宫廷旧藏圆形玉雕插屏即以小有天园为图案（图12-7**），直径约12.7厘米，以多层浮雕技法镌刻而成，可见园林庭院中的厅堂楼阁、参天古树以及周围的重重山峦，上部描金刻有一首御题小有天园诗。这件珍玩可以也看做是当年长春园小有天园的写照。

由于空间很小，游者只能在南面的林屋中通过大面积的窗户坐观静赏小有天园的景色，故而此处有"罨画窗"题匾。乾隆帝的御制诗称"纳景虚窗名罨画，四时无定揽云烟。"[42]"玻璃一片画中央，四季循环逐景张。"[43]虚窗装有大玻璃，眼前之景就是"壶里绝无尘处，窗中小有天园"，一年四季富有变化。嘉庆帝的《罨画窗》诗描绘更为细致："十笏容膝安，小窗纳幽秀。叠石作假山，隙地因景就。巉岏峰最奇，淅沥泉琴奏。松枝出涧阿，曲水穿云窦。妙镜若画成，想象列岩岫。坐对代壮游，真伪漫研究。"[44]由诗中可知，小有天园在狭小的"十笏"之地叠置了奇峰怪石，泉流似琴，曲水自山洞穿出，松枝盘旋其上，整个景象宛若图画，坐收眼底（图12-8**）。

小有天园建成后，御园中又陆续以安澜园、狮子林、如园、鉴园等景区仿建江南名园；其他皇家园林中也有很多以写仿江南为主旨的园中园，如清漪园中的惠山园、避暑山庄的烟雨楼等。这些景园均采用略仿其规制的手法，大致按照模仿对象的格局意趣重新设计，其园林规模以及山水亭阁尺度均与原型比较接近。惟有这座小有天园与众不同，在咫尺院落之间浓缩了汪氏园以及整个慧日峰一带的景观，显得非常特别。

究其原因，笔者以为安澜园、狮子林、如园所仿的原型海宁陈氏园、苏州狮子林、南京瞻园均位于城市，其园景基本都在一个封闭的环境中经营而成，相对易于仿建。长春园中之鉴园、清漪园之惠山园、避暑山庄之烟雨楼等景区的原型扬州趣园、无锡寄畅园、嘉兴烟雨楼等均在城郊，或临湖或依山，模仿难度要大一些，但仿建者都在各自所在的皇家园林中找到了相似的地段，才得以摹拟完成。

图 12-7★★↗

清代玉雕小有天园插屏
（引自 yz.sssc.cn）

图 12-8★★→

长春园小有天园叠石遗址

（清）弘历.小有天园记.高宗御制文初集.卷7.
清代光绪二年刊本.

（清）弘历.小有天园.高宗御制诗五集.卷6.
清代光绪二年刊本.

（清）弘历.小有天园记.高宗御制文初集.卷7.
清代光绪二年刊本.

相比而言，杭州汪氏小有天园的幽胜之处不仅在于结构佳妙，更重要的是有无可替代的西湖和南屏山作为依托，加上幽深的林木和曲折的涧流，山水基础和环境条件极为独特，在整个圆明三园中难以找出相似的地段。而如果放弃外围的湖山环境，仅仅仿建汪氏园的池沼亭台，似乎又流于平淡，未必为乾隆帝所喜。可能正鉴于此，乾隆帝选择一个相对偏僻而封闭的小院落，采用特殊的微缩手法来再现汪氏园及其整体环境，既属于不得已而为之，也算是别出心裁，独具匠心。

乾隆帝对于这次特别的景致创造颇为得意，还从中总结出一番哲学道理，其《小有天园记》在承认园中的轩亭山池不可涉游之后，又辩解道："使目击道存，会心不远，则此为轩、为亭、为磴、为池、为林泉、为崖壑，又何不可历历手攀而足陟之者。"[45] 这种看法与嘉庆帝御制诗所言之"妙镜若画成，想象列岩岫"的意思很接近，也就是说这种景观需要观赏者具有更高的想像力，才能于小中见大，

"坐观"而代"壮游"。乾隆四十九年（1784年）乾隆帝最后一次南巡游赏杭州小有天园时也作诗云："人心只方寸，万物备俄顷。其中各有天，不昧斯为幸。"[46] 与《小有天园记》所说的"天地间之景无穷，而人之心亦无穷。境有异，而人之心无有异"之意相同，或许也是联想到御园中的同名小景，有感而发。乾隆帝造此景更深的一层意思是"吾之意不在千里外之湖光山色应接目前，而在两浙间之吏治民依来往胸中矣。"[47] 这道微缩景观作为江南吏民的一种象征，时时提醒皇帝对这一地区加以关注，由此园林景致也和治国平天下的帝王大略联系在一起。

总而言之，小有天园以圆明三园中一处方寸之地而首次完整写仿江南名园，山峰、曲水、苍松、亭阁具体而微，一一罗列，不但是御园中一处极有个性的院落小景，也是清代皇家园林写仿手法的一个特例，颇有其历史意义。

曹聚仁.万里行记.
北京：生活·读书·新知三联书店，2000：
105-111.

陈从周.嘉定秋霞圃和海宁安澜园.
文物，1963，第2期：39-46.

陈从周.园林谈丛.
上海：上海文化出版社，1980：125-132.

（宋）葛胜仲.临江仙//唐圭璋.全宋词.
北京：中华书局，1965：724.

（清）翟均廉撰.海塘录.卷8.
清代文渊阁四库全书本.

（清）王穉登.隅园//
（清）翟均廉撰.海塘录.卷8.
清代文渊阁四库全书本.

（清）葛徵奇.赴陶社晚眺园//
（清）翟均廉撰.海塘录.卷8.
清代文渊阁四库全书本.

（清）陈元龙.遂初园诗序//
（清）翟均廉撰.海塘录.卷8.
清代文渊阁四库全书本.

赵尔巽等.清史稿.卷389.
上海：上海古籍出版社，1986.

（清）陈元龙.遂初园诗序//
（清）翟均廉撰.海塘录.卷8.
清代文渊阁四库全书本.

（清）陈璂卿.安澜园记//
陈植，张公弛选注.中国历代名园记选注.
合肥：安徽科学技术出版社，1983：334.

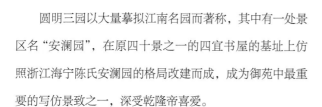

图来陈氏隅园景，构筑居然毕肖观

——安 澜 重 构

一

圆明三园以大量摹拟江南名园而著称，其中有一处景区名"安澜园"，在原四十景之一的四宜书屋的基址上仿照浙江海宁陈氏安澜园的格局改建而成，成为御苑中最重要的写仿景致之一，深受乾隆帝喜爱。

海宁古称海昌、盐官，是一座历史悠久的江南文化名城，历代文人雅士辈出，颇多簪缨世家，著名者如王氏、查氏、陈氏等。其中陈氏在明清两代尤其鼎盛，有多人出任大学士、尚书等高官。陈家在海宁县城盐官镇筑有一座宅园，景色幽胜，深受当时文人推崇。乾隆帝南巡时赐名"安澜园"，并四次在此驻跸，又在圆明园中加以仿建，使得此园声名更著，成为江南一大名园。

海宁安澜园已经被毁一百余年，但至今遗址尚在，并有多幅园图和大量文献传世，因此依然受到学界的相当关注。民国年间著名学者曹聚仁先生的《万里行记》中有《海

宁陈家》一文述及此园掌故；20世纪60年代园林史学家陈从周先生著有论文《嘉定秋霞圃和海宁安澜园》[2]，首次从专业的角度对此园的历史沿革和景致特色加以论述，此文修改后收入其文集《园林谈丛》[3]；之后又有海宁当地学者张镇西先生，穷二十余年之功，对安澜园的各种图文资料搜罗详尽，细加考证，撰成《失落的安澜园》一书，是迄今为止关于海宁安澜园最全面、最深入的研究成果。本章在以上前辈研究的基础上，借助历史文献对乾隆中期的海宁安澜园的格局和景貌作进一步的探讨。

二

海宁安澜园位于海宁县城盐官镇的西北角，其旧址相传为南宋建炎年间安化郡王王沆所建的府园，当时的文士葛胜仲为之作有两首《临江仙》词，副题有"上巳日游海昌王氏园"之识，词中称赞王氏园为"千古海昌佳绝地"[4]。

宋末元初以后，园景渐废，仅存水池遗迹和少量树木。

明代万历年间，曾任太常寺少卿的海宁著名文人陈与郊辞官归乡，即利用这片故园荒地建造了一座新的宅园。因为园址位于城之西北角，所以取"在城一隅"之意而定名为"隅园"。对此清代《海塘录》记载："安澜园在海宁县拱辰门内，……明太常与郊建，地远阛阓，池周二十余亩，旧有竹堂、流香亭、月阁、紫芝楼、金波桥诸胜。"[5]明代诗人王穉登《隅园》诗咏道："小圃临湍结薜萝，主人日涉趣如何。幽花时灌寒犹好，小鸟春来雨亦歌。雅称琴尊清昼赏，不妨樵牧夕阳过。政成京国归闲乐，只让温公五亩多。"[6]诗中将此园比作北宋名相司马光的独乐园。另一位诗人葛徵奇《赴陶社晚眺隅园》诗描绘园中景象为"大涧小涧鸣，白道相回迪。潭鱼跃新水，竹罅飞流红。林景

闳深翳，丛树密生风。禽鸟忽变声，乃知天气融。"[7]由以上诗文记载可知此园规模不算很大，其中堂亭楼阁俱全，以涧流、丛林、花竹取胜。陈与郊本人著述甚丰，有文集即名《隅园集》。

清初时期海宁陈氏一族极为显赫，顺治间陈与郊胞弟陈与相之孙陈之遴官至弘文院大学士，康熙间陈与相曾孙陈元龙又官至文渊阁大学士，其余子孙也多有身居高位者。但由于乏人董治，陈氏故园隅园却一度衰落。陈元龙于康熙年间对园林重加整顿，扩大园址，补种树木，希望以此作为自己未来的归老颐养之所，其《遂初园诗序》称："宁邑城西北隅多陂池，昔从曾祖明太常公因池为园，名隅园。岁久荒废，余就故址为补植竹木，重葺馆舍，冀退休归老焉。"[8]

雍正十一年（1733年），陈元龙终于"以老乞休，加太子太傅致仕，令其子编修邦直归侍养"[9]，并得到雍正帝御笔题字"林泉耆硕"。陈元龙感恩之余，庆幸当初退养园亭的心愿得遂，故改隅园名为"遂初园"。对此《遂初园诗

序》又载："出入中外，任钜责重，虽年逾大耋，不敢自有其身，林壑之思徒托诸梦寐间耳。癸丑春，衰病且笃，疏请致政，蒙圣主俯俞，重以恩礼，赐赍稠迭，御书堂额以光里第，曰'林泉耆硕'，则家中所有一池之水，千竿之竹，不异鉴湖之赐。窃幸初心之获遂也，因名之曰'遂初园'。"[10]乾隆元年（1736年）陈元龙在遂初园去世，谥号"文简"。

乾隆间陈元龙族侄陈世倌也被拜为文渊阁大学士，由此海宁陈氏被誉为"一门三宰相，四世五尚书"，门第之盛，海内无两。遂初园由陈元龙之子、曾任翰林院编修的陈邦直（号愚亭）继承。陈邦直与江南名士多有过从，"春秋佳日，招集群从，酌酒赋诗，效李青莲桃李园之会。又嗜音律，蓄家伶，遇宴集，辄陈歌舞，重帘灯烛，灿若列星。"[11]遂初园由此成为当时著名的诗会觞咏之地。时人多以旧名"隅园"或"陈园"称呼此园。

海宁位处钱塘江入海口，经常遭到潮灾侵害，因此康雍乾三朝均花费巨大人力物力构建海塘工程，以防范潮水

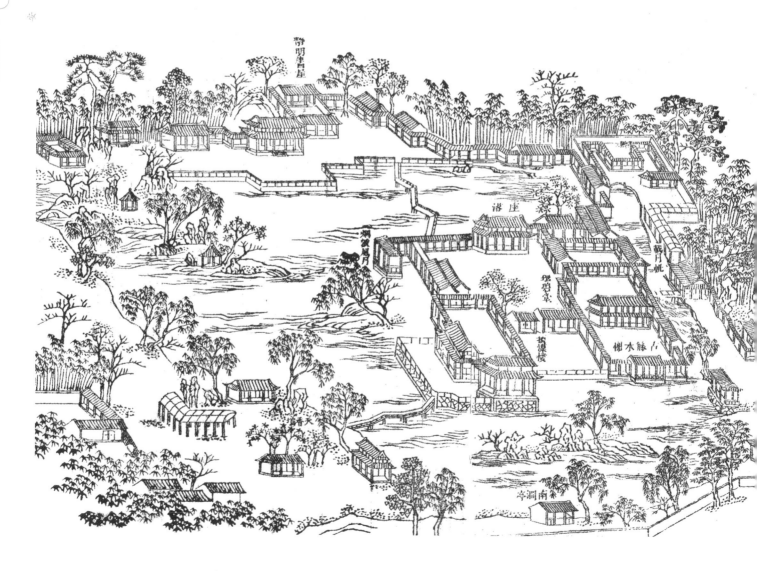

静明书屋

诸堂

朗月帆

琼碧華

湖影眺月

绿漪楼

天香

茶水棚

来涧南亭

冲袭。乾隆帝对此尤为重视,几次南巡也都与修筑海塘这件大事有关。乾隆二十七年(1762年)春天,乾隆帝第三次巡幸江南,亲自来到海宁视察海塘工程,随即在遂初园中驻跸,对园景十分欣赏,遂赐园名为"安澜园",取"海塘安澜"之意,又当场御笔题写匾额、对联并赋诗六首;回京后,当年夏天即下旨在圆明园中仿建一座安澜园。后来乾隆帝又分别于乾隆三十年(1765年)、乾隆四十五年(1780年)和乾隆四十九年(1784年)三次南巡,每逢至海宁期间均驻跸于陈氏园,而且每次都为此园赋诗并题写对联,使得此园以"乾隆行宫"之名而享有盛誉。对此乾隆晚期刊本《南巡盛典》中有详细记载:"安澜园在海宁州拱辰门内,初名隅园,前大学士陈元龙之别业也。镜水沦涟,楼台掩映;奇峰怪石,秀削玲珑;古木修篁,苍翠蓊

郁;乾隆壬午御书额曰'安澜园',曰'水竹延清',联曰:'妙香文室花飞雨,宝相圆光月印川。'乙酉御书联曰:'筠含籁戛金石韵,花湛露霏锦绣香'。庚子御书额曰'筠香馆',联曰:'成阴乔树天然爽,过雨闲花自在香'。甲辰御书联曰:'翁之乐者山林也,客亦知夫水月乎。'"[12]

海宁安澜园有多幅不同时期的园图传世,包括《南巡盛典》中所附《安澜园图》、故宫旧藏《安澜园图》、中国第一历史档案馆藏《安澜园图》以及陈赓虞旧藏《陈园图》、钱镜塘旧藏《海宁陈园图》等。诸图绘制时间有先后之别,景致格局大致雷同,细节多有出入,真实地反映了园景的变化过程。其中以乾隆三十六年(1771年)刊本的《南巡盛典》附图(图13-1**)和故宫藏本《安澜园图》年代较早,表现的是乾隆中期的面貌;其余诸图则明显晚出,均呈现

___ 拾叁

(清)阿桂,和珅等.南巡盛典.卷86.
清代文渊阁四库全书本.

图 13-1**

乾隆三十六年刊本《南巡盛典》中的《安
澜园图》(引自《南巡盛典》)

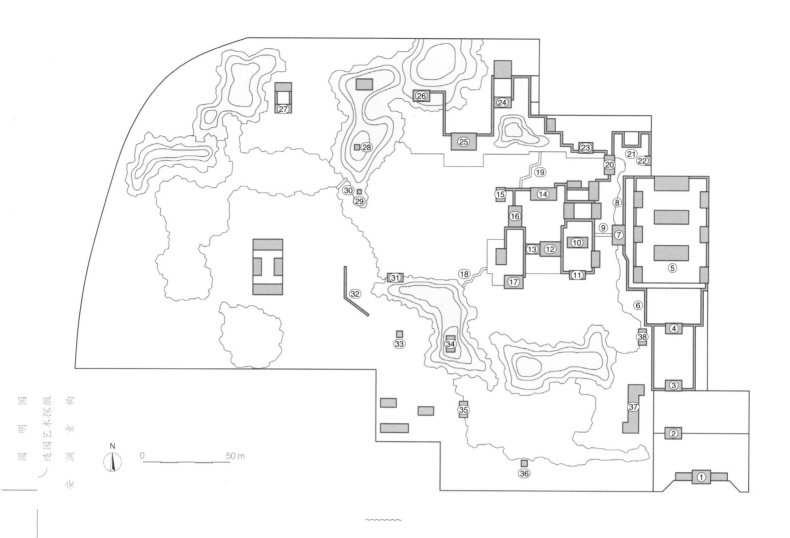

乾隆四十五年（1780年）之后的晚期面貌。

由于乾隆帝一再驻跸，海宁陈氏感戴天恩，对安澜园不断加以增葺，使得此园在乾隆晚期达到极盛之境。但圆明园安澜园的写仿原型并不是后来一再得到改建的行宫花园，而是乾隆帝首次驻跸的遂初园。因此笔者主要以《南巡盛典》所附《安澜园图》、《失落的安澜园》中所附1935年安澜园遗址测量图以及陈元龙的诗文为依据，同时参考其他园图和文献记载，尝试对乾隆二十七年（1762年）前后海宁安澜园的平面进行复原（图13-2★★）。

陈元龙晚年为遂初园的十八处景点一一赋诗，并在《遂初园诗序》中详细记录了此园的格局："园本近市经曲巷，忽见茂林修竹，即园门也。入门屋三楹，曰'城隅花墅'，有长廊曰'引胜'，旁倚修陂，皆种梅花。循廊而西，有一大池，望见堂宇在水中央，平桥横亘，曰'小石梁'，过桥有古藤水榭，临水回廊绕之，中峙一堂，曰'环碧堂'，广庭面沼，水色林峦回环，左右堂之，右曰'清映轩'，

阶前文石有流觞曲水之致；东曰'溪槎'，跨水如舟，临岸多蔷薇屏、葡萄架，西曰'澄澜馆'，西池宽广，水光澄澈，池中有一亭曰'烟波风月之亭'，凌空凭眺，晴雨皆宜；中间有楼五间，曰'逍遥楼'，前俯平冈，种牡丹数十本，北槛倚清流，对面梅花满山；麓间楼之西偏渡小桥，穿山径，别有院曰'静明书屋'，南荣北牖，轩爽可悦心目。自此而西，池流益广，景象空明，有堂翼然，八牖洞达，斯堂也，实为一园之主，敬奉天章以垂不朽，而名斯堂曰'赐安堂'，安老于斯，永永不忘君赐也。堂之右畺以崇冈，环以幽麓，循级登其巅，有亭曰'翠微亭'，以供凭眺；下有碕石矶，可坐而垂纶；冈之南有环桥，东西二池交会于此桥；之南有山，皆种桃杏，花开时仿佛武陵溪畔；桃山之南，桂树数百株，高下茂密，中有亭曰'天香坞'，极小山丛桂之胜；旁有小阁，曰'群芳阁'，登阁则梅、杏、桃、李、桂花皆在目前；从山根折而东，曲桥宛转如长虹，可通于环碧堂；再折而南有曲涧夹岸，石壁松栢交荫；由环碧堂以通于南

（清）陈元龙. 遂初园诗序 //

（清）翟均廉纂. 海塘录. 卷8.
清代文渊阁四库全书本.

（清）陈璂卿. 安澜园记 // 陈植，张公弛选注.
陈从周校阅. 中国历代名园记选注.
合肥：安徽科学技术出版社，1983：334.

图 13-2★★ ←

乾隆中期海宁安澜园复原平面示意图

① 大门 / ② 仪门 / ③ 城隅花墅 / ④
内门 / ⑤ 宅院 / ⑥ 引胜长廊 / ⑦ 载
月帆（沧波浴景之轩）/ ⑧ 藤架 / ⑨
小石梁 / ⑩ 中楼 / ⑪ 古藤水榭 /
⑫ 环碧堂 / ⑬ 清映轩 / ⑭ 逍遥楼
/ ⑮ 烟波风月之亭（和风皎月亭）/
⑯ 澄澜馆 / ⑰ 挨藻楼 / ⑱ 六曲桥
/ ⑲ 曲桥 / ⑳ 溪楼 / ㉑ 水阁 / ㉒
廊楼 / ㉓ 佛堂小楼 / ㉔ 静明书屋 /
㉕ 赐安堂 / ㉖ 山楼 / ㉗ 筠香馆 /
㉘ 翠微亭 / ㉙ 埼石矶 / ㉚ 拱桥 /
㉛ 水阁 / ㉜ 天香坞 / ㉝ 藤架 / ㉞
群芳阁 / ㉟ 漾月轩 / ㊱ 南涧亭 / ㊲
十二楼 / ㊳ 水阁

拾叁

池，中隔高阜，林木郁葱，俨如峻岭；南池之西有轩曰'濋
月轩'，初月澄潭，天水一色；池南修竹之中有亭，曰'南
涧亭'，北望林烟山翠，如列屏障；迤东有楼，四面曲折，
曰'十二楼'，与城隅花墅相接。园之西尚有隙地，为鱼池，
为菜圃，可供朝夕之需。此遂初园之大概也。"¹³文中之述，
与《南巡盛典》附图基本吻合，此园格局也大致可知。

宅园大门位于东南角，入门偏西为仪门，北以甬道通
园门，门上悬旧额"城隅花墅"，后改为乾隆帝御笔"安
澜园"匾。再北为内门，通向一组三进宅院，各设东西厢
房。这组院落原为陈家的生活居住区，乾隆四十九年（1784
年）乾隆帝最后一次南巡携有皇十五子颙琰（即后来的嘉
庆帝）等三位皇子伴驾，皇子们曾经在此宅院住宿，因此
后来的陈赓虞藏本《陈园图》上此处注为"太子宫"。

自内门有长廊引向西北，逐渐进入园区，长廊题曰"引
胜"。园内以三个尺度、形状不一的水池为中心。中央一
座大池，池中以水环绕一组院落，成为全园景致核心所在；

南池为一汪方塘，与中部大池之间以两座大型假山分隔；
西池又分为三个小池，彼此宛转相接。

大池东岸有水榭名"载月帆"（后改称"沧波浴景之
轩"），其西有小石梁跨水通向池中院落。院分三跨，中
路之南为正堂环碧堂，乾隆帝为之题写"水竹延清"匾；
堂西为小轩清映轩，阶下筑有石渠以作"曲水流觞"；堂
后为逍遥楼，是一座五间二层楼阁，乾隆帝驻跸期间在楼
内设有宝座以作临时的理政场所，故而《南巡盛典》附图
上标注"座落"二字。陈璂卿《安澜园记》称此楼"面广庭，
负曲沼，幽房邃室，长廊复道，甲于一园，入其内者，恒
迷所向。凡自仁庙以来所颁宸翰及驻跸陈充上用燕赏玩好
之器并贮楼中。"¹⁴东路临水设古藤水榭，其后为中楼，可
能是一座藏书楼。西路面西设澄澜馆，面南临水设挨藻楼，
平台西南角有六曲桥与南岸相通。逍遥楼之西接有一亭，
高踞水中，名"烟波风月之亭"（后改称"和风皎月亭"）。

逍遥楼东北通向一座东西向的画舫式建筑，名叫"溪

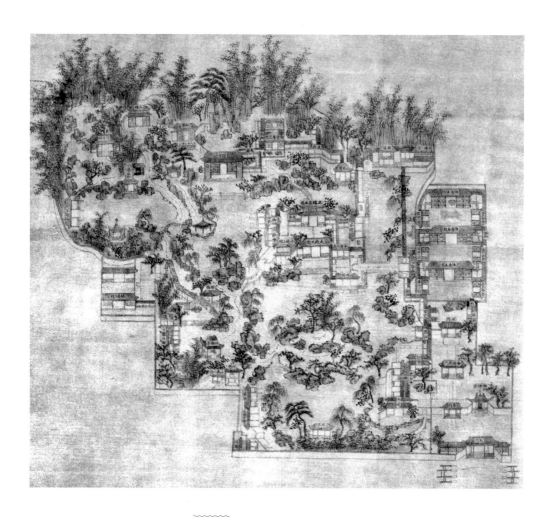

榿"，扼于水流之上；逍遥楼西北另有一座曲桥通向北岸的土山，山上植梅花。溪榿之东有单间小楼，用作佛堂，其西有廊楼，平面作"凹"字形。溪榿之西有水阁，再西有独立的书房小院，名"静明书屋"，书屋之西为赐安堂，形制为五间楼阁，其中恭悬雍正帝御书"林泉耆硕"之匾，乾隆帝有诗专门咏道："两世凤池边，高楼睿藻悬"，并自加注释："悬皇考'林泉耆硕'御书，是编修陈邦直之父、原大学士陈元龙予告时赐额也。"[15] 乾隆帝驻跸期间即以此楼为寝兴之所，故而后来的园图上将此处标注为"寝宫"。

赐安堂之西有叠石假山，山上建翠微亭。再西有小屋掩藏于竹林、山石之间，乾隆帝于乾隆四十五年（1780年）将之题为"筠香馆"。翠微亭以南有山石伸入水中，形成"埼石矶"小景，矶上建有一座茅亭，其侧有石拱桥通向南岸。南岸设有大片桂树林，林中建天香坞小亭，东临假山，山上有东西向小楼名"群芳阁"。自此而南，可达南池，南池之北为两座假山所障，二山之间夹有一涧。池西有水

榭濑月轩，东向面对水面，是赏月的佳处；池南有亭名"南涧亭"，池东有一座形态特殊的楼阁，平面呈曲尺形，南北各三间，中央六间，共有十二间之广，故而得名"十二楼"。十二楼之东即为园门入口。

园西侧另有空地辟为菜圃，西池兼作鱼池，景致相对疏朗，与东部的繁密形成对比。

三

乾隆四十九年（1784年）之后，海宁安澜园达到全盛时期，大门外设有牌坊，门北增筑御碑亭，园中添建、改建了一些亭榭游廊，建筑更趋繁密，逍遥楼之北的曲桥改为石板桥，但全园的总体格局并无根本性改变，仍基本保持乾隆中期的特色（图13-3**、图13-4**）。1954年，海宁陈氏后人陈廷骧延请现代画家申石伽先生参照古代园图绘制了一套《安澜园十六景》屏轴（图13-5**），包括十二楼、引胜廊、

陈园图

拾叁

（清）弘历．驻陈氏安澜园即事杂咏六首．
高宗御制诗三集．卷21．
清代光绪二年刊本．

图 13-3★★

中国第一历史档案馆藏本《安澜园图》
（引自《失落的安澜园》）

图 13-4★★↑

陈庚虞藏本《陈园图》
（引自《园林谈丛》）

图 13-5★★→

申石伽绘《安澜园十六景》屏轴
（引自 auction.zhuokearts.com）

（清）沈复.浮生六记.
北京：人民文学出版社，1980：45.

（清）陈璂卿.安澜园记//陈植，张公弛选注.
中国历代名园记选注.
合肥：安徽科学技术出版社，
1983：333-334.

张镇西.失落的安澜园.
北京：科学出版社，2008：58.

（明）计成著.陈植注释.园冶注释.
北京：中国建筑工业出版社，1981：58.

（清）陈元龙.遂初园诗//
（清）翟均廉纂.海塘录.卷8.
清代文渊阁四库全书本.

（清）弘历.驻陈氏安澜园即事杂咏六首.
高宗御制诗三集.卷21.
清代光绪二年刊本.

太子宫、九曲梁、环碧堂、牡丹亭、寝宫、箭台、矶石碕、群芳园、天香坞、竹深荷净、翠微亭、筠香馆、漾月轩、石藤水轩诸胜，较为生动地再现了安澜园的后期景象。

对于乾隆晚期的安澜园景致，乾隆年间文人沈复《浮生六记》另有记载："游陈氏安澜园，地占百亩，重楼复阁，夹道回廊。池甚广，桥作六曲形，石满藤萝，凿痕全掩，古木千章，皆有参天之势。鸟啼花落，如入深山。此人工而归于天然者，余所历平地之假石园亭，此为第一。曾于桂花楼中张宴，诸味尽为花气所夺，维酱姜味不变。"[16]

嘉庆年间陈璂卿《安澜园记》亦载："园于城之西北隅，曰隅园，隅阳公故业也。归文简相国，更号'遂初'。迨愚亭老人扩而益之，渐至百亩，楼观台榭，供憩息、可眺游者三十余所。"[17]

经过陈元龙的扩建之后，此园规模比明代陈与郊隅园的"二十余亩"扩大了数倍，乾隆年间陈邦直可能又有所拓展。沈复和陈璂卿均称安澜园最盛时有百亩之广，张镇

西先生根据《海昌胜迹志》的记载和遗址推断其占地面积约60多亩[18]。即便按此下限60亩计，此园也足以跻身清代江南规模最大的私家园林之列，非寻常数亩之园所能企及。

除了占地广阔之外，安澜园的选址也十分优越。园址虽在城市坊巷之内，但由于位于城西北一隅，相对城中心而言显得更为偏僻幽静，合乎《园冶》"相地篇"所云"城市地"的标准："市井不可园也，如园之，必向幽偏可筑，邻虽近俗，门掩无哗。"[19]园外西、北两侧即为城墙雉堞，南为始建于唐代的古刹安国寺，西南有延恩寺，东有奉真道院，四面皆有借景，进一步拓展了园林的视觉空间和深远意境。园西北城墙外有护城河，可引活水入园；园内还存有若干清代之前的古树，弥足珍贵。正是依靠广阔而幽静的基址、优越的借景环境以及难得引水条件和古树遗存，再加上精心的规划营造，安澜园才有可能成为一代名园，并在建筑、假山、水系、花木、匾联等各个造园环节均取得很高的成就。

全园建筑数量至少有四五十幢之多，造型丰富，囊括楼阁、厅堂、亭榭、轩馆、画舫以及各式桥梁等各种类型。其中值得注意的特点有三处，其一是园中设有较多的楼阁，如逍遥楼、赐安堂、揽藻楼、中楼、群芳阁、十二楼、佛堂以及山楼和廊楼等，均为大小不一的二层楼阁建筑。此园占地面积较大，设置较多的楼阁可在竖向形成局部的景观中心，打破平房建筑的单调感，正是其造园手段的高明之处。安澜园诸楼颇多形制独特者，如十二楼平面采用曲尺形，佛楼为单间小楼，廊楼为两层游廊形式，其体量或壮伟或小巧，位置或临水或踞山，变化多端，更宜于登高以远眺外围风光，令人神往。

其二，由于园中以水池为中心，大部分建筑均临水而设，尤多水榭、水阁（即以立柱架空于水上的建筑）之类，如载月帆、古藤水榭、澄澜馆、濮月轩等，或直接架于水上，或以平台凌水，与曲折的水系融为一体，深得澄明之趣。

其三，园中游廊环复，不但把大多数建筑串连一体，同时也提供了曲折悠远的游览路径，同时还建有长长的藤架，作用也与游廊类似。

此园其余建筑，如画舫、曲桥之类，均是极有江南风韵的佳构。

安澜园自北墙外的护城河引水，水景丰沛，中部大池充盈广阔，南池内敛宁静，西池蜿蜒环绕，诸池脉络相通，宽窄开阔，对比强烈，更进一步与假山配合，形成涧流、水湾，更增添了动态的效果。陈元龙《遂初园诗》中有"行过东西殊缥缈，水分南北自汪洋""池回岸斗见泱泱，水榭空明绕曲廊""塍圩盘纡又一池，步檐曲屋俯涟漪""天边风月为吾有，江上烟波得似无""山阿水潆正凉初，坐爱矶头望太虚""北沼南池一涧通，两崖翠壁亦葱茏"[20]等多处诗句咏此园水景，其中的妙处略可想象。

园中假山也是一大胜景。其中央大池与南池之间架有两座大型黄石假山，上镌"赤壁"二字题刻，有雄浑之气；

园之西北曾以湖石堆叠"九狮峰"，为清代中叶以后江南园林常见的掇山手法；西部以湖石堆叠山洞，模仿桃源景致；中池北岸辟有土山，遍植梅花；此外，在山根、石矶和池岸等部位多用青石点缀，极见巧思。乾隆帝咏安澜园诗称："隔园旧有名，岩壑窈而清"[21]，以"窈""清"二字形容其假山风致，甚为贴切。曾经游历多处江南园林的沈复称赞此园在其平生所见"平地之假石园亭"中可排名第一，当非虚言。

安澜园花木极盛，且在不同的区域形成相对集中的成林成片效果，手法很大气。例如天香坞一带为桂树林，北侧和南侧多种竹子，北岸东侧为梅林，西部为菜圃，水中植荷花，假山上则覆以藤蔓。陈元龙《遂初园诗》描写其中葱郁之景："高梧影直闲垂钓，双柳阴浓坐纳凉""古藤垂架绿阴凉""梅杏重重绕一洲""花香缥缈穿云近，树色参差入幕收""竹树阴浓飞湿翠，山峦环拥漾晴烟""修竹苍松列翠环""山阿丛桂出林端""山头小阁挹芳华，

（清）陈元龙. 遂初园诗 //
（清）翟均廉纂. 海塘录. 卷8.
清代文渊阁四库全书本.

（清）弘历. 驻陈氏安澜园即事杂咏六首.
高宗御制诗三集. 卷21.
清代光绪二年刊本.

（清）弘历. 驻跸安澜园再叠前韵六首.
高宗御制诗四集. 卷70.
清代光绪二年刊本.

（清）弘历. 驻陈氏安澜园叠旧作即事杂咏六
首. 高宗御制诗三集. 卷47.
清代光绪二年刊本.

（清）弘历. 驻陈氏安澜园叠旧作即事杂咏六
首. 高宗御制诗三集. 卷47.
清代光绪二年刊本.

（清）弘历. 驻跸安澜园再叠前韵六首.
高宗御制诗四集. 卷70.
清代光绪二年刊本.

（清）袁枚著. 海宁陈氏安澜园席上作. 小仓
山房诗文集.
上海：上海古籍出版社, 1988: 628.

（清）陈元龙. 遂初园诗序 //
（清）翟均廉纂. 海塘录. 卷8.
清代文渊阁四库全书本.

（清）陈瑮卿. 安澜园记 //
陈植, 张公弛选注. 中国历代名园记选注.
合肥：安徽科学技术出版社.
1983: 333-334.

孟森. 明清史论著集刊续编.
北京：中华书局, 1986: 318-348.

李国荣主编. 王光越, 唐益年副主编. 清宫档
案揭秘.
北京：中国青年出版社, 2004: 89-93.

一望山头总是花。千树寒梅香似雪，百层红杏气蒸霞""更爱秋香金粟满，西风飒飒见霜葩"[22]，其中提及的植物类型至少包括梧桐、柳、竹、松、梅、杏、桂以及其他花卉和田圃。乾隆帝也有诗赞安澜园花木："别业百年古，乔松径路寻。梅香闻不厌，竹静望偏深。"[23] "无花不具野，有竹与之深。"[24] 其中有一株古栝和一株古梅尤其令皇帝称绝，故而特意作诗曰"古栝无荣谢，森森青玉针"[25] "园以梅称绝，盘根数百年。"[26] "老栝诗中画，古梅静里娟。"[27] 乾隆间著名文人袁枚亦有诗赞道："百亩池塘十亩花，擎天老树绿槎枒。调羹梅也如松古，想见三朝宰相家。""鸟歌花笑有余欢，新得君王驻跸看。分付窗前万竿竹，年年替海报平安。""福地嫏嬛主亦佳，留宾两度午莚开。遥逢海上潮声起，还道催花羯鼓来。"[28]

安澜园匾额数量同样很多，其中如"溪槎"、"澄澜馆"、"天香坞"、"载月帆"、"濯月轩"均是上乘的题名，体现了文化世家的不凡底蕴。乾隆帝后来一再赐予此园新的匾额和楹联，有锦上添花之意。

尽管一再得到扩建、整修，海宁安澜园始终保持素雅的整体风格。对此陈元龙《遂初园诗序》特意强调："园无雕缋，无粉饰，无名花奇石，而池水竹木幽雅古朴，悠然尘外。"[29]

嘉庆间陈瑮卿《安澜园记》也称此园"制崇简古，不事刻镂。乾隆壬午纯皇帝南巡，复增饰池台，为驻跸地，以朴素当上意。"[30] 可能正是这种素雅的风格深深打动了乾隆帝，这才成为御园的写仿蓝本。

附带值得一提的是，由于康熙以来诸清帝对海宁陈氏眷顾较多，乾隆帝又对安澜园情有独钟，导致民间长期传说乾隆帝为陈氏之子，又经民国演义、现代小说不断渲染，影响甚广。1937年孟森先生已有《海宁陈家》一文指斥此说虚妄[31]，近年又有学者依据清宫档案证明乾隆帝不可能为陈氏所出[32]。野史传闻虽不足信，却也给安澜园增添了一层神秘的色彩。

图 13-6＊＊

海宁安澜园曲桥与水池遗址
（引自 bbs.gd.gov.cn）

乾隆以后，海宁陈氏家族逐渐衰落，不复有高官出现，安澜园也渐见颓败之象。嘉庆年间成亲王永瑆有诗咏及此园："池台歌舞已成空，一片氍毹退旧红。何事海云来扑面，垂杨老尽不遮风。"[33] 陈氏后人陈其元《庸闲斋笔记》载道光八年（1828年）安澜园景貌："时久不南巡，只十二楼新葺，此外台榭颇多倾圮，而树石苍秀奇古，池荷万柄，香气盈溢；梅花大者夭矫轮囷，参天蔽日。"[34] 咸丰年间江南成为太平天国战争的中心地带，破坏极剧。据孟森先生考证，咸丰十年（1860年）十一月太平军将领蔡元隆攻陷海宁，导致安澜园毁于兵火[35]。此后陈氏子孙又不断拆卖园中树木山石，遂使一代名园沦为荒草残基。《海昌胜迹志》载："（安澜园）咸丰七八年间毁废，千余年老树参天，砍伐殆尽，殊堪可惜。"[36]《庸闲斋笔记》载同治十二年（1873年）的园景凋敝之状："经粤匪之乱，尽木不存，梅亦根拔俱尽，蔓草荒烟，一望无际，殊有黍离之感。"[37] 目前安澜园遗址尚在，但仅有曲桥、水池和零星山石略可辨识（图13-6＊＊）。

（清）永瑆．海宁陈园（庭有旧红毡其家人云当年演剧处也，追录）．诒晋斋后集．
清代道光年间成郡王载锐家藏刊本：14．

（清）陈其元．庸闲斋笔记．
北京：中华书局，1989：150．

孟森．明清史论著集刊续编．
北京：中华书局，1986：339．

管元耀．海昌胜迹志．卷1．
民国二十一年（1932年）静得楼刊本．

（清）陈其元．庸闲斋笔记．
北京：中华书局，1989：150-151．

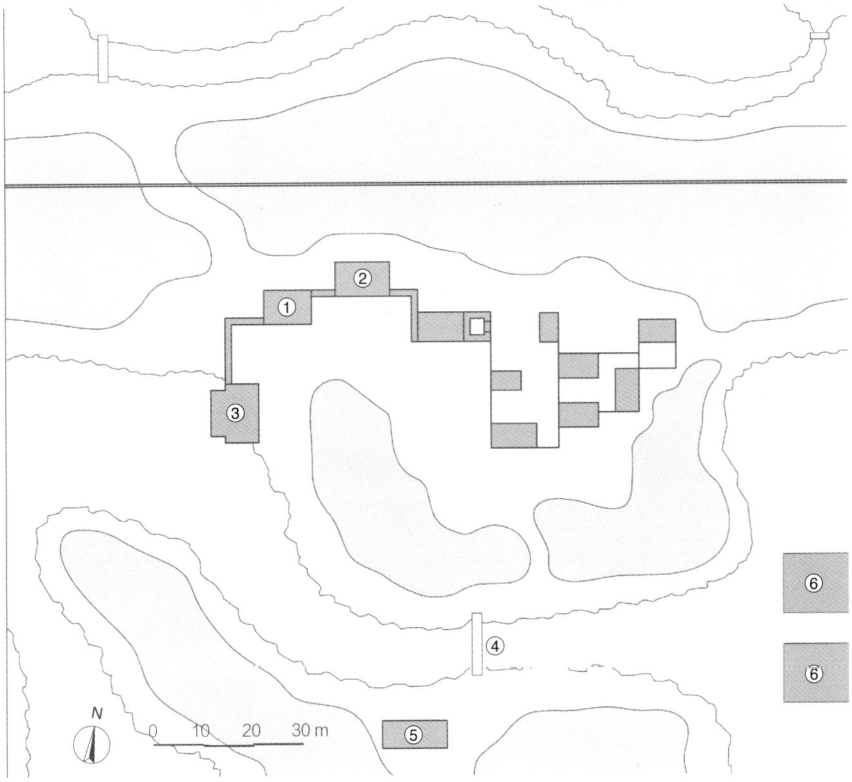

N
0 10 20 30 m

⑥
⑥
⑤

图 13-7** ←

《圆明园四十景图》中的《四宜书屋图》
（引自法国国家图书馆藏《圆明园四十
景图》）

图 13-8** ↑

乾隆九年四宜书屋平面格局示意图

① 正堂 ／ ② 夏馆含清楼 ／ ③ 临水轩 ／
④ 木板折桥 ／ ⑤ 临水厅 ／ ⑥ 藏舟坞

四

　　圆明园四十景中有一处名叫"四宜书屋"，位于福海西北侧，始建于雍正年间，又称"春宇舒和"，雍正帝御笔题有"四宜书屋"之额，另外雍正九年（1731年）内务府《活计档》曾记载一批匾额的制作情况[38]，其中"春宇舒和"、"秋襟畅远"、"夏馆含清"三匾均为此景区所有。乾隆九年（1744年）《圆明园四十景图》中绘有四宜书屋全景（图13-7**），据此可绘出其平面格局示意图（图13-8**）。从图上看，此景格局较为简单，是四十景中建筑数量最少、空间最为疏朗的景区之一。其主体建筑仅有三座，三间正堂居中，即春宇舒和；堂东北有一座两层楼阁，三间周围廊歇山顶，即夏馆含清楼；西南以游廊串连一座面西的临水轩，三间周围廊歇山建筑，前出三间抱厦，可能即是秋襟畅远。景区东部设置了几组院落，屋宇紧凑，如农家小院。景区名"四宜书屋"，取其景致"四季皆宜"且"宜于读书"

中国第一历史档案馆．圆明园．
上海：上海古籍出版社，1991：218．

（清）于敏中等编纂．日下旧闻考．
北京：北京古籍出版社，1985：1366．

（清）弘历．安澜园十咏·四宜书屋．
高宗御制诗三集．卷39．
清代光绪二年刊本．

中国第一历史档案馆．圆明园．
上海：上海古籍出版社，1991：74-78．

中国第一历史档案馆．圆明园．
上海：上海古籍出版社，1991：105-106．

之意，因此后来乾隆帝有诗称"春夏秋冬无不宜，所宜乐总读书时"[39]。按档案记载，这一带早在雍正时期就设有藏舟坞，在园图的右下角可见此船坞局部形象，其位置似与后来的样式雷图所示有所不同。

乾隆二十年（1755年）十一月四宜书屋遭遇火灾，火从北部夏馆含清楼发端，烧毁了部分建筑，管理太监因而被从重处罚，此事载于当年的内务府《奏案》[40]。此后数年未见有重修记录，尚处于半废毁状态。至乾隆二十七年（1762年），乾隆帝第三次南巡归来，即利用四宜书屋旧址为基地，对海宁陈氏安澜园加以仿建，同时把新景区也定名为"安澜园"。乾隆二十九年（1764年）内务府《奏销档》记载："春宇舒和改修殿宇、楼座、房间等工，乾隆二十七年闰五月兴工，二十八年十月完竣。"[41]至此新景区的格局已经全部奠定，后来仅有零星的装修和改建，如乾隆四十二年（1777年）添盖点景楼三间并粘修房屋、添砌院墙、添墁甬路、拆刨土山等[42]。

关于圆明园中安澜园的格局，《日下旧闻考》有详细记载："西峰秀色迤东，东西船坞各二所。北岸为四宜书屋五楹，即安澜园之正宇。东南为菻经馆，又南为采芳洲，其后为飞睇亭，东北为绿帷舫。四宜书屋西南为无边风月之阁，又西南为涵秋堂，北为烟月清真楼，楼西稍南为远秀山房楼，北度曲桥为染霞楼。"[43]乾隆帝钦定菻经馆、四宜书屋、无边风月之阁、涵秋堂、远秀山房、染霞楼、绿帷舫、飞睇亭、烟月清真楼、采芳洲为安澜园十景，并先后十二次为这十景赋诗，此外还有不少对各景点的分别吟咏之作，喜爱之情溢于言表。以《日下旧闻考》记载、乾隆帝诗文与现存样式雷图相参证，可以大致廓清圆明园中安澜园的基本格局（图13-9**）。

安澜园景区北侧有围墙，东、西侧开敞，南侧临水，范围界限难以严格界定，总占地面积约20亩，远小于海宁安澜园。东南侧另建有两座大型船坞，作收藏园中游船之用。

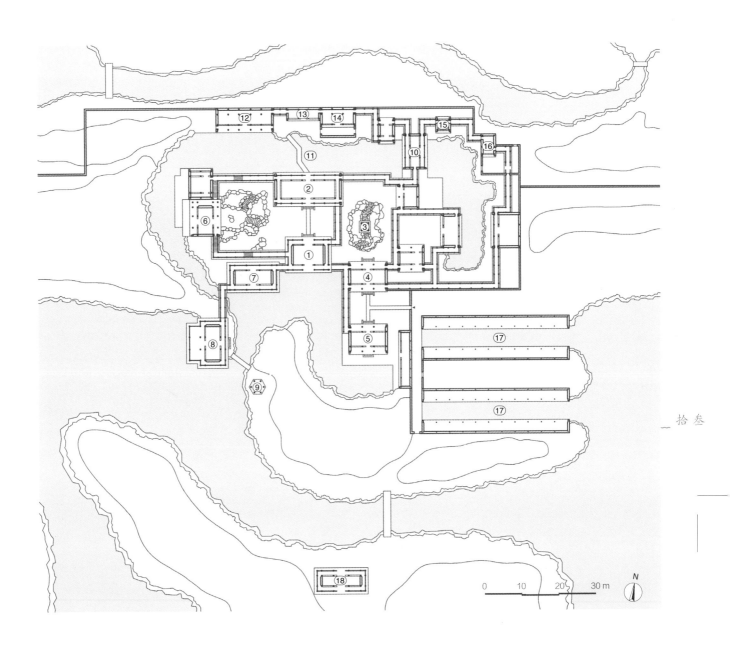

图 13-9** ↑

圆明园安澜园复原平面图
（根据样式雷图重新绘制）

① 四宜书屋 / ② 烟月清真楼 / ③ 飞睇亭 / ④ 蒛经馆 / ⑤ 采芳洲 / ⑥ 远秀山房 / ⑦ 无边风月之阁 / ⑧ 涵秋堂 / ⑨ 云涛亭 / ⑩ 绿帷舫 / ⑪ 曲桥 / ⑫ 染霞楼 / ⑬ 得趣书屋 / ⑭ 啸竹轩 / ⑮ 平台房 / ⑯ 引凉小楼 / ⑰ 船坞 / ⑱ 临水厅

景区园门位于东南角，未设门殿，仅为随墙门。主体院落四面环水，其东南跨院南有采芳洲临水，北有菲经馆正对假山。菲经馆是三间书房，乾隆帝诗序称："入园门朴室三间，背倚峰屏，右临池镜，颜曰'菲经'。"[44] 采芳洲是三间水榭，故乾隆帝《采芳洲》诗曰："三架疏轩碧水临"[45]。

菲经馆北部院落中心叠有假山，山上建一座飞睇亭。登临此亭，可以远眺圆明园北墙外的大片稻田，正如乾隆帝诗序所云："一峰秀拔，亭据其上，每当纵望园外，稻塍千顷，皆在目中，直与农夫田父共较雨量晴矣。"[46] 此亭立于假山之上，其建筑规制模仿杭州西湖龙井的龙泓亭而非海宁安澜园中的某座亭子，属于整个景区的特例，对此乾隆帝专门有诗提到"翼然亭子冠嵚崎，规仿龙泓式创为。"[47]

景区中心建正堂三间（《日下旧闻考》称正宇"五楹"，与样式雷图不合），仍沿用雍正帝题写的"四宜书屋"旧额。堂北有一座二层五间楼阁，名"烟月清真楼"。楼西游廊与一座建于假山上的高台建筑相接。这座建筑名叫"远秀山房"，形制特殊，东、西、北三面有廊而南侧无廊，屋顶北为歇山、南为硬山，高踞平台之上，俗称"高台殿"。四宜书屋西南有无边风月之阁，面水背山；再往西南有涵秋堂跨于水边，面西出有抱厦，形制与《圆明园四十景图》中的临水轩一致，当为原四宜书屋旧景区的遗物。

烟月清真楼之北有曲桥通向北岸，偏东位置又设一座画舫式建筑跨于水上，两端有廊与其他建筑相同。画舫名叫"绿帷舫"，乾隆帝诗中称"临水何妨即舫之，成阴树是绿油帷"[48]。绿帷舫以北，东侧有平台游廊，再东有引凉小楼，为单层楼阁建筑，乾隆帝诗云："出树构小楼，称高讵称丽。惟高斯引风，爽凉故可致。"[49] 可见这座小楼高出树梢之上，作纳凉之用。绿帷舫以西的地段形状狭长，背依院墙，前临水面，依次设有挹香室、啸竹轩、得趣书屋，其中挹香室和得趣书屋都是小型书房，前者只有一间，后者三间。乾隆帝《得趣书屋》诗咏道："小小三间屋，低低四尺墙"[50]，

（清）弘历.安澜园十咏·薜经馆.
高宗御制诗三集.卷39.
清代光绪二年刊本.

（清）弘历.安澜园十咏·采芳洲.
高宗御制诗三集.卷56.
清代光绪二年刊本.

（清）弘历.安澜园十咏·飞睇亭.
高宗御制诗三集.卷39.
清代光绪二年刊本.

（清）弘历.飞睇亭.高宗御制诗三集.卷30.
清代光绪二年刊本.

（清）弘历.安澜园十咏·绿帷舫.
高宗御制诗三集.卷39.
清代光绪二年刊本.

（清）弘历.引凉小楼.高宗御制诗三集.卷83.
清代光绪二年刊本.

（清）弘历.得趣书屋.高宗御制诗三集.卷58.
清代光绪二年刊本.

（清）弘历.安澜园十咏·染霞楼.
高宗御制诗三集.卷56.
清代光绪二年刊本.

（清）弘历.安澜园记.高宗御制文二集.卷10.
清代光绪二年刊本.

五

可见在此有意凸现其小巧的特征。景区西北为染霞楼，二层五间，所谓"名曰染霞而实近水"，其景为"池上层楼敞紫薆，水中楼影亦含清"[51]，也是乾隆帝喜欢光临的楼阁之一。

主体院落之南、涵秋堂之东有大型土山，山西南一侧建有一座六角亭，名"云涛亭"。隔岸又有一座三间临水厅，前临木板折桥，《圆明园四十景图》上已经可见。此外安澜园景区还有山影楼、涵雅斋和一些外围的点景建筑与辅助用房，由于缺乏详细的文献记载，难以在平面图上一一确定各自的具体位置。

乾隆之后圆明园中的安澜园一直维持旧貌，嘉庆、道光二帝也有御制诗吟咏其中景物。至咸丰十年（1860年）英法联军火烧圆明园，安澜园遭到毁灭性破坏。目前遗址上仅有两处假山遗迹依稀可寻，其余均已不存。

安澜园是圆明园中一处重要的写仿景区，同时又是利用旧景区改建而成的结果。对此乾隆帝在《安澜园记》中说得很明白："安澜园者，壬午幸海宁所赐陈氏隅园之名也。陈氏之园何以名御园？盖喜其结构致佳，图以归。园既成，爰数典而仍其名也。然则创欤？曰非也，就四宜书屋左右前后，略经位置，即与陈园曲折如一无二也。四宜书屋者，圆明园四十景之一，既图既咏至于今，已历廿年也，土木之工廿年斯敝，故就葺修之，便稍为更移，费不侈而一举两得也。"[52]乾隆帝南巡归来，正欲在圆明园中寻找空地以仿建海宁安澜园，恰好数年之前圆明园中的四宜书屋因为失火而有所毁失，一直没有恢复，而且这个景区本来建筑就相对稀疏，地段空旷，具备了仿建安澜园的理想基础，可借恢复之名行重建之实，堪称一举两得。

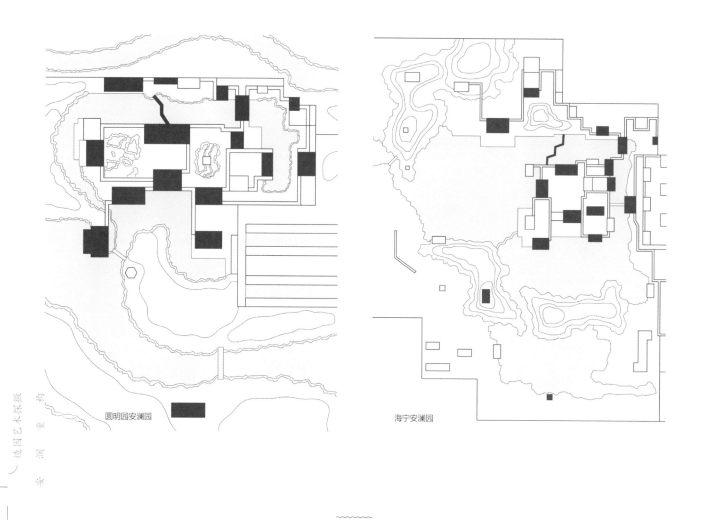

圆明园安澜园

海宁安澜园

以重建的安澜园景区与《圆明园四十景图》中的四宜书屋相较，不难发现二者只有二三分相似。乾隆帝在园记中说这次工程仅仅是"略经位置"而非新创，似乎改动很少，但实情并非如此，整个工程包括挖山、开池、叠石以及构筑新的楼堂亭榭等复杂内容，原来位置上的建筑只有涵秋堂和南岸临水厅得到保留，其余均作了重新建造。完成后的安澜园的建筑数量明显多于旧四宜书屋，而且又开辟一湾曲池，山水形态更加丰富。乾隆帝诗中说："园是新名屋旧基"[53]，园记中又称"稍为更移"，据此推测也可能有部分建筑利用原有房屋迁移而成。总之，新景区基本是仿照海宁陈氏园重新创建的成果，并未受到原有格局的太大限制。

清代皇家园林写仿江南园林，新辟园区的占地面积往往要大于原型所在地段，或大致相等。但圆明园中安澜园一景的占地面积却不足海宁陈氏园的1/3，属于相当少见的情况。因此这次写仿并不像后来的长春园狮子林那样对

原型进行全面摹拟，而是主要对一些关键的布局要素进行复制，属于结构性的模仿之作。

圆明园安澜园与海宁陈氏园最为相似的地方有两点，一是主体水系的形态，二是全园主要建筑的分布结构。

海宁陈氏园中部设大池环绕一院，又有南池和西池与大池呼应；圆明园安澜园也在原地段内新挖一个曲池，环绕主体院落，且与南部河流之间隔着一座土山，彼此的关系与海宁陈氏园的中池、南池如出一辙，由此奠定了进一步写仿的地形基础。

南北两座安澜园的布局更为神似。乾隆帝在《安澜园记》中强调自己喜欢海宁安澜园"结构致佳"，这才令宫廷画师绘图带回京城，以作范本，可见这次写仿的核心就在于布局结构。在细致的比较之后，我们不难发现其实圆明园安澜园中绝大多数的建筑都与海宁陈氏园中的主要建筑存在明显的对位关系（图13-10**），例如四宜书屋—环碧堂，烟月清真楼—逍遥楼，菲经馆—中楼，采芳洲—古藤水榭，

（清）弘历．安澜园十咏·四宜书屋．
高宗御制诗五集．卷 94.
清代光绪二年刊本.

（清）弘历．涵雅斋得句．
高宗御制诗三集．卷 36.
清代光绪二年刊本.

（清）弘历．再题安澜园十咏·远秀山房．
高宗御制诗四集．卷 34.
清代光绪二年刊本.

（清）弘历．再题安澜园十咏·飞睇亭．
高宗御制诗四集．卷 2.
清代光绪二年刊本.

__拾叁

图 13-10★★

圆明园安澜园与海宁安澜园布局结构比
较示意图

无边风月之阁—挟藻楼，涵秋堂—群芳阁，远秀山房—澄澜馆，绿帷舫—溪槎，曲桥—曲桥，染霞楼—赐安堂楼，得趣书屋—静明书屋，挹香室—水阁，引凉小楼—佛堂小楼，南岸临水厅—南涧亭，此外圆明园安澜园东部院落中的3座建筑以及平台游廊也与海宁安澜园的东部轩榭、廊楼的位置相仿。可见二园的结构脉络高度相似，而且所有对应建筑的位置和朝向全部一致，建筑形式也大多相同，如以堂对堂、以楼对楼、以榭对榭、以舫对舫、以书屋对书屋、以曲桥对曲桥，甚至连间数都基本一致，与原型的亲缘关系一望可知，确实达到"与陈园曲折如一无二"的效果。

海宁安澜园中多楼阁，圆明园安澜园中也设有烟月清真楼、无边风月之阁、染霞楼、引凉小楼、山影楼等，楼阁数量明显占据较大比例，另外远秀山房也是一座类似楼阁的高台建筑；海宁安澜园多水榭、水阁，圆明园安澜园的建筑也大多临水而设，兼有水榭之意；海宁安澜园以游廊繁复为特征，圆明园安澜园同样以游廊串连所有院落，乾隆帝有诗称"回廊宁借多，曲折以致深"[54]，与海宁陈氏园的曲廊复道有异曲同工之妙。从这些方面来看，圆明园安澜园主要以建筑为写仿重点，力图重现海宁安澜园曲折悠远的空间特色，正如乾隆帝诗中所称："景爱隅园幽且嘉，若亭若阁肖无差。"[55]

同时考虑到规模的差别，圆明园安澜园并未对海宁安澜园的所有建筑全部进行仿建，其建筑数量仅及原型的一半，海宁安澜园中的重重园门、多进宅院以及一些体量较大的建筑（如十二楼）均不在仿建之列，山楼、水阁等略显重复的建筑只取其中的一部分，游廊的长度也作了大幅的缩减。因此这次结构性的写仿是精心取舍之后的成果。

虽然乾隆帝声称圆明园安澜园"颇学陈家列假山"[56]，但实际上假山并不是这次写仿的重点。海宁陈氏园有大型黄石假山横亘于中部大池与南池之间，西北又有大型湖石叠山，圆明园安澜园并未加以仿制，仅在中心院落中叠置

（清）弘历.得趣书屋.高宗御制诗三集.卷42.
清代光绪二年刊本.

（清）弘历.挹香室.高宗御制诗三集.卷36.
清代光绪二年刊本.

（清）弘历.再题安澜园十咏叠旧作韵·采芳洲.
高宗御制诗三集.卷56.
清代光绪二年刊本.

（清）弘历.再题安澜园十咏·无边风月之阁.
高宗御制诗四集.卷34.
清代光绪二年刊本.

（清）弘历.再题安澜园十咏叠旧作韵·飞睇亭.
高宗御制诗三集.卷56.
清代光绪二年刊本.

（清）弘历.再题安澜园十咏·染霞楼.
高宗御制诗三集.卷72.
清代光绪二年刊本.

（清）弘历.再题安澜园十景·飞睇亭.
高宗御制诗三集.卷78.
清代光绪二年刊本.

了两座规模不大的假山，景区四周仍保持原有的土山形态，没有刻意再加处理。

圆明园安澜园中植物品种不多，也不是写仿的重点。乾隆帝《得趣书屋》诗中曾述："春阶葺芳草，夏池馥净荷。月竹秋玲珑，雪树冬婆娑。"[57]《挹香室》诗称："四季花芳鼻观薰"[58]，其他诗中散见"青蒲白芷满沙浔"[59]、"漫怜花柳未韶妍"[60]等句，可见庭院中种有各种鲜花和芳草，池中有荷花、蒲苇，周围另植有竹子和柳树等其他树木，虽无法与海宁陈氏园繁盛的花木相提并论，但略有一些呼应关系。

海宁安澜园以素雅的风格见长，圆明园安澜园也继承了这个特色，如乾隆帝的《飞睇亭》诗称："朴成不费斫雕艰"[61]，《染霞楼》诗中提到"朴斫书楼绿水涯"[62]，其中的建筑、山水、花木都表现出平淡无华的气质，与御园相对富丽的其他景区有所不同，反映了江南园林的意趣。

圆明园安澜园中的匾额与海宁陈氏园无一重复，甚至彼此对应的同类型建筑大多还特意更换名称，以免雷同，如以"舫"代"槎"，以"洲"代"榭"等。但仔细品味之下，可以发现圆明园安澜园中的个别题额，如"无边风月之阁"、"烟月清真楼"与陈氏园中的"烟波风月之亭"还是存在着某种关联，或许受到过陈氏园的启发。

海宁安澜园位于城内一隅，主要以相邻的佛寺、道观和城墙为借景对象。圆明园安澜园位于西郊大型苑囿之中，视野更为开阔，其北为若帆之阁，南为平湖秋月，再南为浩淼的福海，东有方壶胜景，西为廓然大公、西峰秀色、鱼跃鸢飞诸景区，四面景致都很丰富。更重要的是，登飞睇亭可远望北园墙外的稻田，即"亭临墙外见鳞塍"[63]；立于远秀山房之高台，则可向西远眺西山诸峰，所谓"山房西向见西山，爽气西山襟袖间"[64]，借景的层次要比海宁陈氏园更胜一筹。

乾隆帝曾经多次在咏圆明园安澜园的诗中把其中的景致与海宁安澜园相比较，如蒨经馆"不减陈氏藏书楼也"[65]，烟月清真楼"延楼高敞，不施橱障，为纳烟月契神处，又似在陈氏竹堂月阁间。"[66]其中的飞睇亭的造型仿自西湖龙泓亭，但却又号称与海宁安澜园"位置亭台肖以宛"[67]，也就是说亭与假山的关系仍是以海宁陈氏园为蓝本。乾隆帝本人对于这次写仿是非常满意的，之后几十年中不断强调"安澜设以陈园拟"[68]，"此安澜学彼安澜"[69]，"安澜小筑肖陈家"[70]，"图来陈氏隅园景，构筑居然毕肖观"[71]，"安澜景本写隅园"[72]，甚至还在圆明园安澜园中感慨道："轻拂朗照中，吾不知为在御园在海宁矣。"[73]可见二者确实有高度神似之处。

（清）弘历.再题安澜园十咏·远秀山房.
高宗御制诗三集.卷72.
清代光绪二年刊本.

（清）弘历.安澜园十咏·蒨经馆.
高宗御制诗三集.卷39.
清代光绪二年刊本.

（清）弘历.安澜园十咏·烟月清真楼.
高宗御制诗三集.卷39.
清代光绪二年刊本.

（清）弘历.安澜园十咏·飞睇亭.
高宗御制诗四集.卷86.
清代光绪二年刊本.

（清）弘历.再题安澜园十咏·涵秋堂.
高宗御制诗三集.卷72.
清代光绪二年刊本.

（清）弘历.再题安澜园十景·采芳洲.
高宗御制诗三集.卷78.
清代光绪二年刊本.

（清）弘历.再题安澜园十咏·无边风月之阁.
高宗御制诗三集.卷94.
清代光绪二年刊本.

（清）弘历.再题安澜园十咏·四宜书屋.
高宗御制诗四集.卷18.
清代光绪二年刊本.

（清）弘历.安澜园十咏·飞睇亭.
高宗御制诗四集.卷86.
清代光绪二年刊本.

（清）弘历.安澜园十咏·无边风月之阁.
高宗御制诗三集.卷39.
清代光绪二年刊本.

拾叁

从总体上说，由于圆明园安澜园的景区面积明显小于海宁陈氏园，这次写仿采用的方式并非全盘模仿，而是对原型的布局结构进行归纳，然后通过水系形态与建筑对位的方式再现原型的空间脉络，有取有舍，裁剪得当，宛如原型的"简化版"，成为清代皇家园林写仿江南极具代表性的重要例证。

值得一提的是，尽管圆明园安澜园基本上是一处新建的写仿景观，与原来的四宜书屋关系不大，但依然还保持着"四季皆宜"的主题，乾隆帝后来的诗作中反复渲染其中的四季景色变化，如春天是"四季都宜春更宜"[74]，夏天是"雨后园林首夏时"[75]，秋天是"有水澄空有竹萧，四时秋意满轩寮"[76]，冬天是"镜光一片白皑皑"[77]，总体上达到"夏凉冬暖总相宜，秋月春风更最斯"[78]的最佳效果，说明旧日的景致意境通过这次写仿重建得到了继承和升华。

（清）弘历.再题安澜园十咏·四宜书屋.
高宗御制诗三集.卷94.
清代光绪二年刊本.

（清）弘历.再题安澜园十咏叠旧作韵·四宜书屋.高宗御制诗三集.卷56.
清代光绪二年刊本.

（清）弘历.再题安澜园十咏·涵秋堂.
高宗御制诗三集.卷72.
清代光绪二年刊本.

（清）弘历.再题安澜园十咏·涵秋堂.
高宗御制诗四集.卷2.
清代光绪二年刊本.

（清）弘历.安澜园十咏·四宜书屋.
高宗御制诗四集.卷86.
清代光绪二年刊本.

（清）弘历.安澜园记.高宗御制文二集.卷10.
清代光绪二年刊本.

（清）弘历.再题安澜园十咏叠旧作韵·薜经馆.
高宗御制诗三集.卷56.
清代光绪二年刊本.

（清）弘历.再题安澜园十咏·四宜书屋.
高宗御制诗三集.卷18.
清代光绪二年刊本.

（清）弘历.再题安澜园十咏·四宜书屋.
高宗御制诗四集.卷2.
清代光绪二年刊本.

六

乾隆帝仿建安澜园，除了喜爱其景致以外，还有一层更重要的政治象征意义。他南巡海宁并非为了游园揽胜，而是为了视察海塘工程，给海宁陈氏园赐名"安澜"，正是为了凸现这一主旨。回京后乾隆帝对海塘工程依然念念不忘，特意下令浙江地方官员每月奏报海潮涨沙情势以及海塘的安危情况；在圆明园中仿建安澜园，也是为了经常提醒皇帝时刻关注江南的海塘是否"安澜"。

对此乾隆帝在《安澜园记》中强调："彼以安澜赐额，则因近海塘，似与此无涉也。然帝王家天下，薄海之内，均予户庭也。况予缱念塘工，旬有报而月有图，所谓鱼鳞土备、南坍北涨，诸形势无不欲悉。安澜之愿，实无时不厪于怀也。由其亭台则思至盐官者，以筹海塘而愿其澜之安也。不宁唯是，凡长江洪河与夫南北之济运清黄之交汇，何一非予宵旰切切关心者。亦胥愿其澜之安也，是则予之

以安澜名是园者，固非游情泉石之为，而实蒿目桑麻之计，所为在此不在彼也。"[79]乾隆帝另有诗云："安澜原写隅园概，遐想因之忆浙民"[80]，"每月奏闻涨沙势，何曾一日忘安澜"[81]，说的正是同一个意思。有时候他还特意在四宜书屋中翻阅《南巡盛典》，并感慨道："恰是南巡江浙典，民情亲切永心存。"[82]其言行虽不乏自我标榜的成分，但毕竟表现出封建帝王关怀人民安危福祉的一面，殊属难得。圆明园安澜园因此成为一种特殊的象征性景观，非其他单纯的写仿景致所能企及。

咸丰年间国势衰微，外有列强入侵，内有太平天国战乱，北京与江南这两处古典园林最集中的地区同遭大劫，南北两个安澜园也几乎同时被毁，成为这段历史悲剧的缩影。如今两园遗址均在，尚待进一步地保护整治，并作为昔日繁华与惨痛的双重纪念，继续流传后世。

雅 是 云 林 习 禅 处 ， 纳 来 景 物 也 如 斯

——狮 子 真 趣

苏州狮子林是元代所建的佛寺园林，明清时期成为私家园林，素以精美的叠石、独特的古树和清幽的意境而享有盛誉，历代文士多次为之作画题诗。清代乾隆帝南巡曾经五次造访，后以苏州狮子林为蓝本，在长春园中加以仿建，在叠石、水系、建筑、花木、匾额等各方面参照原型进行再创作，取得形神皆似的成功效果，与原型的相似程度最高，成为乾隆帝最钟爱的园中园之一，在所有写仿景致中具有特殊地位。本章通过文献考证，对苏州狮子林和长春园狮子林的景致特色分别进行梳理，并对写仿手法作进一步的分析和探讨。

苏州狮子林是元代僧人天如禅师维则及其弟子所创的佛寺园林，其前身则传说为宋代官僚别业。元至正十四年（1354年）欧阳玄《师子林菩提正宗寺记》载："姑苏城中有林曰师子，有寺曰菩提正宗，天如禅师维则之门人为其师创造者也。林有竹万个，竹下多怪石，有状如狻猊者，故名师子林。且师得法普应国师中峰本公，中峰倡道天目山之师子岩，又以识其授受原也。……按其地本前代贵家别业，至正二年壬午师之门人相率出赀买地结屋，以居其师，而择胜于斯焉。"元代危素《师子林记》载："师子林者，天如禅师之隐处也。……吴门之问学于师者买地于郡城娄

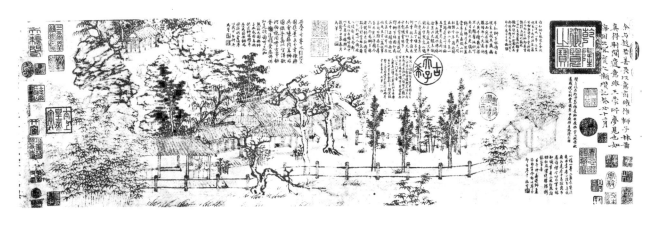

（元）欧阳玄.师子林菩提正宗寺记 //
（明）道恂辑.师子林纪胜集.卷上.
扬州：广陵书社，2007.

（元）危素.师子林记 //
（明）道恂辑.师子林纪胜集.卷上.
扬州：广陵书社，2007.

（明）王鏊.姑苏志.卷25.
明代正德元年刊本.

（明）王世贞.书文徵仲补天如狮子林卷.弇
州山人续稿.卷171.
明代万历五年世经堂刊本.

（明）王世贞.书文徵仲补天如狮子林卷.弇
州山人续稿.卷171.
明代万历五年世经堂刊本.

___ 拾 肆

图 14-1** ↑

（元）倪瓒《狮子林图》
（引自《苏州古典园林》）

齐二门之间，实故宋名宦之别业。"²明《姑苏志》亦载："狮子林庵在城东北隅，元至正二年僧维则建，则多聚奇石，状类狻猊，故取佛氏语名，一名菩提正宗寺，内有卧云室、立雪堂、问梅阁、指柏轩、禅窝、竹谷诸景，并经名人品题，最号奇胜。"³此园以"狮子林"（元明以来文献常写作"师子林"）为名，主要是因为其中有山石形如狮子，同时佛经中也有"狮子吼"的典故，而且相传文殊菩萨的坐骑就是一只狮子，故而此园名本身也富有佛教含义。另外维则奉曾在天目山狮子岩修行的中峰禅师为祖师，以"狮子"为园名亦表示其法统之源。园林依临菩提正宗寺，寺院又名"狮林寺"或"狮子林庵"。

此园在元明时期极负盛名，至明代中后期园景有所衰落，转为某权势之家所占，更加颓败，甚至一度沦为畜牧场所，明王世贞《弇州山人续稿》载："闻十余年前，狮子林尚在，而所谓十二景者，亦半可指数。今已转授民家，陆氏纵织作畜牧其中，而佛像、峰石、老梅、奇树之类无

一存者，嗟夫。"⁴但文中称峰石、古树一无所存，似太过绝对，与明清时期其他文献描述有所出入。

此园之所以得享大名，除了以奇石园景见长之外，更得益于元明两代文人题咏不绝，而且有多位著名画家为之绘制图卷，明代僧人道恂专门为此辑有《师子林纪胜集》一书以录其诗文碑刻。早在元末至正二十三年（1363年），朱德润（字泽民）即为维则禅师绘制了一幅园图；明初以后，倪瓒、杜琼（字用嘉，号鹿冠道人）、徐贲（字幼文）和文徵明（字徵仲）等名家先后均有园图传世，《弇州山人续稿》对此记载详细："前是朱提举泽民图之矣，徐布政贲复图之，倪山人瓒、今赵善章复图之，真迹不知散落何手。百五十年而文待诏徵仲重貌其胜，而书彝、启之作系而归之。"⁵其中尤以倪瓒所作的《狮子林图》最为高妙（图14-1**），深受明清画坛推崇。倪瓒（1301~1374年）字元镇，号云林，名列元代四大家之一，晚年作此长卷，极为得意，难免自夸，特意在图卷上自题"余与赵君善长以意商榷，

作《狮子林图》，真得荆关遗意，非王蒙辈所能梦见也。如海因公宜宝之。懒瓒记。癸丑十二月。"倪瓒另作有一诗，称"七月廿七日过东郭师子林兰若，如海上人索予画，因写此图并为之诗。"[6]可见此画应如海禅师之请而作于明洪武六年癸丑（1373年），岁末始成[7]，乃是其去世前一年。

倪瓒的《狮子林图》以写意为主，徐贲于明洪武七年（1374年）所作的一组十二幅《狮子林图》则较为细致地描绘了狮子林十二景（图14-2**），也很受士林称道，明初高僧姚广孝为之题诗，并作序言曰："余友徐贲幼文洪武间为狮林如海师作此十二景，极为精妙。"[8]

倪徐二图均为横幅，而成化四年（1468年）春天杜琼所作的《师林图》（图14-3**）则是一幅立轴，现藏台北故宫博物院，此图仅描绘了园林中部的景致，与倪图局部构图颇为相似。

作为一座寺院园林，苏州狮子林在元明时期的景象可以从留传的倪瓒、徐贲、杜琼所绘诸图和相关诗文中得到印证。倪瓒的《狮子林图》描绘了六七座草堂茅轩参差掩映在高树竹丛之中，背后峰石星聚，环境宛如闹市幽居，极为清雅；杜琼《师林图》所表现的景物与之类似；徐贲之图则较为详细地刻画了景观的不同片断，更为直观地反映了元末明初的狮子林面貌。

狮子林之胜，首在叠石。《师子林菩提正宗寺记》载："因地之隆阜者命之曰山，因山有石而崛起者命之曰峰，曰含晖，曰吐月，曰立玉，曰昂霄者，皆峰也，其中最高状如狻猊，是所谓师子峰，其膺有文以识其名也。……他石或跂或蹲，状狻猊者不一，'林'之名亦以其多也。……大概林之占胜，其位置虽出于天成，其经营实由乎智巧，究其所以然，亦师之愿力所成就也。"[9]园中拥有专门名号的奇石山峰有狮子峰、含晖峰、吐月峰、立玉峰、昂霄峰等，明初王彝《游狮子林记》对诸峰所记最为详细："狮子峰，高仞有若干尺，如舞且踞，两旁复各有峰亚匹，之东曰含晖，作人立，左腋下有穴，一腹枵然有四穴，日始出

（元）倪瓒．七月廿七日过东郭师子林兰若，
如海上人索余画，因写此图并为之诗 //
（明）钱穀撰．吴都文粹续集．卷30．
清代文渊阁四库全书本．

童寯先生《江南园林志》谓"洪武十八年，
倪瓒作图"，误。

（明）姚广孝．徐幼文狮子林图 //
（明）汪砢玉撰．珊瑚网．卷36．
上海：商务印书馆．1936．

（元）欧阳玄．师子林菩提正宗寺记 //
（明）道恂辑．师子林纪胜集．卷上．
扬州：广陵书社．2007．

拾 肆

图 14-2**

（明）徐贲《狮子林图》摹本（引自《师
子林纪胜集》）

1.师子峰 2.含晖峰 3.吐月峰 4.小
飞虹 5.禅窝 6.竹谷 7.立雪堂 8.卧
云室 9.指柏轩 10.问梅阁 11.玉鉴池
12.冰壶井

图 14-3** ←

（明）杜琼《师林图》
（引自《故宫藏画大系》第8册）

（明）王彝.游狮子林记//
（明）道恂辑.师子林纪胜集.卷下.
扬州：广陵书社，2007.

（明）姚广孝.徐幼文狮子林图//
（明）汪砢玉纂.珊瑚网.卷36.
上海：商务印书馆，1936.

（明）高启.狮子林十二咏//
（明）道恂辑.师子林纪胜集.卷上.
扬州：广陵书社，2007.

（明）维则.狮子林即景十四首//
（明）道恂辑.师子林纪胜集.卷上.
扬州：广陵书社，2007.

（元）欧阳玄.师子林菩提正宗寺记//
（明）道恂辑.师子林纪胜集.卷上.
扬州：广陵书社，2007.

（元）维则.狮子林即景十四首//
（明）道恂辑.师子林纪胜集.卷上.
扬州：广陵书社，2007.

（元）郑元佑.立雪堂记//
（明）道恂辑.师子林纪胜集.卷上.
扬州：广陵书社，2007.

（明）王彝.游狮子林记//
（明）道恂辑.师子林纪胜集.卷上.
扬州：广陵书社，2007.

（元）维则.狮子林即景十四首//
（明）道恂辑.师子林纪胜集.卷上.
扬州：广陵书社，2007.

（元）道衍.师子林三十韵//
（明）道恂辑.师子林纪胜集.卷上.
扬州：广陵书社，2007.

（元）李祁.师子林诗序//
（明）道恂辑.师子林纪胜集.卷上.
扬州：广陵书社，2007.

则其晖晻暖相射；西曰吐月，颇峭且锐，稍夕月即见；……含晖之东有隙地逾寻，砌以石子为环坐者，所藉曰翻经台；傍有峰特出，曰立玉，然其状嵌空若刀剑划作四五叶者，或曰以'地肺'名为宜。……自三四峰外，诸小峰凡十数计，且丛列怪石，什百为群。"[10]诸峰中以狮子峰最高，当为园中主峰，姚广孝诗赞道："踞地似扬威，昂藏浑欲吼。猛虎见还猜，妖狐宁敢走。"[11]高启诗曰："风生百兽低，欲吼空山夜。疑是天目岩，飞来此山下。"[12]含晖峰内含洞穴而宜于夕照，吐月峰陡峭尖锐而宜于伴月，立玉峰状若嵌空似刀剑所划，各有风致，其余诸峰也有一些貌如狻猊者。全园石多如林，颇见奇绝。人处其中，犹在山林，因此维则本人的《狮子林即景》诗自谓："人道我居城市里，我疑身在万山中。"[13]

园中主要建筑包括卧云室、立雪堂、指柏轩、问梅阁、禅窝以及栖凤亭和小飞虹石桥，欧阳玄《师子林菩提正宗寺记》又载："立玉峰之前有旧屋遗址，容石磴，可坐六七人，即其地作栖凤亭；昂霄峰之前，因地下洼浚为涧，作石梁跨之，曰'小飞虹'。……寺左右前后竹与石居地大半，故作屋不多，然而崇佛之祠，止僧之舍，延宾之馆，香积之厨，出纳之所悉如丛林规制。外门扁曰'菩提兰若'，安禅之室曰'卧云'，传法之堂曰'立雪'，庭旧有柏者曰'腾蛟'，今曰'指柏之轩'；有梅者曰'卧龙'，今曰'问梅之阁'；竹间结茅曰'禅窝'，即方丈也，上肖七佛，下施禅坐，间列八境，光相互摄，期以普利见闻者也。"[14]其中卧云室为禅室，立雪堂为传法堂，禅窝为方丈室，均有特定的宗教功能，禅窝室内还设有佛像，与一般的文人园林迥异。建筑风格以素雅为主，多为茅草苫顶，且隐于山石竹丛之间，格局分散，如维则诗所咏："散入凤亭深竹处，石林分坐绕飞虹。"[15]

园中水池名"玉鉴池"，另有水井名"冰壶井"。明人诗句数次提及池上观鱼，可见其中曾经蓄养游鱼。园中花木亦胜，特别植有大片竹子，元至正七年（1347年）郑元

（明）高启. 狮子林十二咏序 //

（明）道恂辑. 师子林纪胜集. 卷上.
扬州: 广陵书社, 2007.

（清）顾嗣立. 元诗选初集. 卷 68.
北京: 中华书局, 1987.

（清）朱彝尊等. 狮子林联句 //

（清）徐立芳辑. 师子林纪胜续集. 卷中.
扬州: 广陵书社, 2007.

（清）潘耒. 壬午上巳狮子林修禊分韵得崇字 //（清）徐立芳辑. 师子林纪胜续集. 卷中.
扬州: 广陵书社, 2007.

（清）赵宏恩等修. 江南通志. 卷 44.
清代文渊阁四库全书本. 载: "国朝康熙四十二圣祖仁皇帝赐 '狮林寺' 三字额。"

（清）弘历. 倪瓒狮子林图.
高宗御制诗初集. 卷 2.
清代光绪二年刊本.

佑《立雪堂记》称园内"其为室不满二十楹，而挺然修竹，则几数万个。"[16]园中栖凤亭一带还专门辟一山谷为"竹谷"。古树则以古柏"腾蛟"和古梅"卧龙"见称，王彝《游狮子林记》称："梅与柏各一，皆相结为蛟虬，其寿几二百年。"[17]两株古树均极为珍贵。古柏枝干遒劲，如龙腾蛟飞；古梅旁倚石栏、碧水，更有"斜梅势压石阑干，花似垂头照影看"[18]之态。另外僧人道衍《师子林三十韵》有"桂临经阁暝，蕉傍佛龛清"[19]之句，可见园中还种有桂树和芭蕉。

总体而言，元明时期的狮子林是一座规模不大的佛寺园林，屋宇也很少，所谓"其地之广不过十余亩，非若名山钜刹之宏基厚址也；屋不过一二十楹。非若雄殿杰阁之壮丽焜耀也"[20]，但叠石佳胜，轩室精致，竹木茂盛，环境清幽，意境脱俗，确实不愧名园之誉，正如高启《师子林

拾肆

十二咏序》所云："其规制特小而号为幽胜，清池流其前，崇邱峙其后，怪石嶙崒而罗立，美竹阴森而交翳，闲轩净室可息可游，至者皆栖迟忘归，如在岩谷，不知去尘境之密迩也。"[21]

三

清代初年，苏州狮子林景致依旧处于颓败状态，康熙年间顾嗣立在所辑《元诗选》中专门加按语称："（狮子林）今其地大半废为民居，湫隘嚣尘无复昔时之胜矣。"[22]但清初著名文人朱彝尊曾经与多位文士合作过一首《狮子林联句》[23]，从诗中所咏来看，仍有一定的园景可赏，并非一无所存。学者潘耒于康熙四十一年（1702年）曾作《壬午上巳狮子林修禊》诗："亭台屡兴废，水石何清雄。一地裂数园，结构争人工。天巧落畸士，屋角藏千峰。峰峰尽皱瘦，穴穴皆嵌空。"[24]可见当时的园分成几个部分，各有所属，但

仍藏有多座奇秀的山石。其中主体部分属于张氏，因此清初多位文人都在题诗提到过"赠主人张籲三"字样。乾隆间此园归于黄氏，并改名涉园，景致进一步得到恢复。

狮子林园旁寺院仍在，并于顺治、康熙年间一再得到重修，康熙四十二年（1703年）康熙帝南巡，曾经为之题有"狮林寺"之额[25]，但未见游园记载。

乾隆帝对苏州狮子林的最初认识来自于倪瓒的《狮子林图》。倪瓒的这幅杰作于清初辗转流入内府，被收进《石渠宝笈》，藏于紫禁城养心殿中，乾隆帝对之珍爱异常，早在即位之初就作有一首《倪瓒狮子林图》诗，当时他既不知道狮子林的真实所在，也不知道狮子林原为僧人维则所筑的寺院园林，长期误以为此园是倪瓒本人的别业，且因相隔数百年而漫不可寻，故而在诗中感叹道："借问狮子林，应在无何有。"[26]

传说倪瓒本人有洁癖，家居庭院中有一株梧桐树，令人早晚清洗。乾隆九年（1744年）乾隆帝为圆明园四十景

（清）阿桂，和珅等编．南巡盛典．卷85．
清代文渊阁四库全书本．

（清）弘历．题狮子林十六景诗注．
高宗御制诗五集．卷20．
清代光绪二年刊本．载："吴中狮子林世俱
传为倪瓒别业，甲辰南巡得徐贲画狮林景
十二帧，姚广孝跋云贲为元僧维则三昧弟子
如海作，乃知以狮林为倪迂别业者讹也．"

（清）弘历．碧桐书院．高宗御制诗初集．卷22．
清代光绪二年刊本．

（清）弘历．游狮子林．高宗御制诗二集．卷71．
清代光绪二年刊本．

（清）钱泳．履园丛话．
北京：中华书局．1979：330．

题写了一组诗词，其中《碧桐书院》一首曰："月转风回翠影翻，雨窗尤不厌清喧。即声即色无声色，莫问倪家狮子园。"[27] 碧桐书院位于后湖东北侧，由几组庭院组成，其中种植几株高大的梧桐（图14-4**），本身的格局和景致特点均与苏州狮子林大相径庭，与倪瓒《狮子林图》也很少相似之处，乾隆帝很可能因为倪瓒洗桐的典故联想到狮子林，这才把二者拉扯到一起，追慕之意亦可见一斑。

乾隆十六年（1751年）首次南巡经过苏州，乾隆帝也没有去造访狮子林旧园。直到乾隆二十二年（1757年）第二次南巡，方得知黄氏涉园即狮子林故址，大喜过望，立即前往游赏，并作《游狮子林》诗云："早知狮子林，传自倪高士。疑其藏幽谷，而宛居闹市。肯构惜无人，久属他氏矣。"[28] 之后的四次南巡，乾隆帝每次均去苏州狮子林重游并赋诗留念，并于第四次南巡之后的乾隆三十六至三十七年（1771~1772年）在长春园中仿建了一座狮子林，又于乾隆三十九年（1774年）在避暑山庄再次仿建了一座

文园狮子林。

对于乾隆帝的临幸经过，《南巡盛典》记载："狮子林在城东北隅，中多怪石，状如狻猊，故名。元至正二年，天如禅师之门人结屋以居其师，有峰有池，有桥有亭，有松有竹，僧寮宾馆，无不具备，敕赐寺额曰'菩提'，后为势家所占。倪瓒曾作图貌之，真迹传入内府，圣人按图临幸，宠以天章，一曲林亭遂与南国名山争胜。"[29] 几次游览中，乾隆帝先后为寺院和园林御笔题写了"镜智圆照"、"画禅寺"、"真趣"等匾额。乾隆四十九年（1784年）第六次南巡期间，乾隆帝又得到徐贲所绘的《狮子林图》，见到图上姚广孝的题跋，才终于得知此园原为元代维则所居的禅寺丛林而非倪瓒别业[30]。经过乾隆帝的一再品赏之后，狮子林愈加重振旧声，成为吴中一大名胜。

乾隆年间的狮子林已经归属黄氏，由佛寺丛林完全演变为私家园林，《履园丛话》称其中"湖石玲珑，洞壑宛转，上有合抱大松五株，又名五松园。"[31] 清人曹凯所作《师

拾 肆

图 14-4** ↑

《圆明园四十景图》中的《碧桐书院图》
（引自法国国家图书馆藏《圆明园四十
景图》）

图 14-5＊＊↑

图 14-6＊＊↑

图 14-7＊＊＊

（清）王翚《狮子林图》（黄晓提供）

（清）方琮《仿倪瓒狮子林图》局部
（引自《清代宫廷绘画》）

（清）钱维城《狮子林图》
（高居翰先生提供）

（清）曹凯.师林八景//

（清）徐立芳辑.师子林纪胜续集.卷中.

扬州：广陵书社，2007.

（清）弘历.题仿古卷六种·右方琮仿倪瓒狮

子林图.高宗御制诗三集.卷71.

清代光绪二年刊本.

林八景》[32]分咏师子峰、吐月峰、小飞虹、玉鉴池、冰壶井、问梅阁、五松、八洞，其中后二者不同于元明时期的狮子林十二景，其余景名大同小异，但经过重修后，与早期不尽相同。

清代著名画家王翚曾经参考倪瓒原图的局部绘制过一幅《狮子林图》（图14-5★★），画面差异较大。宫廷画师方琮也曾模仿倪瓒原图仿作了一幅《狮子林图》[33]（图14-6★★），全图比原作要长得多。另一位宫廷画师钱维城于乾隆二十二年（1757年）扈从乾隆帝南巡，亲自造访过狮子林，所绘《狮子林图》（图14-7★★）并非仿作，而是对当时的园景的写生，图上题词云："云林画《狮子林图》，自诩非王蒙辈所能梦见。此卷现贮天府，臣于编纂之下曾得敬观，简古秀逸，迥脱凡蹊，洵高士一生得意笔也。丁丑春扈从南巡，驻跸吴下，奉命游狮林寺，林石依然，相传为云林结构。其园右以水胜，左以树石胜，水园之洞凡九，沼池屈曲，累累如贯珠，循石桥以东为岸。园古松参天，石势

图 14-8** ↑

《南巡盛典》插图中的苏州《狮子林图》
（引自《南巡盛典》）

磊砢，为洞亦九，或悬桥而通，或拾磴而上，或仰而探，或俯而入，如羊肠九曲，宛转层折，仍归一途。以第一洞左右为出入分径，入左者出右，入右者出左，奥窔天成，数亩有千里之势。云林所绘，特其一角，所谓'以不似为似'者也。臣不揣拙劣，规模全势，绘为此图，非敢学步倪迂，聊以存庐山真面目耳。臣钱维城恭画并敬识。"图上展示了当时狮子林的真实全貌，但假山的尺度较为夸张。

《南巡盛典》所附插图可以更准确地展现乾隆年间此园的基本格局（图14-8**）。园之中央地段多为湖石山峰所占，南、西、北三面有水池环绕叠石，山水犬牙相错，一座半岛横于池中心位置。池西南有曲桥，中段则跨有一座石拱桥，上建小亭。主要的厅堂楼轩多位于园北，另有一座小院掩藏于山石之间。乾隆年间还在院内增建了御碑亭和御书楼，建筑密度明显大于元明时期，使得园景显得有些拥挤。园中仍辟有竹林，古柏、古梅似已不存，改以五株古松为胜，因此又名五松园。

乾隆帝本人很欣赏此园风光，在诗中一再夸赞道："未饰乃本然，盖当寻履齿。假山似真山，仙凡异咫尺。松挂前年藤，池贮五湖水。小亭真一笠，矮屋肩可椅。"[34] "一树一峰入画意，几湾几曲远尘心。"[35] "曰溪曰壑皆臻趣，若径若庭宛识寻。足貌伊人惟怪石，藉知古意是乔林。"[36]相比而言，乾隆帝对园中假山和古树尤其欣赏，诗中咏道："古树春来亦芳树，假山岁久似真山。"[37]

乾隆帝本人十分喜爱倪瓒的狮子林原图，先后在图上钤有"乾隆御览之宝"、"古稀天子"、"太上皇帝宝"等多处印章，对后来所得的徐贲《狮子林图》也相当重视，不但多次为倪图题诗，还两度为徐图作诗。乾隆二十七年（1762年）第三次南巡时期来此游赏，曾经专门将自己亲手临摹的一幅仿倪《狮子林图》藏于苏州，乾隆三十年（1765年）第四次南巡时又携带倪氏原图游园，以作参照[38]，此后还为钱维城的《狮子林图》题过诗[39]。客观来说，乾隆帝对苏州狮子林的喜爱与倪瓒的《狮子林图》有很大关系，

（清）弘历.游狮子林.高宗御制诗二集.卷71.
清代光绪二年刊本.

（清）弘历.游狮子林得句.
高宗御制诗三集.卷21.
清代光绪二年刊本.

（清）弘历.狮子林迭旧作韵句.
高宗御制诗三集.卷47.
清代光绪二年刊本.

（清）弘历.再游狮子林.
高宗御制诗三集.卷49.
清代光绪二年刊本.

（清）弘历.狮子林迭旧作韵.
高宗御制诗三集.卷47.
清代光绪二年刊本.注："壬午南巡曾手摹
倪元镇《狮子林图》，命春藏林园，今复携
倪卷来游，相形之下，殊觉效颦。"

（清）钱维城狮子林图.
高宗御制诗四集.卷18.
清代光绪二年刊本.

（清）李果.师子林诗为张籍三先生赋 //
（清）徐立芳辑.师子林纪胜续集.卷中.
扬州：广陵书社，2007.

（清）孙登标.师子林 //
（清）徐立芳辑.师子林纪胜续集.卷中.
扬州：广陵书社，2007.

（清）陆文启.游五松园 //
（清）徐立芳辑.师子林纪胜续集.卷中.
扬州：广陵书社，2007.

（清）萧昙.游狮林寺 //
（清）徐立芳辑.师子林纪胜续集.卷中.
扬州：广陵书社，2007.

（清）邵礼泰.游师子林 //
（清）徐立芳辑.师子林纪胜续集.卷下.
扬州：广陵书社，2007.

（清）徐熊飞.师子林 //
（清）徐立芳辑.师子林纪胜续集.卷下.
扬州：广陵书社，2007.

（清）谢永鉴.师子林 //
（清）徐立芳辑.师子林纪胜续集.卷下.
扬州：广陵书社，2007.

（清）沈复著.俞平伯校点.浮生六记.
北京：人民文学出版社，1980：58.

（清）钱泳.履园丛话.
北京：中华书局，1979：330.

童寯.江南园林志.
北京：中国建筑工业出版社，1984：29.

拾 肆

一再的游园和仿建之举体现了爱屋及乌之意。

清代文人对狮子林也有很多题咏，盛况不减元明之时。李果诗曰："苍松掩映修竹围，峰磴凌空漱涧俯。"[40] 孙登标《师子林》诗曰："人巧夺天工，构置真奇绝。松高瘦蛟舞，怪石怒猊扶。矗者为峰峦，凹者为洞穴。"[41] 陆文启《游五松园》云："树石世希有，游历惊险怪。度地无五亩，奇峰具万态。变幻狻猊状，狰狞斗雄迈。玲珑九窍通，老米应下拜。"[42] 萧昙《游狮林寺》云："崖危径狭峰回环，假山反觉胜真山。"[43] 邵礼泰《游师子林》云："倒地穴玲珑，曲尽蜿蜒态。五松著土稀，岁久森成盖。"[44] 徐熊飞《师子林》云："奇峰指掌收，探幽入山腹。云根昧昏晓，一步一侧足。"[45] 谢永鉴《师子林》称："无多邱壑饶真趣，几个峰峦势欲崩。小洞深幽花曲折，古松偃仰石崚嶒。风来虚阁听狮吼，云散当楼看月升。旧迹依然高士杳，一桥春水浸珠藤。"[46] 如此不胜枚举，大多都在描绘此园奇绝的叠石假山和森森的古树名木。

元明时期的狮子林主要以若干独立的石峰见长，清代的狮子林则除了单列的峰石之外，更强调聚石为山，并构成多个山洞，形成复杂的山径和深远的幽穴，可登可入，体现"险怪"的风格，与元明时期"简雅"的趣味有所不同，手法趋于繁琐，因此偶而也受到一些批评。如乾隆年间文人沈复《浮生六记》称："其在城中最著名之狮子林，虽曰云林手笔，且石质玲珑，中多古木，然以大势观之，竟同乱堆煤渣，积以苔藓，穿以蚁穴，全无山林气势。以余管窥所及，不知其妙。"[47] 又如《履园丛话》记录嘉庆年间著名造园家戈裕良的言论："狮子林石洞皆界以条石，不算名手。"[48]。

民国年间童寯先生《江南园林志》录苏州狮子林近代沿革："狮林亭台久废，叠山虽存，亦残缺垂危。后归李氏，近属贝氏。除大部假山外，殆皆新建。不特证之倪图，景物全非，即徐贲图中，亦仅一二相似而已。"[49] 刘敦桢先生《苏州古典园林》载："1918年至1926年间又改建，并向

刘敦桢. 苏州古典园林.
北京: 中国建筑工业出版社, 1979: 61.

中国第一历史档案馆. 圆明园.
上海: 上海古籍出版社, 1991: 1504.

中国第一历史档案馆. 圆明园.
上海: 上海古籍出版社, 1991: 1506.

中国第一历史档案馆. 圆明园.
上海: 上海古籍出版社, 1991: 190.

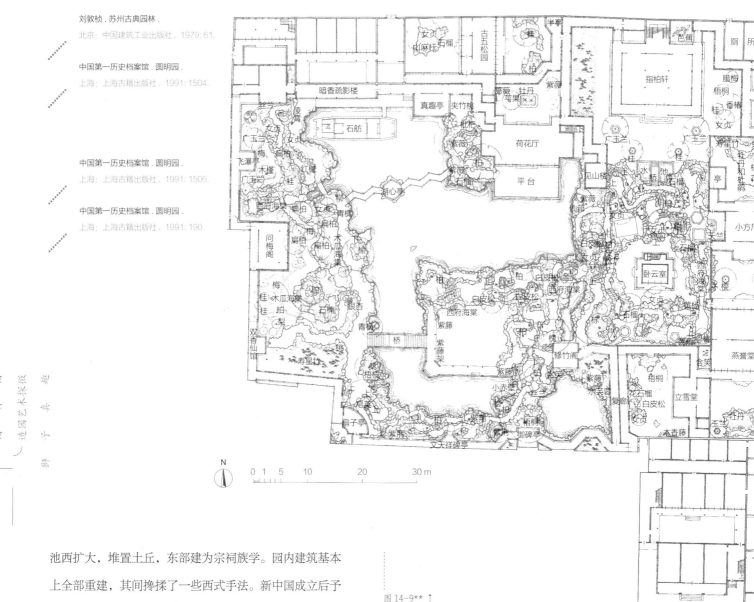

N

0 1 5   10   20   30 m

图 14-9** ↑

苏州狮子林现状平面图
（引自《苏州古典园林》）

池西扩大，堆置土丘，东部建为宗祠族学。园内建筑基本上全部重建，其间揉搓了一些西式手法。新中国成立后予以整修，开放游览。"[50] 经过多次重修后，现存的狮子林景貌细节与元明时期差异很大（图14-9**），与清代乾隆时期也有不少出入，但基本的布局没有根本性的变化，仍保持原有的水系形态并以叠石假山取胜（图14-10**），重建的厅堂亭榭也尽量延续旧时的题额。

四

长春园狮子林从乾隆三十六年（1771年）开始建造，当年四月宫廷《记事录》明确记载："据苏州织造舒文来文内开，本织造在泉林面奉谕旨：苏州狮子林房间亭座山石河池全图按五分一尺烫样送京呈览，连狮子林寺亦烫样在内，照样不可遗漏。钦此。今已烫得全图一分，敬谨送京恭缴等因。随即持进……（谕旨）俟要时将狮子林园亭烫样送进呈览，其狮子林寺烫样不必呈览。"[51] 可见乾隆帝曾经当面命苏州织造舒文以1∶20（五分／一尺）的比例将整个苏州狮子林的建筑、山水连同旁边的狮林寺一起制作精确详细的烫样（模型）呈送入京。等烫样送进宫廷后，乾隆帝又表示对狮林寺并不感兴趣，只下旨呈览园亭烫样，并开始在长春园中仿建狮子林，次年（1772年）落成，当

图 14-10** ↑

图 14-11** ↓

苏州狮子林叠石假山现状

长春园狮子林乾隆帝御笔石刻遗迹

年五月二十二日传旨做"玉粉油蓝字"御笔匾额13面，十月做成悬挂[52]。乾隆四十年（1775年）复核工程总造价的清单记载："原办监督员外郎雅图等修理长春园内丛芳榭，添建狮子林殿宇、楼、台、阁、游廊等项工程，……实净销银十三万四千四十三两五钱八分二厘。"[53]

狮子林位于长春园东北角，其西侧原有一组临水院落，名叫"丛芳榭"，建于乾隆十二年（1747年）。新建的小园自成一统，与丛芳榭东西并列，周围设有围墙，墙内又以假山围合出一方天地。乾隆三十七年（1772年）四月，乾隆帝首次题咏《狮子林八景》诗，所咏八景分别为狮子林、虹桥、假山、纳景堂、清閟阁、藤架、磴道、占峰亭，随即又续题清淑斋、小香幢、探真书屋、延景楼、画舫、云林石室、横碧轩、水门等八景，凑成狮子林十六景之数。当年十月在诸景安设乾隆帝御笔亲题的13面匾额中，计有横碧轩、清淑斋、纳景堂、延景楼、云林石室、小香幢、清閟阁、探真书屋、占峰亭、缭青亭、凝岚亭、吐秀亭、枕烟亭等，其中前9匾均在十六景之列，后4座亭子则属于次要的景观。此外，狮子林遗址至今还幸存"狮子林"、"虹桥"、"水门"等石匾和诗刻，属于乾隆帝题匾最多的景区之一（图14-11**）。

道光八年（1828年）长春园狮子林曾经作过重修[54]，道光帝为此重新题写了狮子林十六景，分别为层楼、曲榭、花坞、竹亭、萝洞、水门、苔阶、莎径、崖磴、溪桥、云窦、烟岚、叠石、流泉、长松、古柳，除"水门"外均与乾隆帝所题不同，但实际上这次重修对乾隆时期的景致改动并不大，乾隆帝所建的建筑绝大多数都得到保留。

故宫博物院现藏有一幅绢本设色《乾隆帝雪景行乐图》，纵长468厘米，横宽378厘米，原画无题，无年月标识，无画家题款，但显然出自宫廷画家之手，画面上方有大臣于敏中所书的一首乾隆帝御制诗：

祥花优渥麦根萌，余事园林一赏情。画帧画神不数范，剪刀剪水那须并。生来草木为银界，望里楼台是玉京。别有书斋胜常处，收将仙液煮三清。

—— 御制御园雪景一律　臣于敏中奉敕敬书

此诗见载于《高宗御制诗四集》，题为《御园雪景》，作于乾隆三十七年（1772年）十一月，原诗在第三句后另有注："石渠宝笈藏有范宽《群峰雪霁》册幅"[55]。图上所绘正是乾隆年间长春园狮子林景象（图14-12**），乾隆帝身穿汉族古装，坐于清閟阁内，阁前水池已经结冰，侍从们正在冰上扫雪，背后是一带远山，画面沉郁厚重，富有典雅之气。中国国家图书馆现存一张清代晚期的样式雷图（图14-13**）详细绘制了长春园狮子林的平面。综合以上图像资料和文献记载，可以较为深切地了解这座园中园的基本情况。

全园结构与乾隆间的苏州狮子林极为相似，均为东山西池格局，池中都筑有半岛，且厅堂轩榭大多也可一一对应，堪称御园中最为严格的写仿之作。乾隆帝诗中说："此间竹石邱壑皆肖其景"，"峰姿池影都无二"[56]，确是实情而非虚饰。

狮子林园门是一座类似水关的石拱门，跨设于东南位置的溪流之上，门东西两面均有御笔题刻，旁边另设"狮子林"石刻匾额。清帝平时乘船游园，均从这里出入，为此东岸设有码头，可自此弃舟登陆入园。溪流南岸叠石假山上建有一座占峰亭，由于倪瓒所作山水画经常绘一小亭占据峰顶，此处景点特意表现出这一特色，乾隆帝在诗中也解释道："峰顶一笠，清旷绝尘，元镇画往往如是印证，故在不即离间。"[57]溪流北岸筑为半岛，上建清淑斋，三间周围廊歇山顶建筑，具有类似正堂的地位，乾隆帝《清淑斋》诗中称："斋不设窗牖，旷观惬倚凭"[58]，但从画上看，檐柱间明显装设了隔扇门。此斋前临碧水，后倚山石，其景为"前砌带溪水，后檐屏石林"[59]，南设平台栏杆，左右对称设置一对花瓶和两个石砌花台，所植树木也大致相对，北面的山石间设有磴道，宛如天梯，成为十六景之一，镌有乾隆帝御题《磴道》诗。溪流西侧山石间有平桥横亘，桥上设红栏，溪流折而向北，汇入一个较宽的水池，溪上跨着一座名为"虹桥"的石拱桥，东接清淑斋西。乾隆帝诗中称其景象是"跨水为小桥，垂虹宛在"，"驾溪宛若虹，其下可通舟"[60]。此桥遗构尚存，桥身两侧刻有"虹桥"匾额和御制诗，四角设龙头吐水（图14-14**）。虹桥西为横碧轩，五间硬山建筑，东向临水。

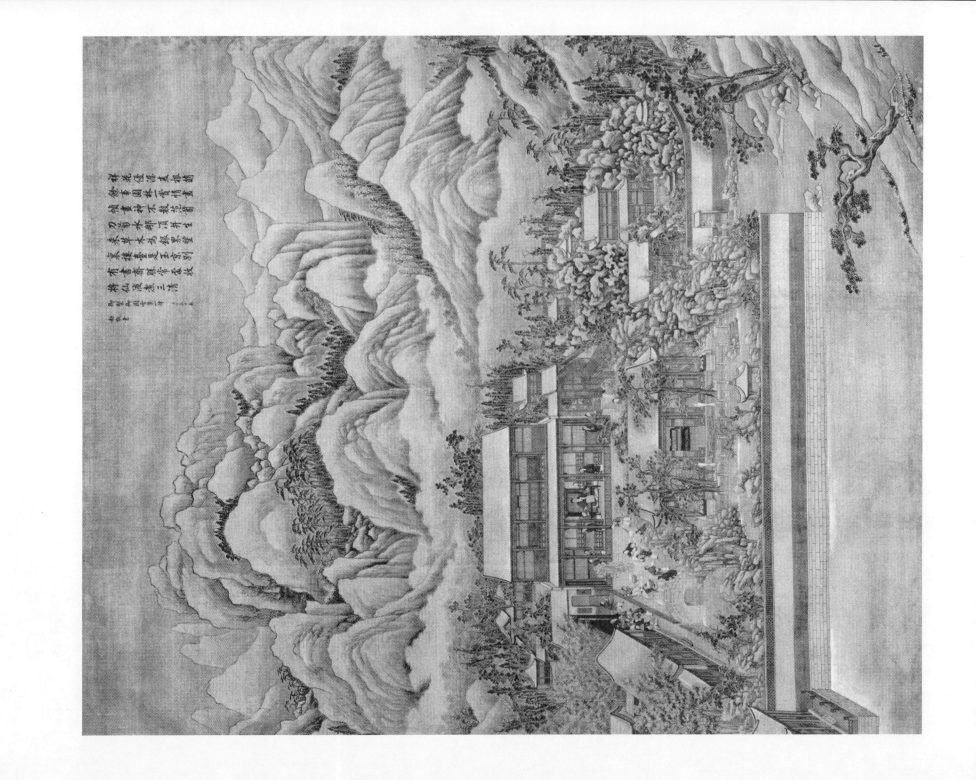

乾隆帝雪景行乐图

（引自《清史图典·乾隆朝》）

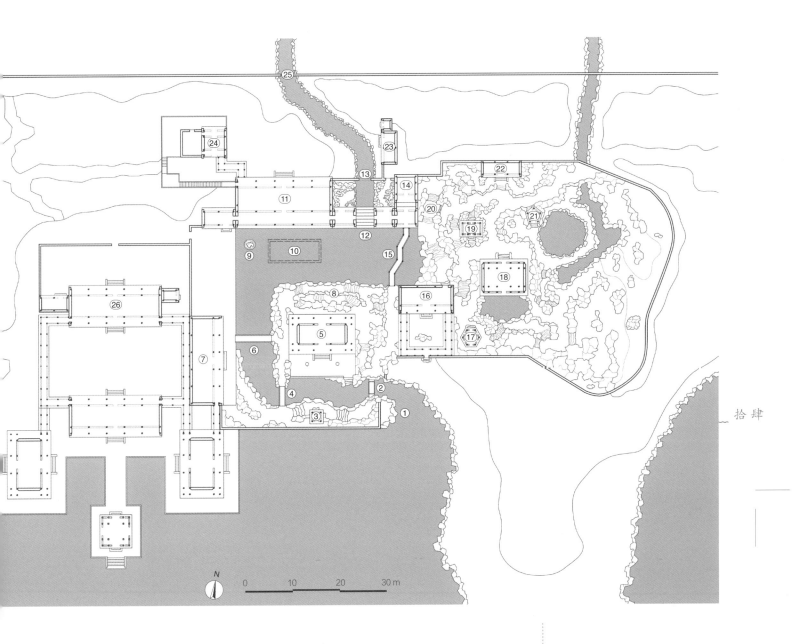

图 14-13** ↑

拾 肆

中国第一历史档案馆. 耆英等遵旨查验覆奏折. 圆明园. (道光八年十二月十二日）载: "长春园狮子林殿宇、楼座房间共计八十三间, 内添盖五间, 拆盖二间, 拨正十一间, 揭宽六十五间; 游廊六十九间, 内拆盖二十六间, 揭宽四十三间; 亭子五座, 内拆盖三座, 拨正一座, 揭宽一座; 并拆修藤萝游廊五间, 添修拆修灰棚十一间, 拆修板凳桥一座……" 上海: 上海古籍出版社, 1991: 505.

(清）弘历. 御园雪景. 高宗御制诗四集. 卷8. 清代光绪二年刊本.

(清）弘历. 狮子林八景·狮子林. 高宗御制诗四集. 卷4. 清代光绪二年刊本.

(清）弘历. 狮子林八景·占峰亭. 高宗御制诗四集. 卷4. 清代光绪二年刊本.

(清）弘历. 再题狮子林十六景·清淑斋. 高宗御制诗四集. 卷26. 清代光绪二年刊本.

(清）弘历. 再题狮子林十六景叠旧韵·清淑斋. 高宗御制诗四集. 卷10. 清代光绪二年刊本.

(清）弘历. 狮子林八景·狮子林. 高宗御制诗四集. 卷4. 清代光绪二年刊本.

清代后期长春园狮子林平面图 (根据样式雷图重新绘制)

① 狮子林石匾 / ② 入口水关 / ③ 占峰亭 / ④ 红栏平桥 / ⑤ 清淑斋 / ⑥ 虹桥 / ⑦ 横碧轩 / ⑧ 磴道 / ⑨ 湖石 / ⑩ 鱼箱 / ⑪ 清闷阁 / ⑫ 过河厅 / ⑬ 水门 / ⑭ 小香幢 / ⑮ 藤架 / ⑯ 纳景堂 / ⑰ 缭青亭 / ⑱ 延景楼 / ⑲ 凝岚亭 / ⑳ 假山 / ㉑ 吐秀亭 / ㉒ 云林石室 / ㉓ 值房 / ㉔ 探真书屋 / ㉕ 水关 / ㉖ 丛芳榭

水池北岸建清閟阁，为五间前后廊硬山建筑，上层比底层退后一个廊步，形式与避暑山庄文津阁类似。此阁沿用倪瓒藏书楼之名，乾隆帝有诗注云："倪瓒清閟阁多蓄古书画，是阁即选瓒真迹六种藏之，以存其意。"[61] 在此既借其名，又藏其画，进一步强调模仿之意。吴振棫《养吉斋丛录》另载："狮子林为吴中黄氏涉园胜境。乾隆壬午南巡，再游其地，因画其景，题诗装弁，并识于所携带云林画卷。其后于长春园东北仿造。落成后，用倪法画长卷，并题一律，藏园中清閟阁。又以杜琼所画《狮林图》悬之壁间。"[62] 可见阁中还另藏有乾隆御笔仿倪书画以及明代杜琼所绘的那幅《师林图》。阁前的水池中竖立着一株大型湖石，造型奇秀。

清閟阁东侧引一条小溪北贯，与墙垣以外西洋楼景

图14-14**

长春园狮子林虹桥遗址

图14-15**

长春园狮子林水门遗址

区的方河连通，跨溪筑有三间游廊，形如过河敞厅，笔者推测此处或许即是乾隆时期所题十六景中"画舫"所在位置[63]。其北另筑一道水关，成为狮子林十六景之一的"水门"（图14-15**），乾隆帝乘舟游览，经常由此出入，号称"墙外林园水作门，泛舟雅似武陵源"[64]。

在清閟阁西北土丘高台之上建有一座小室，名"探真书屋"，另以曲廊与阁相连。乾隆三十七年（1772年）内务府如意馆档案记载："乾隆三十六年十月十三日将改烫得狮子林西北五间楼后，照依秀清村添盖高台房并游廊方亭内里装修烫样一座，交太监胡世杰呈览。……遵式样盖造完竣，其内里板墙上书画之处，亦照秀清村高台房内里板墙，着如意馆绘画可也。"[65] 所谓"西北五间楼"即清閟阁，楼后"高台房"正是这座探真书屋，其设计过程中参照了圆明园秀清村时赏斋（俗称高台殿）的建筑样式。

水池东北有一条曲桥，上建藤架，透迤别致，正所谓"紫藤引架，垂阴缦紫可十数武，于石桥宛转尤宜。"[66] 北

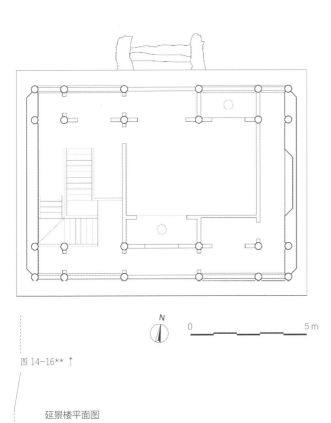

图 14-16** ↑

延景楼平面图
（根据样式雷图重新绘制）

（清）弘历 . 题狮子林十六景 · 清閟阁 .
高宗御制诗五集 . 卷 78 .
清代光绪二年刊本 .

（清）吴振棫 . 养吉斋丛录 . 卷 18 .
北京：北京古籍出版社，1983 .

乾隆二十七至二十八年（1762-1763 年）
圆明园中曾仿海宁陈氏园建安澜园，其中有
一座绿帷舫，名为画舫，实为三间跨河敞厅，
狮子林画舫的形式或与之相似。

（清）弘历 . 续题狮子林八景 · 水门 .
高宗御制诗四集 . 卷 5 .
清代光绪二年刊本 .

中国第一历史档案馆 . 圆明园 .
上海：上海古籍出版社，1991：1509 .

（清）弘历 . 狮子林八景 · 藤架 .
高宗御制诗四集 . 卷 4 .
清代光绪二年刊本 .

—— 拾 肆

（清）弘历 . 再题狮子林十六咏 · 小香幢 .
高宗御制诗四集 . 卷 61 .
清代光绪二年刊本 .

（清）弘历 . 再题文园狮子林十六景 · 小香幢 .
高宗御制诗五集 . 卷 17 .
清代光绪二年刊本 .

（清）弘历 . 题狮子林十六景用辛丑诗韵 · 延
景楼 . 高宗御制诗四集 . 卷 94 .
清代光绪二年刊本 .

（清）弘历 . 题狮子林十六景 · 云林石室 .
高宗御制诗五集 . 卷 20 .
清代光绪二年刊本 .

岸设有一座单间小楼，即"小香幢"，其楼上供奉佛像，乾隆帝诗云："一间小阁供金仙，竖石为幢静不妍。"[67] 又在另一诗注中说明："禅窟亦狮林十二景之一，小香幢适肖其意。"[68] 以此再现苏州狮子林早期的禅窟一景，追忆其前身为佛寺园林的历史。

园东部主要为假山所占，山间又掩藏着两个极小的水池和一湾曲溪。山之西侧有一座纳景堂，居于半岛东端，三间硬山建筑，前以游廊围合成小院。东部假山中心位置筑有延景楼，为三间二层小楼，前临如镜小池，东带曲溪，四周叠石环绕，堪称"镜里山河壶里天"[69]。楼内西次间设有楼梯（图14-16**），室外的假山磴道同样可以登临二楼。

假山之北另有一座三间小屋，前临叠石，名"云林石室"，形成"湖石丛中筑精室"[70] 的景象。"云林"为倪瓒的别号，同时此处叠石又仿盘山行宫的云林石室，含一景双关之意。此处山石尤为精美，于民国时期移至北京西城南半壁街（今西交民巷）的一所宅园中重新堆叠成山

图14-17** ↑

云林石室山石旧迹

图14-18** ↑

乾隆帝御笔《云林石室》诗刻

（图14-17**），至今尚存，石上有3处乾隆帝吟咏狮子林云林石室和画舫的御笔诗刻，分别作于乾隆四十八年（1783年）、乾隆五十一年（1786年）和嘉庆元年（1796年），其中最清晰的一首为"云为林复石为室，谁合居之适彼闲。却我万几无暑暇，兴心那可静耽山。癸卯新正御题。"（图14-18**）此诗句原题《题狮子林十六景用辛丑诗韵·云林石室》，见载于《高宗御制诗四集》[71]。

样式雷图显示缭青、吐秀、凝岚3座小亭分别采用六角、五柱梅花、长方形平面，散布在假山周围，以作点景，乾隆帝所题"假山"石匾即立于凝岚亭之西的山石间。《雪景行乐图》显示假山西南之亭和西北之亭均为重檐攒尖方亭，而东南位置多出一座重檐圆亭。这几座亭子在道光年间可能做过改建，因此位置和形式均有明显变化。

乾隆帝在长春园中仿建狮子林之后，意犹未尽，又于乾隆三十九年（1774年）在避暑山庄仿建了一座文园狮子林（图14-19**），即以长春园狮子林为范本，乾隆帝对此专门强调："兹于避暑山庄清舒山馆之前度地复规仿之，其景一如御园之名，则又同御园之狮子林，而非吴中之狮子林。且塞苑山水天然，因其势以位置，并有非御园所能同者，若一经数典，则仍不外云林数尺卷中。"[72]《钦定热河志》载："于清舒山馆前度地为园，模山范水，蕴淑怀奇，题曰：文园狮子林，拈题分咏，备十有六景之胜，与御园及吴中狮子林是一是二。亭台峰沼，高下悉具。"[73]文园狮

子林毁于20世纪抗日战争期间，遗址保存情况好于长春园狮子林，并于1992年局部重建。笔者根据其现状基址和其他资料绘制了一张复原平面图（图14-20**），大致可反映其盛期面貌，仅曲桥藤架等个别景致的准确形式无法确定，暂时付之阙如。

此园位于一片较大湖面的东侧，以一圈围墙环绕出一个独立的天地。内部分为东西两区，西区设"匚"形水池，池上跨虹桥，岸边设占峰亭、清淑斋、横碧堂等建筑（图14-21**）；东部堆满起伏嶙峋的假山，设延景楼、纳景堂与几座小亭（图14-22**）。其基本格局几乎与长春园狮子林一模一样，并且设有同名的十六景，但具体景象与避暑山庄的大环境相融合，在一些细节上体现了自身的特色，水系东西相通，蜿蜒连贯向东流出，气韵更胜一筹。为此乾隆帝曾经夸耀说："吴中狮子林在姑苏城内，虽有城市山林之意，然究不若塞苑山水天然因其势而位置之，又非吴中所能及也。"[74]

图 14-19**

避暑山庄文园狮子林图
（引自《钦定热河志》）

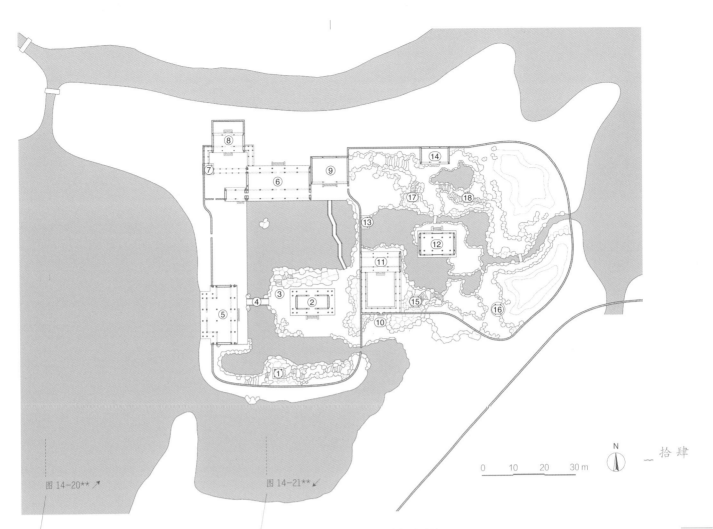

图 14-20** ↗

避暑山庄文园狮子林复原平面图

① 占峰亭 / ② 清淑斋 / ③ 磴道 / ④
虹桥 / ⑤ 横碧轩 / ⑥ 清閟阁 / ⑦ 高
台方亭 / ⑧ 探真书屋 / ⑨ 小香幢 /
⑩ 门屋 / ⑪ 纳景堂 / ⑫ 延景楼 /
⑬ 小轩 / ⑭ 云林石室 / ⑮ 六角亭
/ ⑯ 圆亭 / ⑰ 长方亭 / ⑱ 五柱亭

图 14-21** ↘

避暑山庄文园狮子林横碧堂、虹桥与
清淑斋遗址

图 14-22** ↘

避暑山庄文园狮子林东部假山、小亭
与延景楼遗址

(清)弘历 . 题狮子林十六景用辛丑诗韵 · 云
林石室 . 高宗御制诗四集 . 卷 94.
清光绪二年刊本 .

(清)弘历 . 题文园狮子林十六景 .
高宗御制诗四集 . 卷 22.
清代光绪二年刊本 .

(清)和珅,梁国志等编纂 . 行宫十六 · 文园
狮子林 . 钦定热河志 . 卷 40.
清代乾隆年间刻本 .

(清)弘历 . 题文园狮子林 .
高宗御制诗五集 . 卷 34.
清代光绪二年刊本 .

苏州狮子林以假山而著称于世，长春园狮子林同样以假山为主要景致，并专门征召江南的叠石匠师在御园堆叠山景，对此乾隆帝在诗序中称："狮林以石胜，相传为攒自位置者。兹令吴下高手堆塑小景，曲折尽肖，驿此展拓成林，奚啻武贲之于中郎。"[75]所谓"曲折尽肖"，说明假山完全仿照苏州狮子林而建。从遗址来看，景区西部假山残迹均为青石（图14-23**），东部基本都是富有孔窍的玲珑石（又称北太湖石）（图14-24**），可能当年造园时即考虑在不同位置以不同类型的山石来构筑，以形成对比。

乾隆帝曾经长期误认为苏州狮子林的假山为倪瓒所叠，长春园狮子林的假山堆叠手法也参考了倪瓒《狮子林图》中的山景，因此他在诗中反复强调"吴下假山曰倪砌，此间真石仿倪堆。"[76]但长春园狮子林的湖石假山主要采用产自北京西山地区的玲珑石而非来自江南的太湖石，乾隆帝诗注称："园中假山即取西山石为之，其玲珑之趣不让湖石云。"[77]并且说"燕石几曾让湖石，垒成岩壁亦屡颜"[78]，可见他认为此处所用的山石质量上乘，并不在正宗的江南太湖石之下。同时这里的假山也没有设立类似苏州狮子林中狮子峰、含晖峰、立玉峰等专门的石峰名目，而是以整体造型和山径、石洞取胜，风格与清代狮子林一致而不同于元明时期。这一特点反映了乾隆中期叠山艺术的重要转折，即从明末清初张南垣开创的土石相间、平冈小坂之风向奇巧玲珑、繁琐堆砌的方向发展。

乾隆四十五年（1780年）《奏销档》记载："狮子林清阅阁楼前河内太湖石山凿做窟窿，剔凿刷洗。"[79]此石在《雪景行乐图》上清晰可见，为了加强空透多窍的效果，还专门由工匠对之进行加工，以增添"窟窿"。

乾隆帝在另一首作于热河狮子园的诗中却说："御园叠石劳摹拟，那及天然狮子林。"其注云："昨岁于长春园隙地，仿倪瓒狮子林之意叠石为假山，构台榭以肖之，曾题诗以纪胜。兹坐对狮峰，不啻米芾临书所谓'真者在前'矣。"[80]热河狮子园是雍正帝继位前的一座赐园，位于避暑山庄外，因为背靠一座形似狮子的天然山峰而得名。乾隆帝把这座狮子峰称为"天然狮子林"，并认为长春园狮子林的叠石虽然费了很大的气力，仍然只是假山而已，效果不及自然的真山。

堂、楼、轩、榭、亭诸建筑，均与假山充分结合在一起，或藏于山间，或居于山巅，或立于山坡，山上林木交荫，小径环绕，可游可入，饶有山林之趣。乾隆帝诗中称："吴工肖堆塑，燕匠营位置。"[81]长春园狮子林的建筑仍为北方工匠所营的官式建筑而非江南式样，密度较大，但各自的位置和类型明显参照苏州狮子林的格局，甚至开间数也大体一致。除清阅阁、横碧轩之外的所有建筑均为一至三间的小房子，体量不大，明显小于御园其他景区建筑，体现了江南园林小巧别致的韵味。尤其位于水池西南的虹桥，几乎是苏州原型的翻版，并远追元明时期小飞虹的意趣。另外值得一提的是长春园狮子林中的入口水关、虹桥和水门均采用石砌拱券结构，且券上都带有石刻题字，目前遗迹尚保存完整，在圆明三园中较为罕见。

全园所藏书画、家具均为精品，除清阅阁专藏倪瓒真迹外，乾隆三十七年（1772年）还令如意馆画师袁瑛、方琮、谢遂、李秉德、贾全、杨大章等分别为纳景堂、横碧轩、延景楼画山水、人物、花卉[82]。此外，建筑内的挂屏、匾额、对联多专门发往苏州特制再运回北京，非常考究。

长春园狮子林的水池形状为"匚"形，与苏州狮子林非常接近，曲折开阖，变化多端，甚至西岸都一样裁成直线。青溪绕山，如镜的水面倒映拱桥、亭轩、假山、松竹，极有沉幽之气。但长春园狮子林的水池、溪流与外围的大

（清）弘历.狮子林八景·假山.
高宗御制诗四集.卷4.
清代光绪二年刊本.

（清）弘历.再题狮子林十六咏·假山.
高宗御制诗四集.卷61.
清代光绪二年刊本.

（清）弘历.题狮子林十六景·假山.
高宗御制诗五集.卷35.
清代光绪二年刊本.

（清）弘历.题狮子林十六景·假山.
高宗御制诗五集.卷20.
清代光绪二年刊本.

中国第一历史档案馆.圆明园.
上海：上海古籍出版社，1991：222.

（清）弘历.恭奉皇太后游狮子园.
高宗御制诗四集.卷16.
清代光绪二年刊本.

（清）弘历.再题狮子林十六景迭旧韵·清闷阁.
高宗御制诗四集.卷10.
清代光绪二年刊本.

中国第一历史档案馆.圆明园.
上海：上海古籍出版社，1991：1507-1508.

（清）弘历.题狮子林十六景·水门.
高宗御制诗五集.卷20.
清代光绪二年刊本.

（清）弘历.再题狮子林十六景迭旧韵·纳景堂.
高宗御制诗四集.卷10.
清代光绪二年刊本.

（清）弘历.再题狮子林十六景迭旧韵·清淑斋.
高宗御制诗四集.卷10.
清代光绪二年刊本.

（清）弘历.再题狮子林十六景·小香幢.
高宗御制诗四集.卷26.
清代光绪二年刊本.

（清）弘历.再题狮子林十六景·延景楼.
高宗御制诗四集.卷26.
清代光绪二年刊本.

（清）弘历.再题狮子林十六景·清闷阁.
高宗御制诗四集.卷78.
清代光绪二年刊本.

（清）弘历.再题狮子林十六景·清淑斋.
高宗御制诗四集.卷78.
清代光绪二年刊本.

（清）弘历.狮子林八景·狮子林.
高宗御制诗四集.卷4.
清代光绪二年刊本.

拾肆

图14-23**

图14-24**

长春园狮子林青石假山遗迹

长春园狮子林玲珑石假山遗迹

水面相通，南设水关，北设水门，宜于舟游，其水景比苏州狮子林更胜一筹，乾隆帝也曾道："吴中狮林无水门，御园较胜彼也。"[83]

苏州狮子林以松柏、梅、竹著称，长春园狮子林的花木种类也十分繁多，乾隆帝诗中提到过"盆里梅英馥，庭前松籁声"[84]，"春稚芜茵浅，风过竹籁沉"[85]，"芙蓉擎出小楼孤"[86]，"梅香细细玉晕，柳色旋旋金加"[87]，"森列颇饶老柏松"[88]，"虽是舞风弱柳迟，已欣映雪老梅馨"[89]，道光帝诗中也提及"清淑斋前植白莲，青钱水面正田田"。其中松、竹、梅俱全，与江南原型遥相呼应。而且春日三月，藤花盛开，更加引人流连。但此处的竹子似乎不如苏州狮子林茂密，梅花也只是盆栽，而且苏州狮子林曾经拥有的古柏和古梅以及后来享誉一时的五松均奇绝江南，更非御园所能罗致，因此乾隆帝在诗中感叹道："不可移来惟古树"[90]。囿于地理气候，长春园狮子林的花木难免逊色于江南名园。

（清）弘历.再题狮子林十六景迭旧韵·探真书屋.高宗御制诗四集.卷10.清代光绪二年刊本.

（清）弘历.续题狮子林八景·序.高宗御制诗四集.卷5.清代光绪二年刊本.

（清）颙琰.狮子林.仁宗御制诗三集.卷23.清代光绪二年刊本.

（清）旻宁.狮子林六绝句.宣宗御制诗御集.卷7.清代光绪二年刊本.

（清）奕詝.狮子林.文宗御制诗集.卷6.清代光绪二年刊本.

（清）弘历.狮子林八景·清閟阁.高宗御制诗四集.卷4.清代光绪二年刊本.

（清）弘历.狮子林八景·狮子林.高宗御制诗四集.卷4.清代光绪二年刊本.

（清）弘历.狮子林八景·假山.高宗御制诗四集.卷4.清代光绪二年刊本.

（清）弘历.题狮子林十六景·纳景堂.高宗御制诗五集.卷35.清代光绪二年刊本.

样式雷图同时标明长春园狮子林水池中埋设了鱼箱，里口东西长3.5丈（合11.2米），南北宽1.5丈（合4.8米），深5尺（合1.6米），其中曾经专门蓄养游鱼以作观赏，与苏州狮子林玉鉴池情形一致。

乾隆帝对倪瓒图中表现的元明时期的苏州狮子林景物最为仰慕，但倪图所绘仅为大意，无法依图仿建，因此长春园狮子林只能以乾隆时期已经归于黄氏的涉园为主要模仿对象，为此乾隆帝不无遗憾地表示："此间结构是蓝本吴中涉园，质之原图，反有不能尽合者矣。"[91]"今之亭台峰沼，但能同吴中之狮子林，而不能尽同迂翁之狮子林图。"[92]但长春园狮子林的若干景致细节和匾额

题名上仍然努力追摹倪图和元明旧园的意境，如假山的形态参照旧图，清閟阁、云林石室之额典出倪瓒，小香幢之设则体现了明显的佛教含义。不过园南没有按照苏州原样再建一座狮林寺，而是前临湖面，视野更为开阔。

乾隆以后，嘉庆、道光、咸丰诸帝都对长春园狮子林景致颇为欣赏，各有诗咏。嘉庆十九年（1814年）嘉庆帝《狮子林》诗曰："结构仿姑苏，额同境迥异。粉本始倪迂，摹写御园置。文石堆玲珑，奇峭径幽邃。曲池环水厅，古松拂檐翠。吴郡昔曾游，三十年前事。勤政几务繁，何暇重临莅。"[93]诗中很准确地概括了长春园狮子林的写仿经过和山水特色。嘉庆帝本人于乾隆四十九年（1784年）以皇子的身份随驾南巡，曾经造访过苏州狮子林，所以说"吴郡昔曾游，三十年前事"。道光帝《狮子林六绝句》咏道："小园结构邃而幽，林籁萧萧夏似秋。"[94]咸丰帝《狮子林》诗则称："境仿名园制，林泉静以幽。山庄时向往，御苑每来游。忘暑移修竹，招凉上小楼。此中清景閟，诗罢欲淹留。"[95]都能深切地体会到这个写仿杰作的种种妙处。

综合而言，长春园狮子林与苏州狮子林小异而大同，假山、水体、建筑、花木均带有明显的模仿印迹，且匾额题名相关度较高，相比御园中安澜园、如园、鉴园等其他写仿性质的园中园而言，态度更为严谨。同时在造园过程中依然能够充分结合自身的地理条件，采用不同于江南的山石材料、建筑形式和更为丰富的水系，在意境创造上显得高迈洒脱。此次仿建远追倪图，近摹江南，实现了"今古实一瞬，苏燕非二地。"[96]的主旨，成功打造出一座典型的江南风格的小园，在御园中独树一帜，还可以时时让乾隆帝回忆起南巡的景况，正所谓"因教规写阛城趣，为便寻常御苑临。"[97]"一邱一壑都神肖，忆我春巡展步曾。"[98]乾隆帝《纳景堂》诗又称："如询所纳为何景，塞北江南方寸中。"[99]长春园狮子林不但与苏州的狮子林南北辉映，还与避暑山庄的文园狮子林前后对照，彼此神形皆似，成为清代皇家园林经典的写仿实例。

刘叙杰.南京瞻园考//中国建筑学会建筑历
史学术委员会主编.建筑历史与理论.第1辑.
南京：江苏人民出版社,1981:68.

童寯.江南园林志.
北京：中国建筑工业出版社,1984:36,载：
"（瞻园）本明初徐达中山王府西偏小园，
在大功坊.清高宗南巡时曾驻跸于此，题曰
瞻园."

潘谷西编著.江南理景艺术.
南京：东南大学出版社,2001:137,载："乾
隆二十二年（1757年）清高宗弘历第二次下
江南时题为瞻园，此名遂沿用至今."

（清）赵宏恩等修.江南通志.卷20.
清代文渊阁四库全书本.

（清）朱彝尊.曝书亭集.卷19.
清代康熙年间刊本.

太常：指龚佳育（1622-1685），字祖锡，
晚字介岑，杭州人.康熙间曾任江南布政使、
太常寺卿、光禄寺卿等职.其任职江宁期间，
曾在瞻园中与朱彝尊等文人诗酒酬唱.

（清）厉鹗.东城杂记.卷6.
清代乾隆年间刊本.

（清）弘历.寄题瞻园.高宗御制诗五集.卷7.
清代光绪二年刊本.

境写中山遥古迹，明亭暗窦致参差

——如园妙境

江宁瞻园原为明代魏国公徐氏府园，清代改为江南布政使司衙署花园，乾隆帝南巡时曾经造访并为之题额、作诗，后来以瞻园为蓝本，在圆明园附园长春园中修筑了一座如园，嘉庆年间又作了进一步的扩建，景致比原型更为丰富，是清代皇家园林以园仿园的重要实例。本章通过相关史料的整理考证，对清代江宁瞻园和长春园如园在乾隆、嘉庆两个时期的格局演变和园林特色进行探讨和分析。

瞻园位于江宁（今江苏南京市）城内的大功坊，是明清时期的一座江南名园。据清初以来文献记载，此园旧为明代开国功臣魏国公徐达（身后追赠为中山王）的府邸花园。刘叙杰先生有《南京瞻园考》一文对其历史沿革考订

甚详，且根据明代王世贞《游金陵诸园记》判断此园实际上应是明嘉靖间徐达七世孙徐鹏举所建的"魏公西圃"[1]。清朝建立后，此园成为江南布政使司衙署花园，乾隆帝南巡曾经多次造访，并亲题匾额。嘉庆年间此园逐渐衰败。咸丰年间太平天国起义，定都南京，瞻园曾先后成为东王杨秀清和夏官丞相赖汉英的王府花园。之后因遭兵火，园中建筑、景物大多被毁，同治、光绪间虽加整修，但面貌已经大改。民国间更趋衰落，至解放初只余静妙堂等个别建筑和部分山池遗迹，20世纪60年代在著名建筑史学家刘敦桢先生的主持下进行了重建，至今仍为南京一大名胜。

近现代研究学者多认为"瞻园"之名为乾隆帝所定[2]，但实际上早在乾隆南巡之前的清初文人笔记诗文以及方志中已经以"瞻园"呼之。编修于雍正年间、刊刻于乾隆元年（1736年）的《江南通志》载："瞻园在江宁县大功坊，明魏国公徐达赐第内西偏，竹石卉木为金陵园亭之冠。"[3]卒于康熙年间的著名学者朱彝尊有《题＜瞻园旧雨图＞二

首》，诗曰："壮年踪迹任西东，老去诸余念渐空。醉池至今犹恋惜，大功坊底小园中。""花南孔雀翠屏张，共倚新声八宝装。谁向井边歌旧曲，淳熙半隶几斜阳。"诗注："园有井栏，刻淳熙年字。"[4]诗题中提到的《瞻园旧雨图》为清初名画家王翚的作品，所绘应是瞻园康熙间的景象，为此清代另一位学者厉鹗的《东城杂记》也有记载："太常[5]开藩江左，署有瞻园……时又属王山人翚写《瞻园旧雨图》。"[6]

乾隆二十二年（1757年）乾隆帝二下江南，来此园游赏后，特为此园题写旧名，并作有《寄题瞻园》诗称："瞻园遗自中山久，昔至金陵曾一观。"[7]还特别注解道："瞻园在江宁藩司署内，本明中山王徐达故宅。"显然他对瞻园十分欣赏，因此后来才在长春园中加以仿建。

清代另一位画家袁江也作有一幅《瞻园图》（图15-1**、图15-2**），大致绘于康熙晚期至雍正年间，也在乾隆帝南巡之前。此图不但精致地绘出园中景致，连一些匾额、

图 15-1**

（清）袁江《瞻园图》西部景致
（引自《袁江袁耀》）

图 15-2** ↑

（清）袁江《瞻园图》东部景致
（引自《袁江袁耀》）

聂崇正.袁江袁耀.
石家庄：河北教育出版社，2003：88.

（清）袁枚著，周本淳标校.瞻园十咏为祝师
健方伯作.小仓山房诗文集.
上海：上海古籍出版社，1988：355-357.

图 15-3★★ →

民国时期瞻园平面图
（引自《江南园林志》）

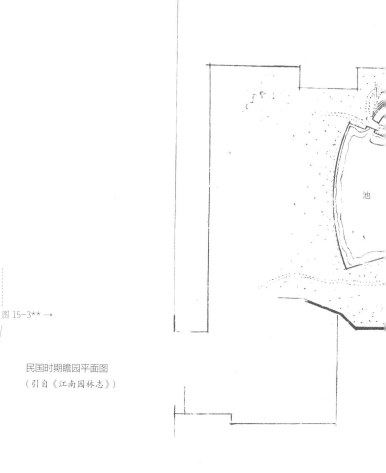

楹联也清晰可辨，如有一阁名"一览楼"，其联为"秋霁闲情伴竹叶，春寒有韵守梅花"。一轩题额"籁爽风清"，其联有二，分别为"案无俗事心常静，庭有榴花梦亦清"和"每看孤云招野鹤，频携樽酒封名花"[8]。从图上看，瞻园位于衙署之西，且分东西两院，中间以院墙和山石间隔。东部为景致重心所在，中央有一池，四面假山围合；池北构一方亭，居于水上，由此可通岸边的一座六角亭，再北则有一座小轩立于假山虬松的后面。最北端有一座二层楼阁，其西似为后门所在。池之南岸裁为直线，临水建一石台，上置石桌石凳，是小憩之所。石台之南，有一座厅堂，三间歇山顶，前后各接一卷前廊，东西另与游廊相连，应是全园正堂所在。

园西部比较疏朗，中央为一座卷棚歇山顶的花厅，南设花台，几名清代官员打扮的人站在厅前。厅西有游廊延展，并与西侧长廊相接；厅东另有一座平面六角形的石台掩藏在山石树丛中。园中假山基本为湖石所叠，脉络相连，北部最高，南、东部略低，竭尽起伏嶙峋之势。园中花木繁盛，尤以松、梅见长。

乾隆年间著名文人袁枚曾经多次为瞻园作诗，其中《瞻园十咏为祝师健方伯作》分别吟咏园中石坡、梅花坞、平台、抱石轩、老树斋、北楼、翼然亭、钓台、板桥、稊生亭十处景物[9]，其中抱石轩前临一座大型山石，所谓"一轩当石起，紧抱丈人峰"；翼然亭位于山顶，可登高远望，观"台城千万雉，拱列似围屏"；梅花坞则是"环植寒梅处，横斜画阁东"。

瞻园虽然幸存至今，但由于屡次更迭改建，今貌已非当年景象。以清代前期的《瞻园图》与20世纪30年代童寯

静妙堂

瞻园

池

拾伍

N 0 5 10 15 20 m

先生所勘查绘制的近代瞻园平面图（图15-3**）相比，可以
发现二者差异颇大，但也有若干相近之处，如水池居中，
正堂居南，假山以玲珑湖石为胜，自北沿池西岸蜿蜒向南，
池西北角有小桥，甚至那座六角形的石台也一直保存着。
目前前瞻园已经经过全面重建和扩建，惟正堂静妙堂和北
部的水池、假山尚保留旧迹（图15-4**）。

大致而言，乾隆帝所见的瞻园应基本为《瞻园图》所
呈现的面貌，是一座格局典雅，山池精丽的园亭，犹带明

图 15-4** ↑

瞻园北部山池今景

中国第一历史档案馆.皮裁作.圆明园.
上海：上海古籍出版社，1991: 1450，载：
"（乾隆三十二年七月十八日）太监李裕传旨，
瞻园新建宫殿现设宝座床十一分……"

中国第一历史档案馆.圆明园.
上海：上海古籍出版社，1991: 158.

（清）于敏中等编纂.日下旧闻考.
北京：北京古籍出版社，1985: 1390.

（清）弘历.新赏室.高宗御制诗三集.卷73.
清代光绪二年刊本.

朝遗风，因此得到皇帝的青睐，成为御园的写仿范本。

长春园中的如园位于东南隅，于乾隆三十二年（1767年）基本建成，是乾隆帝第四次南巡之后的仿建之作，在其正式定名前即以"瞻园"称之[10]。乾隆三十六年（1771年）内务府工程复查汇总清单记录了当时的修建情况："原办监督、原任员外郎丁承武承办长春园内添建如园殿宇、楼、亭、房座、游廊、券洞，并驳岸、暗沟、墙垣、甬路、散水、开挖河泡，并桥座等项，内里装修油画、裱糊，打坝淘水，以及出运渣土，清理地面，栽种树株等项工程……实净销银十一万五千二百二十三两一钱六分一厘。"[11]由于嘉庆年间如园曾经被改建，现存相关样式雷图反映的是其后期格局，与乾隆时期的情形有一定差异。但以相关图样与《日下旧闻考》、内务府档案、乾隆帝御制诗等文献相参证，仍能大致推断出如园初建时的格局（图15-5**）。

《日下旧闻考》载："鉴园西南为如园，门三楹，西向，内为敦素堂，堂北稍东为冠霞阁，又东为明漪楼。"[12]园内其他建筑包括含芳书屋、挹泉榭、观云榭、静虚斋、深宁堂、新赏室、合翠轩、写镜亭等。初建之时也曾用过一些其他名称，如静虚斋原名静虚室，含芳书屋原名澹然书屋，后陆续改换。

如园园门三间，面西，内以院墙围合，其北墙紧邻大片水面。园门内东北角设有小轩新赏室，前辟独立的小庭院，乾隆帝《新赏室》诗云："花红何处去，树绿满庭匀。"[13]其院中当有红花绿树相映衬。园门东南则以曲折游廊宛转连有一座含芳书屋，所谓"曲转回廊接，精庐

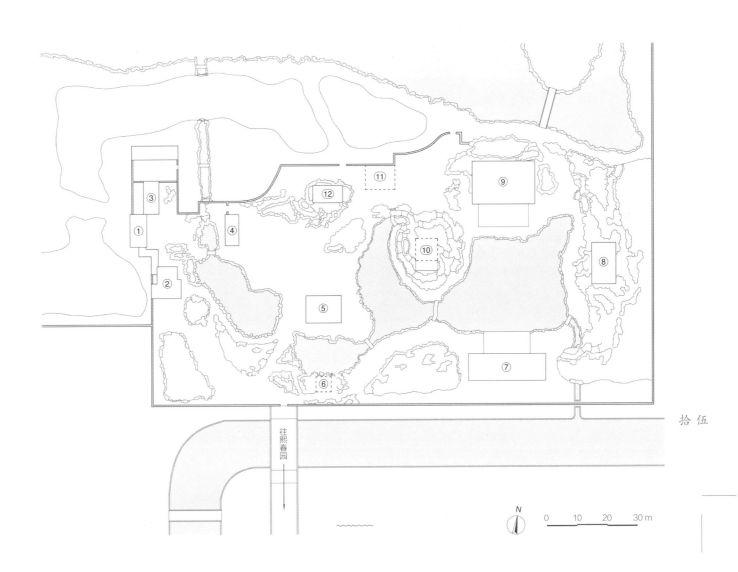

图 15-5** ↑

乾隆时期长春园如园平面图

① 如园园门 / ② 含芳书屋 / ③ 新赏室
/ ④ 挹泉榭 / ⑤ 敦素堂 / ⑥ 写镜亭 /
⑦ 明漪楼 / ⑧ 观云榭 / ⑨ 深宁堂 /
⑩ 冠霞阁 / ⑪ 合翠轩 / ⑫ 静虚斋

拾 伍

往熙春园

N
0   10   20   30 m

（清）弘历.含芳书屋.高宗御制诗三集.卷70.
清代光绪二年刊本.

（清）弘历.挹泉榭.高宗御制诗三集.卷90.
清代光绪二年刊本.

（清）弘历.挹泉榭.高宗御制诗四集.卷13.
清代光绪二年刊本.

（清）弘历.挹泉榭.高宗御制诗三集.卷89.
清代光绪二年刊本.

（清）弘历.挹泉榭.高宗御制诗三集.卷79.
清代光绪二年刊本.

（清）弘历.挹泉榭.高宗御制诗四集.卷35.
清代光绪二年刊本.

（清）弘历.挹泉榭.高宗御制诗四集.卷35.
清代光绪二年刊本.

（清）弘历.题敦素堂.高宗御制诗三集.卷72.
清代光绪二年刊本.

（清）弘历.题敦素堂.高宗御制诗三集.卷99.
清代光绪二年刊本.

（清）弘历.敦素堂四咏.
高宗御制诗三集.卷70.
清代光绪二年刊本.

（清）弘历.静虚斋.高宗御制诗三集.卷70.
清代光绪二年刊本.

（清）弘历.静虚斋.高宗御制诗三集.卷73.
清代光绪二年刊本.

（清）弘历.明漪楼.高宗御制诗三集.卷86.
清代光绪二年刊本.

（清）弘历.题明漪楼.高宗御制诗四集.卷13.
清代光绪二年刊本.

（清）弘历.明漪楼.高宗御制诗三集.卷35.
清代光绪二年刊本.

（清）弘历.明漪楼.高宗御制诗三集.卷72.
清代光绪二年刊本.

中国第一历史档案馆.圆明园.
上海：上海古籍出版社，1991：1520.

中国第一历史档案馆.圆明园.
上海：上海古籍出版社，1991：1508.

中国第一历史档案馆.圆明园.
上海：上海古籍出版社，1991：1536.

（清）弘历.题深宁堂.高宗御制诗三集.卷71.
清代光绪二年刊本.

（清）弘历.深宁堂.高宗御制诗四集.卷2.
清代光绪二年刊本.

此处堪。"[14]园门之东有挹泉榭，西临曲池，并充分利用园北墙外的湖面与内部池水的高差，形成拥有活水水源的流瀑清泉，是乾隆帝非常欣赏的小景，曾多次在御制诗中进行描绘："墙外平湖铺若镜，引流曲折到阶前"[15]，"本是平流墙外湖，一分高下势全殊"[16]，"导流出石峡，作榭名挹泉"[17]，"活泉阶下似流云，而更声饶琴瑟闻"[18]，"虽藉人工为，天然趣颇足，虚榭据峡上，挹清可蠲俗"[19]，"久假即疑真，兴在武夷曲"[20]。

如园正堂为敦素堂，三开间殿宇，位于中部，堂东、西、南三面临水，"朴斫书堂碧沼滨，澄波素影面前陈"[21]，"池上三间屋，因之敦素名"[22]。此堂以素雅见长，乾隆帝曾作有《敦素堂四咏》[23]，分别以素月、素琴、素鹤、素冰为题。

水池北岸假山上有静虚斋，其景致是"精舍假山上，悠然静且虚"[24]，"虚室峭茜间，既深斯致静"[25]。水池南岸有明漪楼，北侧的石砌平台直接临水，"重楼俯琳沼，石基近水裔"[26]，"楼临池水漾明漪"[27]，"溪楼宜构水晶宫，骋望凭栏上下空"[28]，"飞阁临无地，方塘印有天"[29]。

水池北岸偏东有一座深宁堂。内务府造办处的《活计档》记载深宁堂东西墙画通景大画[30]，明南间挂春夏秋冬花卉条幅四张[31]，北间罩内南墙挂画斗一张[32]，由此推断此堂应该是一座前后两卷勾连搭形式的厅堂，内以各式花罩隔断。此堂体量较大，位置幽偏，面临水池而背倚假山，故乾隆帝《深宁堂》诗曰："径曲兴非浅，堂安居得宜"[33]，"开镜俯流水，展屏背假山"[34]，"廊转虚堂接，既深斯得宁"[35]。

园东端假山上高居一榭名观云榭，所谓"林叶拟绿云，疏轩构于是"[36]，"出岫者无心，观峰者有意"[37]，是登高眺远的好地方。

园中尚有写镜亭、合翠轩和冠霞阁，位置不十分确切。写镜亭可能位于水池南岸，前面是相对独立的一片圆池，亭如虚舟泛水，故乾隆帝诗曰："亭前一片水，漾然含镜光"[38]，"圆池如镜不游磨，亭且山阴一例过"[39]，"一亭如虚舟，澄波映其下"[40]。合翠轩应该掩藏于树荫深处，景

(清)弘历 . 题深宁堂 . 高宗御制诗四集 . 卷 18.
清代光绪二年刊本 .

(清)弘历 . 观云榭 . 高宗御制诗四集 . 卷 13.
清代光绪二年刊本 .

(清)弘历 . 观云榭 . 高宗御制诗五集 . 卷 80.
清代光绪二年刊本 .

(清)弘历 . 写镜亭 . 高宗御制诗三集 . 卷 98.
清代光绪二年刊本 .

(清)弘历 . 写镜亭 . 高宗御制诗四集 . 卷 13.
清代光绪二年刊本 .

(清)弘历 . 写镜亭 . 高宗御制诗四集 . 卷 38.
清代光绪二年刊本 .

(清)弘历 . 合翠轩 . 高宗御制诗三集 . 卷 72.
清代光绪二年刊本 .

中国第一历史档案馆 . 圆明园 .
上海：上海古籍出版社，1991: 158.

中国第一历史档案馆 . 圆明园 .
上海：上海古籍出版社，1991: 322.

(清)弘历 . 如园 . 高宗御制诗三集 . 卷 90.
清代光绪二年刊本 .

(清)弘历 . 如园 . 高宗御制诗四集 . 卷 30.
清代光绪二年刊本 .

色为“轴帘最好凭槛望，正是高轩合翠时”[41]。乾隆三十六年(1771年)内务府工程清单曾记：“冠霞阁山上平台栏杆被风刮倒一堂”[42]，乾隆五十七年(1792年)清单又载“如园冠霞阁换安栏杆柱子、闸板、鱼幪”[43]，可见此阁位于假山上，设有带栏杆的石台，又依临水池。从景名和《日下旧闻考》的记载推测，此阁应该位于敦素堂东北侧的山巅，以利于向西观赏晚霞。

如园的水池东、南、北三边均绕以假山。关于假山的形态，乾隆帝的诗中有多次描述，如“石移西岭近云根”[44]，“步处假山势展画”[45]等。建筑与山石联系紧密，如新赏室一带是“书室假山峭茜间”[46]，挹泉榭一侧“叠石因成瀑”[47]，静虚斋之旁是“怪石罗曲径”[48]，深宁堂前“有石迎门峻”[49]，而观云榭更是高居石峰之上。

园中理水手法高超，尤其利用北墙内外地形高差，引活水形成瀑布水源，泉声如弦，更见清雅。水源自西北发端，从西至东均以曲池贯穿，最后从东南角延出一条溪流

(清)弘历 . 新赏室 . 高宗御制诗三集 . 卷 78.
清代光绪二年刊本 .

(清)弘历 . 挹泉榭 . 高宗御制诗三集 . 卷 94.
清代光绪二年刊本 .

(清)弘历 . 题静虚斋 . 高宗御制诗三集 . 卷 74.
清代光绪二年刊本 .

(清)弘历 . 深宁堂得句 .
高宗御制诗五集 . 卷 78.
清代光绪二年刊本 .

（清）弘历.过如园题敦素堂.
高宗御制诗四集.卷3.
清代光绪二年刊本.

（清）弘历.如园.高宗御制诗四集.卷30.
清代光绪二年刊本.

（清）弘历.含芳书屋.高宗御制诗四集.卷30.
清代光绪二年刊本.

（清）弘历.含芳书屋.高宗御制诗四集.卷34.
清代光绪二年刊本.

（清）弘历.如园.高宗御制诗四集.卷78.
清代光绪二年刊本.

（清）弘历.敦素堂.高宗御制诗三集.卷90.
清代光绪二年刊本.

（清）弘历.静虚斋.高宗御制诗三集.卷70.
清代光绪二年刊本.

（清）弘历.题静虚斋.高宗御制诗三集.卷74.
清代光绪二年刊本.

（清）弘历.题静虚斋.高宗御制诗三集.卷79.
清代光绪二年刊本.

（清）弘历.题静虚斋.高宗御制诗四集.卷3.
清代光绪二年刊本.

（清）弘历.深宁堂.高宗御制诗四集.卷18.
清代光绪二年刊本.

（清）弘历.深宁堂口号.
高宗御制诗四集.卷78.
清代光绪二年刊本.

（清）弘历.含翠轩.高宗御制诗三集.卷74.
清代光绪二年刊本.

汇入外围的护园河道中。全园山水相依，幽曲深远，乾隆帝有诗句形容其春天的水景是"冻解平铺新水碧，波摇返照旅楹翻"[50]，富有鲜活的灵气。

如园花卉树种丰富，红绿交映，其景象是"了知砌卉过红雨，且喜庭柯幕绿荫"[51]。全园不同区域各有主题植物配置，含芳书屋一带"嘉木幕葱茏，杂卉绽侵寻。蜂含桃李谢，蝶入葵榴深"[52]，"柳条袅袅黄先绿，梅朵盈盈白带红"[53]，乾隆帝诗中另称："岸柳梳风黄渐染，盆梅烘日白将疏"[54]，可见西部池岸植有柳树，书屋中藏有盆梅，周围种有桃、李、葵、石榴；水池中"鱼乐壶中跃，荷香镜里生"[55]，植有荷花；静虚斋一带"绿筠栽几个，其趣似同予"[56]，"新笋发翠枝"[57]，"松涛听是静，竹籁奏因虚"[58]，"盆梅馥古椿"[59]，以翠竹见胜，辅以松树、盆梅、古椿；深宁堂之前是"庭松傲冬绿，阶草向阳青"，"盆梅识春白，苔砌向阳青"[60]，"松篁径曲因致远"[61]，松竹梅俱全，另有庭草、苍苔；含翠轩前绿树浓荫，形成"柯迥与枝低，一时绿尽齐"[62]，"已自

连槐榆"[63]，"御柳方欲稊，遥哉绿叶新"[64]，主要种的是槐、柳、榆等树种。

如园北临长湖，以围墙障之，形成相对独立的内敛空间，但登上北面的假山仍可远眺其他景区。如园之南的一墙之隔即为熙春园，出西南门过一复道可达[65]，在如园登观云榭和明漪楼都可俯瞰其中风景，具有很好的借景效果。

综合而言，乾隆时期的如园风格是"有泉有竹清幽致，曰室曰斋淳朴敦"[66]，"石径威迤朴室探，宁须大厦诩眈眈。徘徊略识个中趣，不在发扬在蓄含"[67]，强调其特色是极有江南风致的"清幽"、"淳朴"、"蓄含"，而不是巍峨的"大厦"和"发扬"的气度。以如园与瞻园相较，二者的相似之处在于总体上的山水格局。瞻园景致由南至北展开，而如园从东至西铺陈，方向虽异，却均以长形水池为中心，假山分别在各自池岸的北、西两侧和东、北两侧堆叠，正堂居于水池一端。其余如临水的平台、山上小轩、楼阁等

（清）弘历．含翠轩．高宗御制诗四集．卷6．
清代光绪二年刊本．

（清）弘历．含翠轩．高宗御制诗五集．卷12．
清代光绪二年刊本．

（清）弘历．如园．高宗御制诗四集．卷78．
清代光绪二年刊本．诗曾称："复道行空过
咫尺，熙春隔岁一寻探"，自注云："（熙春）
园名，在如园南，只隔重墙，置复道过之．"

（清）弘历．如园．高宗御制诗三集．卷90．
清代光绪二年刊本．

（清）弘历．含芳书屋．高宗御制诗三集．卷94．
清代光绪二年刊本．

（清）弘历．如园．高宗御制诗四集．卷35．
清代光绪二年刊本．

（清）弘历．如园．高宗御制诗四集．卷78．
清代光绪二年刊本．

（清）弘历．如园．高宗御制诗五集．卷70．
清代光绪二年刊本．

（清）弘历．如园．高宗御制诗四集．卷95．
清代光绪二年刊本．

（清）弘历．寄题瞻园．
高宗御制诗五集．卷7．
清代光绪二年刊本．

（清）颙琰．重修如园记．
仁宗御制文二集．卷5．
清代光绪二年刊本．

建筑也略有对应之意。乾隆帝诗中云："如园本是肖江南，今日江南肖实堪"[68]，"借问如园何所如，金陵徐邸肖为诸"[69]，"忆昔游建康，瞻园爱其景。归来爱肖之，信如卷阿境"[70]，"一如莫不如，园门西向开。有水亦清泠，有山亦崔嵬。"[71]再三强调其写仿性质，二者确实有很大的承继关系，所谓"如园"之"如"，并非虚言。

如园毕竟是皇家御苑中的一个园中园，非普通私园可比，其规模比瞻园要大一倍以上，地形特点也有相当差异，因此在写仿瞻园的同时，不少地方也作了若干变通，充分发扬了自身的特色。如改瞻园的南北向布局为东西向布局，建筑的类型和数量增加，景观层次更多，还利用墙外的长湖形成泉瀑，均产生了很好的效果，为园景增色不少，成为一次很成功的仿建。后来乾隆帝再次南巡至江宁，在《寄题瞻园》诗注中说："御园亦曾肖此为如园，而景趣较胜于此。"[72]可见他认为如园的景色青出于蓝，比其范本瞻园还要更胜一筹。

四

如园建成40多年后，已有颓旧之象，故嘉庆十六年（1811年）作了较大规模的重修和改建（图15-6**）。为此嘉庆帝专门作有《重修如园记》述其详情："昔我皇考南巡江宁，观民问俗之暇，临幸前明徐达瞻园。规仿其制于长春园东南隅隙地，建屋宇数楹，命名如园，取'义如瞻园'之意也。亭台池榭，复磴层峦，天然图画，不日而成。圣制诗云'一如莫不如'，盖纪实也。斯园建于乾隆三十二年，至今已四十余载。地近河壖渐觉沮洳，风雨剥落多有倾圮，岂可任其荒废弗加修治乎。爰出内帑，命苑臣略加营葺，顿复旧时面目矣。"[73]

重修之后，如园多数匾额易名，增筑了部分建筑，景致格局也有所变化，形成了新的"如园十景"，称锦縠洲、观丰榭、待月台、屑珠泙、转翠桥、镜香池、披青磴、称松岩、贮云窝、平安径。《重修如园记》续记其格局："园

往
熙
春
园

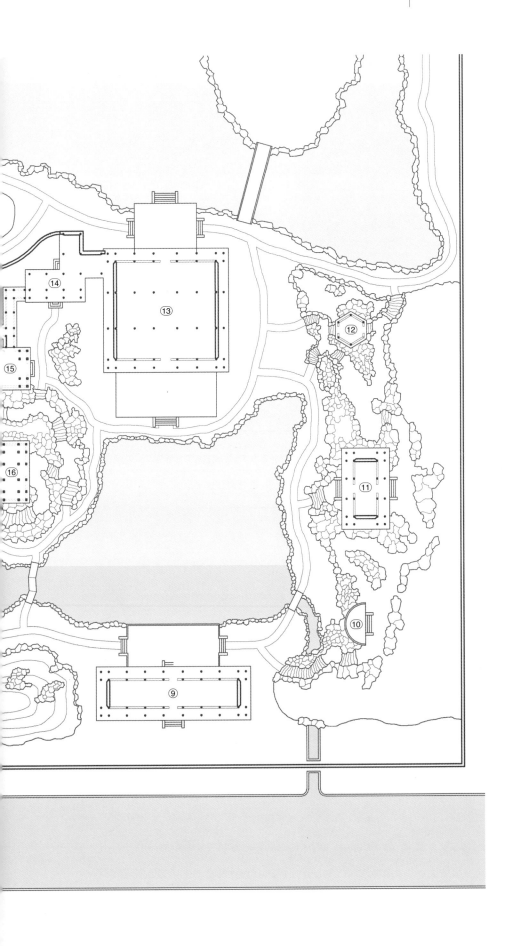

图 15-6**

嘉庆时期长春园如园平面图
（根据样式雷图重新绘制）

① 如园园门 / ② 睾芳书屋 / ③ 新赏室
/ ④ 翠微亭 / ⑤ 听泉榭（听泉曲室）
/ ⑥ 云萝山馆 / ⑦ 芝兰室 / ⑧ 锦縠洲
/ ⑨ 含碧楼 / ⑩ 待月台 / ⑪ 观丰榭
/ ⑫ 艳霞亭 / ⑬ 延清堂 / ⑭ 引胜
斋 / ⑮ 撷秀亭 / ⑯ 清瑶榭 / ⑰ 香
林精舍 / ⑱ 静怡斋 / ⑲ 可月亭

N

0   30 m

门西向，朴素清幽。入门不数武即翠微亭，周环假山，萦青缭翠。东有方沼跨以小石桥，流泉琮琤入耳成韵。桥东有榭，颜曰‘听泉曲室’、曰‘云萝山馆’。巡檐而转东则芝兰室。……室前溪流聚成小池。缘池岸南登虚榭，额曰‘锦縠洲’，风来水面，叠为绿绮，大块文章，自然佳妙也。东则层楼高峙，八窗洞开，园中诸景一览在目，集其大成，楣额‘含碧’。南俯原田，验晴雨占丰歉，一室千里，康田在念。楼北度板桥，大石岩雄踞一园，卓立千仞，石磴盘纡，峰回路仄，登其巅坐清瑶榭，益觉心旷神怡矣。下有洞可达，东有荷池，亭亭净植，清芬徐来，洳挹君子。池北则延清堂，为园之正殿，规模轩敞，栋宇崇隆，四时皆宜消寒避暑。……堂前东山，由挹霞亭至观丰榭可望园外稻畦，南则待月台。堂西有引胜斋、撷秀亭、香林精舍、可月亭，皆得其自成之妙境，不可殚述也。北有静怡斋，南下石磴，过溪桥又达翠微亭矣。北曰‘新赏室’，南曰‘搴芳书屋’，屋南幽篁数亩，挹翠浮筠。南有墙门可达熙春园，兹不复赘。”[74]

如园中部分建筑的匾额变化参见下表（表15-1）：

表 15-1 **乾隆时期与嘉庆时期如园部分建筑名称对照表**

乾隆	园门	敦素堂	含芳书屋	挹泉榭	新赏室	明漪楼	深宁堂	观云榭	静虚斋	含翠轩
嘉庆	园门	芝兰室	搴芳书屋	听泉榭	新赏室	含碧楼	延清堂	观丰榭	静怡斋	香林精舍

两相对照，园门、新赏室匾额未变，含芳书屋、挹泉榭、观云榭、静虚斋分别改为搴芳书屋、听泉曲室、观丰榭、静怡斋，多为一字之差；正堂敦素堂改为芝兰室，明漪楼改含碧楼，深宁堂改延清堂，合翠轩改香林精舍，含义也比较接近。此外，锦縠洲位于水池南岸，前临如镜水面，其景为“澄波相映曦光漾，一镜平开万象收”[75]，与前引乾隆帝咏写镜亭的诗句“圆池如镜不旃磨”、“一亭如虚舟，澄波映其下”类似，可能由写镜亭改建而来；池北假山上建清瑶榭，大约应是乾隆时期冠霞阁所在的位置。

嘉庆帝强调说：“如园诸胜一切如旧，非别有创造，大兴工作也。斯园前如瞻园之境，后如如园之规。”[76]意思是乾隆时期的如园仿瞻园的意境，而嘉庆时期的改建仍保持如园的格局，正所谓“摹拟瞻园如旧境”[77]。在此基础上，嘉庆时期的如园也增加了一些亭榭和景点，建筑比乾隆时期更密集一些。

一入园门，即增筑一座翠微亭，东、南两侧环以假山，形成障景；听泉榭又名“听泉曲室”，其东另构“之”形平面的曲室，与芝兰室前廊西端相接，题额“云萝山馆”；原敦素堂改为芝兰室后，由三间变为五间，并在南边增筑抱厦三间；由深宁堂改建的延清堂采用三卷勾连搭的形式，体量较大，并升格为园中正殿；北部引胜斋、撷秀亭、可月亭之类的小建筑多为嘉庆时期添建的成果。挹霞亭在园东北，所谓“东峤之巅结小亭，凭虚一览远皋青”[78]，也应该是新建的。

嘉庆帝所题额的“如园十景”，锦縠洲、观丰榭分别为水边和山上的虚榭建筑；待月台为位于东侧园墙内假山南端的一座半圆形平面的石台，其情形是“山接东垣筑小台，息襟坐待暮烟开”[79]。转翠桥是“清池中束赤栏桥”[80]，为园中最主要的一座木桥。屑珠汫、镜香池均为水景，前者“层叠引流注砌隅，雅音淅沥态萦迂。自成妙景如天造，一勺泉分百斛珠。”[81]应该就是听泉榭前利用地形高差形成的泉流瀑布，而后者大概指的是水池的主体部分。披青磴、

（清）颙琰.重修如园记.仁宗御制文二集.卷5.
清代光绪二年刊本.

（清）颙琰.如园十景·锦縠洲.
仁宗御制诗三集.卷7.
清代光绪二年刊本.

（清）颙琰.重修如园记.仁宗御制文二集.卷5.
清代光绪二年刊本.

（清）颙琰.含碧楼.仁宗御制诗三集.卷4.
清代光绪二年刊本.

（清）颙琰.挹霞亭.仁宗御制诗三集.卷2.
清代光绪二年刊本.

（清）颙琰.如园十景·待月台.
仁宗御制诗三集.卷7.
清代光绪二年刊本.

（清）颙琰.如园十景·转翠桥.
仁宗御制诗三集.卷7.
清代光绪二年刊本.

（清）颙琰.如园十景·屑珠汌.
仁宗御制诗三集.卷7.
清代光绪二年刊本.

（清）颙琰.如园十景·称松岩.
仁宗御制诗三集.卷7.
清代光绪二年刊本.

图 15-7**

嘉庆帝御笔《称松岩》诗刻

称松岩、贮云窝均为假山之景，平安径为竹丛中的小径，大部分都是乾隆时期已有的景致，嘉庆时期作了进一步的题咏。其中"称松岩"一景诗曰："数仞苍岩百尺松，清贞不改后凋容。天涛谡谡延虚籁，摇漾檐前盖影重。"[82] 其御笔刻石现存于北京东城翠园宾馆假山上（图15-7**）。

就总体格局而言，园之西部和北部略显繁密，缺乏早先的疏朗之气，加上正堂的形制变化，与其原型瞻园的差异变大。园门东新筑翠微亭，使入口处显得过于逼仄，应为败笔。嘉庆帝似乎更偏好复杂的室内空间，除了保留含芳书屋原有的曲室形态，新增加的云萝山馆、引胜斋也都是曲室，而改建的芝兰室、延清堂均为多卷勾连搭式样，室内可作进一步的分隔，其中延清堂尤其宜于消夏避暑。含碧楼的特点是"层楼高峙，八窗洞开"，不但"园中诸景一览在目"，而且还可以向南观赏熙春园中的农田景物。此外，从嘉庆帝《重修如园记》以及御制诗中即可知园中桥梁至少有石桥、石板和红栏杆桥3种形式。

（清）旻宁．如园即景．宣宗御制诗初集．卷15．
清代光绪二年刊本．

（清）旻宁．延清堂．宣宗御制诗初集．卷11．
清代光绪二年刊本．

五.

园中水池格局没有太大变化，仍大致分为西、南、东三个段落，以东池为主，面积最大，彼此脉络相连；假山仍主要在东、北两侧布置，其中以池北清瑶榭下的巨型石岩为高潮，下设石洞。

园中植物，仍大致保持乾隆时期的特色，嘉庆帝御制诗文中提及的花木有芍药、梅花、荷花、松树等，此外还有藤萝之设；园西南部还专门种植幽篁数亩，形成一片竹林。

嘉庆之后，如园格局未有明显变化。道光帝有咏如园景物诗称："竹坞松关云外景，鸥汀鹭屿画中天。楼标含碧文峰上，堂启延清曲沼边。"[83]"玲珑石嶂接层楼，积翠萦青竹树幽。"[84]清新画境，依然可见。

综上所述，如园作为乾隆时期长春园中写仿江南名园的一处园中园，以园墙围合出独立的景区，其基本格局摹拟了江宁瞻园的一些特点，尤其在假山、水池、植物以及一些堂阁亭台的经营上均有脉络可寻，后虽历经嘉庆时期的重修，仍保留了不少江南园林的意境和情趣。同时，在体现含蓄清幽的江南风格之外，如园也利用自身的地形条件作了进一步的造景，不但规模更大，建筑形式更为复杂多样，而且巧妙地从北面长湖引来活水形成泉瀑，并在西、南、北3个方向上均形成了很好的远景视廊，景观层次更为丰富，成为清代写仿江南园林的优秀范例，其具体的手法对于今天的园林创作和借鉴仍有一定的参考价值。

端木泓. 圆明园新证——长春园蒨园考.
故宫博物院院刊, 2005年, 第5期: 246-
292.

中国第一历史档案馆. 圆明园.
上海: 上海古籍出版社, 1991: 1450.

（清）阿桂，和珅等. 南巡盛典. 卷97.
清代文渊阁四库全书本.

谁道江南风景佳，移天缩地在君怀

——写仿续说

图 16-1** →

清代扬州趣园景致
（引自《南巡盛典》）

一

圆明三园作为清代最重要的皇家园林，一方面继承了秦汉唐宋以来许多富有历史文化内涵的造园题材并加以发展，另一方面又对全国其他地区的山水园亭胜景进行模仿，最终形成景象极其丰富的"万园之园"。圆明三园中有明确原型的写仿景观接近30处之多，其中除个别特例以外，绝大多数都以江南地区的风景园林作为模仿的对象，被后人总结为"谁道江南风景佳，移天缩地在君怀"。这些景致中，最著名的当属对杭州小有天园、海宁安澜园、苏州狮子林、江宁瞻园以及杭州西湖十景的写仿，对此前文已有详述。端木泓先生另有《圆明园新证——长春园蒨园考》一文论证长春园中的蒨（茜）园以扬州锦春园为摹本。除了这五园十景之外，圆明三园中还有若干写仿景观，各有特色，本章在此继续作一个全面的探析。

圆明园对杭州小有天园的写仿，采取的是微缩山水亭榭的手法；而对安澜园、狮子林和瞻园的模仿，则是典型的因地制宜、略仿其规制的再创作；对西湖十景的写仿大多属于写意化的主题模仿或以匾额题名为主的象征性模仿。其余的写仿景观又可分为几种不同的情况，如仿扬州趣园的鉴园、仿无锡寄畅园的廓然大公，与写仿安澜园、狮子林、瞻园的情况类似，属于结构相似的以园仿园之景；坐石临流之兰亭、武陵春色之桃花坞、西峰秀色之小匡庐、别有洞天之片云楼、蒨园之青莲朵与梅石碑均为同名主题景观的再现；而文源阁、烟雨楼、飞睇亭则属于侧重于某种建筑形式的摹拟；洛伽胜境、惠济祠、河神庙、汇万总春之庙等寺庙建筑的情况比较特殊，模仿的是江南地区的佛寺祠宇及其环境。此外，圆明三园中还有许多建筑、装修、假山、湖池、植物景观的塑造虽然没有直接的模仿对象，却同样以江南园林为参照，明显带有江南园林的风格和意趣，可以看作是泛化的写仿之举。下面将对诸景作进一步的探讨。

二

【1】 鉴园

鉴园位于长春园东侧偏南的狭长地段，与其南相邻的如园基本同时建成于乾隆三十二年（1767年）。当年六月内务府造办处《活计档》记载："太监胡世杰传旨：瞻园、趣园看地方摆紫檀边玻璃插屏一对，背后著方琮画山水画二张。"[2] 如园是仿江宁瞻园而建的独立园区，在正式定名之前即称"瞻园"，而"趣园"则是鉴园定名之前的称谓，由此证明鉴园是以扬州趣园为范本的写仿之作。

扬州趣园位于城外西北瘦西湖东岸，原为盐商黄氏的私园。《南巡盛典》载："趣园旧称四桥烟雨。四桥者，南为春波，北为长春，西为玉版，又西则莲花。春水方生，千顷一碧而层轩洞豁，曲槛逶迤，高下掩映。每当暝烟暮霭，小雨帘织，环望四桥，如彩虹蜿蜒，出没波间，极云水缥缈之趣。"[3] 从所附插图（图16-1**）看，此园在湖岸点

缀亭榭楼阁，由曲廊串联成狭长的院落，园外南、北、西三面有春波、长春、玉版、莲花四桥，雨天景致尤其可观，所以又称"四桥烟雨"。

李斗《扬州画舫录》的记载更为详细，惟"四桥"所指与《南巡盛典》稍有出入："四桥烟雨，一名黄园，黄氏别墅也，上赐名'趣园'。……黄氏兄弟好构名园，尝以千金购得秘书一卷，为造制宫室之法。故每一造作，虽淹博之才，亦不能考其所从出。是园接江园环翠楼，入锦镜阁，飞檐重屋，架夹河中。阁西为竹间水际下，阁东为回环林翠，其中有小山逶迤，筑丛桂亭。下为四照轩，上为金粟庵。入涟漪阁，循小廊出，为澄碧堂。左筑高楼，下开曲室，暗通光霁堂。堂右为面水层轩，轩后为歌台。轩旁筑曲室，为云锦淙。出为河边方塘，上赐名'半亩塘'，由竹中通楼下大门。四桥烟雨，园之总名也。四桥，虹桥、长春桥、春波桥、莲花桥也。虹桥、长春、春波三桥，皆如常制。莲花桥上建五亭，下支四翼，每翼三门，合正门

四桥烟雨

图 16-2** ↑

清代四桥烟雨景致
（引自《扬州画舫录》）

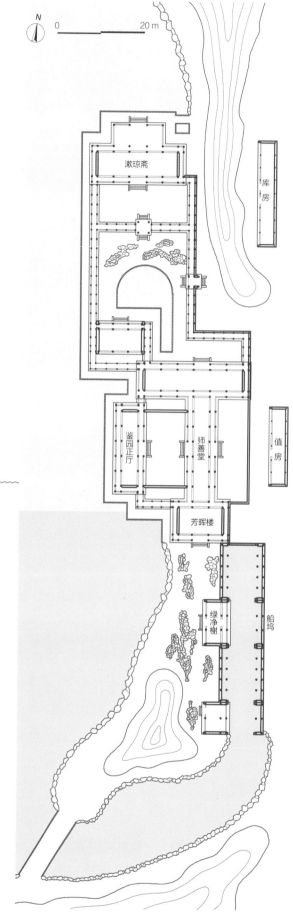

为十五门。《图志》谓'四桥'中有玉版，无虹桥。今按玉版乃长春岭旁小桥，不在'四桥'之内。"[4]

　　可见此园主要建筑有锦镜阁、丛桂亭、四照轩、金粟庵、涟漪阁、澄碧堂、光霁堂、面水层轩、歌台、云锦淙等，还有逶迤的假山和半亩塘小池（图16-2**）。

　　乾隆帝后四次南巡均曾来此游玩，御笔题写匾额楹联，并作有5首御制诗描绘其景致，诗曰："偶涉亦成趣，居然水竹乡。因之道彭泽，从此擅维扬。目属高低石，步延曲折廊。"[5]"多有名园绿水滨，清游不事羽林纷。何曾日涉原成趣，恰值云开亦觉欣。得句便前无系恋，遇花且止足芳芬。问予喜处诚奚托，宜雨宜旸利种耘。"[6]"堤柳眠还起，山梅净似妍。"[7]"沿堤柳叶护梅花，步入溪园清且嘉。此是扬州丝管地，可知日涉有陶家。"[8]"借问何成趣，趣因竹及梅。竹香留冬翠，梅野笑春开。半亩波不作，一奁影与陪。天然澄照处，五载偶重来。"[9]

　　通过乾隆帝的诗句，更可领略趣园之胜，首先在于其

（清）李斗.扬州画舫录.卷12.
北京：中华书局，1960：282-283.

（清）弘历.趣园.高宗御制诗三集.卷19.
清代光绪二年刊本.

（清）弘历.趣园即景.高宗御制诗三集.卷46.
清代光绪二年刊本.

（清）弘历.题趣园.高宗御制诗四集.卷68.
清代光绪二年刊本.

（清）弘历.趣园.高宗御制诗五集.卷4.
清代光绪二年刊本.

（清）弘历.半亩塘.高宗御制诗五集.卷4.
清代光绪二年刊本.

（清）弘历.鉴园.高宗御制诗四集.卷13.
清代光绪二年刊本.

（清）弘历.鉴园.高宗御制诗四集.卷35.
清代光绪二年刊本.

（清）弘历.芳晖楼.高宗御制诗五集.卷94.
清代光绪二年刊本.

（清）弘历.绿净榭口号.
高宗御制诗三集.卷99.
清代光绪二年刊本.

中国第一历史档案馆.圆明园.
上海：上海古籍出版社，1991：158.

图 16-3** ←

长春园鉴园平面图
（根据样式雷图重新绘制）

位处长湖绿水之滨，环境清嘉；其次是园中有高低错落的叠石和曲折回复的游廊以及精致的楼阁；再次是河堤上植有柳树，园中则以翠竹和梅花见长；而园内的半亩塘一汪小池，碧波宁静，也和瘦西湖的缥缈烟波相映成趣。

乾隆帝第四次南巡回京之后，即选择长春园东围墙内的空地，按趣园的规制仿建了鉴园，此后作了许多与鉴园有关的御制诗，其中对景色进行描绘的诗句有"如园转北鉴园通，遂向溪堂坐憩躬。且喜夏来齐叶绿，那怜春去减花红。图书趣寄崇情表，景物奇添跬步中。"[10] "是处水周遭，楼台镜中睹。无尘清净界，有象琉璃宇。"[11] "候迟今岁芳犹勒，只有临堤柳湖黄。层阁如云漫须急，春晖会揽递昌昌。"[12] "敞榭偏宜绿树丛，既深而净韵薰风。"[13]等。乾隆三十六年（1771年）内务府工程复查汇总清单记录了初建时的情况："原办监督、原任苑丞富德等承办长春园内添建鉴园殿宇、楼、亭、游廊、房间，装修油饰、裱糊，堆做山石驳岸，并大东门改建楼座、朝房、诸旗房、

石桥座，拆堆土山，开挖河道，甬路散水，栽种树株，打坝淘水，出运渣土，清理地面等项工程……实净销银五万六千三百七十四两五钱一分九厘。"[14]

长春园中的鉴园（图16-3**）所在地势与扬州趣园非常相似，也位于蜿蜒长湖的东岸，向西、南、北三个方向均可观水湾之景。此园布局灵活，同样以回廊构成狭长的几进院落，紧贴湖岸，基本轮廓与趣园雷同。园北构筑五间漱琼斋，此外有西向的临湖正厅悬"鉴园"匾额，还有绿净榭、芳晖楼、师善堂、开益轩、乐性斋等建筑，师善堂中贮藏图书，芳晖楼前种有名品牡丹。由南至北的几个小院形状各异，分别采用竖长方、横长方、曲尺形，空间错落，楼堂轩榭或面南、或面北、或面西，与西侧的长湖水岸融为一体，深得江南园林幽折之趣。其建筑虽不能与趣园的亭阁一一对应，但二者的外围环境、整体格局乃至屋宇的向背关系无疑都是颇为接近的。

院内还有一座勺形的小鱼池，比拟趣园的半亩塘。院

图 16-4** ↑

清代无锡寄畅园景致
（引自《南巡盛典》）

图 16-5** ↑

圆明园廓然大公样式雷烫样
（引自"老北京网论坛"）

外堤岸与瘦西湖一样种植了垂柳。鉴园南端有一座七孔桥，则相当于趣园南侧春波桥的位置。此外，鉴园的开益轩隐喻松竹梅三益，也与趣园的竹梅之胜相呼应。

综上所述，鉴园是一处以扬州趣园为范本的写仿景区，二者的相似程度很高。而圆明园福海西北处的廓然大公以无锡寄畅园为摹本进行改建，与原型的相似程度就比较低。

【2】 廓 然 大 公

乾隆十六年（1751年）乾隆帝首次南巡，就对无锡寄畅园（图16-4**）十分喜爱。回京后即在清漪园万寿山东麓修建了惠山园（此即颐和园中谐趣园的前身），是以仿建为主题的著名实例，开乾隆朝大规模摹写江南名园之先河。大概乾隆帝对此尚未满足，又于乾隆十九年（1754年）对圆明园廓然大公景区进行改造，以再次重现寄畅园的意境。

廓然大公是圆明园四十景之一，早在康熙年间的雍王府赐园时期就开始修建，雍正帝即位后进行了扩建，规模

较大，拥有独立的水池和连绵的假山，厅堂亭榭众多，是御园中的重要景区，其中包含双鹤斋、深柳读书堂、采芝径等景致。乾隆十九年的改造工程重点是景区北部，仿寄畅园假山堆叠大规模的山景，并增筑了一些轩榭亭阁，形成"双鹤斋八景"，后来嘉庆帝《廓然大公》诗中说："寄畅风光仿八景，惠山雅致叠成图"[15]。改建后的廓然大公北部格局（图16-5**）大致是南池北山，与清漪园中惠山园一致，也和无锡寄畅园东池西山的格局有几分相似，而且山石崎岖，松枝盘旋，曲径蜿蜒（图16-6**），另有涧流来自西北，犹如寄畅园之引惠泉水而筑的八音涧，具有一种特别的野趣。嘉庆帝另有诗云："结构年深仿惠山，名园寄畅境悠闲。曲蹊峭蒨松犹茂，小洞崎岖石不顽。烟里波光漾浩渺，风前泉韵泻潺湲。"[16]

相对来说，由于廓然大公是一处早已建成的景区，其改建受到原有格局的限制，因此主要借鉴的是寄畅园的山水关系和空间意境，不如清漪园中惠山园模仿的程度高。

（清）颙琰.廓然大公.仁宗御制诗初集.卷1.
清代光绪二年刊本.

（清）颙琰.双鹤斋.仁宗御制诗三集.卷50.
清代光绪二年刊本.

（清）弘历.田字房记.乐善堂全集定本.卷8.
清代光绪二年刊本.

图 16-6** ↑

圆明园廓然大公假山遗址与无锡寄畅
园假山比较

拾陆

图 16-7** ↑

《圆明园四十景图》中的《坐石临流图》
之兰亭（引自法国国家图书馆藏《圆明
园四十景图》）

圆明三园中的写仿景观很大一部分都属于同一主题的
写意式仿建，所仿的重点是自然的山水植被景貌和场所意
境，而非具体的格局和建筑规制，属于"得其意而忘其形"
的变体创作。

【1】 坐石临流

圆明园四十景之一的坐石临流是仿绍兴兰亭而建的景
致。乾隆帝继位前所作的《田字房记》曾经提到"流杯亭
之西南有田字房焉"[17]，可见早在雍正时期此处已经建有流
杯亭，从《圆明园四十景图》（图16-7**）上看，这是一座
三间前后廊的重檐歇山亭子，底部未设台基，柱子直接落
在小溪沿岸的山石上，周围山峦环抱，环境幽雅。清帝经
常于春季上巳节来此游赏，效仿古人修禊觞咏之乐。乾隆
九年（1744年）有诗咏此："白石清泉带碧萝，曲流贴贴泛

金荷。年年上巳寻欢处，便是当年晋永和。"[18]"茂林修竹兰亭景，烟缕晴照上巳天。"[19]

乾隆后期此亭被改建，《内务府黄册》载："坐石临流改建八方重檐亭一座，添建六方草亭一座，四方竹式亭一座，草房一座，计二间……"[20]原文虽未注明年份，但根据其他记载可推断当年为乾隆四十四年己亥（1779年），改建的原因是为了竖立八根石柱以镌刻王羲之《兰亭序》的不同摹本。乾隆帝在石刻题记中写道："己亥春，辑兰亭八柱之册，就此亭易以石柱，而各刻一册于柱"，其《题兰亭八柱册》诗称"恰尔排八柱，居然承一亭"[21]。这8件摹本是"内府所藏虞世南、褚遂良、冯承素摹《兰亭叙》，柳公权书《兰亭诗》，董其昌临柳本及戏鸿堂原刻柳本、余所临柳本，并命于敏中补成旧刻柳本漫漶之全字本"，一起"犁为八册，刻石题为《兰亭八柱贴》"[22]，乾隆四十七年（1782年）进一步在亭中放置石碑，上面补刻明代的《兰亭修禊图》，背面刻乾隆帝相关诗句。此兰亭八柱和碑刻至今尚存于北京中山公园内（图16-8**），为珍贵的圆明园遗物。

"曲水流觞"是古代著名的"修禊"仪式，起源很早，后来演变为一种雅集宴饮的方式，一般要设置曲折蜿蜒的溪流或石渠，宾主散坐水边，根据水面上酒杯的漂流情况饮酒赋诗。相当于西汉初期的南越国宫殿遗址上就有保存完整的流杯之渠，南北朝沈约所撰《宋书》记载："魏明帝天渊池南设流杯石沟，燕群臣。晋海西钟山后流杯曲水，延百僚。皆其事也，官人循之至今。"[23]可见此项传统传承久远。绍兴兰亭是著名的风景区，东晋永和九年（353年）

图16-8** 北京中山公园内的圆明园兰亭八柱

图16-9** 清代绍兴兰亭景致（引自《南巡盛典》）

王羲之、谢安、孙绰等名士曾经在此举行曲水流觞之会，王羲之为此作有《兰亭序》，令兰亭从此流芳千古。经过长期的历史变迁，其景屡废屡兴，至清代康熙年间重建，早已非永和旧貌，《浙江通志》载"《水经注》：浙江东与兰溪合，湖南有天柱山，湖口有亭曰'兰亭'。……国朝康熙三十四年圣祖仁皇帝命刑部员外郎宋昌骏督工重建，御书《兰亭序》刻石立亭上。"[24]从乾隆三十六年（1771年）刊行的《南巡盛典》插图（图16-9**）上看，当时兰亭的景象是于山峰围绕之中，清溪盘曲，中构一座平面长方形的三间重檐歇山敞亭，以平台贴近水面。乾隆帝南巡来此，曾经作诗云："向慕山阴镜里行，清游得胜惬平生。风华自昔称佳地，觞咏于今纪盛名"[25]"竹径沿缘胜赏探，流觞曲水绿波涵。……即景还思晋永和，崇山真见绿嵯峨。"[26]

《兰亭序》被誉为"天下第一行书"，在中国文化史上地位崇高，绍兴兰亭也由此成为书法圣地，以至后世园林中常常构筑流觞亭一类的景致以图仿效。清代帝王素重书

法，乾隆帝更是对《兰亭序》十分钟情，经常临写，其御制诗中常有关于《兰亭序》的题咏。兰亭虽以"亭"名，但其核心景致除了亭式建筑之外，更重要的是王羲之《兰亭序》中所称的"曲水流觞"之景。清代皇家园林如紫禁城宁寿宫花园、避暑山庄、南海瀛台、静宜园、潭柘寺行宫、盘山行宫等处均有"流杯亭"之设，大多采用在亭内凿出石槽以仿曲水的手法。相对而言，圆明园的坐石临流以绍兴兰亭为摹本，溪亭佳构，景观塑造更为成功。

（清）弘历.坐石临流.高宗御制诗初集.卷22.
清代光绪二年刊本.

（清）弘历.春圆明园作.
高宗御制诗初集.卷31.
清代光绪二年刊本.

中国第一历史档案馆.圆明园.坐石临流改建亭宇房间拆做甬路等工销算银两通总.
上海：上海古籍出版社，1991：970.

（清）弘历.题兰亭八柱册.
高宗御制诗四集.卷56.
清代光绪二年刊本.

（清）弘历.补刻明代端石兰亭图贴诗以志事.
高宗御制诗四集.卷85.
清代光绪二年刊本.

（梁）沈约.志·礼二.宋书.卷15.
上海：上海古籍出版社.1986

（清）李卫，嵇曾筠等修.
（清）沈翼机，傅王露等纂.浙江通志.卷45.
清代乾隆元年刻本.

（清）弘历.兰亭即事.高宗御制诗二集.卷25.
清代光绪二年刊本.

（清）弘历.兰亭集咏.高宗御制诗二集.卷25.
清代光绪二年刊本.

（清）赵宏恩等修．江南通志．卷31．
清代文渊阁四库全书本．

（明）唐寅著．陈书良编．姑苏八咏·桃花坞．
唐伯虎诗文全集．
北京：华艺出版社，1995：13．

（明）唐寅著．陈书良编．桃花庵歌．
唐伯虎诗文全集．
北京：华艺出版社，1995：14．

（清）胤禛．桃花坞．世宗御制文集．卷26．
清代光绪二年刊本．

（清）胤禛．桃花坞即景．世宗御制文集．卷29．
清代光绪二年刊本．

（清）弘历．桃花坞即事．
高宗御制诗四集．卷19．
清代光绪二年刊本．

中国第一历史档案馆．杂活作．圆明园．
上海：上海古籍出版社．1991：1198．

图16-10**

《圆明园四十景图》中的桃花坞
（引自法国国家图书馆藏《圆明园四十景图》）

图16-11**

《圆明园四十景图》中的小匡庐
（引自法国国家图书馆藏《圆明园四十景图》）

坐石临流周围的山体虽然没有"崇山峻岭"之势，但也有土山呈蜿蜒环抱之态，加上曲折的仄涧溪流和青松翠竹的点缀，其环境和绍兴兰亭的地貌以及《兰亭序》所称"此地有崇山峻岭，茂林修竹，又有清流急湍，映带左右"的情形还是有几分神似的。高明的是，此景于崎岖不平的驳岸山石上构筑一亭，蜿蜒的溪流直接从亭内穿过，不但比同时期的绍兴兰亭更多了一些山林野趣，景观效果更是远胜其他宫苑中高度人工化的"流杯亭"小渠之景，也更符合《兰亭序》原文潇洒脱略的意趣。

从建筑形式来看，显然雍正时期所建的坐石临流亭与绍兴兰亭的形制基本一致，均为三间重檐歇山亭，成为景区的标志建筑。乾隆后期此景的山水环境基本未变，主要是把兰亭改为八角攒尖亭，与原型的差异变大，但通过八根石柱镌刻《兰亭序》与《兰亭诗》的不同摹本，却表现出更强的文化象征意义。还在兰亭周围添置竹亭、草亭、草房，也是为了进一步强调一种脱俗的拙朴效果。由此可见，

圆明园中的兰亭之景紧扣《兰亭序》的主题，以山石间的曲溪为主景，以兰亭点题，得原型景观之精髓。乾隆时期的改建并不拘泥于建筑的造型，而是在保留环境特征的基础上进一步通过题刻的方式加强了对书迹的表现，体现了主题的升华。

【2】 桃花坞

武陵春色的桃花坞是以苏州桃花坞为摹拟对象的小景。《江南通志》载："桃花坞，在吴县城西北隅，《南畿志》云在阊门内北城下。宋时为枢密章粢别业，后为蔬圃。明唐寅于其地筑桃花庵，中有梦墨亭。"[27]大概此处以桃花茂盛而著称，唐寅有《桃花坞》诗："花开烂漫满村坞，风烟酷似桃源古。千林映日莺乱啼，万树围春燕双舞。"[28]又有《桃花庵歌》咏其园亭："桃花坞里桃花庵，桃花庵里桃花仙。桃花仙人种桃树，又摘桃花换酒钱。"[29]还曾绘有《桃花庵图》。但到了清代，桃花坞逐渐变为售卖文房四宝以及木

刻年画的地方，唐寅旧居难以寻觅，桃花也失去昔日之盛。

圆明园中的桃花坞始建于康熙时期，雍正帝即位前就有《桃花坞》诗咏道："水南通曲港，水北入回溪。绛雪侵衣艳，赪霞绕屋低。影迷栖栋燕，声杳隔林鸡。槛外风微起，飘零锦堕泥。"[30]"数片落花惊午梦，一声渔唱惹闲情。"[31]乾隆帝年幼时曾在这里居住过，因此他后来在《桃花坞即事》诗注中说："是处为予十四五六岁时所居之地。"由于这一景区本来就以摹拟晋陶渊明《桃花源记》为主旨，其间遍植桃花，灿

图 16-12** ↑

清代杭州龙井一片云景致
（引自《南巡盛典》）

（清）弘历. 小匡庐. 高宗御制诗初集. 卷 1.
清代光绪二年刊本.

（清）颙琰. 观小匡庐水法.
仁宗御制诗初集. 卷 19.
清代光绪二年刊本.

拾 陆

若晚霞（图16-10**），所以景区北部定名为"桃花坞"，袭用苏州胜迹之名，乾隆帝有诗句描绘其景："绿铺砌草步如毯，白绽山桃讶似梅。本是坞名仿吴下，便疑雪海亦苏台。"但其诗注又云："苏州阊门内有桃花坞，其地传为唐寅故居，今为市文房之所，不以桃著。此虽袭用其名，而桃花之盛颇堪核实也。"[32]说明此景名称虽然袭自苏州，但其原地实际上已经面目全非，既无园林，也不以桃花为胜，所以这次写仿其实只是借用苏州桃花坞之名及其历史内涵，以表现御园中的桃花盛景，二者主题一致而具体的建筑规制和山水景观并无关联。另外清宫中藏有唐寅的真迹，圆明园桃花坞景色或许与相关的图画比较接近。

【3】 小匡庐

小匡庐位于圆明园西峰秀色西部（图16-11**），山峦灵秀，青松葱郁，雍正七年（1729年）在此建成人工瀑布[33]，乾隆三年（1738年）御笔题刻"小匡庐"于瀑布旁的山石之

上。因此这也是一处先有景后题名的景致，同时也是御园中罕见的一处写仿江南以外地区的实例。

匡庐是江西名山庐山的旧称。庐山上遍布奇石苍松，景色极美，尤其以瀑布著称，更因为唐代大诗人李白《观庐山瀑布》一诗而名满天下。圆明园小匡庐一景山势峻美，又特以山石点缀，植以松树，更有瀑布飞溅，确实略有庐山风景"飞流直下三千尺"的意趣。乾隆帝有《小匡庐》诗称赏此处："怪石苍龙似，飞泉玉练如。天然隔尘境，最数小匡庐。""众木颇蓊郁，青松迥出群。"[34]嘉庆帝则诗咏道："未见匡庐真面目，偶观奇景亦堪欣。"[35]

【4】 片云楼

片云楼位于圆明园别有洞天，所仿的是杭州龙井一片云。一片云（图16-12**）是龙井八景之一，位于风篁岭上，石姿奇巧如云。明末清初散文家张岱《西湖梦寻》载："风篁岭上有一片云石，高可丈许，青润玲珑，巧若镂刻。松磴盘

屈，草莽间有石洞，堆砌工致巉岩。石后有片云亭，司礼孙公所构，设石棋枰于前，上镌'兴来临水敲残月，谈罢吟风倚片云'之句。游人倚徙，不忍遽去。"[36] 清初朱彝尊有《片云石》诗云："峰头石缥缈，岂异一片云。有时风雨过，独立云中君。"[37] 乾隆帝南巡，也多次为此景题诗，如"片石玲珑号片云，英英常自蔚氤氲。"[38]"云出石根石肖云，入深衣履润氛氲。"[39]等。

康熙间避暑山庄的延熏山馆即有"一片云"题额，而圆明园的片云楼始创年代不详，其建筑可能建于乾隆初年，《圆明园四十景图》上已可见（图16-13**），但假山的改造和题额相对比较晚，应在乾隆帝南巡之后。建筑是一座临水的三间楼阁，形制特别，首层顶部为平台，上构一亭。后在楼南侧以石块堆叠假山，从蹬道可以登楼。乾隆帝描绘其景象是"溪上小楼号片云，龙泓一例霭氤氲。升楼叠石为阶级，朵朵英英蔚莫分。"诗注："一片云为龙井八景之一。"[40] 显然景致的主题并非楼阁建筑而是类似龙井片云

石的假山，表现出形态特异的山石小景，同时假山与楼上之亭的位置关系与杭州龙井片云石与片云亭的关系保持一致。

【5】 梅石碑

杭州南宋德寿宫遗址上有一块奇特的巨型湖石名芙蓉石，当年石旁曾植有一株苔梅。明代在石侧竖立一块石碑，碑上刻有梅花和奇石图画，相传是明代著名画家蓝瑛和孙杕所绘。《浙江通志》载："静观堂旧名梅花厅，扁曰'梅石双清'，堂之前有活石亭，今圮。芙蓉石在焉，石出土高丈余，岩窦玲珑，苍润欲滴，篆曰'铁云'，传是宋德寿宫旧物，傍竖断碑，刻蓝瑛所绘古梅一本，枝干如生。"[41] 乾隆十六年（1751年）乾隆帝首次南巡杭州，特意去梅石旧址访古，发现"碑尚杰竖，梅已槁仆"[42]，而芙蓉石仍在原地，后由地方官吏运至北京，放在长春园的蒨园太虚堂前[43]，定名"青莲朵"（图16-14**），乾隆帝曾亲自为之绘制了一幅写生图（图16-15**）。北方难以在野外培植苔梅，

图 16-15**

图 16-16**

乾隆帝御笔《青莲朵图》
（引自《圆明园新证——长春园茜园图考》）

圆明园《梅石》碑拓片
（清华大学建筑学院提供）

（明）张岱. 西湖梦寻.
南京：江苏古籍出版社，2000：65.

（清）朱彝尊. 曝书亭集. 卷 20.
清代康熙年间刊本.

（清）弘历. 一片云. 高宗御制诗三集. 卷 22.
清代光绪二年刊本.

（清）弘历. 一片云. 高宗御制诗四集. 卷 20.
清代光绪二年刊本.

（清）弘历. 片云楼. 高宗御制诗三集. 卷 24.
清代光绪二年刊本.

（清）李卫，嵇曾筠等修.
（清）沈翼机，傅王露等纂. 浙江通志. 卷 30.
清代乾隆元年刻本.

（清）弘历. 青莲朵. 高宗御制诗二集. 卷 31.
清代光绪二年刊本.

（清）弘历. 题太虚室. 高宗御制诗三集. 卷 24.
清代光绪二年刊本，诗序："地方吏更不请
命而致京，以成事难却，置之此室前。"

（清）弘历. 重摹梅石碑置青莲朵侧而系之诗.
高宗御制诗三集. 卷 63.
清代光绪二年刊本.

故石旁以苍松作陪衬，因此乾隆帝在诗中声称："飞来德
寿青莲朵，辞却梅英伴老松。"此后，乾隆帝遗憾原碑残
缺漫漶，专门于乾隆三十年（1765年）重新摹刻一碑运送
杭州原址陈列，并在茜园青莲朵旁也复制了一块新的梅石
碑（图16-16**），其御制诗序中记载道："乙酉冬曾摹德寿
宫梅石碑，驿致杭州，以存旧迹……又思梅之枯于南者，
虽不可复生，而石之存于北者固在也，因命重摹一通，置
之石侧。"44 此碑至今尚存北京大学校园内，青莲朵后移置
中山公园，2013年又移至中国园林博物馆。

杭州原址上的景致以梅石并称二绝，后来梅枯，以名
画家所制的石碑梅图代替，作为衬景，石与碑缺一不可。
茜园此景显然是杭州"梅石双清"一景的重现，其石为杭
州原物，碑也仿自杭州旧碑，虽然碑上另加乾隆帝的御笔
题诗，形制也与原碑不同，但依然完整地复制了原景的主题。

【6】 慈云普护与坦坦荡荡

圆明园中另有两处景致虽然没有直接证据说明其具有写仿的性质，但也很可能与江南风景有关。一个是慈云普护景区，乾隆帝《慈云普护》诗序说此处"宛然天台石桥幽致"[45]。天台山是浙江名山，石桥为山上胜迹，据《太平寰宇记》引《启蒙记注》："天台山去天不远，路经油溪水，深险清冷。前有石桥，路径不盈尺，长数十丈，下临绝涧，惟忘身然后能济。济者梯岩壁，援葛萝之茎，度得平路，见天台山蔚然绮秀，列双岭于青霄，上有琼楼、玉阙、天堂、碧林、醴泉，仙物毕具也。"[46]慈云普护的溪流、桥梁、幽径以及远处山景略有天台石桥附近的环境风貌，或属有意为之。

另一处是坦坦荡荡景区，即金鱼池（图16-17**）。其中辟有方池小亭，池中锦鳞跃水之景与杭州清涟寺的"玉泉鱼跃"（图16-18**）很相似，故有当代研究者认为此景仿自清涟寺[47]。

图16-17** ↗

《圆明园四十景图》中的坦坦荡荡金鱼池（引自《圆明园图咏》）

图16-18** ↘

杭州清涟寺玉泉鱼跃旧照（引自《西湖旧影》）

图16-19** →

清代宁波天一阁景致（清华大学建筑学院提供）

四

御园中的文源阁、烟雨楼、飞睇亭均是以某种标志性的园林建筑为主体的写仿实例，仿其形制并兼顾周围环境景观，其手法类似圆明园仿西湖三潭印月的三座石塔。

【1】 文源阁

圆明园文源阁是御园中的藏书楼，仿自浙江宁波范氏天一阁。

宁波天一阁为明代兵部右侍郎范钦所创，形制独特，是一座二层六开间的藏书楼（图16-19**），上层合为一大间，取《易经》"天一生水，地六成之"的典故，含有以水压火的喻义，阁前设有水池。清初其后人范文光于阁前辟庭园，其中叠置假山，成"九狮一象"、"福禄寿"等名目。

乾隆时期编修《四库全书》，颇得范氏捐贡，即以天一阁为范本，于大内紫禁城、避暑山庄和圆明园中分别修建文渊阁、文津阁和文源阁，以作收藏《四库全书》之所。其中避暑山庄的文津阁（图16-20**）先建成，采用硬山屋顶。圆明园中的文源阁原址上原有一座四达亭[48]，于乾隆四十年（1775年）改建为书楼，《日下旧闻考》明确记载其架构、形制均与文津阁一样"上下各六楹"[49]（图16-21**），但屋顶改为歇山形式。另外现存的一张清代样式雷图上将文源阁立面绘为五楹（图16-22**），不知何故。乾隆帝专门撰写《文源阁记》称："藏书之家颇多，而必以浙之范氏天一阁为巨擘。因辑四库全书，命取其阁式以构度贮之所。既图以来，乃知其阁建自明嘉靖末，至于今二百一十余年，虽时修葺而未曾改移。阁之间数及梁柱宽长尺寸皆有精义，盖取'天一生水、地六成之'之意，于是就御园中隙地，一仿其制为之，名曰文源阁。"[50]文源阁周围自成院落，围墙内四面均布置了山石，形成一个独立的小园林，乾隆帝有诗曰："天一取阁式，文津实先构……此即肖文津，诡石堆奇岫。"[51]院中央为水池，池中竖立一座巨大的湖石"玲峰"，池边

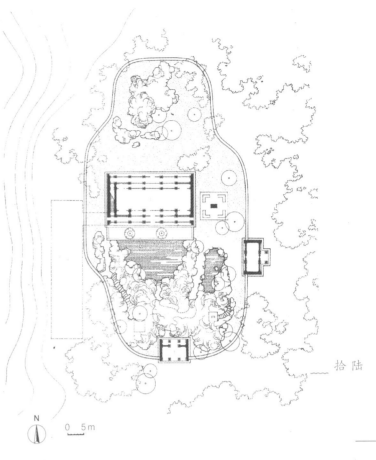

拾陆

N 0 5m

图 16-20**↗

避暑山庄文津阁平面图
（引自《承德古建筑》）

图 16-21**↘

避暑山庄文津阁南立面

图 16-22**→

圆明园文源阁样式雷立样
（清华大学建筑学院提供）

（清）弘历 . 慈云普护 . 高宗御制诗初集 . 卷 22.
清代光绪二年刊本 .

（北宋）乐史撰 . 太平寰宇记 . 卷 98.
清代文渊阁四库全书本 .

杨鸿勋 . 略论圆明园中标题园的变体创作 // 中
国圆明园学会筹备委员会编 . 圆明园 . 第 1 集 .
北京：中国建筑工业出版社，1981: 67-70.

（清）弘历 . 题文源阁 . 高宗御制文五集 . 卷 62.
清代光绪二年刊本，诗注："此地居御园之中，
旧称四达亭，今略增葺为文源阁，藏贮四库
全书，遂成福地，信有时会也。"

（清）于敏中等编纂 . 日下旧闻考 .
北京：北京古籍出版社，1985: 1359.

（清）弘历 . 文源阁记 . 高宗御制文二集 . 卷 13.
清代光绪二年刊本 .

（清）弘历 . 月台 . 高宗御制文五集 . 卷 33.
清代光绪二年刊本 .

（清）弘历.月台.高宗御制文五集.卷28.
清代光绪二年刊本.

（清）李卫，嵇曾筠等修.
（清）沈翼机，傅王露等纂.浙江通志.卷1.
清代乾隆元年刻本.

（清）阿桂，和珅等编.南巡盛典.卷101.
清代文渊阁四库全书本.

（清）弘历.烟雨楼用韩子祁诗韵.
高宗御制诗二集.卷24.
清代光绪二年刊本.

（清）和珅，梁国志编撰.
钦定热河志.卷35.
清代乾隆年间刻本.

（清）颙琰.绮春园记.仁宗御制文二集.卷4.
清代光绪二年刊本.

童寯.江南园林志.
北京：中国建筑工业出版社，1984：40.

图 16-23** →

清代嘉兴烟雨楼景致
（引自《南巡盛典》）

图 16-24** ↓

避暑山庄烟雨楼

砌山石驳岸；池南构筑假山，其中洞穴幽深，蹬道盘旋，同时假山东西分别建有趣亭和月台，彼此相望，正所谓"西则趣亭东月台，奇情各占俯崔嵬"[52]，这部分景致与避暑山庄文津阁庭院南部非常相似。

文源阁与宁波天一阁一样，均以特殊形制的楼阁建筑居北，以水池、假山为园景，属于典型的以摹拟建筑形式为主、兼及配景的手法。

【2】　烟雨楼

绮春园北部的烟雨楼筑于嘉庆年间，以浙江嘉兴著名胜景南湖烟雨楼为模仿对象。嘉兴烟雨楼始建于五代，后屡毁屡建，清代康熙、乾隆二帝南巡时均曾造访并加以重修。《浙江通志》载："（嘉兴南湖）湖中有洲曰烟雨楼，五代时钱元璙建……考宇内烟雨楼凡四……而在嘉禾者为最著……岁久倾废，总督臣李卫撤而新之，中为岑楼，高倚天半，楼前为台曰钓鱼矶……后为放生池……左有亭曰

清晖，右有亭曰来凤，亭后为凝碧阁，悉仍旧名而创建者。楼之外澄湖镜如，浮青漾碧，万瓦鳞次，雉堞周遭，一望绣川，如在锦绣。"[53] 从《南巡盛典》插图上看，乾隆时期嘉兴烟雨楼位处小岛之上的院落中央（图16-23**），是一座二层五开间的歇山楼阁，其南有平台以及钓鱼矶，北有鱼池。现存者为民国时期重建，与原有格局出入不大。

乾隆帝南巡，多次来游，为之撰写对联"船泛春波天上坐，楼称烟雨霁中来"[54]，并有诗咏道"不殊图画倪黄境，真是楼台烟雨中。"[55] 乾隆帝后在热河避暑山庄的青莲岛上辟有小院，其北仿建了一座烟雨楼（图16-24**），形制与嘉兴烟雨楼相似，《钦定热河志》载"如意洲北旧名青莲岛，建楼五楹，御题额曰'烟雨楼'……四面临水，一碧无际，每当山雨湖烟，顿增胜概。"[56]

绮春园这一座后建的烟雨楼不但写仿嘉兴原迹，也参考了山庄烟雨楼的形制，故嘉庆帝在《绮春园记》中说："北有小岛，结构层楼，远仿嘉兴，近规塞苑，额题'烟雨'。"[57] 其《烟雨楼》诗云："楼额嘉兴西浙疆，御园经始仿山庄。""经营只令五楹建，结构原无百尺崇。""拾级回环出林影，举头高朗接天光。八窗虚敞延诸景，尚俭屏除丹腹装。"主体建筑是一座二层五开间的南向临湖楼宇，与嘉兴烟雨楼形制相仿，而且"屏除丹腹"，可见其油漆装修比较素雅，更与江南园林建筑相近。绮春园烟雨楼没有像嘉兴和避暑山庄烟雨楼那样在一侧修建小院围廊，但其周围不远处就有"松坞杏溪别院接，竹篱茅舍远山连"，与原型还是很相似的。

童寯先生《江南园林志》总结嘉兴烟雨楼景观特色时说过："楼之有赖于烟雨者，盖南湖水狭，四望皆岸，甚少极目丘壑、汪洋无际之感，惟朦胧云雾、山色有无中，始觉近于理想耳。"[58] 绮春园烟雨楼环境塑造颇得其要旨，正是位于一个四面皆水的小岛上，前临狭长水湾，四望皆岸，确实宜于烟雨朦胧之时。

【3】　飞睇亭

飞睇亭位于圆明园安澜园中。安澜园本身是一座写仿海宁陈氏园的园中之园，而飞睇亭却别有所本，模仿杭州龙泓亭而建。

龙井在西湖外围，号称杭州"湖山佳胜之冠"，旧传有龙井八景，如过溪亭、一片云、方园庵等。乾隆帝对此极为流连，不但每次南巡必到，还为之题写了大量的匾额楹联，作了多首御制诗。《西湖志纂》载："过风篁岭为龙井，万历《杭州府志》：龙井名龙泓涧，泉流停涵，一泓清澈，相传有龙在焉。……龙泓亭在龙井上。"[39]龙泓亭又名龙井亭，从《南巡盛典》插图（图16-25**）上看，是一座重檐方亭，

下临泉流，民国时期改为单檐（图16-26**）。

安澜园中的飞睇亭也是一座方亭，高踞院落中央的假山之上，乾隆帝《飞睇亭》诗序称其"一峰秀拔，亭居其上"，其诗曰："翼然亭子冠嵌崎，规仿龙泓式创为。"另注："龙泓亭在西湖龙井上"。[60]这是一处以写仿建筑形制为主的实例，亭下并无泉水溪流，整体景象与西湖龙井有差异，相似之处主要是亭子的造型。

后来乾隆帝另在盘山静寄山庄仿龙泓亭建造了一座泉香亭，其诗称："泉上小亭效龙井，其池为坦瀑为悬"[61]，那次写仿远比飞睇亭更为逼真。

图16-25** ↓　　　　　　　图16-26** ↘

清代杭州西湖龙井亭
（引自《南巡盛典》）

民国时期杭州龙井亭旧照
（引自《西湖旧影》）

五

圆明三园中有很多寺庙祠宇祭奉各类仙佛。其中部分庙宇的基本规制或者庭园环境也仿自江南寺庙，带有特定的宗教性涵义，成为一种特殊的写仿类型。

【1】　洛伽胜境

圆明园洛伽胜境位于曲院风荷景区，匾额悬挂在一座二层砖砌歇山顶小楼上（图16-27**）。嘉庆帝有《落伽胜境》诗称："南海落伽示灵迹"，点明其写仿对象是浙江定海的普陀山。

《浙江通志》载："普陀山亦名补陀洛伽山、华言小白华山，去定海县约二百里，山周围百里，孤悬海中，相传普门大士示现于此。"[62]雍正帝也曾有碑文称："普陀洛伽山为观音大士示现之地……皇考圣祖仁皇帝巡幸浙西，遣官兴建殿宇，上为皇太后祝禧，御题赐额，勒文丰碑，

（清）沈德潜等．西湖志纂．卷5．
清代乾隆二十年刊本．

（清）弘历．飞睇亭．高宗御制诗三集．卷30．
清代光绪二年刊本．

（清）弘历．泉香亭．高宗御制诗五集．卷30．
清代光绪二年刊本．

（清）李卫，嵇曾筠等修．
（清）沈翼机，傅王露等纂．浙江通志．卷1．
清代乾隆元年刻本．

（清）胤禛．普陀山普济寺碑文．
世宗御制文集．卷17．
清代光绪二年刊本．

中国第一历史档案馆．内务府奏案．圆明园．
上海：上海古籍出版社，1991：133．载："遵
旨慎修思永添建花神庙宇．"

（清）许乘祖．雪庄西湖渔唱．卷4 //
王国平主编．西湖文献集成．第8册．
杭州：杭州出版社，2004：513．

（清）崔灏等编．湖山便览．
上海：上海古籍出版社，1998：62．

皇上：指乾隆帝．

（清）阿桂，和珅等．南巡盛典．卷103．
清代文渊阁四库全书本．

图 16-27** →

圆明园洛伽胜境图景
（引自法国国家图书馆藏《圆明园四十
景图》）

以纪其事。"[63] 普陀山是著名佛教圣地，有"海天佛国"之誉，其上梵刹琳宇盛极一时。同时，普陀山对面另有小岛名大、小洛伽山，上面也有佛寺建筑。

圆明园的洛伽胜境位于一个小岛的西部，并非严格意义上的佛寺建筑，可能周围的景致与普陀洛伽山风光略有相似之处，故以其名点题。

【2】 花神庙

乾隆三十四年（1769年）于圆明园濂溪乐处南部修建汇万总春之庙，别称花神庙[64]，其格局制度仿自杭州西湖花神庙。

杭州西湖的花神庙位于西湖北岸西侧，其正式名称叫湖山神庙，又称湖山春社。《雪庄西湖渔唱》载："湖山神庙俗称花神庙。《西湖志》：在跨虹桥西。雍正九年，总督李卫建。中祀湖山之神，旁列十二月花神而加以闰月。"[65]《湖山便览》载："西湖自正月至十二月，无月无花，无

花不盛，亦必有主之者已。爰辟祠宇，中奉湖山正神，旁列十二月花神，加以闰月，各就其月之花，表诸冠裳，以为之识别。且设四时催花使者于湖山神之旁焉。三春之月，都人士女，竞集于此，画鼓灵箫，喧阗竟日，目曰'湖山春社'。"[66]

此庙实际上是湖山之神和花神合祀之所，庙旁还附带一个名叫"竹素园"的小园林。《南巡盛典》详载其格局："湖山春社在金沙涧，北有泉发自栖霞山，涓涓下流，伏榛莽中，上多桃花，旧名桃溪。雍正九年创建祠宇祀湖山之神，辟地为园，遍植卉木，中构高轩，恭悬世宗宪皇帝御书'竹素园'额，右为溪流屈曲，环绕作流觞亭，亭西置舫斋曰临花舫，迤南为水月亭，后有楼曰聚景，最后为观瀑轩、为泉香室。恭遇皇上[67]春巡，屡停銮辂，考正祀典，庙貌聿新，永为村人报赛之所焉。"[68]关于此庙，《皇朝文献通考》中还记载了一道乾隆帝的谕旨："朕巡幸江浙，临莅杭州，见西湖花神庙所塑神像及后楼小像，牌字，俱书'湖山神

拾 陆

位’，其像大小虽异而面貌相仿，闻系李卫在浙江时自塑之像，托名立庙，是以后楼并有正夫人及左右夫人之像，甚为可异……所有庙中原像著该督抚俱即撤毁，于前殿另塑潮神之像，并于后殿另塑花神、花后以昭信祀。"[69]从《西湖志纂》所附插图（图16-28**）来看，乾隆时期的花神庙分三进院落，设前殿、后殿、后楼，庙西为竹素园，其中挖小池，叠假山，北构正堂、聚境楼、观瀑轩，西置临画舫，池中立水月亭，颇见巧思。乾隆帝有《竹素园小憩》咏此："却喜名园传翰墨，亦饶幽趣是徜徉。外湖宛与内湖接，咫尺烟官可泛航。"[70]道光间此庙渐颓，《西湖游记》载："竹素者，俗名花神庙。破屋风鸣，椽瓦摇动。小阁上有花神像，相对立。尘垢残剥，而风神娟好。虽今之善画者，不及焉。

曲水小桥，红莲弄影，凄凉中有艳趣。"[71]

圆明园的汇万总春之庙（图16-29**）是一组独立的院落，位于湖池南岸。其正中主院南设门殿，院北筑五间正殿，祀供花神牌位，东西设有配殿。院东北设置披襟楼，西侧另有味真书屋、敞轩、方亭等建筑，以曲廊串联，还在岸边构筑了一座模仿船舫的宝莲航。

二者相比，杭州花神庙在北岸，圆明园的花神庙在南岸，位置不同，格局也有较大的差异。但圆明园的花神庙似乎是杭州花神庙的简化变体，亦置有前殿、后楼之设；旁边并未开辟独立的园林，但同样也有轩馆亭榭以及画舫之设，依稀可与竹素园的建筑相对应。

图 16-28** ↓

清代杭州西湖湖山春社景致
（引自《南巡盛典》）

（清）纪昀等.皇朝文献通考.卷138.
清代文渊阁四库全书本.

（清）弘历.竹素园小憩.
高宗御制诗二集.卷70.
清代光绪二年刊本.

（清）直人渎.西湖游记//
王国平主编.西湖文献集成.第8册.
杭州：杭州出版社，2004：955.

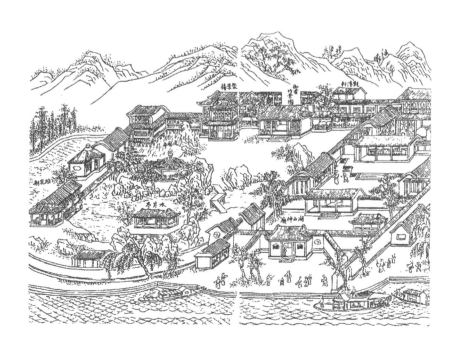

（明）吴宗吉修，纪士范，张四维纂.
嘉靖清河县志. 卷3.
明代嘉靖四十五年刻本.

（清）潘荣陛. 惠济祠碑 //
淮阴区政协文史资料委员会编.
淮阴区政协文史资料第14辑·淮阴金石录.
香港：香港天马出版有限公司，2004：122.

（清）阿桂，和珅等. 南巡盛典. 卷84.
清代文渊阁四库全书本.

（清）和珅等修. 大清一统志. 卷65.
清代文渊阁四库全书本.

（清）弘历. 重修惠济祠碑.
高宗御制文初集. 卷18.
清代光绪二年刊本.

（清）弘历. 陶庄河神庙碑记.
高宗御制文二集. 卷29.
清代光绪二年刊本.

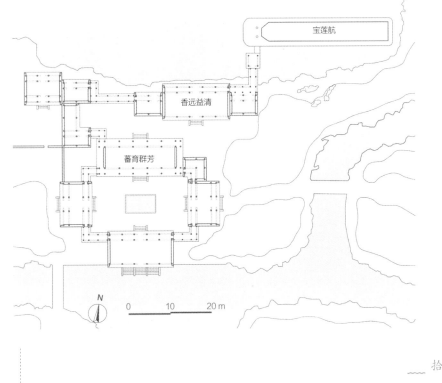

图 16-29★★ ↗

圆明园汇万总春之庙平面图
（根据样式雷图重新绘制）

【3】 惠济祠与河神庙

清代时淮安府为漕运枢纽，又扼淮河、黄河之水道，是治水的重镇，河道总督长期驻节于此地的清江浦，而惠济祠、河神庙都是运河边祭祀水神的主要祠宇。

惠济祠位于大运河、黄河与淮河交汇的清口地区东岸新庄镇西南（今江苏省淮安市淮阴区码头镇北二里），始建于明朝正德年间，嘉靖《清河县志·祀典》载："惠济祠在新庄闸河口，正德三年始创。武宗南巡，与皇后亲至其上。嘉靖初，敕赐额曰'惠济'，仍春秋祭焉。"[72]惠济祠原祀碧霞元君，后与天妃崇拜融合。乾隆十六年（1751年）乾隆帝首次南巡，亲自临幸惠济祠瞻礼，并下旨由朝廷拨款，仿内府坛庙制度对祠宇进行重修增建，旁设行宫，当时参与工程的官员潘荣陛曾撰《惠济祠碑》记载此事："乾隆十六年春，圣驾南巡，建行殿于祠左，清跸诣瞻，拈香肃拜，特命宫保海大司农仿内府坛庙规制，谕两淮盐政、淮关监督及内工干员董率其事，动支公帑，鸠工庀材，一

律启造宫殿楼阁，换覆黄瓦。"[73]《南巡盛典》载："惠济祠在淮安府清河县，祠临大堤，中祀天后，明正德二年建，嘉靖中赐额曰惠济。其神福河济运，孚应若响。祠前黄淮合流，地当形胜，为全河之枢要。"[74]

河神庙位于清河县陶庄，临近清口。康熙年间在陶庄设水闸，乾隆四十一年（1776年）在淮河北岸开辟陶庄引河，可防止黄河倒灌清口，改善了漕运条件，同时在此修建河神庙，以求保佑。《大清一统志》载："陶庄河神庙在清河县西陶庄引河口石坝上，本朝乾隆四十一年春创建。"[75]

河神庙为乾隆帝下旨所建，而惠济祠也在乾隆时期得到重修，而且二庙之建，均与河道水利工程结合在一起。乾隆帝南巡时曾亲自赴二庙致祭，其御制《重修惠济祠碑》称："乾隆十有六年，朕巡省南服，瞻谒庭宇，敬惟神功文件庥佑，宜崇报享，命有司鸠工加焕饰焉。"[76]《陶庄河神庙碑记》则称："爰即新口石坝建庙妥神，俾司事者春秋洁祀以邀惠于无穷，并为迎神送神之词以协律焉。"[77]

这两处祀宇均位处河道关键地段，一在岛上，一在堤坝上，不但规制独特，同时周围景观也相当不错，如乾隆帝有诗咏惠济祠景色："河畔崇祠金碧煌，蓬莱只在水中央。"[78]从《南巡盛典》插图（图16-30**）上看，惠济祠位于形状曲折的岛屿上，四面临水，全祠共有三路院落，中路上有庙门以及前后殿、楼阁、行殿等建筑，规模颇大，祠前还有风神庙、大王庙、关帝庙等小庙。河神庙格局不详。

图16-30** ↗

清江浦惠济祠景致
（引自《南巡盛典》）

图16-31** →

绮春园惠济祠、河神庙平面图
（根据样式雷图重新绘制）

嘉庆十七年（1812年）六月戊申嘉庆帝特令两江总督百龄赴清河县摹绘天后、惠济龙神的神牌封号呈进，以备依样仿建。当年八月初四两江总督百龄回奏，称已将清口地区的惠济祠、淮渎庙、大王庙"封号牌位、历次御赐匾额及龛作庙宇规制尺寸、碑文开缮清单并绘图贴说呈览，以备饬派鸠工照造，其摹绘神像并各处庙宇仍照式烫样，俟摹烫完后另行委员恭齐送交军机处进呈。"[79]可见百龄曾经认真查勘惠济祠等庙宇并制作烫样（建筑模型）送京，以供参考。嘉庆十八年（1813年）秋天，嘉庆帝下令在绮春园仿照清河县的形制修建惠济祠、河神庙，其御制诗《惠济祠河神庙拈香敬述》称"神祠专建祝淮河"，诗注："御园之南惠济、河神庙建于癸酉秋间。"[80]至嘉庆二十二年（1817年）落成，当年《内务府现行则例》载："谕御园内仿照江南规制建立惠济祠、河神庙二所"[81]按样式雷图所绘（图16-31**），绮春园的惠济祠、河神庙二庙东西并列，均南设庙门，筑正殿三间，其规模很小，远不及江南原型，

似缩减而成。其位置也并非河岸、河口，环境差异更大。显然，这次仿建重点在于殿宇建筑和神像陈设而并非造景，目的只是希望通过写仿祠宇、按时祭拜来减少淮河水患。

除了有直接范本的写仿之外，圆明三园中许多景区的营建其实也都广泛借鉴了江南园林以少代多、以小见大、移步换景、借景境外等手法，许多景区和园中园的布局都表现出与江南园林相似的曲折、精巧的布局和幽静、深远的意境特征。在一些具体的建筑装修、叠山理水、花木配置方面更可以看到江南园林的深刻影响。

在园林建筑构造方面，圆明三园均为标准的北方官式建筑做法，但在此基础上采用了大量江南园林中常见的桥梁、粉墙、漏窗、铺地等处理手法。园中桥梁至少有180多座，或长虹卧波，或小桥流水，大有江南水乡意蕴，其中个别

（清）弘历.惠济祠.高宗御制诗三集.卷19.
清代光绪二年刊本.

中国第一历史档案馆.清代妈祖档案史料汇编.
北京：中国档案出版社，2003：212-213.

（清）颙琰.惠济祠河神庙拈香敬述.
仁宗御制诗三集.卷60.
清代光绪二年刊本.

中国第一历史档案馆.圆明园.
上海：上海古籍出版社，1991：1053.

（清）吴振棫.养吉斋丛录.
北京：北京古籍出版社，1983：191.

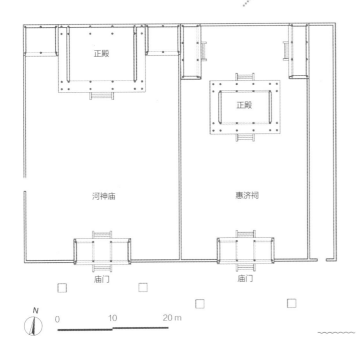

图16-32** ↓

《圆明园四十景图》中的涌金桥
（引自法国国家图书馆藏《圆明图四十
景图》）

拾陆

桥梁如涌金桥（图16-32**），名称也
来自杭州同名桥梁。北京风沙较多，
园林围墙多作砖墙或虎皮石墙，但
圆明园中有很多白粉墙，与江南园
林的粉墙的素净风格一致。墙上漏
窗，形状千姿百态，也多与江南园
林相似（图16-33**）。

乾隆二十五年（1760年）至
四十九年（1784年）间，乾隆帝在圆
明园和长春园中建造了数处画舫式
的建筑，明显受到江南园林的影响。
御园中的建筑装修和室内陈设更是
大量吸取江南的工艺，乃至许多构
件和材料直接交由江南地区承办进
贡，其中尤以扬州周制最为著名，
《养吉斋丛录》曾载："宫苑营建，
间由外省盐院承办装修等件。……
俱用周制。周制者，明末扬州周姓
创此法，故名。其法以金、银、宝
石、真珠、珊瑚、翡翠、水晶、玛
瑙、车渠、玳瑁、青金石、绿松石、
螺填、象牙诸物，刻镂山水、楼阁、
人物、花木、虫鸟于檀、梨漆器之上。
凡陈设器具，皆可为之。"[82]

圆明三园中不但有部分寺庙形
制模仿江南，有些佛像或神像也参
照了江南寺庙来塑造，例如长春园
宝相寺的观音像就是按杭州天竺寺
的木雕观音像精制而成的。

圆明园叠山和理水手法受江南
流派影响尤大。作为皇家苑囿，圆
明园多数假山尺度相对较大，且以

图16-33** ↓

《圆明园四十景图》中的粉墙漏窗
（引自法国国家图书馆藏《圆明图四十
景图》）

（清）颙琰.藻园.仁宗御制诗初集.卷12.清代光绪二年刊本.

土山为主，但也经常模仿江南园林的堆叠之法，其中仿江南四大名园等景区均以此为主要特色，其余如藻园的主景"园门傍溪湄，绿径多奇石。嵯峨列屏山，境仿三吴迹。"[83]其假山也有摹拟苏州园林的意味。御园同样推崇玲珑的湖石，且拥有很多上好的奇石，其中有些就是从江南运来的，例如前面提及的蒨园青莲朵，此外还有湖石佳品来自扬州的九峰园。

圆明三园以水景为主，其明湖曲池，多与江南类似，故乾隆帝《御湖雨泛》诗曰："曲池大有江南意，舟泛山塘虎阜寻。"[84]《桃花春一溪》诗云："讵必武陵无杂树，漫拟江南淮口渡。"[85]其咏别有洞天一带的诗句称："浙中一曲西南角，最擅山青水复清。"[86]包括其中的水路游线，也同样含有追摹江南河湖泛舟的意趣。

在植物配置方面，圆明三园常常不顾气候等不利因素，不惜工本大量培植江南品种的花卉树木，如梅花、兰花、芭蕉等，乾隆帝还曾经在圆明园中作诗道："盆梅自南来，远辞江国云。"[87]其中含经堂前的古梅直接取自嘉兴烟雨楼，故乾隆帝有诗曰："朵云一盆槎枒倚"，诗注："辛未南巡自烟雨楼携来者。"[88]淳化轩庭院中在湖石之旁种植天台松和梅花，也是来自江南的品种，特别是两株梅花直接植于地上，以棚架遮护，极为难得，因此乾隆帝夸耀道："盆梅不一足，庭梅北地稀。南暄北地寒，气候谁能移。然而有权衡，亦在人之为。去盆植于庭，棚架护略施。"[89]此外，圆明三园中所设之"观稼"农田大多种植水稻，以此再现江南水田的景象。

圆明三园中许多匾额题名也和江南园林一致，仅从《南巡盛典》中记录的乾隆帝曾经造访的若干江南名胜中就可以发现不少与御园相同的景名。虽不能说御园中凡是雷同的景名都是从江南抄袭而来，但其中应该有相当一部分受到过江南园林的启发。从清代宫廷的《活计档》记载来看，圆明三园中的很多匾额都发往苏州，由苏州织造负责制作成各种样式[90]。

圆明三园的摹拟对象以江南美景为主，对其他地区的写仿相对较少。值得注意的是，御园中还有一些景致是从清代其他皇家园林中模仿、借鉴而来的，如圆明园紫碧山房小石林仿自盘山行宫石林精舍，嘉庆时期在长春园蒨园所筑的碧静堂仿自避暑山庄碧静堂，绮春园清夏斋的流杯亭与紫禁城宁寿宫花园的禊赏亭类似。这种情况又与一般的写仿景观有所不同，需要今后另作专门的探讨。

由以上论述可见，圆明三园对江南园林的写仿手法多样，形式复杂。周维权先生曾经对清代皇家园林写仿情况作过总结，认为这些写仿之景"并非简单地抄袭，用乾隆

（清）弘历 . 御湖雨泛 . 高宗御制诗三集 . 卷 91.
清代光绪二年刊本 .

（清）弘历 . 桃花春一溪 .
高宗御制诗二集 . 卷 85.
清代光绪二年刊本 .

（清）弘历 . 一片云三绝句 .
高宗御制诗五集 . 卷 15.
清代光绪二年刊本 .

（清）弘历 . 盆梅四解 . 高宗御制诗四集 . 卷 27.
清代光绪二年刊本 .

（清）弘历 . 含经堂古干梅歌 .
高宗御制诗二集 . 卷 84.
清代光绪二年刊本 .

（清）弘历 . 淳化轩对庭梅作 .
高宗御制诗五集 . 卷 29.
清代光绪二年刊本 .

中国第一历史档案馆 . 圆明园 .
上海：上海古籍出版社，1991: 1336-1516.

周维权 . 中国古典园林史 .
北京：清华大学出版社，1999: 424.

的话说乃是'略师其意，不舍己之所长'，贵在神似而不
拘泥于形似的艺术再创造。能够结合本身环境地貌特点和
皇家宫苑的要求，发扬'己之所长'，作出许多卓越的创
新。"[91] 积极学习以江南园林为代表的上乘造园手法，但又
能结合具体的环境条件，既师其特色又不墨守其制，因地
制宜，扬长避短，这种造园创作的态度正是其值得称道的
地方。

玉构金堤神所凭，崇祠象设祈昭佑——祀庙祠宇

卷二 天上人间——圆明三园造园主题研究

籞林前后一舟通，坦然六桴泛中湖——水上游线

田家景物御园备，早晚农功倚槛看——田圃村舍

石衢黄道直如弦，市肆骈罗列两边——买卖街市

庙堂待起烟霞侣，昆峤方壶缩地来——神仙境界

凭栏坐可数游鱼，锦鳞几个镜中悬——观鱼景致

旧籍史料

[1] （明）文震亨．长物志．北京：中华书局，1985.

[2] （明）计成著，陈植注释．园冶注释．北京：中国建筑工业出版社，1981.

[3] （明）徐光启撰，李天纲点校．测量法义．上海：上海古籍出版社，2011.

[4] （清）王士祯．居易录．康熙四十年刊本．

[5] （清）李卫，唐执玉等监修．（清）田易等纂．畿辅通志．石家庄：河北人民出版社，1989.

[6] （清）张廷玉．澄怀园主人自订年谱．清代光绪六年刻本．

[7] （清）高晋等编．南巡盛典．清代乾隆三十六年刊本．

[8] （清）阿桂，和珅等．南巡盛典．清代文渊阁四库全书本．

[9] （清）和珅，梁国志等编纂．钦定热河志．清代乾隆年间刻本．

[10] （清）沈德潜等．西湖志纂．清代乾隆二十年刊本．

[11] （清）于敏中等编纂．日下旧闻考．北京：北京古籍出版社，1981.

[12] （清）沈复著．俞平伯校点．浮生六记．北京：人民文学出版社，1980.

[13] （清）汪启淑．水曹清暇录．北京：北京古籍出版社，1998.

[14] （清）李斗．扬州画舫录．北京：中华书局，1960.

[15] （清）吴振棫．养吉斋丛录．北京：北京古籍出版社，1983.

[16] （清）昭梿．啸亭杂录．北京：中华书局，1980.

[17] （清）姚元之．竹叶亭杂记．北京：中华书局，1982.

[18] （清）钱泳．履园丛话．北京：中华书局，1979.

[19] （清）赵慎畛．榆巢杂识．北京：中华书局，1982.

[20] （清）奕䜣等．清六朝御制诗文集，清代光绪二年刊本．

[21] （清）昆冈等纂．大清会典事例，清代光绪二十五年刊本．

[22] （清）陈其元．庸闲斋笔记．北京：中华书局，1989.

[23] 赵尔巽等．清史稿．上海：上海古籍出版社，1986.

[24] 中华书局编辑部．清会典．北京：中华书局，1991.

[25] 中华书局编辑部．清实录．北京：中华书局，1985.

[26] 中国第一历史档案馆．圆明园．上海：上海古籍出版社，1991.

[27] 徐珂编纂．清稗类钞．北京：中华书局，1984.

[28] 崇彝．道咸以来朝野杂记．北京：北京古籍出版社，1982.

[29] 裘毓麐．清代遗闻．北京：中华书局，1915.

[30] 舒牧等编．圆明园资料集．北京：书目文献出版社，1984.

[31] 王世襄主编．清代匠作则例．郑州：大象出版社，2000.

[32] 张恩荫，杨来运编著．西方人眼中的圆明园．北京：对外经济贸易大学，2000.

[33] （德）邓玉函口述．（明）王徵笔述绘图，雷钊译注．奇器图说．重庆：重庆出版社，2010.

[34] （英）斯当东著．叶笃义译．英使谒见乾隆纪实．上海：上海书店，1997.

[35] （日）冈田玉山等编绘．唐土名胜图会．北京：北京古籍出版社，1985.

现代论著

[1] 金勋．成府村志[M]. 民国二十九年（1940年）稿本．

[2] 刘敦桢．苏州古典园林[M]. 北京：中国建筑工业出版社，1979.

[3] 童寯．江南园林志[M]. 北京：中国建筑工业出版社，1984.

[4] 何重义，曾昭奋．圆明园园林艺术[M]. 北京：科学出版社，1995.

[5] 故宫博物院．清史图典[M]. 北京：紫禁城出版社，2001.

[6] 张恩荫．圆明园变迁史探微[M]. 北京：北京体育学院出版社，1993.

[7] 周维权．中国古典园林史[M]. 北京：清华大学出版社，1999.

[8] 王道成主编，方玉萍副主编．圆明园——历史·现状·论争[M]. 北京：北京出版社，1999.

[9] 梁思成．梁思成全集[M].

北京：中国建筑工业出版社，1999.

[10] 戴逸主编．黄爱平著．18世纪的中国与世界·思想
文化卷 [M]．沈阳：辽海出版社，1999.

[11] 清华大学建筑学院．颐和园 [M].
北京：中国建筑工业出版社，2000.

[12] 余三乐．早期西方传教士与北京 [M].
北京：北京出版社，2001.

[13] 张恩荫．圆明大观话盛衰 [M].
北京：紫禁城出版社，2004.

[14] 刘畅．慎修思永：从圆明园内檐装修研究到北京公
馆室内设计 [M]．北京：清华大学出版社，2004.

[15] 张宝章．海淀文史·京西名园 [M].
北京：开明出版社，2005.

[16] 汪菊渊．中国古代园林史 [M].
北京：中国建筑工业出版社，2006.

[17] 郭黛姮．乾隆御品圆明园 [M].
杭州：浙江古籍出版社，2007.

[18] 郭黛姮．远逝的辉煌：圆明园建筑园林研究与保护
[M]．上海：上海科学技术出版社，2009.

[19] 郭黛姮，贺艳著．圆明园的"记忆遗产"——样式
房图档 [M]．杭州：浙江古籍出版社，2010.

[20] Re-relic 编委会．数字化视野下的圆明园：研究与保
护国际论坛·论文集 [M]．上海：中西书局，2010.

[21] 圆明园管理处．圆明园百景图志 [M].
北京：中国大百科全书出版社，2010.

[22] 中国建筑技术发展中心建筑历史研究所．浙江民居
[M]．北京：中国建筑工业出版社，1984.

[23] 天津大学建筑系，承德市文物局编著．承德古建筑
[M]．北京：中国建筑工业出版社，1982.

[24] 李宏．京华遗韵——西方版画中的明清老北京 [M].
北京：新世界出版社，2008.

[25] Osvald Siren. Gardens of China [M].
New York: The Ronald Press Company, 1949.

[26] Che Bing Chiu. Yuanming Yuan [M].
Paris: Les Editions de l' Imprimeur, 2000.

———————— 学 位 论 文 ————————

[1] 方晓风．清代北京宫廷宗教建筑研究 [D].
清华大学，2002.

[2] 刘畅．清代宫廷内檐装修设计问题研究 [D].
清华大学，2002.

[3] 吴祥艳．圆明园遗址山形水系与植物景观保护整治研
究 [D]．清华大学，2004.

[4] 鲁佳．圆明园遗址保护研究 [D]．清华大学，2000.

[5] 臧春雨．圆明园建筑与山水环境的空间尺度分析 [D].
清华大学，2003.

[6] 叶冠国．清代官式建筑制度研究——以圆明园内工则
例为例 [D]．清华大学，2005.

[7] 贺艳．从皇子赐园到帝君御园——圆明园营建变迁原
因探析 [D]．清华大学，2006.

———————— 期 刊 论 文 ————————

[1] 刘敦桢．同治重修圆明园史料 [J].
中国营造学社汇刊，4(2)，（3、4）．

[2] 何重义，曾昭奋．圆明园与北京西郊园林水系 [J]
// 中国圆明园学会筹备委员会．圆明园．第1集．
北京：中国建筑工业出版社，1981.

[3] 杨鸿勋．略论圆明园中标题园的变体创作 [J]
// 中国圆明园学会筹备委员会．圆明园．第1集．
中国建筑工业出版社，1981.

[4] 朱杰．长春园淳化轩与故宫乐寿堂考辨 [J].
故宫博物院院刊，1999（2）．

[5] 方晓风．圆明园宗教建筑研究 [J].
故宫博物院院刊，2002（2）．

[6] 徐伯安．颐和园后湖"苏州街"重建工程规划、建筑
设计研究及实践 [J]．建筑史论文集．第17辑．
北京：清华大学出版社，2003.

[7] 北京市文物研究所圆明园考古队．北京圆明园含经堂
遗址 2001—2002 年度发掘简报 [J]．考古，2004（2）．

[8] 端木泓．圆明园新证——长春园蒨园考 [J].
故宫博物院院刊，2005（5）．

1998 年 3 月笔者进入清华大学建筑学院，师从郭黛姮先生攻读建筑历史与理论专业的博士学位。清华大学与圆明园颇有渊源，学校所在的清华园前身名叫熙春园，与圆明园同时始建于康熙四十六年（1707年），后来曾是圆明园的四座附园之一，校园西墙与现存的圆明三园遗址仅一路之隔。同时，清华大学建筑学院的图书馆和资料室收藏有不少与圆明园相关的历史文献，包括《圆明园内工则例》、样式雷图档、算房高家档案、圆明园地形测量图等，部分资料为当年中国营造学社的遗物。地理位置和文献资料方面的特殊优势为清华学者开展圆明园研究提供了近水楼台之便，从 20 世纪 50 年代开始清华大学建筑系的师生就不断把圆明园作为建筑史研究的重要对象，周维权先生、姚同珍先生、王其明先生、茹竞华先生、曾昭奋先生等多位前辈均曾作过不同程度的探索。

1999 年郭黛姮先生完成了《中国古代建筑史·宋辽金西夏卷》的书稿，开始将主要精力转向圆明园研究，并与法国华夏建筑学会、中国国家图书馆、圆明园管理处长期合作，领导团队取得了丰硕的成果。笔者有幸遇此机缘，十余年来一直投身于圆明园这个特殊的学术领域，先后发表论文 20 余篇，取得了一点微薄的成绩，并于 2012 年获得国家自然科学基金（项目批准号 51278264）的资助，这才得以汇成这本《圆明园造园艺术探微》。

本书在漫长的写作过程中得到很多师友的指导和帮助，感激之情，难以言表。

首先感谢郭黛姮先生将我引入圆明园研究之门并长期指导具体的研

究工作。先生精深的学术修养和不倦的钻研精神永远是我学习的榜样。

感谢清华大学建筑学院刘畅先生、法国华夏建筑学会邱治平先生、法国凡尔赛建筑学院姬霞妮（Janine Christiany）教授、圆明园管理处张恩荫先生与刘阳先生、北京清华同衡城市规划设计研究院贺艳先生提供的宝贵资料和参考意见。

感谢《故宫博物院院刊》、《建筑学报》、《华中建筑》、《建筑史》、《中国建筑史论汇刊》、《装饰》、《古建园林技术》等学术期刊的编辑老师在发表论文方面所给予的指点和帮助。

感谢中国国家图书馆、中国第一历史档案馆、清华大学图书馆、清华大学建筑学院资料室、圆明园管理处等单位在查阅文献和遗址调研方面所提供的便利。

感谢国家自然科学基金提供的项目资助。

最后感谢家父贾德江先生对书稿所作的辛勤校对。

圆明园是一个宏大的研究领域，任何个体研究者所做的工作都只能诠释其中很少的一个部分。本书力图从新的视角对圆明园造园艺术重新进行审视，提出自己的一些见解，希望以此作为圆明园研究的一点补白，并无其他奢望。至于其中的谬误和不当之处，还有待于广大读者的批评指正。

贾　珺

2014 年 2 月 22 日

图书在版编目（CIP）数据

圆明园造园艺术探微/贾珺著. — 北京：中国建筑工业
出版社，2013.10
ISBN 978-7-112-15800-3

Ⅰ.①圆… Ⅱ.①贾… Ⅲ.①圆明园–造园林–园林艺术–
研究 Ⅳ.①K928.73②TU986.621

中国版本图书馆CIP数据核字（2013）第210074号

书籍设计：北京吴勇设计事务所

责任编辑：徐晓飞 张 建
责任校对：姜小莲 刘 钰

圆明园造园艺术探微

贾珺 著

中国建筑工业出版社出版、发行（北京西郊百万庄）

各地新华书店、建筑书店 经销

北京吴勇设计事务所 制作

北京顺诚彩色印刷有限公司 印刷

＊

开本：965×1270毫米 1/16 印张：20
插页：10 字数：500千字
2015年2月第一版 2015年2月第一次印刷
定价：268.00元
ISBN 978-7-112-15800-3
（24563）